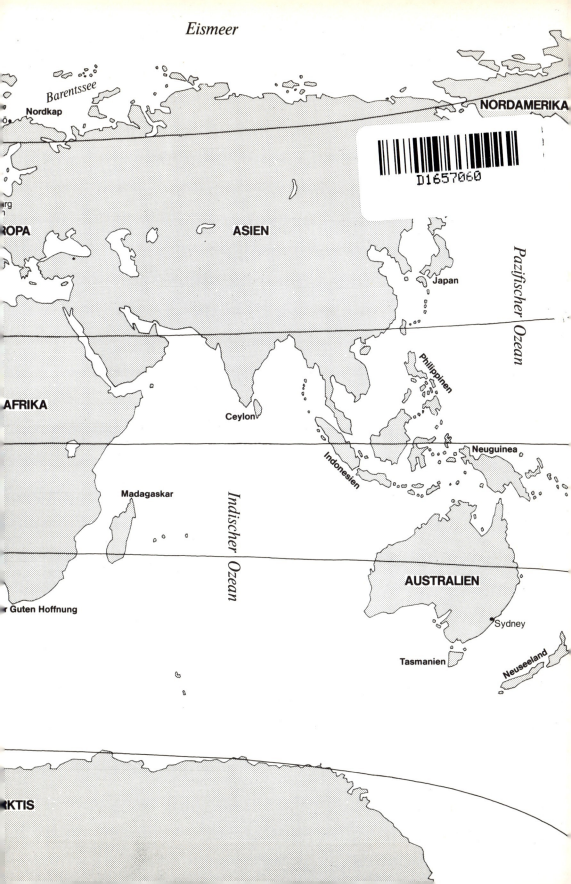

1976

Herbert Ruland

Seefahrt
Technik und Abenteuer

Achim Benz

UNION VERLAG STUTTGART

Fotonachweis (in der Reihenfolge der Anordnung im Buch):
Titelfoto von Karl Bitterling; Gerhard Binanzer; Dr. Friedrich Krügler; dpa; Dr. Friedrich Krügler (2x); American Telephone & Telegraph Comp.; Karl Bitterling; Werner Stege.
Der Einband zeigt einen Ausschnitt aus der Seekarte Nr. 12 »Großer Belt, Südlicher Teil«. Die Wiedergabe erfolgte mit freundlicher Genehmigung des Deutschen Hydrographischen Instituts, Hamburg.

ISBN 3-8002-2214-0
© Union Verlag Stuttgart 1975
Nachdruck verboten. Alle Rechte vorbehalten.
Printed in Germany
Gesamtherstellung:
Graphische Werkstätten Kösel, Kempten. 1975

INHALT

SCHLEPPZÜGE AUF DEM OZEAN
   11   Kein Erfolg – keine Bezahlung
   18   Bergungsfieber

EISWACHT BEI NEUFUNDLAND
   61   Die weiße Armada
   66   Eispatrouille

AUF FANGPLÄTZEN IM NORDMEER
   85   Schutzengel der Hochseefischer
   94   Clara Drews ruft Meerkatze

ZUM ERSTENMAL ÜBER DEN ÄQUATOR
  113   Die magische Linie
  119   Im Namen Neptuns

SCHIFFE SPINNEN EIN NACHRICHTENNETZ
  137   Kabel auf dem Meeresgrund
  147   Das Orakel

GEFAHREN VOR DEUTSCHEN KÜSTEN
  161   Retter im nassen Dreieck
  166   Gestrandet vor Scharhörn

ABSCHIED VON GROSSEN SEGELSCHIFFEN
  179   Neptuns letzte Ritter
  189   Seenot

  229   Die SPRACHE DER SEELEUTE

Wer heute aus purer Abenteuerlust zur See geht, wird eine Enttäuschung erleben. Denn die Seefahrt unserer Zeit hat nichts mehr zu tun mit der Glorie von Romantik und Heldentum, die sie übrigens mehr der Literatur als der rauhen Wirklichkeit verdankt. Meutereien auf Seelenverkäufern unter tyrannischen Kapitänen, Verfolgungsjagden im Kampf mit Piraten, Entdeckungsreisen portugiesischer Karavellen, Fahrten der Gewürzsegler nach Ostindien, Abenteuer auf unbekannten tropischen Eilanden: es sind abgegriffene Geschichten aus der Geschichte der Seefahrt.

Von alledem ist in diesem Buch nicht die Rede. Zwischen seinen Zeilen weht ein anderer Wind.

Das Herz des Seemanns unserer Tage schlägt im Rhythmus der Schiffsmotoren. Er lebt komfortabel in einer vollklimatisierten Kammer, er wird vorzüglich verpflegt und arbeitet unter menschenwürdigen Bedingungen. Verglichen mit ihm war sein Vorgänger jahrhundertelang ein auf Entbehrung getrimmtes armes Luder, für ihn gingen Seeabenteuer selten glücklich aus.

Der Kapitän ist auf der Kommandobrücke nicht mehr der »Master next God« wie früher, als er seine Kurse nach dem Gesetz der Stürme und der Meeresströmungen berechnete, auf seine eigene Navigationskünste bauend, die ihm wenig nützten, wenn das Glück ihn verließ. Würden die Ozeane trockenfallen, man fände auf ihrem Grund die Reste unzählbarer Schiffe und die Gebeine ihrer Mannschaften als die Spuren uralter Seewege.

Die Kommandobrücke eines modernen Handelsschiffes – sei es ein Tanker, ein Massengutfrachter, ein Kühlschiff oder ein Container-Expreß – ist bestückt mit Apparaten und Meßinstrumenten: Radaraugen durchdringen die Nacht, Nebel und Regen; Echolote messen die Wassertiefe unter dem Kiel. Ein Roboter, »eiserner Rudersmann« genannt, hält das Schiff zuverlässig auf dem befohlenen Kurs. Wetterkartenschreiber bewahren den Kapitän vor meteorologischen Überraschungen. Auf die Gestirne am Himmel ist er nicht mehr unbedingt angewiesen, denn funkelektronische Navigationsinstrumente liefern ihm jederzeit den genauen Schiffsort. Ein Schnüffelsystem verrät dem wachhabenden Offizier die leiseste Spur von Rauch im Schiff, und mit einigen Handgriffen läßt sich ein brennender Laderaum löschen. Orkane, denen man nicht ausweichen kann, verzögern die Reise, was ärgerlich genug ist, aber sie bringen Jan Maat nicht so leicht aus der Ruhe.

So gäbe es also keine Abenteuer mehr in Neptuns Gehegen? O doch! Denn trotz allem navigatorischen Fortschritt wäre es vermessen, sich an Bord in Sicherheit zu wiegen. Kein technisches Meisterwerk ist vor Pannen sicher, und die See ist nicht des Seemanns Freund.

Die Zahl der Havarien hat sich zwar im Laufe der jüngsten Jahrzehnte ständig verringert, dennoch gehen von den rund dreißigtausend Seeschiffen, die unter der Flagge von mehr als hundert Ländern fahren, jährlich etwa dreihundert zugrunde; sie stranden, explodieren, verbrennen, brechen auseinander, kentern im Orkan oder versinken nach Kollisionen im Nebel. Daß die Verluste an Menschen, Schiffen und Ladung nicht sehr viel höher sind, ist Fahrzeugen und ihren Besatzungen zu verdanken, die dazu ausersehen sind, das Schlimmste zu verhüten. Dazu gehören die Hochsee-Bergungsschiffe und die Rettungskreuzer der Deutschen Gesellschaft zur Rettung Schiffbrüchiger, die Fischereischutzboote im Nordmeer und die Eiswacht-Cutter der US Coast Guard bei Neufundland. Auch die Männer auf den Kabelschiffen muß man zu den Helfern auf See zählen, denn sie halten das interkontinentale Nachrichtennetz auf dem Meeresgrund intakt.

Die folgenden Kapitel erzählen von Abenteuern des Alltags an Bord solcher Schiffe und vom Ringen ihrer Mannschaften mit der See, aber auch von den sachlichen und technisch interessanten Hintergründen, die bei ihren Erfolgen mit im Spiel sind, und von den Notwendigkeiten, aus denen einst die Organisation der verschiedenen Hilfsdienste hervorgegangen ist. Kurzum, es ist ein Bild eines für Landratten unbekannten, fremdartigen Lebensbereiches von großer Bedeutung. Daß unsere Welt ohne die Ameisentätigkeit jener dreißigtausend Seeschiffe nicht funktionieren könnte, liegt auf der Hand. »Seefahrt tut not« – dieses Wort gilt heute wie eh und je.

So ist denn dieses Buch ein sachliches Abenteuerbuch oder ein abenteuerliches Sachbuch – wie man's nimmt.

SCHLEPPZÜGE AUF DEM OZEAN

Kein Erfolg – keine Bezahlung

»Sie sind die Aasgeier der See, die Nachfahren der Piraten. Aus Seenot schlagen sie Gewinn. Hilflos treibende oder gestrandete Schiffe, ob von der Besatzung verlassen oder nicht, betrachten sie als ihre Beute.« So urteilen böse Zungen an der Küste über die Männer auf den Bergungsschleppern. Die üble Meinung über sie ist sogar unter Seefahrern verbreitet, denen es jederzeit selbst widerfahren könnte, ihre letzte Hoffnung auf den Beistand eines der »geldgierigen Samariter zur See« zu setzen.
In jedem Monat geht ein rundes Dutzend Frachter aller Art und Größe verloren. Ohne die Arbeit der Bergungsschlepper müßte man täglich ein paar Namen aus den Schiffsregistern streichen. Die Nothelfer auf See sind so unentbehrlich wie an Land die Feuerwehr.
Doch ist es wahr: sie lauern wie Spinnen im Netz auf ihre Chance. Tag und Nacht horchen ihre Funker in den Äther. Meldet da nicht ein Kapitän seinem Reeder plötzliche Schwierigkeiten? »Muß wegen schweren Maschinenschadens stoppen. Reparatur mit Bordmitteln ungewiß.« Oder ein anderer: »Wassereinbruch Luke drei, kommen an das Leck nicht heran. Arbeiten mit allen Pumpen. Vorläufig keine Gefahr.« Oder: »Ruder gebrochen, versuchen mit Notruder bei langsamer Fahrt weiterzulaufen. Ankunft voraussichtlich um drei Tage verzögert.« Solche aufgefangenen Funksprüche klingen für einen Bergungskapitän verheißungsvoll, Orkanwarnungen an die Schiffahrt lassen sein Herz höher schlagen. Denn ein Hilferuf verspricht einen Batzen Geld dem, der als Retter auf dem Plan erscheint.
Sie liegen in Häfen am Rande der See, auf Inseln oder an Festlandküsten, wo vielbefahrene Schiffahrtslinien sich bündeln: zwischen der Nordsee, dem Ärmelkanal und der Biscaya zum Beispiel, am Kap der Guten Hoffnung, vor der Nordostküste Amerikas und an den westindischen Zufahrtwegen zum Panamakanal. Wo auch immer: die Routen führen durch Gebiete, die navigatorisch schwierig sind und zu bestimmten Jahreszeiten von Stürmen beherrscht werden. Kein Wunder, daß in solchen Regionen immer wieder Fahrzeuge in Seenot geraten, in »die der Seefahrt eigentümliche Gefahr, aus

der sich ein Schiff ohne fremde Hilfe nicht befreien kann«. In der Phantasie des erfahrenen Seemanns weckt das Wort »Seenot« schreckliche Visionen: von eingeschlagenen Luken und zerstörten Rettungsbooten, von verrutschter Ladung und schwerer Schlagseite im Orkan, von Brand und Explosionen im Maschinenraum, von Kollisionen im Nebel, von Strandung auf Sänden und Klippen. Ach, ein Schiff kann viele Schläge treffen, und keines ist unverwundbar. Ist es erst manövrierunfähig Neptuns Gewalt preisgegeben, bleibt als Nothelfer nur ein Hochsee-Bergungsschlepper.

Sie warten an ihrem Liegeplatz auf ihre Stunde, von der niemand weiß, wann sie kommt. Die Spannung löst sich erst mit der Alarmklingel, die alle Mann auf Manöverstation jagt: »Leinen los!« Nur Minuten, nachdem die Antennen einen Hilferuf empfangen haben, schnaubt der Schlepper mit äußerster Kraft in die offene See hinaus. Wenn selbst große Schiffe es vorziehen, im Schutz des Hafens abzuwarten – für einen Bergungsschlepper gibt es kein Halten; er ist für den Kampf gegen Wind und Wellen gerüstet wie kein anderes Fahrzeug. Sein Kapitän ist unerschütterlich, unter seinem Kommando hat die Mannschaft das Fürchten verlernt. Für zaghafte Seelen ist an Bord kein Platz.

Er funkt den Havaristen an: »Wir kommen!« Er protzt mit seiner Kraft, seiner Geschwindigkeit – genauso wie die Konkurrenz, die aus anderer Richtung das verunglückte Schiff aufs Korn genommen hat. Aber dessen Kapitän antwortet nicht, er überläßt seinem Reeder und der Versicherung die Entscheidung. Sie mögen mit den Bergungsgesellschaften verhandeln, die von ihren Schlepperkapitänen aufgescheucht worden sind und nun, mit dem Telefonhörer in der Hand, um den Zuschlag ringen: ein spannendes Spiel, in dem jeder Trick bekannt und erlaubt ist, um die Konkurrenz zu schlagen. Die Trophäe ist der Bergungsvertrag. Auf dem auserwählten Schlepper reiben sich die Männer die Hände: »Wir sind angenommen!«

»No cure – no pay«, so lautet das Gesetz, unter dem sie an die Arbeit gehen, »kein Erfolg – keine Bezahlung!« Es ist die Peitsche, die jeden Mann zum Äußersten an Mut, Ausdauer und Verwegenheit antreibt. Bei aller christlicher Nächstenliebe – sie tun es nicht um Gotteslohn. Mit hohem Einsatz spielt nur, wer auf reichen Gewinn hoffen darf.

Ein modernes Handelsschiff ist schon ohne Ladung Millionen wert. Angefüllt mit Containern oder Stückgut, mit Öl oder Erz stellt es ein Objekt dar, dessen Verlust die Seeversicherung empfindlich zur Ader läßt. Für sie ist es das kleinere Übel, den Retter belohnen zu müssen, wenn er den Havaristen in Sicherheit gebracht hat. Dagegen rückt sie keinen Penny heraus, wenn einer Bergungsmannschaft nach wochenlanger Plage der Erfolg versagt geblieben ist und der Versuch Hunderttausende gekostet hat. »Kein Erfolg – keine Bezahlung!« Das Risiko trägt allein der Besitzer des Schleppers. Sein Lohn richtet sich zwar nach dem Wert von Schiff und Ladung, doch gibt es keine festen Tarife. Nicht nur der totale Erfolg ist maßgebend, sondern auch die Umstände, unter denen er errungen wurde. So bestimmt es das Seerecht, zu finden im Deutschen Handelsgesetzbuch.

Ein Fahrzeug am hellen, stillen Tag bei Hochwasser von einer Sandbank zu zerren, auf der es bei Niedrigwasser durch einen Navigationsfehler unbeschädigt festgekommen ist, bedeutet für einen kräftigen Schlepper kein dramatisches Unterfangen; es bringt weder die eigenen Leute in Gefahr, noch kostet es viel Zeit.

Eine andere Geschichte wird es, ein schwer havariertes Schiff im Winterorkan im Nordatlantik zu finden, ein paar Hundert Seemeilen vom nächsten Hafen entfernt, und es abzuschleppen. Es ist nur gerecht, daß die größere Tat auch den höheren Preis hat. Es geht dann um erkleckliche Summen. Versicherung und Bergungsgesellschaft feilschen darum: Unterstreicht der Kapitän des Schleppers die Anstrengungen und die Hindernisse bei der Aktion, betont er dramatisch die Gefahr für den Havaristen, preist er den Mut und das Geschick seiner eigenen Leute, so versucht die Gegenseite, den Fall zu untertreiben. »Es war alles halb so schlimm!«

Eine gewisse Rolle spielt, ob das verunglückte Schiff noch in der Hand der Besatzung war oder der Kapitän es bereits aufgegeben hatte. Bleibt die Mannschaft oder auch nur der Kapitän an Bord und kann sie aus eigener Kraft die Bemühung des Schleppers unterstützen, spricht man von Hilfeleistung; im anderen Falle ist der Erfolg des Schleppers eine Bergung.

Da beiden Parteien an einer gütlichen Einigung gelegen ist, unterwerfen sie sich freiwillig dem Spruch eines neutralen Schiedsgerichts ihres Vertrauens. In hohem internationalem Ansehen steht das Deutsche Seeschiedsgericht in Hamburg. Den Vorsitz führt darin ein Richter, seine Beisitzer sind ein Reeder und ein Kapitän. Sie verhören Zeugen, ziehen Sachverständige zu Rate, prüfen Schiffstagebücher, Funktelegramme, Ladungspapiere, Wettermeldungen – kurz, alles, was dazu beitragen kann, sich ein klares Bild von den Ereignissen zu machen und den Lohn gerecht zu bestimmen: fünfzigtausend Mark, eine halbe Million oder noch mehr. Gegen den Schiedsspruch gibt es keine Berufung.

Die Verteilung der Summe ist, wenn auch von Land zu Land verschieden, gesetzlich geregelt. In Deutschland gilt: Dem Besitzer des Bergungsfahrzeugs werden zunächst alle Unkosten und Schäden ersetzt, die ihm entstanden sind. Von dem Rest erhält er zwei Drittel als Anteil. Vom letzten Drittel wird die Hälfte dem Konto des Schlepperkapitäns gutgeschrieben, die andere muß er auf seine Besatzung verteilen. Jeder Mann hat Anspruch auf einen bestimmten Bruchteil des Betrages, gestaffelt nach Dienstrang und Verantwortung. Für besondere »Tapferkeit vor dem Feinde« gibt es Extraprämien.

Bergelohn ist nicht den Profis auf den Hochseeschleppern vorbehalten. Jeder Frachterkapitän träumt davon, eines Tages einen hilflos treibenden Kollegen oder ein herrenloses Wrack anzutreffen. Unter günstigen Wetterbedingungen, selbstverständlich. Bei Sturm und schwerer See würde er nicht einmal den Versuch wagen, es an die Leine zu nehmen; zu groß ist da die Gefahr, daß er mit ihm kollidieren würde oder die Schlepptrosse in die eigene Schraube geriete, und dann müßte er selbst um Hilfe rufen. Auch reichen Kraft und Manövrierfähigkeit eines gewöhnlichen Frachters oder Tankers nicht aus, ein havariertes Schiff im hohen Seegang schnell genug abzuschleppen; und zudem fehlt dem Kapitän und seinen Leuten die notwendige Erfahrung.

Ihm bleibt die Pflicht, ein SOS funkendes Schiff mit äußerster Kraft anzusteuern und das Menschenmögliche zu wagen, die Besatzung von Bord zu holen, wenn ihr Kapitän es für geboten hält. So verlangt es das »Internationale Übereinkommen zum Schutz des menschlichen Lebens auf See«, das in fast allen schiffahrttreibenden Ländern Gesetz ist. Tut er es nicht, weil er glaubt, es nicht verantworten zu können, muß er seine Gründe im Schiffstagebuch dokumentieren, damit er sich rechtfertigen kann, wenn man ihn wegen unterlassener Hilfeleistung anklagt.

Für die Rettung von Menschenleben auf hoher See aber gibt es keinen Pfennig, höchstens eine Medaille. Und oft genug einen Nachruf für Matrosen, die dabei ihr Leben opferten.

Hochsee-Bergungsschlepper sind Energiepakete, in Stahl gehüllt. Ihre Zugkraft muß genügen, mit Schiffen umzugehen, die ihnen an Größe zwanzig- oder gar dreißigmal überlegen sind. Die schnelle Entwicklung im Schiffbau zu immer größeren Einheiten – Tanker, Massengutfrachter, Containerträger – haben die im Bergungsgeschäft konkurrierenden Reeder gezwungen, mitzuhalten. Um das Jahr 1960, als man einen 50 000 Tonnen fassenden Ölkanister als »Supertanker« bezeichnete, war die ATLANTIC mit 5000 PS der stärkste Schlepper der Welt, der Stolz der »Bugsier-Reederei- und Bergungs-AG« in Hamburg. Im folgenden Jahrzehnt wuchsen ihr jüngere Schlepper aus demselben Stall schnell über den Kopf: PACIFIC, SIMSON, OCEANIC und WOTAN. Jeder Neuling übertraf seinen Vorgänger beträchtlich an Kraft und Größe. Seit 1970 ist die ARCTIC das Ass unter den sechzehn Zugpferden der »Bugsier«, wie man diese weltweit bekannte Gesellschaft kurz nennt: ein Kraftprotz von 80 Meter Länge, der mit zwei Dieselmotoren 17 500 Pferdestärken entfesseln kann. Er glänzt auch mit anderen Daten: zwei Propeller lassen die ARTIC 22 Knoten rennen, das sind 40 Kilometer in der Stunde. In ihren Bunkern fährt sie Treibstoff für eine Reise über 20 000 Seemeilen. Zu ihrer Besatzung gehören 29 Mann.

Bis gegen Ende der siebziger Jahre wollen zwei Schlepper unter der Flagge der südafrikanischen Republik die Spitzenklasse aus Hamburg übertrumpft haben. Auf einer schottischen Werft gebaut, sollen sie am Kap der Guten Hoffnung auf Station gehen, dem Verkehrsknotenpunkt zwischen dem Indischen und dem Atlantischen Ozean, den die größten und teuersten Schiffe unserer Zeit regelmäßig passieren: die Mammuttanker mit zwei-, drei und bald bis zu fünfhunderttausend Tonnen Rohöl aus den Quellen am Persischen Golf im Bauch. Auch sie sind gegen die Tücken der Seefahrt nicht gefeit. Die Bergungszwillinge aus Kapstadt werden ihnen im Notfall mit je 20 000 Pferdestärken beistehen können. Darüber hinaus sind sie besonders ausgerüstet für die Bekämpfung einer möglichen Ölverseuchung des Wassers.

Ein Nothelfer wie die ARCTIC ist bis in den letzten Winkel vollgestopft mit Maschinen, Werkstätten, Reserveteilen, technischer Ausrüstung und Brennstoff. Daß man auf der Kommandobrücke und in der Funkstation alles findet, was in Navigation und Nachrichtenübermittlung zum Besten gehört, versteht sich von selbst.

Seewasser aus einem leckgesprungenen Schiff zu pumpen, um es zu erleichtern, gehört gewöhnlich zu den Vorbereitungen einer Bergung. Von der ARCTIC lassen sich mit Arbeitsbooten sieben Dieselpumpen auf ein vom Untergang bedrohtes Schiff schaffen, dazu elf elektrische Pumpen, die auch unter Wasser in überfluteten Räumen angesetzt werden können, mitsamt den Aggregaten zur Stromerzeugung. Drei Taucher sind spezialisiert auf »Erste Hilfe unter Wasser«: sie schweißen und schneiden, sie suchen Lecks und dichten den Rumpf ab. Ihre Arbeit ist schwer und gefährlich.

Ob Feuer mit Wasser oder Schaum gelöscht werden muß, ob Verletzte zu behandeln oder Schiffbrüchige unterzubringen sind – für jeden nur denkbaren Fall ist vorgesorgt. Die Besatzung eines modernen Bergungsschleppers ist auf viele Fertigkeiten gedrillt. Wer anmustert, muß Techniker und Seemann unter einer Mütze sein. Das gilt sogar für den Koch.

Am Ende aber hängt das Schicksal eines Havaristen am Schleppgeschirr. Auf elektrisch-hydraulischen Winden sind zwei Trossen nebeneinander aufgespult, jede zwei Kilometer lang und sechs Zentimeter dick, aus Stahldraht gesponnen. Kein Tauwerk ist so stark, daß es nicht unter dem gewaltigen Zug brechen könnte, wenn es darum geht, ein großes Schiff gegen Sturm und Wogengetümmel zu halten. Deshalb muß Ersatz zur Hand sein: viele Tausend Meter an Trossen aus Draht und Perlon.

Die ARCTIC hat mit allem Drum und Dran einen Wert von etwa fünfzehn Millionen Mark. Dazu kommen täglich rund zehntausend Mark an Betriebskosten. Mit Bergelöhnen allein, wie hoch auch immer sie sein mögen, macht sich ein solches Schiff nimmer bezahlt. Untätig an einer Hafenpier zu liegen und auf Seenot zu spekulieren, bliebe ein Lotteriespiel. Es könnte Wochen und Monate dauern, bis ein lohnender Brocken um Beistand bittet.

Deshalb müssen Bergungsreeder zusehen, wo sonst für sie der Weizen blüht. Der Name »Bugsier-Reederei- und Bergungs-AG« verrät, daß diese Gesellschaft auf drei Beinen steht. Zum ersten beschäftigt sie im Hamburger Hafenbereich ein Rudel Schlepper, die ankommende Schiffe in den engen Becken an ihren Liegeplatz und zum Auslaufen zurück in freies Fahrwasser bugsieren; dieser Dienst bedeutet eine ständig fließende Einnahmequelle in einem Welthafen, wo rund um die Uhr Schiffe kommen und gehen. Zum zweiten stützt sich die »Bugsier« mit gewöhnlichen Frachtern auf einen Liniendienst nach Häfen in Irland und auf Trampfahrt. Ihren weltweiten Ruf aber verdankt sie ihren Hochseeschleppern, die ihre Flagge vor allen Küsten zeigen – nicht nur als Retter aus Seenot, viel mehr noch als Gespanne für alles, was ohne eigene Antriebskraft weite Reisen machen muß.

Es begann gegen Ende des vorigen Jahrhunderts, als die europäischen Kolonialmächte für den Export ihrer Industrieerzeugnisse und die Einfuhr von Rohstoffen aus ihren überseeischen Besitzungen, vor allem in Afrika und im Fernen Osten, an jenen Küsten Hafenanlagen bauen und verschlammte Flußmündungen schiffbar machen mußten. Das war nur mit Baggern möglich. Da aber solche Ungetüme antriebslos waren, mußte man sie von den europäischen Bauwerften über große Distanzen schleppen, zum Beispiel nach Britisch-Indien, Niederländisch-Ostindien oder Französisch-Indochina durch den soeben eröffneten Suezkanal. Es waren Holländer, die sich als die ersten im Hochsee-Schleppgeschäft spezialisierten, aber die Konkurrenz aus England und Deutschland ließ nicht lange auf sich warten. Den Baggern folgten andere Hafeneinrichtungen: Schwimmkräne, Getreideheber, Fähren, Pontons und vor allem Schwimmdocks, deren vierundzwanzig allein die »Bugsier« von 1919 bis 1929 ins Mittelmeer, nach Westafrika und nach Südamerika schleppte.
Nach den Kriegen gab es für die Schlepper, die überlebt hatten, einen Boom im Schrottsammeln. Torpedierte, zerbombte, ausgebrannte, auf Minen gelaufene Schiffe rosteten an vielen Küsten. Manche ließen sich wieder reparieren; der große Rest aber wanderte, notdürftig abgedichtet, in Abwrackwerften und landete zerstückelt in Schmelzöfen. Stahl war knapp und teuer!
Immer auf dem Programm stehen Fahrzeuge, die von der Zeit zum alten Eisen entwertet werden: veraltete Kriegsschiffe, unrentabel gewordene Passagierdampfer, invalide Frachter, ausrangierte Feuerschiffe. Sie sind der Sperrmüll der Seefahrt.
Die Gier nach Erdöl hat in unseren Tagen den Hochseeschleppern einen neuen Job beschert: die Überführung von Bohrinseln.
Alle Kontinente setzen sich unter Wasser als ein mehr oder weniger breiter Sockel fort, der durchschnittlich 200 Meter unter dem Meeresspiegel liegt. Auf alle Küsten berechnet, ergibt er ein Areal von der Größe Afrikas, doch erst zu einem kleinen Teil ist er gründlich erforscht. Soviel ist immerhin

sicher: er bildet eine Vorratskammer an wertvollen Mineralien. Schon heute werden vor Südwestafrika Diamanten heraufgeholt, vor Thailand sind Zinnkies-Bagger an der Arbeit, vor Japan wird Eisenerz und im Golf von Mexiko Schwefel gefördert. Am weitesten fortgeschritten ist die Ausbeutung von Ölquellen und Erdgaslagern. Mindestens 20 Prozent der bisher nachgewiesenen Ölreserven liegen unter dem Seeboden des Festlandsockels. Im Jahre 1974 betrug die Förderung bereits 18 Prozent des Weltverbrauchs; sie verteilte sich auf rund 17 500 Bohrungen vor den Küsten von 26 Ländern. Die Entwicklung geht vor allen Kontinenten stürmisch weiter, mit 400 Bohrinseln. Und das ist erst der Anfang.

So schleppen sie, allein oder zu zweit, ihren Anhang, auf dem ein paar Männer als Runner-Crew hausen. Wochenlang, monatelang fahren, fahren – im eintönigen Rhythmus der Wachen, im Schneckentempo von 5 bis 6 Knoten. Seltsames Gespann auf einsamen Wegen. Männergemeinschaft, eingepfercht in einen engen Lebensraum zwischen Bug und Heck.

Neptun läßt sie selten lange in Frieden. Früher oder später rüttelt ein Sturm den Schleppzug auf, der nicht entkommen kann, auch wenn er früh gewarnt wird. Aneinandergefesselt, müssen Schlepper und Anhang über sich ergehen lassen, was immer sich ereignet.

Alle Schlepperkapitäne könnten ein Garn spinnen von Tagen und Nächten, in denen sie um einen Schlepp gekämpft haben, von gebrochenen Trossen im Orkan, von tollkühnen, verzweifelten Manövern, den davontreibenden Schützling wieder einzufangen, von Siegen und von Niederlagen. Doch sie hängen ihre Abenteuer nicht gerne an die papierene Glocke, sie ziehen es vor zu schweigen wie die See. Aus Bescheidenheit? Oder weil sie ihre nützlichen Erfahrungen nicht der Konkurrenz preisgeben möchten?

Das Hochsee-Schleppgeschäft ist riskant für alle Beteiligten. Besitzer und Versicherer wertvoller Objekte überlassen sie nur Gesellschaften, die sich in jahrzehntelanger Bewährung Vertrauen erworben haben. Die Holländer genießen auf diesem Feld einen geradezu sagenhaften Ruhm, doch stehen ihnen ihre schärfsten Rivalen, die von der »Bugsier«, darin nicht viel nach. Sind die beiden Großen in Rotterdam und Ijmuiden an Zahl der Schlepper überlegen, so können die Hamburger mit Größe und Geschwindigkeit ihrer moderneren Flotte imponieren. Im übrigen arbeiten sie einträchtig zusammen, wenn das Geschäft es will. So im Frühjahr 1974, als die Aufgabe hieß: einen unförmigen, 130 000 Tonnen fassenden Rohöltank von der Westküste Norwegens 350 Kilometer über die Nordsee zu schleppen und ihn auf 70 Meter Wassertiefe des Festlandsockels im norwegischen Bohrfeld Ekofisk zu versenken. Das 28-Millionen-Ding, mit einer Plattform von rund 7000 Quadratmeter, war insgesamt 90 Meter hoch und tauchte während der Überführung 60 Meter tief ins Wasser. Das Unternehmen gilt als das bisher schwierigste in der Geschichte der Schleppschiffahrt. Die »Bugsier« hielt dabei die Fäden in der Hand: mit OCEANIC, PACIFIC und SIMSON hatte sie 30 000 PS angespannt, für die restlichen 20 000 sorgten zwei holländische und ein norwegischer Schlepper.

Auch in diesem Zweig des Seeverkehrs gibt es Flauten, vor allem im Winter, wenn es nicht ratsam ist, mit einem Dock oder einer Bohrinsel im Schlepp auf große Fahrt durch stürmische Breiten zu gehen. In diesen Monaten findet man viele Schlepper wieder auf Alarmpositionen, die Chancen für Bergung und Hilfeleistung versprechen. Denn so ist es nun einmal auch in Neptuns Machtbereich: Des einen Not ist des anderen Brot.

Bergungsfieber

»Es war in den frühen Wintertagen, Ende November. Wir lagen in der geschützten Hafenbucht von St. John's, einem nicht sehr geselligen Platz für Seeleute, die lange Reisen hinter sich haben«, begann Willem de Witt sein Garn, während er die frischgestopfte Pfeife in Brand setzte, »aber auch nicht der Ort, an dem ein Bergungsschlepper Zeit hätte, Rost und Muscheln anzusetzen. Der Seeraum vor Neufundland hat seine Tücken: in den Sommermonaten ist es der berüchtigte Nebel, in den langen Wintern die Kette der Stürme. Da ist ein Seenotruf nicht eben selten, denn durch dieses Gebiet führen viele befahrene Seestraßen.

Und so lagen wir mit unserer PERSEUS immer auf dem Sprung, sofort auszulaufen, um der See und dem Sturm eine Beute vor der Nase wegzuschnappen, ich meine: einem manövrierunfähigen oder leckgesprungenen Schiff zu Hilfe zu kommen, es auf den Haken zu nehmen und in den nächsten Hafen zu schleppen, gewöhnlich nach St. John's. Da galt es, Fahrzeuge zu bergen, die bei dickem Wetter die Einfahrt verfehlt und sich auf den Klippen festgebissen hatten; oder Fischdampfer, die sich auf der Großen Bank bei Nacht und Nebel gerammt hatten. Mitunter liefen wir auch nach Halifax, wenn wir nämlich einen großen Fisch an der Leine hatten, einen Frachter meinetwegen, dem die See das Ruder weggeschlagen hatte oder der mit zusammengebrochener Maschine auf dem Dampfertreck trieb.

Aber ihr sollt nicht denken, daß wir nicht auch Tage und Wochen untätig vor Anker lagen. Selbst im Winter gibt es auf der nordatlantischen Bühne erholsame Pausen, nur daß sie nicht jedem willkommen sind. Ein Bergungsschlepper – denkt darüber, wie ihr wollt – lebt von der Seenot. Und je freundlicher

die Meergötter mit ihren Spielzeugen, den Schiffen, umgehen, um so ungnädiger werdet ihr die Herren der Bergungsschlepper sehen.

Zu dieser Sorte gehörte Kapitän Vermeulen. Ein richtiger alter Seebär. Dazu ein Junggeselle aus Überzeugung, wahrscheinlich, weil er die Ehe als eine ununterbrochene Schönwetterperiode fürchtete, die einen Mann umbringen würde, der erst so recht in Fahrt kommt, wenn das Barometer auf Sturm steht. Sein Alter ging mit unserem Jahrhundert, aber seit seiner Schiffsjungenzeit hatte er sein Leben – abgesehen von den unangenehmen Unterbrechungen auf der Seefahrtschule – auf Schleppern zugebracht. Nach seinem Glauben war dies der einzige Platz auf der Welt, wo ein Mann noch etwas gilt und er am sichersten ist vor den Leuten an Land und den Versuchungen des Teufels. Eine ungewöhnliche Lebensbetrachtung für einen Seemann, zugegeben, aber Kapitän Vermeulen war in mancher Beziehung ungewöhnlich. Er wurde nicht müde, uns, seine Untertanen, zu bekehren. Freilich ohne Erfolg.

Dabei war er alles andere als ein Sauertopf. Die untere Schublade seiner Koje hielt er vollgestaut mit Flaschen – zur Verbesserung der Stabilität des Schleppers, wie er erklärte. Diesem privaten Ballasttank widmete er denn auch besondere Aufmerksamkeit, vor allem bei schwerem Wetter. Dazu kam, ebenfalls vom Sturm entfacht, seine Liebe zum Gesang. Wenn er selbst auch nur ein Organ wie ein heiseres Nebelhorn hatte, so wußte er doch eine schöne Mannesstimme zu schätzen. Er besaß einen Stapel Schallplatten mit Arien aus beliebten Opern. Er konnte das Grammophon in der Mitte seiner Kammer kardanisch aufhängen, drei Fuß unter der Decke. Dieses Patent, sein eigenes übrigens, erlaubte es ihm, selbst im Zentrum eines Orkans sich seine Lieblingsgesänge zu Gemüte zu führen. Und solange solche Töne aus der Kapitänskammer drangen, durfte jedermann an Bord gewiß sein, daß der Alte sich an Leib und Seele wohl fühlte.

Vermeulen veranstaltete seine Konzerte gewöhnlich bis zum dritten Tag nach einer siegreichen Heimkehr – und er kam fast immer mit einem Erfolg in den Hafen zurück. Dann aber begann sein Gemüt sich bald zu verdüstern, und in seiner Kammer wurde es still wie in einer Klosterzelle. Ihm fehlte die stürmische See.

So war es auch damals in St. John's. Seit Tagen sahen wir Vermeulen nur bei den Mahlzeiten in der Messe, wenn er, eine ganze Breitseite des Tisches beanspruchend, mit leidendem Ausdruck, doch auch mit beneidenswertem Appetit, unheimlich große Portionen in sich hineinschaufelte, ohne mehr von sich zu geben als ein kurzes brummiges Gebet nach dem Essen. Darauf verschwand er wieder in seiner Kammer, um auch sein seelisches Gleichgewicht – ihr versteht: aus dem Keller seiner Koje – bis zur nächsten Tischrunde wiederherzustellen. Den längsten Teil des Tages verdöste er auf dem Ledersofa, erschien aber zwischen zwei Nickerchen immer wieder auf der Brücke,

wo er eine Weile zwischen Backbord und Steuerbord in geblümten Pantoffeln hin- und herschlurfte, die Augen halb anklagend, halb flehentlich zum Himmel gerichtet – gegen einen Sturmhimmel, grau, schmutzig wie eine verschlissene Persenning. Die Schwaden flogen niedrig von Nordwesten her über die Hügel von St. John's und die Bucht dem offenen Ozean zu. Wir brauchten keine Wetterkarten, um zu wissen, daß auf Schiffen zwischen Kap Race und Irland der Teufel los war. Das Barometer fiel und fiel. Das Wetterschiff der Coast Guard auf Station Coca, fünfhundert Seemeilen ostsüdost der Großen Bank, meldete Orkan mit Wellen so hoch wie ein vierstöckiges Haus.
Aber niemand rief nach einem rettenden Engel. Wir waren nicht gefragt, Gott sei's geklagt! Warum zwang er diese Meeresheiden nicht ein bißchen in die Knie und ließ sie um Hilfe heulen, um einen Bergungsschlepper? Er, Kapitän Pieter Paul Vermeulen, würde dann zur Stelle sein, als ein Werkzeug des Himmels, um sie im letzten Augenblick vor der ewigen Verdammnis zu bewahren – jedenfalls vorläufig. Warum trichterte er ihnen nicht Angst ein, um sie über den nächsten Hafen hinaus denken zu lassen – an den allerletzten, in dem Petrus der Hafenkapitän ist? Warum wurden sie nicht daran erinnert, daß sie auf trügerischen Planken lebten, auf einem Gebilde von Menschenhand?
Aber der liebe Gott schien seine Chance verpassen zu wollen, auf der internationalen Seenotwelle war nichts los. Vermeulen grollte und geriet allmählich in Wut. Er war eben wie ein Kampfstier, den es in die Arena drängt.
Anders wir übrigen Männer der PERSEUS. Es wäre nicht ehrlich, zu behaupten, wir Schlepperleute fühlten uns am gemütlichsten bei hartem Wetter. Nichts davon! Aber St. John's ist, wie ich schon sagte, nicht Amsterdam. Es lockte uns nichts von Bord; außerdem mußten wir uns ja bei »trächtigem Wetter«, wie Vermeulen Nebel und Zyklone umschrieb, immer klar zum Ankerhieven halten.
Und so spielte ich nach dem Abendbrot eine Partie Schach mit van Huizen. Er war Zweiter Steuermann auf der PERSEUS und seit etwa zwanzig Monaten an Bord. Er hatte die Figur eines Geldschranktransporteurs, und wenn ich sage, er konnte mit einer Hand eine Klüse abdichten, so ist das nur wenig übertrieben. Aber er war ein Kind, ein Kind von achtundzwanzig Jahren, und gehörte zu den Seeleuten, die immerfort mit einem Bein an Deck und mit dem anderen an Land stehen, ein Träumer zwischen zwei Welten, der nassen und der trockenen. Er war seit einigen Monaten verheiratet, konnte mit dieser Tatsache aber nicht fertig werden. Er hatte sich darauf eingelassen, als wir von einer langen Schleppfahrt – mit einem Saugbagger von Lübeck nach Soerabaja und dann zurück mit einem ausgebrannten Tanker – heimgekehrt waren. Früher hatte er sich nach solchen Reisen von einem Kino ins nächste gestürzt, besessen von dem Wahn, er habe das Leben während der einsamen Monate auf See verpaßt und müsse nun alles Entgangene, seiner Phantasie

Entsprossene nachträglich erleben. Er bevorzugte Filme, die in einem hochherrschaftlichen Milieu spielten, in feiner Gesellschaft, mit Helden, in denen er sich selbst zu erkennen wähnte. Hatte er auf diese Weise Anschluß an das »wahre« Leben gefunden, wurde er aktiv: Er mietete einen amerikanischen Wagen, logierte sich im vornehmsten Hotel Amsterdams ein, kleidete sich ein wie ein Mann von Welt und versuchte einen Roman einzufädeln, in dem er eine glorreiche Rolle spielen wollte. Ihr könnt euch vorstellen, wie es jedesmal ausging, bevor es überhaupt begonnen hatte. Ein altes Lied! Wenn wir Hoek van Holland an Steuerbord passierten, zur nächsten Reise, stand van Huizen am Heck und spuckte ins Schraubenwasser, geladen mit bitterem Groll auf die Menschheit und einem Rest von zehn Gulden in der Tasche. Das Land hatte ihm alles geraubt: die Heuer und seine Illusion, ohne ihm etwas Nützliches dafür zu geben. Doch: einen Tritt!
Indessen hielt bei van Huizen die »Die-Welt-ist-zum-Bespeien-Stimmung« nur so lange an, wie man Land riechen konnte. Hatten wir erst den Englischen Kanal achteraus und schwammen auf tiefem blauem Wasser, machte er die Runde durch die Mannschaftsräume und hamsterte Lektüre, mit der er die leere Batterie seiner Phantasie wieder aufladen konnte: Romanhefte, das Stück für einen halben Gulden.
Und nun hatte er also Hals über Kopf geheiratet, ein Roman hatte endlich ein Happy-End ergeben. Zum Glück war er keinem zwielichtigen Weib auf den Leim gegangen, sondern an ein dralles, resolutes Mädchen aus Haarlem geraten, Tochter eines Lehrers. »Ich habe meine Leine am richtigen Poller belegt«, sagte er stolz, als er aus dem kurzen Flitterwochen-Urlaub zurückkam.
Gleich darauf gingen wir auf eine Reise nach Lissabon mit einem Schwimmkran und brachten von dort einen zum Verschrotten bestimmten alten Kohlenpott zurück. In der Biskaya trafen wir stürmisches Wetter an, mit dem leeren Kasten im Schlepp wurde es eine elende Plackerei. Wir waren froh, als wir ihn in Vlissingen abgeliefert hatten. Anschließend verholten wir nach Rotterdam. Und da, als wir festmachten und van Huizen seine Angetraute auf der Pier stehen sah, eingekeilt in dem winkenden Spalier biederer Seemannsfrauen mit ihrer Kinderbrut im Wagen, an den Mantelschößen oder auf den Armen, alle begierig, ihren heimkehrenden Männern die Socken zu stopfen und Hemden zu flicken, ihnen in Wochen aufgestauten Klatsch und kleinliche Sorgen auszuschütten und sie für die Hafenzeit in ihren vier Wänden bei Kaffee und Keks gefangenzusetzen – da wußte van Huizen, daß auch ihm nichts anderes blühen würde. Wahrlich, nicht das Übelste für einen wackeren Fahrensmann; aber diesen Narren überkam die Verzweiflung wie einen Kapitän, der ein Leuchtfeuer verwechselt hat und mit seinem Fahrzeug auf eine Untiefe geraten ist, von der ihn niemand herunterholen kann. Seitdem mied van Huizen Kintopp und Bücher. Er hatte sich in sein Schicksal ergeben.

Dafür spielte er leidenschaftlich um den Sieg am Schachbrett. Er spielte ruhig, überlegt: ein eiskalter Taktiker, der sich nie überrumpeln ließ. An jenem Abend in St. John's nun, als die Geschichte begann, die ich erzählen will, verblüffte er mich mit planlosen Zügen. Statt wie gewöhnlich anzugreifen, ging er in die Verteidigung. Er machte einen zerstreuten Eindruck, als sei er mit seinen Gedanken weit fort. Wo? Ich wußte es nicht; ich sah nur, daß sie ihn bedrückten. Um die Partie in die Länge zu ziehen, warnte ich ihn vor dem drohenden Verlust seiner Dame, die er leichtsinnig in eine gefahrvolle Stellung manövriert hatte.

»Vielleicht bin ich bald für immer mattgesetzt«, murmelte er mit düsterer Stimme, mehr für sich als zu mir. Als ich ihn fragte, was er damit meine, versetzte er dem Brett einen Stoß, daß die Figuren durcheinanderpurzelten. Ich wollte ihn für sein Verhalten beschimpfen, kam aber nicht mehr dazu, denn in diesem Augenblick trampelten Schritte die Treppe zu unserem Wohndeck herab auf die Tür meiner Kammer zu. Es war ein Matrose. Noch ehe er, ohne anzuklopfen, seinen Kopf hereinsteckte, ahnte ich, daß unsere Stunde geschlagen hatte.

»Sofort auslaufen!« rief er. »Kapitän erwartet Sie auf der Brücke!«

Ich fragte ihn, ob er wisse, was los sei.

»Ich habe nur gehört, wie der Kapitän in den Maschinenraum runtertelefoniert hat. In zehn Minuten Anker auf! Ich muß noch den Bootsmann wahrschauen.« Und weg war er.

Van Huizen und ich machten, daß wir auf die Brücke kamen. Im Kartenraum empfing uns Vermeulen mit ausgebreiteten Armen, als mochte er uns ans Herz drücken. »Wir wollen ein Tänzchen wagen, Jungens«, sagte er strahlend. »Seht her, wo die Braut wartet. Eine griechische!« Er hatte die Seekarten von Neufundland und dem nordwestlichen Atlantik auf dem Kartentisch ausgebreitet. »EVVOIA heißt sie, treibt ungefähr zweihundertsiebzig Seemeilen südsüdöstlich von Kap Race manövrierunfähig. Aus welchem Grund, hat sie nicht gemeldet.« Er drückte den Daumen seiner rechten Hand auf die Position.

Ihr hättet ihn sehen sollen, so, wie ihn der Funkspruch aus der Koje gescheucht hatte: in einer langen, weißen Unterhose, darüber ein prall gespanntes Ringertrikot, grün wie die Nordsee, und eine graue Strickweste – selbstgestrickt – und dazu seine struppigen silbrigen Haare . . . Nicht gerade königlich war er anzuschauen. Alles in allem aber bot er auch in diesem Aufzug ein Bild strotzender Mannhaftigkeit.

»Hat sie schon SOS gegeben?« wollte ich wissen.

»Noch nicht«, antwortete Vermeulen. »Aber der Kapitän hat andere Schiffe um ihre Position gebeten und sie aufgefordert, ihn einzupeilen. Das läßt darauf schließen, daß er bald um Beistand bitten wird.« Darauf befahl er mir, mich an Deck zu begeben und zu kontrollieren, ob auch alles seefest gezurrt

war. »Ich denke, wir werden uns ein bißchen tummeln müssen!« Wenn Kapitän Pieter Paul Vermeulen so redete, stand uns Schlimmes bevor.
Ich wollte gerade an die Arbeit gehen, als Dijkstra, der Funker, mit einer neuen Nachricht von der EVVOIA kam. Wir erfuhren, daß sie mit achttausend Tonnen Kohle von Newport News in Virginia unterwegs nach Göteborg war und daß schwere Brecher ihr zwei Luken eingeschlagen hatten.
Eine Weile blieb es ganz still, während Vermeulen nachdenklich auf den Zettel in seiner Hand starrte. Plötzlich sagte van Huizen: »Dann hat es wohl keinen Sinn, auszulaufen. Bis wir sie erreichen, ist sie untergegangen.«
»Ah, sieh einer an, wir haben einen Propheten an Bord!« Vermeulen hatte eine Art, Leute anzusehen, die ihn belehren wollten, daß man ihm hätte an die Gurgel springen mögen.
Aber van Huizen blieb respektvoll. »Dazu braucht man keiner zu sein, Kapitän«, sagte er ruhig. »Ein Kohlenkasten mit eingeschlagenen Luken hat bei schwerer See keine Chance, wenn er nicht mehr manövrieren kann.«
»Willst du mich beleidigen, mein Jungchen?« fragte der Alte. Die beiden standen beinah in Tuchfühlung, zwei Klötze von Männern. Sie füllten fast den ganzen freien Raum. Ich war gespannt, wer als erster explodieren würde.
»Nein«, antwortete van Huizen, »aber ich könnte es nicht verstehen, wenn Sie uns alle ohne Aussicht auf Erfolg in Gefahr bringen würden, und den Schlepper dazu.«
»Du hast Angst, Jan«, erwiderte Vermeulen, »das hättest du gleich sagen können.«
»Mußten Sie sich jemals über Mangel an Mut bei mir beklagen?«
»Wann hattest du denn Gelegenheit, dich als Held zu zeigen, he? Aber jetzt hast du wohl vergessen, daß du auf einem Bergungsschlepper bist!« Der Alte hatte einen nachsichtigen, ja väterlichen Ton angeschlagen, vor dem van Huizen kapitulierte. »Du hast die erste Wache! Geh und mach dich klar.« Van Huizen ließ sich wie ein Kind mit sanfter Gewalt hinausbugsieren.
»Sie dürfen es ihm nicht übelnehmen, Kapitän«, sagte ich, als Jan verschwunden war. »Ich glaube, er ist mit sich ein bißchen durcheinander. Haben Sie nicht selbst vor langer Zeit einmal zu mir gesagt: Für jeden guten Schleppersmann kommt die Stunde, wo er am liebsten über Bord springen möchte? Ich fürchte, bei van Huizen ist es soweit.«
»Ich hoffe, daß ein so tüchtiger Seemann wie van Huizen der Versuchung widersteht«, brummte der Kapitän. Dann schob er auch mich hinaus zu meinen Pflichten.
Zehn Minuten später gingen wir ankerauf. Es lag eine Menge Fahrzeuge in der Bucht, die dort Schutz gesucht hatten. Bei ihnen war wohl niemand an Bord, der uns beneidet hätte, als wir die Ausfahrt dicht unter Fort Amherst passierten und seewärts steuerten. Es war gegen zweiundzwanzig Uhr.

Solange wir nach Süden hielten, in Lee der Avalon-Halbinsel, kamen wir noch flott voran, dreizehn Knoten oder vierzehn. Gegen vier Uhr morgens hatten wir die Höhe von Kap Race erreicht. Inzwischen kannten wir die genaue Position der EVVOIA. Sie stand mit mehreren Schiffen in Funkverbindung. Zwei von ihnen hatten ihren Kurs geändert, um ihr zu Hilfe zu kommen: ein britischer Passagierdampfer auf der Reise vom Englischen Kanal nach New York und der Coast Guard Cutter CHINCOTAGUE. Er war am Tage vorher als Wetterschiff auf Station Delta abgelöst worden und auf der Heimreise nach Norfolk. Wie alle Schiffe seiner Klasse war er stark und äußerst seetüchtig, mit einer Crew, die auf Rettungsaktionen gedrillt war und vor nichts zurückschreckte, wenn es um Menschenleben ging.

Es wurde sehr spät morgendämmrig, und dabei blieb es. Eine dichte finstere Wolkenmasse versperrte dem Licht des Tages den Weg; sie hing so tief herab, daß die Kämme der See sich mit ihr zu vereinigen schienen und Hand in Hand nach Südosten jagten, so jedenfalls sah es aus.

Nun, im offenem Seeraum, wo Wind und Wellen freie Bahn hatten, mußten wir unsere Seebeine vorführen. Denkt euch einen tiefgepflügten Rübenacker mit blanken schwarzen Schollen, deren Kuppen der erste Schnee gestreift hat – stellt euch dieses Schollenmeer in wogender Bewegung vor, und mitten darin einen Käfer, der es zu kreuzen versucht. Der Käfer war unsere PERSEUS.

Sie war ein bulliges Schiff, man durfte ihm allerhand zumuten. Es nahm schwere Schläge hin, ohne zu beben. Wenn es einen schäumenden steilen Hang einer Woge hinaufgeschleudert wurde, warf es sich dem Wasser so ungestüm in die Arme, daß es zu beiden Seiten hochauf gischtete. Für einen Augenblick taumelte es auf dem zerfetzten Rücken einer See und rutschte in der nächsten Sekunde kopfüber wieder in einen Abgrund, aus dem es sich ohne zu zögern zu einem neuen Anlauf aufraffte.

Wir nahmen viel Wasser an Deck. Es brach über die Back, stieg über die niedrige Verschanzung der Bordwände und überrollte uns von achtern. Wie sich die PERSEUS auch schüttelte, ob sie stampfte und rollte, sie wurde es nicht los. Ihr weites Achterdeck war wie ein flacher Waschbottich mit kochender, schäumender Seifenlauge. Wir konnten nichts tun als versuchen, auf dieser infernalischen Berg-und-Tal-Bahn den Kurs zu halten und unsere Knochen zu bewahren. Schlafen? Nur ein Akrobat wäre in die Koje gekommen, doch nur so lange darin geblieben, wie sich ein Cowboy auf dem Rücken eines ungezähmten Prairiehengstes behauptet. Und Essen? Du lieber Himmel! Der Koch wäre bei der Arbeit in der Kombüse von seinen Töpfen zu Tode bombardiert worden.

So brachten wir Seemeile um Seemeile hinter uns. Wir kamen nur noch langsam voran, acht oder neun Knoten. Ach, wüchsen doch einem Bergungsschlepper Flügel, wenn er der rettende Engel sein soll!

Seit zehn Uhr morgens war die EVVOIA nicht mehr allein. Der britische Liner hatte den Havaristen als erster erreicht; bald darauf war der Cutter dazugestoßen und hielt sich nun bereit, in Lee des Ozeanriesen die Besatzung des Griechen abzubergen, wenn es sein mußte. Dijkstra hörte den Verkehr zwischen den drei Schiffen ab. Man rechnete mit einer Wetterbesserung im Laufe des Nachmittags, und Kapitän Konstantinopoulos hoffte, sein Schiff nicht unbemannt uns Holländern in die Hände fallen lassen zu müssen. Es macht nämlich einen Unterschied, ob ein verlassenes Schiff geborgen oder ein noch bemanntes mit fremder Hilfe aus Seenot gerettet wird, denn danach wird unser Lohn bemessen.
Tatsächlich fing das Barometer gegen Mittag zu klettern an, und damit stiegen auch unsere Chancen. »Bis wir sie erreichen, haben Wind und Seegang nachgelassen«, meinte Vermeulen zuversichtlich. »Wir können sie dann gleich auf den Haken nehmen.« Er hatte kaum ausgesprochen, als Dijkstra ihm einen neuen Funkspruch vorhielt: »Schiff droht zu sinken. Lage hoffnungslos. Besatzung geht in die Boote.« Und wir konnten vor dem nächsten Morgen nicht zur Stelle sein!
Vermeulen las die Botschaft, ohne eine Miene zu verziehen, und stampfte sodann nach Steuerbord auf die offene Brücke hinaus. Dort blieb er eine Weile allein, blickte mit zusammengekniffenen Augen voraus und ließ sich vom Spritzwasser das Gesicht waschen. In seinem prall sitzenden dunkelgrauen Gummimantel sah er aus wie ein triefendes Nilpferd.
Ich trat zu ihm, weil ich glaubte, ihm könne vielleicht an meiner Meinung gelegen sein. Er rückte auch unverzüglich mit seiner Überlegung heraus: »Vielleicht hat van Huizen recht gehabt«, sagte er.
Genau dasselbe ging auch mir durch den Kopf. »Werden Sie umkehren, Kapitän?« fragte ich.
Er wich einer Antwort aus und wollte stattdessen wissen, ob ich Kapitän van Straaten von der FLEVOLAND gekannt habe.
»Nur von ihm gehört«, antwortete ich, ohne mich daran erinnern zu können, ob es etwas Gutes oder Schlechtes gewesen war.
»Van Straaten ist einmal auf halbem Weg umgekehrt, als er einen ähnlichen Funkspruch bekam. Aber das verlassene Schiff – ein Italiener war's, mit einer Million-Dollar-Stückgutladung – sank nicht, und mit dem goldenen Vogel ist dann ein Hamburger Schlepper abgezogen.« Der bloße Gedanke, daß es ihm ebenso ergehen könnte wie seinem unglückseligen Kollegen, schien ihm den Magen umzukehren.
»Dafür haben andere Kapitäne oft genug eine leere See vorgefunden und Zeit und Geld nutzlos verpulvert«, warf ich ein.
Meine Worte zeigten keine Wirkung. Oder doch? Er hob plötzlich die vier Finger seiner verstümmelten Rechten – den Daumen hatte ihm in jungen Jahren eine Stahltrosse abgequetscht – mahnend gen Himmel und verkün-

dete leidenschaftlich: »Ohne Risiko kein Erfolg!« Ich hätte mich nicht gewundert, wenn er hinzugefügt hätte: »Das steht im Evangelium!«
»Und ohne Erfolg keine Bezahlung«, parierte ich in der gleichen Tonart. Mit einer gebieterischen Gebärde unterdrückte der Alte jede weitere Diskussion und entschied: »Wir bleiben auf diesem Kurs, bis wir Gewißheit haben. Basta!«
Es mag zwei Stunden später gewesen sein, als die CHINCOTAGUE den Seenotfall für beendet erklärte. Die Männer des Cutters hatten die Griechen im Schutze der großen britischen Schwester geborgen – vierunddreißig Seelen. Das hört sich einfach an. Aber stellt euch vor: die Wellen liefen zehn bis zwölf Meter hoch. Da haben starre Rettungsboote wenig Chancen, heil zu Wasser zu kommen. Und wenn doch, so werden sie oft an der Bordwand zerschmettert, bevor sie ablegen können. Doch für solche Nöte war die CHINCOTAGUE gerüstet. Ihr Kommandant ließ zwei große Schlauchboote bemannen. Daß sie die Leute von der EVVOIA holten, allesamt mit heiler Haut und ungebrochenen Knochen, war ein seemännisches Heldenstück – und doch nur eines von vielen, wie sie sich alle Tage irgendwo auf den Meeren abspielen, unbeachtet und schnell vergessen, weil ein Seemann nicht gerne viel Worte darüber verliert, was er für seine Pflicht hält.
Nun, auch der Passagierdampfer hatte getan, was er konnte, und lag wieder auf Kurs nach New York. Die Yankees hingegen drückte kein Fahrplan; sie hielten sich in der Nähe des Wracks, um die Griechen wieder auf ihre Planken zu schaffen, wenn die EVVOIA wider Erwarten am Leben bleiben und das Wetter handig werden sollte.
Aber diese Hoffnung des Kapitäns Konstantinopoulos machte Washington-Radio bald zunichte: Das amerikanische Wetterbüro verbreitete eine neue Sturmwarnung und sagte für die kommende Nacht vollen Orkan voraus. Wozu sollte die CHINCOTAGUE da noch ausharren? Also gab sie uns noch einmal die genaue Position des Havaristen und machte, daß sie wegkam, ohne uns im Zweifel darüber zu lassen, daß der verlassene Frachter mit schwerer Schlagseite in der See liege und einen neuen Sturm unmöglich überstehen werde. Sie hatten sogar den Nerv, uns Gute Nacht zu wünschen!
Die Coast Guard hatte sich kaum zehn Minuten von der Bühne verdrückt, als Washington-Radio in einem Funkspruch alle Schiffe vor dem treibenden Wrack warnte und sie aufforderte, danach Ausschau zu halten und, wenn es gesichtet werde, dies sofort zu melden.
Nun, das wollten wir schon gerne tun. Ob aber das Wrack noch schwamm, wenn wir beim ersten Licht des nächsten Tages – nach einer schlimmen Nacht, glaubt mir! – an der Stelle auftauchten, wo man es seinem Schicksal überlassen hatte, das mochte der Himmel wissen. Es wehte noch immer hart aus West bis Nordwest, und der Anblick der See war nichts für bange Gemüter. Von der Brücke eines Fünfzigtausendtonners schaut man auf die höch-

sten Seen hinab, ehrfürchtig zwar, doch ohne Furcht, mit dem stolzen Gefühl des Menschen, der sich über die Kräfte der Natur erhoben hat – wie er sich einbildet. Und selbst an der Brückenreling eines mittleren Frachters, wo der Wachoffizier dem brechenden Kamm einer Woge sozusagen Aug in Aug gegenüber steht, wiegt er sich in Sicherheit wie vor dem Käfig eines brüllenden Raubtiers.
Auf einem Schlepper dagegen! Im Schatten einer atlantischen Woge duckt sich der Seemann vor seinem Herrn; wenn er sich plötzlich eingekesselt sieht und ihm der Boden unter den Füßen wegsackt und ein Wall aus Wasser aufsteigt wie ein Bergrücken aus schwarzem glänzendem Wasser, wenn die Woge wächst und wächst bis zur Höhe der Mastspitze und donnernd heranrollt, dann bleibt ihm das Herz stehen, ihm stockt der Atem, und der Schrei um Gnade erstirbt ihm auf den Lippen. Ich selbst habe – ich bekenne es – in solchen Augenblicken gezittert und gehofft, Gott möge uns nicht strafen für den Übermut, uns auf sein Meer hinausgewagt zu haben.
Mit unserem Radar konnten wir nicht viel anfangen, solange die See höher lief als der sich drehende Reflektor und der Schlepper so wild arbeitete, daß die ausgestrahlten Impulse, selbst wenn wir auf einer See ritten und sich unser Gesichtskreis für wenige Sekunden weitete, kaum ein Ziel erfaßten.
Kapitän Vermeulen, van Huizen und ich suchten mit unseren Ferngläsern die Kimm ab. Die Sicht war miserabel, keine drei Seemeilen. Wie sollten wir da ein halb abgesoffenes Wrack ausmachen – vorausgesetzt, daß es noch nicht unter der Meeresoberfläche verschwunden war, gegen alle Erwartungen. In diesem Falle mußte es über Nacht ein gutes Stück mit Strom und Sturm vertrieben sein, und wir konnten nur versuchen, seiner unsichtbaren Spur zu folgen.
»Ich wette, sie liegt längst in Neptuns Keller«, behauptete van Huizen hartnäckig, als wir bis Mittag noch kein Glück gehabt hatten.
Vermeulen nickte dazu: »Möglich, sogar wahrscheinlich«, meinte er. »Trotzdem, ich würde nicht einen halben Gulden darauf setzen.«
»Der Kapitän der Evvoia hat gewußt, was er tat«, erwiderte van Huizen brummig. »So schnell gibt man sein Schiff nicht auf. Der Kasten war bereits im Sinken, als die Mannschaft ihn verließ, sonst wären sie an Bord geblieben.«
Diesmal nahm Vermeulen die Besserwisserei des Zweiten Steuermanns freundlich hin. »Ja ja, mein Junge«, sagte er zu Jan, »das hört sich ganz verständig an. Aber auch du wirst noch erfahren, daß in unserem Geschäft Zuversicht manchmal weiter führt als kaltes Überlegen.«
Wir blieben zu dritt auf Ausguck. Vermeulen hatte dazu noch zwei Matrosen auf das Peildeck, der offenen Plattform über dem Brückenhaus, beordert und jedem einen Sektor zugeteilt. Er selbst richtete sein Glas voraus. Uns brannten bald die Augen vor Anstrengung und auch vor Müdigkeit.

Kurz vor zwei Uhr nachmittags – ich war gerade dabei, die meteorologischen Instrumente für die Eintragung ins Logbuch abzulesen – stürzte Dijkstra aus der Funkstation, raste wie eine Rakete an mir vorbei auf die Brücke und brüllte, so laut er konnte: »Sie schwimmt noch!«

Die Meldung stammte von einem schwedischen Erzfrachter, der die EVVOIA zehn Minuten zuvor gesichtet hatte, ungefähr zwanzig Seemeilen von unserem Standort entfernt, ostnordost. Wir hatten uns also in ihrer Driftrichtung verschätzt. Never mind! Hauptsache, sie war noch zu haben. Und als sei diese Entdeckung noch nicht Glücks genug: der Himmel wurde plötzlich heller, die Luft klarer, die Sicht weiter, und das Barometer begann schnell zu steigen.

»Drei Strich Backbord!« gebot Vermeulen dem Mann am Ruder. Wie ein Truthahn plusterte er sich auf. Ich dachte: gleich wird er vor Genugtuung platzen! Ich gönnte ihm den Spaß. In seiner Überlegenheit nahm er van Huizen aufs Korn und traktierte ihn mit groben Witzen. Jan war dazu nicht aufgelegt, er machte ein beleidigtes Gesicht. Ich glaube, er nahm es der EVVOIA übel, ihn ins Unrecht gesetzt zu haben. Er verließ wortlos die Brücke. Vermeulen lachte dröhnend hinter ihm her.

Inzwischen lagen wir auf dem neuen Kurs. Vermeulen beobachtete eine Weile die Bewegungen seines Schiffes, dann zwinkerte er mich aus seinen kleinen Äuglein an und sagte ernst: »Die Rollperiode will mir nicht behagen, Willem. Ich glaube, ich muß die Stabilität der Schiffslage ein bißchen verbessern.« Nach diesen Worten zog er sich in seine Kammer zurück, um den Sieg seiner Hoffnung über unsere Kleingläubigkeit zu feiern, auf seine Art, versteht sich. Diewiel sich die PERSEUS durch die See quälte, abwechselnd vorne und hinten hochging, während die Wasser brausten und uns die Lüfte in den Ohren sausten, stimmte Vermeulen in das Furioso der Elemente mit seinem Grunzbaß ein, fortissimo, damit wir im Ruderhaus daran teilnehmen konnten. Als ihm die Stimme schließlich brach, spielte er uns mit dem Grammophon auf.

Der Wind flaute schnell ab, und der Schlepper arbeitete allmählich weniger heftig. Die Wolkendecke platzte an vielen Stellen gleichzeitig und gab Gucklöcher frei in einen blaßblauen Himmel. Und plötzlich brach die Sonne durch, halleluja! Es schien mir wichtig genug, es dem Kapitän zu melden.

Der Alte saß auf seinem abgewetzten Ledersofa, in seinem Strickwams, aber die Füße noch in den Seestiefeln. Er hatte sich an dem festgeschraubten Tisch verankert, indem er seine Knie um den Stempel klammerte und mit den Händen an den Ecken Halt suchte. Er bemerkte mich nicht, als ich eintrat. Sein Gesicht war aufwärts gerichtet, mit geschlossenen Augen und still verklärt. Es war die Musik, die ihn entzückte.

Das Grammophon hing an Bändseln, Ringen und Spiralfedern, ungestört von den kippenden und drehenden Kräften, die aus dem Schiff einen Schüttel-

becher machten. Die feierlichen Akkorde, die menschliche Stimme, die das Ding von sich gab inmitten dieser polternden, klirrenden, in allen Fugen ächzenden Umgebung – diese Töne aus einer fremden Welt waren in diesem Augenblick ebenso erhaben wie lächerlich.
»Die Sonne ist da, Kapitän!« sagte ich laut, um Vermeulen in die Wirklichkeit zurückzurufen. Er wendete mir den Kopf zu, funkelte mich strafend an und gebot mir, indem er den Finger an die Lippen legte und dann auf den Apparat deutete, zu schweigen und der Stimme zu lauschen, die aus voller Brust sang: »O selig, o selig, ein Kind noch zu sein!« Doch, zum Teufel, ich hatte wenig Lust, mich zu erbauen. Der Alte gehörte auf die Brücke. Also rief ich in die Arie hinein: »Das Wrack muß gleich in Sicht kommen!«
Kein anderes Wort hätte ihn schneller aus seiner Verzauberung erlösen können. Mit einem Ruck stand er auf seinen kurzen Beinen, zwängte seine Leibesfülle aus der Klemme zwischen Sofa und Tischkante und stürzte aus der Kammer, es mir überlassend, die Platte zu stoppen.
Den Alten hatte das Bergungsfieber gepackt. Von dieser Stunde an würde er sich weder die Füße waschen noch das Hemd wechseln, bis der Kampf entschieden war – eingedenk der Mahnung eines alten Indianerweibes aus Veracruz, das ihm vor vielen Jahren, als er zum Kapitän eines Bergungsschleppers avanciert war, als Lohn solcher Enthaltsamkeit immerwährendes Bergungsglück prophezeit hatte. So jedenfalls ging die Sage in unserer Flotte. Böse Zungen indessen behaupteten, Vermeulen habe die Legende erfunden, um eine alte, liebgewordene Gewohnheit in ein Opfer zum Nutzen seiner Mannschaft und der Bergungsgesellschaft umzumünzen. Wie dem auch sei: Kapitän Pieter Paul Vermeulen hatte seit seinem ersten Kommando noch niemals vergeblich an Seife gespart. Auf hoher See rochen seine Füße nach Geld.
Wir sichteten die EVVOIA gegen vier Uhr nachmittags. Sie lag fast quer zur See, mit Schlagseite nach Backbord. Wir gingen in Luv nahe heran und machten mit ihr die erste Bekanntschaft. Sie war ein Fünf-Luken-Schiff, wenig über hundert Meter lang, ohne Anmut, ohne Persönlichkeit – ein Schiff aus der großen Zahl braver Trampfahrer, die unstet von Hafen zu Hafen, alle Meere kreuzend, ihren Gelegenheiten nachlaufen wie Vagabunden dem Glück, sich ihr Leben lang schinden lassen wie Packesel und dann eines Tages ruhmlos von der See und aus den Schiffsregistern verschwinden. Wenige unter ihnen werden für einen Augenblick ihrer Geschichte, gewöhnlich für den letzten, ins Licht gestoßen: wenn sie in höchste Gefahr geraten. Man liest dann ihre Namen in den Zeitungen und erfährt beim Frühstück verwundert, daß die See ihre Schrecken noch immer nicht verloren hat. Rettung oder Untergang, Leben oder Tod? Die Nachricht, daß irgendwo auf dem Meer eine Mannschaft um das nackte Leben kämpft und ihr Schiff gegen einen Ozean verteidigt, erregt die Gemüter von Landratten, sofern sie Phantasie besitzen, jedenfalls für eine Weile. Ist ein Schiff von allem Leben verlassen,

kümmert es nur noch die Versicherer, die Bergungsgesellschaft und die Männer des Schleppers, der es in Sicherheit bringen soll.
Nachdem wir das Wrack umrundet hatten, fragten wir uns, warum Kapitän Konstantinopoulos es so schnell aufgegeben haben mochte. Auf dem Achterschiff und mittschiffs schien alles in Ordnung zu sein, die Luken waren unversehrt, ebenso die Deckshäuser. Beide Rettungsboote hingen unbeschädigt in ihren Davits, binnenbords. Nur auf dem Vorschiff entdeckten wir Spuren des Unheils: Luke 2 war eingeschlagen und abgedeckt, Luke 1 zum Teil bloßgelegt. Von der Backbordreling war nichts übriggeblieben, Ventilatorschächte waren geknickt, und das Deckshaus hinter dem vorderen Mast glich einer zerbeulten Konservendose.
Das Schiff torkelte schwerfällig in der See, etwa zwanzig Grad geneigt. Es lag tief im Wasser. Ohne Zweifel hatte es eine Menge davon schlucken müssen; aber es sah nicht danach aus, als habe es nur auf uns gewartet, um sich vor unserer Nase für immer davonzumachen. »Wenn das Wetter vierundzwanzig Stunden friedlich bleibt«, erklärte Vermeulen optimistisch, »werden wir die Kleine schon trockenlegen.«
Doch es war schon zu spät am Tage, die Schäden sogleich unter die Lupe zu nehmen, und bei der hoch laufenden Dünung schienen die Chancen gering, Geräte und Material heil hinüberzuschaffen. Also drehten wir bei, in Luv und achteraus gestaffelt, eine halbe Seemeile entfernt, um so die Nacht verstreichen zu lassen. Die Wolkendecke hielt wieder dicht, doch blieb die Luft klar. Mit Radar kontrollierten wir Peilung und Abstand. Weil uns aber das Echo nichts über den Zustand des Griechen verriet – nur seinen Untergang gemeldet hätte –, beleuchteten wir das Wrack um jede volle Stunde mit dem Scheinwerfer, ohne die geringste Veränderung wahrzunehmen.
Als wir bei Dämmerung wieder in seine Nähe gingen, waren wir guten Mutes. Der Sturm war im Laufe der Nacht zu einer steifen Brise abgeflaut, auch die See lief nur noch grob. Wir konnten an die Arbeit gehen.
Ich hatte mich klargemacht, auf die Evvoia überzusetzen. Jakob de Vries sollte mich begleiten. Er war der Vormann unserer sechs Runner. Runner, das sind handfeste Kerle, ebenso tüchtig als Seeleute wie als vielseitige technische Handwerker. Oft hängt es allein von ihnen ab, ob ein schwer angeschlagenes Schiff überhaupt geborgen werden kann. De Vries war einer der erfahrensten Runner, die je auf einem Bergungsschlepper dienten: ein Mann von dreiundvierzig Jahren, unverheiratet. Er gehörte einer Sekte an, ich weiß nicht welcher, jedenfalls hielt er Kneipen für Tempel des Teufels, rührte nicht einmal Tabak an und schenkte die Hälfte seiner Heuer seinen Glaubensgenossen an Land, auf daß sie gescheiterte Seelen bergen und in den Hafen der Wahrheit bugsieren sollten. De Vries hielt Schiffe für geheimnisvoll beseelte Geschöpfe, mehr als nur im poetischen Sinne; er glaubte, daß auch auf dem Meer der Böse allgegenwärtig sei, begierig, Schiffe zu verschlingen.

Was Wunder, daß de Vries jederzeit bereit war, sein Leben aufs Spiel zu setzen, um ein havariertes Fahrzeug über Wasser zu halten. Er hielt es für eine fromme Tat zur Ehre des Allerhöchsten.
Wir sollten mit einem Schlauchboot übersetzen. So eine Gummiwanne läßt sich handlich und leicht manövrieren, und sie verträgt die härtesten Stöße. Vermeulen brachte die PERSEUS in die Driftlinie der EVVOIA und ließ sie bis auf eine halbe Kabellänge herantreiben. Dann kommandierte er: »Boot zu Wasser!«
Wir kippten das Schlauchboot über die Reling, sprangen hinein, holten die Vorleine ein und stießen mit den Paddeln ab. Im Maschinenraum tönte die Signalglocke, gleich darauf glitt die Bordwand an uns vorbei: Der Schlepper machte sich vor der herantreibenden EVVOIA rückwärts davon.
Wir enterten das Wrack backbordachtern, in Höhe von Luke 4. Das Boot banden wir an einer Relingsstütze fest. Dann sahen wir uns um. »Sie hat ihre Seele noch nicht aus dem Schornstein geblasen, Mijnheer de Witt«, sagte de Vries, und ich erwiderte: »Dann wollen wir den Daumen darauf halten, damit sie es nicht doch noch tut.« Für solche Scherze hatte de Vries allerdings wenig Verständnis.
Nicht zum erstenmal betrat ich ein mitten im Ozean treibendes menschenleeres Schiff, und auch diesmal tat ich es wieder unter einem leisen Anflug von Scham. Sich eines herrenlosen Gutes zu bemächtigen, dessen Besitzer fliehen mußten, rührt an das Gewissen. Ich brauche jedesmal eine Weile, bis ich mich in der Rolle des Retters wohlfühle.
Zunächst untersuchten wir die Schäden auf dem Vorschiff. Das ganze Eisendeck an Backbord, vom Ankerspill bis zu den Brückenaufbauten, hatte sich um ungefähr fünf Zoll gesenkt und stark gewellt; zwischen Luke 1 und der Reling hatte ein Stützträger aus dem darunterliegenden Laderaum eine Decksnaht durchstoßen und ragte einen Fuß hoch heraus. Die Wunde würde sich mit Zementpackungen leicht schließen lassen. Ich machte mir eine Notiz in mein Arbeitsbuch. Das Deckshaus zwischen den Luken und auch die Brückenfront waren stark eingedrückt, aber das war für uns ohne Belang. Um so mehr würden uns die beiden Luken selbst zu schaffen machen. Auf Luke 1 gähnte ein großes Loch. Damit wollten wir schon fertig werden. Viel schlimmer sah es mit Luke 2 aus: sie war eine offene, lebensgefährliche Wunde. Die EVVOIA hatte nicht den Lukenverschluß aus breiten, massiven Stahldeckeln, die von einem Rand zum andern reichen, dem schwersten Seeschlag trotzen und deshalb heute auf allen Schiffen selbstverständlich sind. Die Laderäume unseres Patienten waren noch auf altmodische Art geschützt, nämlich mit einem flachen Dach aus fünf Zoll starken hölzernen Deckeln, jeder ungefähr fünf Fuß lang und zwei Fuß breit. Von ihnen geht ein rundes halbes Hundert auf einen Lukenschacht. Sie ruhen in mehreren Reihen auf tonnenschweren eisernen Querträgern, den Scherstöcken, die neben-

bei die Aufgabe haben, der über das Deck hinausragenden Lukenumrandung Festigkeit zu verleihen. Um das Ganze wasserdicht zu machen, wird das Lukendach mit seinen hölzernen Ziegeln – wenn ich es so beschreiben darf – mit einer dreifachen geteerten Persenning straff überspannt.
Von alledem war bei Luke 2 wenig übriggeblieben. Von den drei Scherstöcken hatte die See zwei aus ihren Halterungen gelüftet und mitsamt einem Dutzend Lukendeckel auf die Kohlen geschleudert. Einer der Scherstöcke war so verbogen, daß er nicht wieder eingesetzt werden konnte.
Es ließ sich nicht schätzen, wieviel Wasser schon in die offene Luke geschlagen war und die Kohle getränkt hatte. Wir mußten versuchen, sie notdürftig abzudecken, um jeden Preis und so schnell wie möglich. Das Wetter war trügerisch, wir durften nicht auf eine lange Pause bis zum nächsten Sturm hoffen. Die EVVOIA lag vorne tiefer als achtern. Man konnte sich leicht vorstellen, wohin es führen mußte, wenn der offene Kohlentrog noch mehr Wasser schluckte: Das Wrack würde die Nase immer tiefer stecken und der See den Zutritt erleichtern, bis schließlich das Schott zwischen Luke 1 und Luke 2 von den eingedrungenen Wassermassen und dem Gewicht des Kohlenbreis eingedrückt würde. Das wäre das plötzliche Ende, vielleicht genügten ein paar Tonnen Wasser dazu. Ein einziger Brecher konnte die EVVOIA in die Tiefe schicken. Kein Zweifel, daß Kapitän Konstantinopoulos vor dieser Rechnung kapituliert hatte.
Ich schickte de Vries nach vorn; er sollte im Kabelgatt nach Material suchen, mit dem wir etwas anfangen konnten: Tauwerk, Draht, Taljen und andere Dinge. Inzwischen wollte ich mich unter Deck umschauen.
Die Räume mittschiffs waren trocken. Doch welches Chaos in den Kammern! Spinde standen offen, Schubladen waren herausgezogen, auf dem Fußboden lagen Kleidungsstücke verstreut, leere Koffer, Fotografien, Briefe, Magazine und vielerlei Kram. Hier hatte jeder in Panik zusammengerafft, was ihm rettungswürdig schien – gewiß nur unnützes Zeug.
Dann inspizierte ich den Maschinenraum. Der Trimm des Schiffes hatte uns schon von unserem Schlepper aus darauf schließen lassen, daß auch er unter Wasser stand. Die Vermutung bestätigte sich: das Wasser stand mindestens drei, zur Bordwand hin mehr als vier Meter über den Flurplatten. Alle Hilfsmaschinen waren überflutet, nur die Hauptantriebsmaschine ragte in der Mitte des weiten Raumes wie eine Schäre aus der trüben, ölig schimmernden Flut, auf der verloren ein paar leere Kanister, ein Ölfaß und mehrere Blechkannen schwammen. Woher kam das Wasser? Nur ein kleines Leck konnte die Ursache sein. Wir mußten es finden und dichten. Das hieß: pumpen, pumpen, pumpen! Mehr Wasser hinausschaffen, als nachströmen konnte, um allmählich den Raum trockenzulegen und das Schiff zu erleichtern. Doch zum Teufel, dachte ich, das wird nicht ohne Ärger abgehen. Die EVVOIA war mit einer Dampfmaschine und ölgefeuerten Wasserrohrkesseln ausgerüstet. Das

hin- und herschwappende Seewasser hatte die Isolierungen aufgeweicht, und nun trieb das ausgeschwemmte wattige Zeug in dicken Placken wie Quallen im Wasser. Es würde immer wieder die Saugkörbe der Schläuche verstopfen, und das kostet Zeit.

Ich hatte genug gesehen, um zu wissen, was wir benötigten, die EVVOIA zu flicken und schleppfähig zu machen.

Jakob de Vries kam befriedigt von vorn. Er hatte neue Persenninge und einen Stapel Reservelukendeckel entdeckt, dazu Ketten, Spannschrauben und manches andere. Aber er hatte auch eine weniger erfreuliche Mitteilung zu machen: Die Vorpiek, der vorderste und am tiefsten gelegene Raum des Schiffes, stand voll Wasser. Diese nach vorn spitz zulaufende Abteilung im Bug ist vom Unterraum der ersten Luke durch ein Schott getrennt, das Kollisionsschott. Entweder war es gebrochen, oder die EVVOIA war auch am Bug leckgesprungen.

Alles in allem hielten wir uns nicht länger als eine Stunde auf dem Wrack auf. Dann legten wir wieder ab und kehrten wohlbehalten auf den Schlepper zurück.

Vermeulen war in der Zwischenzeit nicht müßig gewesen. Er hatte alle Hände an Deck befohlen und unter seiner Aufsicht das große Materialfloß klarmachen lassen und die Vorbereitungen für den Transport getroffen. Pumpen und Schläuche, Zementsäcke, Schweißapparate, Preßluftflaschen, Benzinfässer, Kanister voll Dieselöl, Vorschlaghämmer, Werkzeugkisten ... ach, wozu soll ich alles aufzählen, was unsere Runner auf dem Wrack brauchten.

Vermeulen erwartete mich ungeduldig auf der Brücke. Nachdem er sich meinen Bericht angehört hatte, zeigte er auf van Huizen, der bei uns stand, und sagte: »Van Huizen wird die Arbeiten leiten!«

»Aber das ist doch meine Aufgabe, Kapitän!« protestierte ich.

»Van Huizen, habe ich gesagt!« schnauzte er mich zornig an. »Er soll die Nuß knacken, und wenn er sich die Zähne daran ausbeißt. Basta! Und nun nicht lange gefackelt, Jan!«

Van Huizen stand ganz verstört da, als habe er nicht begriffen, wie Vermeulen entschieden hatte. Er starrte zwischen dem Alten und mir hindurch – hinüber zur EVVOIA, stocksteif.

»Was stehst du noch herum, Mann?« brüllte Vermeulen, packte den Zweiten Steuermann wie einen widerspenstigen Schuljungen am Kragen und stieß ihn zur Treppe. »Sieh zu, daß du mit dem Floß hinüberkommst!« Und Jan ließ es sich gefallen; er, der sonst bei dem geringsten Anlaß aus der Haut fuhr, er muckte nicht auf. Willig wie ein Schaf zockelte er davon.

Mir hatten Vermeulens Befehl und die unwürdige Szene den Atem verschlagen. »Warum überlassen Sie van Huizen die Verantwortung?« verlangte ich zu wissen, keineswegs im ehrerbietigsten Ton.

»Ich habe meine Gründe«, knurrte Vermeulen.
»Darf man sie erfahren?«
»Sind wir hier auf dem Käsemarkt oder auf einem Bergungsschiff?« Ihm stieg das Blut zu Kopf, und bei Gott, er war nahe daran, auch mich mit einem Fußtritt aufs Achterdeck zu befördern, damit ich das Ablegen des Floßes überwache. Es schwamm bereits längsseit, die Runner hatten die Benzinpumpe, einen Werkzeugkasten und das Funksprechgerät darin verstaut, dazu ein paar Kanister, und alles an den Querverstrebungen festgezurrt. Das übrige sollte nach und nach im Pendelverkehr folgen. De Vries und zwei Runner sollten den ersten Transport begleiten, unter van Huizens Kommando.
»Ablegen!« posaunte Vermeulen durch das Megaphon von der Brücke her. Die EVVOIA war nur noch eine Kabellänge entfernt und trieb schnell auf uns zu. Ich winkte mit der Hand hinauf: Sofort!
Jan war blaß, seine Hände zitterten, als er sich die Schwimmweste umband. Ich zog ihn in Lee des Deckshauses, wo niemand uns hören und Vermeulen uns nicht sehen konnte.
»Was ist mit dir los, Jan? Bist du krank?«
»Laß mich gefälligst in Ruhe«, wies er mich ab.
»Sei ehrlich«, drängte ich ihn. »Hast du Angst? Dann gehe ich. Es ist ohnehin meine Sache.«
»Diesmal bin ich an der Reihe, Willem«, stieß er hastig hervor. »Das Los ist auf mich gefallen. Ich hab' es gewußt von dem Augenblick an, als wir in St. John's ankerauf gingen. Der Alte konnte nicht anders.«
Was sollte ich mit solchen unverständlichen Worten anfangen? »Red wie ein Mann und nicht wie ein Waschweib. Was hast du gewußt?«
»Daß ich von diesem verfluchten Wrack nicht mehr lebend herunterkomme.«
Ich lachte laut auf: »Hast du das geträumt?« Er kam mit den Bändseln an der Schwimmweste nicht zurecht, so durchgedreht war er. Ich mußte ihm helfen.
»Ich hab' es geahnt«, sagte Jan so leise, daß ich ihn kaum verstand, »ich hab' es geahnt, Willem, als wir noch gar nichts von der EVVOIA wußten. Das nächste Schiff ist dein Schicksal – so hat eine Stimme zu mir gesprochen.«
»Du spinnst!«
In diesem Augenblick brüllte der Alte, diesmal wie ein Donnerschlag: »Ablegen, oder ich schlage euch den Schädel ein.«
»Nimm Vernunft an, du Idiot!« Ich schüttelte Jan mit beiden Händen. »Oder wir sind keine Freunde mehr.«
Endlich saß die Schwimmweste fest an seinem Oberkörper. Jan sah mich an, daß es mir wehtat bis ins Herz. Mein Gott, wie konnte Vermeulen diesen Jungen, der sich selbst aufgegeben hatte, auf ein Wrack schicken? Ich wollte zu ihm auf die Brücke und ihn energisch zur Rede stellen. Doch van Huizen

hielt mich zurück. »Leb wohl, Willem, ich muß von Bord.« Er hielt mir die Hand entgegen, und als ich zögerte, sie ihm zu drücken, wandte er sich von mir ab und schwang sich über die Verschanzung ins Floß, in dem Jakob de Vries und die beiden Runner auf ihn warteten. Sie legten sofort ab. Es war allerhöchste Zeit, bis zur EVVOIA war es nur noch ein Katzensprung. Vermeulen zog den Schlepper vor ihr zurück, derweilen wir ein Tau aussteckten, das unser Floß hinter sich herzog. So blieb es mit uns verbunden.

Es ist ein waghalsiges Stück Arbeit für muskelkräftige Akrobaten, aus einem Floß, das an einer Schiffswand wie wild auf- und niederfährt, schweres Gerät auf ein glattes, geneigtes Deck zu schaffen. Van Huizen legte das Depot im Backbord-Seitengang an, zwischen der Relingsverschanzung und den Aufbauten mittschiffs.

Als das Floß entladen war, holten wir es am Tau unbemannt zurück, während van Huizen ein anderes Tau hinterherlaufen ließ, so daß wir von nun an das Floß zwischen beiden Schiffen hin- und herziehen konnten. Gegen elf Uhr war alles Material auf dem Wrack. Der Arbeitstrupp unter Jans Kommando bestand aus sechs Runnern, einem Maschinisten und zwei Matrosen. Um ihre Verpflegung brauchten wir uns nicht zu sorgen. Es gab in den trockengebliebenen Provianträumen des Griechen Lebensmittel und Getränke genug. Da die Kühlanlage ausgefallen war, wären Fleisch und Obst sowieso nur verkommen.

Nach dem letzten Transport ließ van Huizen das Floß frei, wir holten es längsseit und nahmen es an Deck. Die Männer auf dem Wrack mußten nun zusehen, wie sie klarkamen. Wir auf der PERSEUS konnten ihnen nicht viel helfen. Sie kämpften in der vordersten Stellung; unsere Kommandobrücke war das Stabsquartier, in dem Pieter Paul Vermeulen, der alte Bergungsstratege, die nächsten Operationen bedachte.

Der Zweite Steuermann hatte Befehl, zu jeder vollen Stunde über den Stand der Dinge zu berichten. Um dreizehn Uhr konnte er über das tragbare Funktelefon melden: »Benzinpumpe in der Vorpiek, Dieselpumpe im Maschinenraum angesetzt.« Das Ringen um den geschlagenen Kohlenfrachter hatte begonnen.

»Wenn die Pumpen stramm durchhalten«, meinte Vermeulen, »könnten wir ihn morgen früh auf den Haken nehmen.«

»Wohin?« fragte ich.

»Tja, mein lieber Willem, wohin?« Dieser Schlauberger! Ein Name hätte als Antwort genügt, aber das hätte ihn um die Gelegenheit gebracht, sich als Lehrmeister aufzuspielen. »Der nächste Hafen ist St. John's«, begann er seinen Monolog, während er an seiner Nase herumfummelte und sich einige Borsten herauszupfte. »Der Weg ist nur dreihundert Meilen weit. Das Wetter würde es uns schwer machen, aber ich würde Rasmus schon die Zähne zeigen. Der Himmel weiß, daß ich nicht kneife. Doch was zum Kuckuck soll dieser

35

griechische Kohlenkasten in St. John's, frage ich mich. Gewiß, er wäre dort zunächst in Sicherheit, man könnte ihn gründlich kurieren und seine Dampfmaschine wieder zum Leben erwecken. Bueno! Aber bis der Patient entlassen werden kann, ist die Haustür vereist, und er sitzt bis in den späten Frühling hinein in der Falle. Ergo: richten wir unsere Augen nach Osten, auf die Azoren. Ich glaube, der Schöpfer des Himmels und der Erde hat an uns gedacht, als er sie am zweiten Tag aus dem Atlantik steigen ließ.« Bei diesen Worten legte er seine rechte Pranke zärtlich auf die Stelle in der Seekarte, wo die »Inseln des Habichts« als kleine, graue Flecke verzeichnet waren.
Fürwahr, die Azoren sind für Hochseeschlepper ein idealer Stützpunkt: sie liegen am südlichen Rand der Sturmbahnen, mitten in einem Netz transatlantischer Seestraßen, die sie mehr oder weniger nahe passieren – zwischen dem Englischen Kanal und Amerika oder nach Afrika und weiter um das Kap. Seht euch nur die Karte an!
»Tausend Seemeilen bis Horta«, fuhr der Alte fort, »das sind tausend näher an Europa. Für diesen Weg sprechen bessere Wetteraussichten und der Golfstrom, er schiebt kräftig mit. Also auf! Wir schleppen nach Horta!« Er sah mich an, als erwarte er von mir ein Amen.
»Was wird Rotterdam dazu sagen?« fragte ich. Vermeulens Miene verfinsterte sich, er runzelte die sommersprossige Stirn. »Die Herren Inspektoren und die Leute von der Versicherung sind schon selbst darauf gekommen. Als Sie drüben waren, haben sie mir ein Telegramm geschickt: Order für Horta!« Vermeulen fühlte sich immer ein wenig gekränkt, wenn er sich aus dem fernen Reedereibüro befehlen lassen mußte, wohin er ein geborgenes Fahrzeug schleppen sollte, ohne daß man ihn vorher um seine Meinung gebeten hatte. Als ob er nicht selbst am besten gewußt hätte, was not tat!
Ich muß oft an ihn zurückdenken. Ihm gehörte meine ungeteilte Sympathie – diesem altgewordenen Enkel des Triton, der sein Leben an die See verschwendet hatte, damit andere zu ihrem Profit kamen. Er stand an der Schwelle des Ruhestandes. Jüngere warteten ungeduldig darauf, daß er ausscherte aus der salzigen Arena, Männer, die er so viel gelehrt hatte, daß sie fähig waren, ihn zu ersetzen und selber einen Bergungsschlepper zu führen. Ich glaube, im geheimsten Innern wünschte er sich nichts mehr, als an Bord zu sterben, in einem Augenblick des Triumphes. Ihn grauste davor, für den Rest des Lebens an Land verbannt zu werden. Was sollte er dort mit sich anfangen? Weder die Musik noch der Alkohol würde ihn trösten und vor der Erkenntnis bewahren, nun selbst ein altes Wrack zu sein, dem kein Schlepper zu Hilfe eilte. Man brauchte kein Prophet zu sein, um vorauszusagen, daß der Abschied von seinem Schiff dem Kapitän Pieter Paul Vermeulen das Herz brechen würde.
Doch was rede ich von einem Toten!
Noch hielt er seine Standarte in den Wind. Er zweifelte keinen Augenblick an

einem Sieg. Nicht etwa, weil er dem Orakel einer indianischen Pythia vertraute; vielmehr glaubte er sich im Kampf um das Wrack im Vorteil, und er gedachte, ihn nicht aus der Hand zu geben. »Wir müssen zusehen, es möglichst schnell in südliche Breiten zu bringen. Wir brauchen Verstärkung, Willem!«
Woher unser Reeder wohl einen zweiten Schlepper herzaubern wolle, fragte ich ihn. Vermeulen wußte so gut wie ich, daß wir mit der in Ponta Delgado auf den Azoren stationierten TAUROS nicht rechnen konnten, weil sie sich seit einer Woche irgendwo an der marokkanischen Küste damit abmühte, einen festgekommenen Franzosen wieder flottzumachen. So hatten wir in St. John's gehört.
»Die Herren in Rotterdam finden immer Rat, wenn sie Gulden riechen«, meinte Vermeulen. Zehn Minuten später war das Telegramm nach Holland unterwegs.
Auf der EVVOIA arbeiteten die beiden Pumpen, und die Mundstücke der Schläuche spieen schmutziges Wasser aus. Auf dem Vorschiff war Jakob de Vries mit drei Runnern damit beschäftigt, die Wunden in den Decksplatten zu verschließen. Sie benutzten dazu Zement, dem sie eine Handvoll Soda zusetzten, damit er rascher hart wurde.
Die Sache ließ sich gut an. Das Wetter klarte auf, der Seegang wurde müde, ganz im Gegensatz zu Vermeulen, der zusehends auflebte und die Gelegenheit wahrnahm, mit einer Arie und einem Schlückchen Brandy den glücklichen Anfang der Bergungsaktion zu würdigen.
Um achtzehn Uhr meldete van Huizen die Vorpiek trocken. Sie hatten darin ein Leck aufgespürt: ein paar lose Nieten. Mit einem Zementpflaster konnte es abgedichtet werden. Ein Punkt für uns! Von nun an konnten sie auch die Benzinpumpe im Maschinenraum einsetzen. Dort gab es zunächst Ärger, ich hatte es ja kommen sehen: Die starke Dieselpumpe konnte nie länger als zehn Minuten hintereinander in Gang gehalten werden, dann war der Saugkorb wieder mit diesen elenden Resten der Isolierungen verstopft. Mit beiden Pumpen zugleich ging es besser voran; die eine arbeitete weiter, während die andere saugklar gemacht wurde. Von dieser Stunde an fiel das Wasser, langsam zwar, aber stetig, so daß wir hoffen durften, am nächsten Morgen ein Schiff in der Gewalt zu haben, das um mehr als tausend Tonnen Seewasser erleichtert war.
In der Abenddämmerung trat die Kimm klar und scharf hervor, ich konnte ein paar Sterne schießen und meinem Kapitän zum Gutenachtsagen einen genauen astronomischen Schiffsort bieten. Ich war gerade dabei, die Position in der Karte zu markieren, als Vermeulen aus der Funkstation nebenan hereinstürzte. Er schwenkte ein Telegrammformular in der Hand, drückte ihm einen schallenden Schmatz auf und knallte es mir auf den Tisch. »Noch ist Holland nicht verloren!« Er schnaufte vor Begeisterung.

Der Text besagte, daß der Schlepper ANDROMEDA, Kapitän van der Dool, Befehl erhalten hatte, zu uns zu stoßen. Er stand um diese Zeit ungefähr sechshundert Seemeilen südwestlich der Azoren und schleppte gemeinsam mit der ALKMAAR ein Schwimmdock mit Kurs auf die Westindischen Inseln und weiter nach Baranquilla in Kolumbien. Die ANDROMEDA sollte sofort loswerfen, sie werde von der HOORN ersetzt, die dem Schlepp aus St. Thomas entgegeneilen sollte.

»Mein alter Freund van der Dool!« Vermeulen drängte mich unsanft beiseite und beugte sich über die Seekarte. »Zwischen ihm und mir liegen neunhundert Seemeilen. Seine ANDROMEDA ist das schnellste Pferd im Stall. Sechzehn Knoten, wenn er sie in den Schwanz kneift. Übermorgen abend – wenn wir davon ausgehen, daß wir ihm bis dahin ein gutes Stück entgegenlaufen.« Er richtete sich auf. »Morgen früh um sieben Uhr machen wir fest, Willem. Ich werde van Huizen gleich wahrschauen.«

Ich blieb auf der Brücke bis Mitternacht. Der Mond leistete mir Gesellschaft. Er erschien genau über der EVVOIA. Sein Licht warf ein silbern schimmerndes Netz über die See, in dem das Wrack als ein schwarzes unförmiges Ding vor der steifen, kalten Brise dahintrieb, mit PERSEUS als Wachhund.

Auf dem Griechen flackerten zwei Sturmlaternen, die einzigen Zeichen, daß es noch Leben an Bord gab. Van Huizen hatte sich im Kartenraum eingenistet, wo er auf dem Kapitänssofa schlafen konnte, während seine Leute sich auf die Kammern unter der Brücke verteilt hatten. Sie wachten und arbeiteten in zwei Schichten, die sich alle vier Stunden ablösten. Sie hielten die Pumpen in Betrieb, mehr war vorläufig nicht zu machen. Doch sie hatten alles vorbereitet, beim ersten Tageslicht mit der Reparatur von Luke 2 zu beginnen.

Kurz vor vierundzwanzig Uhr kam Vermeulen herauf. Der Wind hatte während meiner Wache weiter abgeflaut, er blies nur noch mit Stärke fünf. »Der Himmel gefällt mir nicht, Willem«, sagte Vermeulen.

Erst in diesem Augenblick kam auch mir zum Bewußtsein, daß sich der Himmel über uns während der vergangenen halben Stunde, als ich mit Eintragungen ins Logbuch beschäftigt war, verändert hatte. Nur noch wenige der hellsten Fixsterne waren zu erkennen, der Mond war fahl geworden hinter einem hauchfeinen Dunstschleier in großer Höhe; er zerfloß zusehends zu einem bleichen Klecks, dem es nahe bevorstand, von aufziehenden Wolken ausradiert zu werden.

»Ich fürchte, wir werden noch viel Wind kriegen«, meinte der Kapitän. Dann wünschte er mir eine gute Ruhe, und ich tauchte hinab in die Behaglichkeit meiner Kammer. Ich schlief sofort ein.

Als ich um sechs Uhr früh wieder auf die Brücke kam, pfiff der Wind häßlich um den Mast. Er hatte in der Nacht auf Südost gedreht und aufgebrist. Es war noch stockfinster.

Wir warteten auf die Dämmerung. Grau stieg sie im Osten aus der Nacht, drängte sich zwischen Meer und Wolken und ließ das Wrack erscheinen, zuerst als düsteren Klumpen. Allmählich traten seine Linien hervor – der Schornstein, die Brückenaufbauten, Heck und Bug, endlich die Masten. Daran erkannten wir, daß sich die EVVOIA um etwa zehn Grad aufgerichtet hatte. Das Leckwasser stand zwar noch immer drei Fuß hoch im Maschinenraum, und van Huizen hatte noch immer nicht aufspüren können, woher es kam, aber alles in allem sah die Sache ganz passabel aus. Und so machten wir »Klar zum Schleppen«.

Vermeulen leitete das Manöver vom offenen Kommandostand hinter dem Schornstein. Von dort konnte er das Achterdeck und das Schleppgeschirr überblicken. Wir näherten uns dem Bug der EVVOIA in Luv. Sie trieb vor dem Wind, der etwas achterlicher als quer einkam, so daß sie auch ein wenig Fahrt voraus machte. Es wäre deshalb riskant geworden, ihr zu nahe vor den Bug zu scheren, obwohl wir mit viertausend Pferdestärken und einem Doppelruder wendig waren wie eine Katze. So schoß ich ihr mit der Raketenpistole eine dünne Nylonschnur über die Back. Die Runner schnappten sie auf und holten sie ein. An das Ende war eine Wurfleine geknüpft, die wiederum mit dem Vorläufer verbunden war, einem stärkeren Tau, das der Schlepptrosse vorausläuft. Alle Hände auf der EVVOIA holten ihn ein, schnell, doch ohne Hast. Dann folgte die Trosse, aus bestem Manila geschlagen, zwanzig Zoll im Umfang, dicker als mein Oberarm. Eine Tauwerkschlange dieses Kalibers hat ihr Gewicht, und unsere Leute auf dem Wrack gerieten ins Schwitzen, ehe sie den Anfang der Trosse in der Hand und auf den Pollern belegt hatten.

Wir kehrten dem Wrack unser Heck zu, klar zum Losfahren. Endlich gab van Huizen mit den Armen das Zeichen: Trosse fest! Im nächsten Augenblick klingelte der Maschinentelegraph: PERSEUS ging ganz langsam voraus, und hinter ihr lief die Trosse über die Führungsrollen auf der Heckreling aus.

»Hurra!« brüllte jemand. Es war Heemskerk, der Koch. Er streckte seinen roten Ballonkopf aus dem Kombüsenfenster. »Hurra für PERSEUS!« Das war sein Kampfruf, mit dem er der Besatzung ein fürstliches Essen ankündigte. Man hörte ihn dann auch in seinem Reich verheißungsvoll mit Töpfen und Pfannen rumoren.

Wir steckten sechshundert Meter Trosse aus und setzten sie auf der Schleppwinde fest. So hatten wir also das Wrack glücklich an der Hand, aber noch keineswegs in der Gewalt. Es ist nicht einfach, einen schweren, leblosen Havaristen aus dem Stand in Bewegung und auf den gewünschten Kurs zu bringen, ohne daß schon beim Antauen die Trosse bricht. Dazu braucht ein Schlepperführer Fingerspitzengefühl und eine schnell reagierende Maschine. Und wenn der Schlepp sich endlich fügt, fängt gewöhnlich der Ärger erst richtig an, jedenfalls wenn ein Schiff so sehr aus dem Trimm ist, wie die EVVOIA es war. Sie lag vorne mindestens sechs Fuß tiefer als achtern, außerdem hatte sie

Schlagseite. Ein solches Schiff über große Distanzen zu bringen, ist eine elende Plackerei, vor allem wenn Wind und See aus ungünstiger Richtung kommen. Statt brav im Kielwasser des Schleppers zu folgen, bricht es immer wieder aus, mal nach dieser, mal nach der anderen Seite, störrisch wie ein alter Maulesel. Mit einem derartig widerspenstigen Anhang einigermaßen auf Kurs zu bleiben, kann einen Schlepperkapitän Haare und Nerven kosten, von gebrochenen Trossen ganz zu schweigen. Die EVVOIA versprach uns in dieser Hinsicht viel Vergnügen.
Vermeulen indessen war nicht aus der Ruhe zu bringen. Er blieb auf seinem Posten, bis er den Schleppzug mit halber Maschinenkraft auf sieben Knoten und auf den rechten Weg gebracht hatte, den Wind im Gesicht.
Das war gegen zehn Uhr morgens. Van Huizen meldete, daß de Vries und die Runner an Luke 2 herumwerkten, im Maschinenraum weitergepumpt werde und auf der Back ein Posten bei der Trosse aufgezogen sei, der sie dort, wo sie das Schiff berührte, gut unter Fett hielt. Er selbst stand mit dem Funksprechgerät auf der Brücke des Griechen. Er fühlte sich, das verriet seine Stimme, als Herr über die EVVOIA, auch wenn sie ihm nicht gehorchte.
»Laß sie nicht aus den Augen, Willem«, sagte Vermeulen, als er die Brücke verließ. Er war seit Mitternacht auf den Beinen.
»Keine Sorge, Kapitän«, erwiderte ich und wünschte ihm die gute Ruhe, die er sich wahrlich verdient hatte.
»Ich werde mir vorher ein wenig Ballast einverleiben, damit ich in der Koje im Trimm bleibe.« Er zwinkerte mir kumpelhaft zu und verschwand. Bald darauf drang Musik von unten herauf, er hatte die Kammertür wie immer offen gelassen, damit er mit einem Ohr auf der Brücke sein konnte. Er bot mir diesmal, dank seiner Mitwirkung, ein schauerliches Duett: »Als Büblein klein an der Mutter Brust ...« Es war seine Lieblingsarie. Wenn er sie auf dem Teller hatte, schwamm sein Herz auf der Höhe der Seemannslust wie eine Möwe auf dem schäumenden Kamm einer Woge.
Sechs Stunden später fiel unser Mut wie die Nadel des Barometers. Der jüngste Wetterbericht verhieß uns eine böse Nacht. Der Wind jaulte schneidend scharf, er köpfte die Wellen und peitschte Schaum aus ihrem Rücken. Wir kamen immer langsamer vom Fleck, drei Knoten, wenn's hoch kam. Und die EVVOIA gierte zum Erbarmen.
Vermeulen ließ sich das Essen auf die Brücke bringen. Er aß im Stehen, draußen in der offenen Brückennock. Und so sehe ich ihn noch heute vor mir wie damals in jener Stunde der Dämmerung auf dem Nordatlantik: eine klotzige Gestalt, von Regen und Wind umschauert, im weichenden Licht des Tages, schon mehr ein Schemen als ein Wesen aus Fleisch und Blut. Mit einer Hand umklammerte er die brusthohe Verschanzung, in der anderen hielt er – ein Kotelett, das von einer Riesensau stammte. Wie ein ausgehungertes Raubtier riß er große Fetzen heraus, ohne Pause, als fresse er um sein Leben, laut

schmatzend, mit mahlenden Kinnbacken. Während er so mit ingrimmiger Miene das Fleisch verschlang – ich wette, er wußte nicht einmal, was er tat –, blickte er achteraus, wo das Wrack, von Regenböen eingedeckt, widerwillig dem Zug der Trosse gehorchte.
Der Alte rang um eine schwere Entscheidung: Sollte er loswerfen und unsere Leute von dem Wrack herunterholen, bevor vielleicht ein neuer Orkan losbrach und die EVVOIA endgültig vernichtete?
Ich beneidete ihn nicht um den Zwang, sich zu entscheiden – schnell und richtig. Aber ich durfte der Frage an mich selbst nicht ausweichen, was ich an seiner Stelle befehlen würde. Ich sagte mir: Eines Tages – und ich hoffte, er werde nicht mehr lange auf sich warten lassen – wirst du, Willem de Witt, als Kapitän eines Bergungsschleppers am gleichen Scheideweg stehen und die Wahl treffen müssen: durchhalten auf Biegen und Brechen und alles auf eine Karte setzen oder aber das schon Erkämpfte preisgeben, weil das Leben tapferer Männer einen höheren Preis hat als ein verlassenes Schiff und seine Ladung, und hinterher vielleicht dastehen als ein Versager, der in der Stunde der Bewährung die Nerven verloren und eine große Chance verpaßt hat? Was sollte ich antworten, wenn der Kapitän mich fragen würde?
Aber er blieb stumm, er legte keinen Wert auf meine Meinung. Er, der Master next God, brauchte keinen Rat von unten. Er reckte den abgenagten Knochen in der fettig glänzenden Faust empor, als hoffe er, daß jemand ihn daran aus seinem Zwiespalt ziehe. Sein Blick schien die Wolken durchdringen zu wollen, halb flehend, halb anklagend; es war, als rufe seine Seele verzweifelt: Hier stehe ich, Kapitän Pieter Paul Vermeulen, und erwarte von Dir ein Zeichen, sei es am Himmel oder auf der See!
Mitleid erfaßte mich, als ich den alten Salzbullen so hilflos sah, zum erstenmal seit ich unter seinem Kommando fuhr, und ich wünschte nichts sehnlicher, als daß ihm eine Antwort zuteil werde. Doch er horchte vergebens in den mehr und mehr aufbrisenden Wind.
Plötzlich schleuderte er die nackte Schweinsrippe wütend über Bord und herrschte mich an: »Wir halten durch, Willem!«
Als ob ich etwas anderes im Sinn gehabt hätte!
Im nächsten Augenblick wurden wir darüber belehrt, daß seine Absicht verworfen worden war. Das Urteil kam wie ein Blitz: Die Trosse brach. Sie war vor dem Bug der EVVOIA gerissen, als das Schiff wieder einmal mit Gewalt ausscheren wollte.
Vermeulen nahm das Mißgeschick gleichmütig hin. Ja ich merkte ihm an, als er die nötigen Befehle gab, daß er sich im Grunde seines Gewissens erlöst fühlte von der Verantwortung – daß er nun nicht mehr anders handeln konnte, als sich der höheren Gewalt zu fügen und unsere Leute heimzuholen in die Geborgenheit unseres Fahrzeugs.
Während er selbst das Einhieven der Trosse überwachte, gab ich mit dem

Handscheinwerfer das verabredete Morsezeichen, das van Huizen an das Funksprechgerät rief. Es verging eine Weile, bis er sich meldete. Ich erklärte ihm, was Vermeulen entschieden hatte: »Laßt alles stehen und liegen und seht zu, daß ihr herunterkommt. Häng eine Laterne an die Stelle, wo das Schlauchboot anlegen soll.«
»Ich bleibe an Bord«, sagte Jan trotzig, »und damit basta!« Er versuchte, die Stimme seines Kapitäns nachzuäffen.
»Rede keinen Unsinn«, erwiderte ich ihm. »Der Alte hat's befohlen!«
»Was zum Teufel sollen wir auf dem Schlepper«, fragte er wütend zurück.
»Wir sind hier so sicher wie auf der Kalverstraat und dürfen die Arbeit nicht unterbrechen.«
»Der Kapitän trägt die Verantwortung für deine Leute, nicht du!«
Eine Weile schien Jan zu überlegen, ich hörte im Kopfhörer deutlich seinen Atem gehen. Dann sagte er mit einer Stimme, die mir ganz fremd war: »Würde der Alte auch zum Rückzug blasen, wenn er Willem de Witt an meiner Stelle wüßte?«
Es verschlug mir den Atem. Ehe ich die passende Antwort fand, stellte er die törichte Frage ein zweitesmal. Ich redete auf ihn ein, beschimpfte ihn und versuchte es mit der Zunge eines Engels – bis mir die Luft ausging.
»Schickt das Boot«, sagte er darauf. Es klang, als habe er endlich Vernunft angenommen.
Es war nachtfinster geworden, als wir die Trosse eingehievt hatten. Der Wind schlug uns harte Regenschauer prasselnd um den Schornstein. Vermeulen manövrierte den Schlepper in Lee der EVVOIA. Wir leuchteten sie mit Scheinwerfern an. Ihre weißen Mittschiffsaufbauten schimmerten matt und milchig hinter dem nassen Vorhang, den die Wolken rauschend zwischen den beiden Schiffen herabgelassen hatten. Es stand eine gefährliche Kreuzsee, seit der Südost gegen die alte westliche Dünung anstürmte. Wir mußten ihr die Zähne ausbrechen, bevor wir es wagen konnten, unsere Leute zu bergen. Zu beiden Seiten der Back ließen wir Beutel aus Segeltuch ins Wasser hängen. Sie waren mit dickflüssigem Tran gefüllt, der aus feinen Sieben sickerte und sich auf der See schnell ausbreitete, die steilen Wellen in Fesseln schlagend. So bereiteten wir für das Schlauchboot ein glänzendes, glattes Wogenfeld, in dem es vor Brechern geschützt war.
Vermeulen ließ das Wrack atemberaubend nahe in den beölten Bereich herandriften. Das Boot kam schnell zu Wasser, unbemannt. Wir ließen es an einer langen, lose gehaltenen Leine treiben, während wir uns achteraus zurückzogen. Die EVVOIA trieb auf das Boot zu. Als sie es mit ihrer Bordwand beim Vorschiff auffing, sahen wir, wie sich ein Mann hineinfallen ließ und es sicherte. Dann ging alles fix, sie verloren drüben keine Sekunde. Einer nach dem andern jumpte in das Boot, wenn es auf einer Welle in Relingshöhe tanzte. Sie purzelten durcheinander, graue Gestalten im gespenstischen

Licht des Scheinwerferstrahls. Sie verteilten sich auf den engen Raum, ein Knäuel von Körpern in Ölzeug und Schwimmwesten. Sie griffen zu den Stechpaddeln, stießen ab und hielten, von dem Wrack gefolgt, auf uns zu, eilig wie eine Wasserspinne, die vor ihrem Feind flieht. Mit der Sicherungsleine halfen wir ihnen längsseit. Das niedrige Achterdeck war überspült, die Leute arbeiteten bis zum Bauch im Wasser, als sie das Boot über die Verschanzung wuchteten, während der schwarze Rumpf der EVVOIA wie ein Ungeheuer zum Greifen nahe hinter unserem Heck auftauchte, bereit, uns mit ihrer eisernen Flanke zu erdrücken.
»Halbe Kraft voraus!« kommandierte Vermeulen. Ein paar Dutzend Schraubenumdrehungen genügten, den Griechen abzuhängen.
Jan van Huizen war nicht mit herübergekommen.
»Hat er Ihnen gesagt, warum?« fragte ich Jakob de Vries.
Er starrte mich verblüfft an. »Er hat gesagt, es sei seine Pflicht. Was denn sonst?«
Hätte ich ihm erklären sollen, unser Zweiter Steuermann sei rebellisch und dazu noch verrückt geworden?
Plötzlich sprühten seine Augen Feuer wie die eines Strafpredigers vor seinen sündigen Schafen, und zornbebend, den rechten Arm zur Kommandobrücke ausgestreckt, rief er: »Hat der Kapitän keine Furcht, daß ihn die Stimme des Herrn, wenn Er die Sonne wieder aufgehen läßt, fragen könnte: Pieter Paul Vermeulen! Wo ist dein Bruder Jan van Huizen?«
»Kümmere dich gefälligst um dein eigenes Seelenheil!« entfuhr es mir. Etwas Ungerechteres hätte ich ihm kaum an den Kopf werfen können, denn diese wackere Seemannshaut trachtete wahrhaftig mit Eifer danach, wenn auch auf seine Art, sich in dem engen Fahrwasser zum himmlischen Hafen zu halten.
»Welchen Eindruck hatten Sie von ihm, als Sie von Bord gingen?« lenkte ich deshalb wieder ein.
»Ich habe Mijnheer van Huizen noch nie so – so entschlossen gesehen«, sagte de Vries. »Jedenfalls tat er so. Aber er konnte mir nichts vormachen. Er hat Angst. Jawohl! Ich würde nicht mal eine Maus diese Nacht auf dem Wrack lassen, das will ich Ihnen sagen. Die Luke 2 ist noch nicht seefest, nur notdürftig zugedeckt. Eine einzige schwere See – und alles war für die Katz. Und was dann? Sie wissen es, Mijnheer de Witt, und der Zweite Steuermann weiß es genauso gut. Nur der Kapitän will es nicht wahrhaben, scheint mir. Er denkt wohl nur an den Profit. Hat er vergessen, daß er alle seine Prämien zurücklassen muß, wenn er einmal zwischen sechs Brettern seine letzte Reise antreten muß – auf dem richtigen Kurs, will ich für ihn hoffen? Sagen Sie ihm, ich bin bereit, noch einmal hinüberzufahren, allein, und unsern Steuermann zu holen – oder bei ihm zu bleiben.«
»Dazu ist es zu spät«, wandte ich mich ab und begab mich zu Vermeulen auf die Brücke.

Ich war auf einen Vulkanausbruch gefaßt, als ich ihm beibrachte, daß wir beide in der kommenden Nacht ohne unseren Zweiten wachen müßten. Zu meinem Erstaunen kam nicht ein Wölkchen des Zorns aus seinem Mund. »Er muß wissen, was er tut!« Das war alles, und diese geknurrte Bemerkung klang sogar noch so, als verteidige er den Befehlsverweigerer, er, der sonst Feuer und Galle spuckte, wenn er auch nur den Ansatz einer Widersetzlichkeit argwöhnte.

»Es ist gleich acht«, bemerkte ich, »wollen Sie mit ihm sprechen?«

»Wozu?« Er schüttelte den Kopf. »Lassen wir ihn in Ruhe. Er wird sich schon melden, wenn Rasmus ihm an den Kragen will. Wir wollen über Nacht ölen und den Kasten beobachten. Mehr können wir nicht tun. Und damit basta!«

Und so trieben wir dahin durch die Nacht als ein ungleiches Paar: ein lebendiger Zwerg mit Riesenkräften und ein großer toter Frachter am Abgrund, doch beide ohnmächtig im Aufruhr des Ozeans. Wir hielten uns im Abstand von einer halben Meile und breiteten vor ihm den Ölteppich aus, in dem er uns, vom Wind geschoben, folgte.

Um zweiundzwanzig Uhr notierte ich ins Logbuch: »schwerer Sturm, hohe See«. Auf der EVVOIA waren die Sturmlaternen erloschen. Ich rief van Huizen an, aber er meldete sich nicht. Ich mußte mich an das Radarecho halten, um den Anschluß nicht zu verlieren. Wenn die Luft in den kurzen Pausen zwischen zwei Regenböen sichtiger wurde, richtete ich den Scheinwerfer auf das Wrack und sah durch das Nachtglas hinüber. Viel war nicht zu erkennen, es schien sich gut zu halten, ohne viel Wasser überzunehmen. Das Öl tat seine Pflicht.

Vermeulen hatte sich in den Kartenraum zurückgezogen. Halb sitzend, halb liegend auf der gepolsterten Ruhebank an der Rückwand, schnaufte und schnarchte er wie eine alte Lokomotive im Bahnhof. Ich mußte über seine Füße steigen, wenn ich den Barographen ablesen wollte – über seine ungewaschenen, glückverheißenden Füße.

Ja, Pieter Paul Vermeulen hatte immer Glück gehabt, soweit es seine Unternehmungen auf hoher See betraf, und manche, die es ihm mißgönnten, hielten es nicht für ausgeschlossen, daß er einen Pakt mit dämonischen Mächten geschlossen hatte, an die jene sagenhafte indianische Hexe von Veracruz ihn für ein paar Silberlinge verkuppelt hatte. Als ob ein Kerl wie er nicht auch mit sauberem Hemd und reinen Socken den Ruhm erlangt hätte, um den wir jüngeren Schlepperoffiziere ihn beneideten.

Wenn ich sein Gesicht nahe betrachtete, konnte ich darin eine andere, die wahre Geschichte seiner Vergangenheit lesen. In der Haut, grau und verfallen in der Entspannung des Schlafes wie die Mauer einer Ruine, waren die Spuren sichtbar als tief eingegrabene Falten und Runzeln – jede einzelne eine unauslöschbare Erinnerung an durchwachte Tage und Nächte, an verbissene,

einsame Kämpfe mit der See um ein Schiff, das ohne ihn verloren gewesen wäre, an Kämpfe, in denen die Kräfte immer ungleich verteilt waren und er seinen Nachteil nur wettmachen konnte durch Glauben an sich selbst, durch Mut und unübertreffliche Seemannschaft. Es war jedesmal der Kampf eines meerfahrenden Davids gegen den neptunischen Goliath gewesen. Meine Wache ging zu Ende. Ich war müde und vielleicht nur deswegen mutlos. Der Sturm heulte unvermindert; es hörte sich an, als ob die Geister der Lüfte und der See sich über uns lustig machten. Dieses schauderhafte Wetter mochte Tage und Wochen anhalten, und wir müßten am Ende unverrichteter Dinge heimkehren aus einer verlorenen Schlacht...
Als ob diese Aussichten nicht genügt hätten, mir die Laune zu verderben, brachte mir der wachhabende Zweite Funker ein Telegramm. Es kam von der ANDROMEDA. Kapitän van der Dool teilte uns mit, er habe Maschinenschaden und könne auf unbestimmte Zeit nur mit halber Kraft laufen.
Auch das noch!
Die Nachricht schloß mit einem herzlichen »Halte durch, alter Bulle!« Daß Henk van der Dool und kein anderer zu uns stoßen sollte, konnte nicht Zufall, nur Fügung sein – daran gab es für Vermeulen keinen Zweifel. Tatsache war, daß er sich keinen besseren Schleppgefährten wünschen konnte.
Die beiden waren mit einem ausgedienten Kriegsschiff, das noch den Ersten Weltkrieg erlebt hatte, von Montevideo nach einer Abwrackwerft in Cherbourg unterwegs gewesen, als deutsche Truppen in Holland einfielen. Auf Anweisung ihres Reeders drehten sie vor dem Englischen Kanal ab und schafften den Schlepp nach Liverpool, es kann auch Bristol gewesen sein. Sie blieben dann in England, wohin auch ihre Königin geflohen war, und reihten sich ein in die Schar anderer Männer ihrer Zunft, denen es gelungen war, mit ihren Hafenschleppern über den Kanal auf die Insel zu entkommen. Da lagen sie nun in den westlichen Häfen, die das Ziel der Geleitzüge aus Nordamerika waren: die britischen Tore zum Atlantik, vor denen der Feind lauerte.
Vermeulen und seine Kameraden mußten immer wieder hinaus, um einkommende Schiffe zu bergen, die brennend, zerbombt oder torpediert in der See trieben, die Luken zum Platzen gefüllt mit Lebensmitteln und Material, an dem das Überleben Britanniens hing. Oft hatten die Fluten sie bereits verschlungen, wenn die tapferen Samariter erschienen, oder sie versanken vor ihren Augen. Doch ebensooft war es ihnen gelungen, Frachter, die von Unterseebooten oder Flugzeugen schrecklich zugerichtet waren, unter haarsträubenden Bedingungen auf den Haken zu nehmen und sie einzuschleppen – was den Angreifern nicht lange verborgen blieb. Und so wurden auch die wehrlosen Schlepper zu Zielscheiben. Vermeulen und sein Freund van der Dool gehörten zu den wenigen, die der Hölle entrinnen konnten. Vermeulen sprach später nur selten darüber, und wenn, dann beschränkte er sich auf seemännische und technische Einzelheiten, die ihm zur Belehrung seiner Offi-

ziere nützlich schienen. Er hätte mit seinen Orden prahlen können, aber er hielt sie irgendwo verborgen, als sei es ihm peinlich, für Heldentaten ausgezeichnet worden zu sein, die er selbst nur für seine Pflicht gehalten hatte.
Während ich noch auf das Telegrammformular starrte, wurde es plötzlich still hinter meinem Rücken. Ich drehte mich um. Der Kapitän war erwacht und blinzelte mich gegen das Licht der Kartentischlampe an. »Was ist passiert, Willem?« fragte er leise. Wieso konnte er wissen, daß eine Hiobsbotschaft ihn treffen werde?
Ich reichte ihm das Telegramm, wortlos. Seine Miene blieb unbewegt, als er las. Eine Weile schien er nachzudenken, während er seine grauen Bartstoppeln kraute. Dann gab er es mir zurück. »Jetzt müssen wir in Gottes Namen versuchen, einspännig zu fahren!« Er seufzte nicht einmal dabei. Und seelenruhig streckte er sich in die alte unbequeme Lage zurück. Wenige Augenblicke später röchelte er wieder im Schlaf. Ihm blieben noch fünfzehn Minuten bis zu meiner Ablösung um Mitternacht. Bei Jove, Pieter Paul Vermeulen hatte Nerven wie Schlepptaue!
Ich hoffte auf sechs Stunden Freiwache, als Vermeulen mich in die Koje entließ. Doch schon kurz nach vier Uhr klingelte er mich aus dem Schlaf. »Radar ausgefallen«, knurrte er mich über den Draht an, als sei ich daran schuld. »Komm rauf und bring das Ding wieder auf Trab.«
Das Wetter war seit Mitternacht um keinen Strich handiger geworden. Und nun zu allem Überfluß eine Radarpanne! Sie machte uns blind und setzte uns außer Gefecht.
Wie abhängig wir uns doch gemacht haben von dem so gepriesenen Segen der Technik, die uns so oft und gewöhnlich im ungünstigsten Augenblick im Stich läßt. Manch einer von uns fühlt sich dann von dem seelenlosen Ding, auf das er vertraut hat, geradezu beleidigt. So auch Vermeulen. Er gab dem Sockel des Radarempfängers einen wütenden Fußtritt, spuckte auf den Bildschirm und fauchte: »Verdammtes Aas!«
Die Antenne drehte sich zwar, und der Bildschirm leuchtete; es war also noch Leben im Gerät! Aber es gab kein sichtbares Echo auf den Suchstrahl. Die EVVOIA hätte sich in diesem Augenblick auf den Meeresgrund davonmachen können – wir hätten nichts davon bemerkt. Denn auch von Jan van Huizen hörten wir keinen Piep. Warum antwortete er nicht über das Funktelefon auf unser Signal mit dem Typhon? War ihm etwas zugestoßen? Oder funktionierte sein Apparat nicht mehr? Was wir nicht wußten: er hatte vergessen, die Tasche mit Röhren und Batterien mit hinüberzunehmen. Es galt jetzt, das Wrack nicht zu verlieren, ihm aber auch nicht zu nahe zu kommen.
Der Regen nahm uns die Sicht, er war mit Hagel und Schnee vermischt. Der Wind war umgesprungen; er wehte wieder aus Nordwest, sehr kalt. Der Scheinwerfer konnte uns nicht helfen, sein Lichtstrahl reichte keine Kabellänge achteraus.

Ich bin kein Radartechniker, so wenig ich ein Anatom bin, obwohl ich selbstverständlich weiß, wozu Organe, Muskeln, Adern, Nerven und die einzelnen Knochen unseres Gerippes da sind. So etwas lernt man nebenher auf der Steuermannsschule, und auf der PERSEUS mußte ich auf See den Doktor spielen. Deshalb traute Vermeulen mir auch zu, einen defekten Radarempfänger zu kurieren. Aber wie sollte ich in dem Durcheinander von Drähten und Kontakten, von Schaltern, Röhren, Relais und Kondensatoren den Fehler finden?
Ich mußte es wenigstens versuchen. Es war nicht ganz aussichtslos, denn wir hatten für jedes wichtige Teil Ersatz, und in den Betriebsanleitungen waren alle nur denkbaren Fehlerquellen und ihre Ursachen aufgezählt und nach ihren Symptomen beschrieben. Es fehlte darin auch nicht an Anweisungen, sie zu beheben. Trotzdem! Es ist wie mit unseren medizinischen Handbüchern, die als Lotse durch die Vielfalt innerer menschlicher Gebrechen dienen: wie leicht können sie selbst einen guten Medizinmann in die Irre führen.
Ich stand ziemlich ratlos vor dem geöffneten Kasten, in dem ein Dutzend verschiedener Ersatzröhren in ihren Packungen lagen, und überlegte mir, welche Methode wohl die bessere sei: allen möglichen Defekten sorgfältig nachzugehen – das konnte Stunden dauern – oder sämtliche Röhren eine nach der anderen auszuwechseln mit der Aussicht, früher oder später die richtige zu erwischen. Doch wenn der Fehler an einer anderen Stelle lag? Ich entschied mich für die Detektivarbeit anhand der Anweisungen.
»Warum so umständlich, Willem?« fragte Vermeulen ungeduldig, als ich nach einer halben Stunde noch immer im Dunkeln tappte.
»Haben Sie eine bessere Idee, Kapitän?« Er ging mir auf die Nerven.
»Du hast wohl keinen Glauben!« Vermeulen sah mich vorwurfsvoll an.
»Wie meinen Sie das?«
Ohne Antwort schubste er mich zur Seite, stellte sich breitbeinig vor den Kasten, erhob die geschlossenen Augen zum Himmel wie ein Pastor, der vor Beginn seiner Predigt stumm den Heiligen Geist auf sein Haupt herabfleht, und sprach laut: »Gott segne meine Wahl!« Es klang wie ein Befehl. Darauf griff er blindlings in den Kasten, nahm die getroffene Schachtel heraus und drückte sie mir, dem Kleingläubigen, wortlos in die Hand.
Es war die falsche Röhre.
Pieter Paul Vermeulen schlich gekränkt von dannen und murmelte etwas vor sich hin, das sich anhörte wie: »Man kann sich auf niemand mehr verlassen.«
Um sieben Uhr, als die Dämmerung graute, gab ich meine Bemühungen auf und schaltete das Gerät ab. Wir mußten eben zusehen, ohne das künstliche Argusauge klarzukommen, wie Generationen guter Seeleute vor uns.
Als es so hell war, daß wir die trübdunstige Nahtstelle zwischen Wolken und

Wasser ausmachen konnte, war die See ringsum leer. Wir hatten unser Wrack verloren.

Aber es mußte in der Nähe sein – falls es noch schwamm –, verborgen hinter den Schleiern aus Wasserdampf, der uns die Sicht auf eine halbe Seemeile begrenzte. Es konnte unmöglich an uns vorbeigetrieben sein. Also mußten wir wenden und auf unserer Spur zurücklaufen, so weit sie noch zu verfolgen war. Die Hagelschauer hatten den Ölteppich zerfetzt, und der Wind hatte die Reste vertrieben; es waren nur noch einige wenige schillernde Flecken auf dem Wasser zu entdecken, als wir eine Meile auf Gegenkurs absuchten. Die EVVOIA blieb verschwunden.

Wir kreuzten und kurvten, alle Mann auf Ausguck, und hofften, jeden Augenblick den Ausreißer aus der grauen Kulisse heraustreten zu sehen. Als wir bis zehn Uhr noch immer nichts gesichtet hatten, wurde Vermeulen unruhig, wenn er sich auch nichts anmerken ließ.

»Ich glaube, wir sollten die Coast Guard alarmieren«, schlug ich vor. »Die Jungs müssen ein Flugzeug schicken, einen der viermotorigen Vögel, mit denen sie in der Saison bei Neufundland die Eisberge im dicksten Nebel aufspüren. Ich bin sicher, daß sie sofort starten.«

Vermeulen zupfte an den Haaren, die in seinen Ohren wuchsen – ein Zeichen, daß er angestrengt nachdachte. Plötzlich hatte er eine Borste zwischen Daumen und Zeigefinger, hielt sie gegen das Licht und sagte: »All right, Willem, setz den Text auf!«

Ich bastelte noch damit herum, als die Tür der Funkstation aufgerissen wurde. Dijkstra platzte herein mit dem Ruf: »Die EVVOIA sinkt!« Er hatte die Meldung mitgehört, als ein italienischer Frachter, die SAVONA, sie an Washington-Radio funkte. Er habe, so gab ihr Kapitän an, die EVVOIA soeben passiert und sie beinah am Heck gerammt. Auf akustische Signale habe sich keine Seele an Deck blicken lassen. Demnach sei das Schiff verlassen und, mit schwerer Schlagseite treibend, anscheinend im Sinken begriffen. Es folgte eine Standortangabe, die ganz unmöglich war: mehr als zwanzig Seemeilen von unserer Position entfernt. Wahrscheinlich kam die SAVONA von Osten über den Teich und hatte seit Tagen kein astronomisches Besteck aufmachen können.

Im ersten Augenblick waren wir bestürzt, im nächsten erleichtert. Das Wrack schwamm noch! Das war die Hauptsache. »Im sinkenden Zustand?« Nun, das war es schon seit der Stunde, als die Griechen es verlassen hatten. Warum sollte das Schiff es plötzlich mit dem Abgang von Neptuns Bühne so eilig haben?

»Rufen Sie die SAVONA«, sagte Vermeulen zu Dijkstra. »Bitten Sie um Kurs und Geschwindigkeit und genaue Uhrzeit der Begegnung. Vor allem und sofort um Peilzeichen, damit wir wenigstens wissen, auf welchem Kurs wir weitersuchen müssen.«

Dijkstra flitzte in seine Station zurück. Ich schaltete den Funkpeiler ein. Aber der Italiener schwieg, er ließ nichts mehr von sich hören. Wie wütend Dijkstra auch auf die Taste hämmerte und sich mit der freien Hand die letzten Haare raufte – er funkte ins Leere. Ich will nicht wiederholen, mit welchen Worten er seinen schlafmützigen Kollegen bedachte, im Duett mit Kapitän Vermeulen.

Und da, als Dijkstra den letzten Versuch machte, funkte ihm jemand dazwischen. »Das ist van Huizen!« schrie er. »Er ruft uns auf der Seenotwelle und gibt Peilzeichen!«

Im nächsten Augenblick hatte ich die Hörer des Funkpeilempfängers auf den Ohren, stellte die Frequenz ein und drehte die Antenne. Aber ich hörte nur Rauschen und Knistern. »Nichts!« sagte ich enttäuscht zu Vermeulen, der gespannt neben mir stand.

»Laß mich mal!« Er wollte mir den Kopfhörer wegreißen. In diesem Moment hörte ich unser Unterscheidungssignal – die vier Morsebuchstaben, die unseren Namen bedeuteten, langsam, von ungeübter Hand getastet, und laut. Der Sender mußte ganz nahe sein. Ein langer Ton folgte, ungefähr zehn Sekunden – Zeit genug, die Drehantenne genau darauf einzustellen und zu peilen, aus welcher Richtung das Zeichen kam: zweihundertachtzig Grad rechtweisend am Kreiselkompaß. Wir gingen sofort auf diesen Kurs.

»Ein Goldjunge, unser Jan!« strahlte Vermeulen, als sei er der stolze Erzeuger.

Plötzlich brachen die Peilzeichen ab. Egal, wir hatten das Schiff recht voraus, wenn wir es auch noch nicht sehen konnten. Wir waren gespannt, in welchem Zustand wir ihm wiederbegegnen würden.

Laßt mich hier einflechten, was van Huizen bis zu dieser Stunde erlebt hatte, seit er allein auf der EVVOIA zurückgeblieben war. Ich will versuchen, seine eigenen Worte zu gebrauchen, wie sie mir in Erinnerung sind.

»Ich war lieber Herr über ein Wrack als ein Knecht auf der PERSEUS«, hat er mir erzählt, später, als alles vorüber war. »Ich wollte die Stellung behaupten, um jeden Preis – oder ihr hättet mich nie wiedergesehen. Ich versuchte, die Pumpen in Gang zu halten; aber die Benzinpumpe streikte als erste, dann fiel auch der Diesel aus. Litten beide an Verstopfung, wie gehabt. Ich konnte sie ohne genug Licht nicht kurieren. Und vorher das Pech mit dem Funksprechgerät! Ich wollte es von der Brücke holen, auf dem Niedergang zum Bootsdeck rutschte ich auf den nassen Stufen aus, jemand hatte Öl darauf verschüttet, und das Ding fiel mir aus der Hand. Irgend etwas darin ging in die Brüche. Die Tasche mit den Reserveteilen war nicht mitgekommen, hätte mich darum kümmern müssen. Never mind, ich hab' mir gesagt: Was gibt's da noch viel zu palavern. Dachte, ihr wißt, daß ich meine Hände gebrauche.

Auf dem Sofa im Kartenraum hab' ich versucht, zu schlafen. Um Mitternacht wurde ich wach. An meiner Lage spürte ich sofort, daß die Schlagseite zugenommen hatte. Ich stieg mit der Stablampe in den Maschinenraum und sah, was los war. Das Wasser stieg schneller, als wir es zuvor hinausgepumpt hatten. Was sollte ich machen? Zum Glück kam wenig Wasser an Deck, das beruhigte mich. Ich weiß nicht, was ohne Öl auf den Wellen in dieser Nacht passiert wäre.
Um vier Uhr morgens lag das Schiff wieder mit zwanzig Grad über, das Wasser im Maschinenraum stand höher als am Tag vorher. Ich machte mir keine Sorgen, daß ich durch den Regen die Lichter von PERSEUS nicht sah. Ich wußte, ihr habt mich im Radar. Als ich das Thyphon hörte, sagte ich mir: Die wollen wissen, was hier anliegt, und werden sich wundern, daß ich nicht antworte. Als es endlich tagte, wurde mir klar, was los war. Die See in Lee war frei von Öl. Jetzt kann der Alte wie Orpheus singen: »Ach, ich habe sie verloren, all mein Glück ist nun dahin«, dachte ich. Hab' sofort auf Ärger mit dem Radar getippt, passiert ja auf jedem Schiff mal. De Witt wird's schon wieder hinkriegen! Sieh du nur zu, daß du die Pumpen wieder zum Saugen bringst. Und so hab' ich mich wieder nach unten verzogen, kam aber nur mit dem Diesel klar. Tuckerte eine halbe Stunde ganz schön brav, dann ging er plötzlich wieder in die Knie, abgewürgt. Als er den letzten Kotzer von sich gab, hörte ich ein fremdes Schiff. Kurze Töne. Ich rannte an Deck und sah gerade noch den Schatten eines Frachters achteraus verschwinden. Er muß mein Heck gefährlich nahe passiert haben, bestimmt nicht mit Absicht. Entweder hat der Wachhabende geschlafen oder sein Radar nicht überwacht, jedenfalls hat an einer Kollision nicht viel gefehlt, und das hätte die EVVOIA endgültig aus der Welt geschafft. Für euch wär's kein Verlust gewesen, ihr wärt dann eben statt mit einem Griechen mit einem havarierten Italiener abgezogen.
Als ich wieder allein auf weiter Flur schwamm, kam ich auf die Idee, euch über Funk guten Morgen zu sagen. Die EVVOIA war nämlich ursprünglich ein deutsches Schiff, aus Hamburg, und alles war so geblieben, wie die Griechen es übernommen hatten, auch in der Funkstation. An den Schildern konnte ich ablesen, was die Schalter und Knöpfe bedeuteten. Zum Glück waren die Notbatterien voll aufgeladen, wie es sich gehört, und ich fand heraus, daß der Sender noch auf die Seenotwelle abgestimmt war. Da hab' ich einfach drauflos gefunkt, so gut ich's verstand. Ich wette, Dijkstra hat gedacht: Da sitzt eine wilde Sau an der Taste.
Ich hatte vor, so lange Peilzeichen zu geben, bis ihr mich gefunden hättet; aber ich war noch nicht richtig in Fahrt, als der Ofen ausging. Batteriespannung fiel auf null, alle Kontrollampen erloschen. Mahlzeit! Möchte wissen, was da faul war, Kurzschluß, denke ich. Wenig Hoffnung, daß mich jemand gehört hatte, denn ich war ja nicht einmal so lange auf der Welle ge-

wesen, wie ein Funkpeiler braucht, um betriebswarm zu werden. Eine halbe Stunde später kamt ihr dann in Sicht. Deo gratias!«
Soweit Jan van Huizen.

Als wir auf PERSEUS das wiedergefundene Wrack gemustert hatten, konnten wir beruhigt sein. Es lag zwar um einige Grad mehr auf der Seite als vierundzwanzig Stunden zuvor, aber zu behaupten, es befinde sich im sinkenden Zustand, war weit übertrieben.
Die See lief nur noch mäßig hoch, Regen und Hagel hatten sie bei abflauendem Wind gezähmt. Jedenfalls bestand kein Risiko, unsere Runner unverzüglich an Bord zu schicken, um die Arbeit an der Luke wieder aufzunehmen. Ich war sicher, daß Vermeulen mich hinübergehen ließ, um van Huizen abzulösen. Als ich ihn danach fragte, starrte er mich entgeistert an:»Ich soll Jan zurückholen? Hast du den Verstand verloren, Willem?«
»Er muß doch völlig erledigt sein«, sagte ich wohlmeinend.
»Erledigt?« Vermeulen lachte auf. »Ich sage dir, er fühlt sich großartig! Wie ein Held, der eine belagerte Festung verteidigt und sein Vaterland gerettet hat. Auf eine solche Gelegenheit hat er lange warten müssen – so lange, bis er nahe daran war, den Glauben an sich zu verlieren. Hast du mich nicht selbst nach dem Auslaufen in St. John's mit der Nase darauf gestoßen? Recht hast du getan, Willem, und ich habe darüber nachgedacht, wie ich ihn aus der Seelenmisere bergen könnte. Als ich dann das Wrack vor mir sah, da hat mir jemand einen Rippenstoß gegeben, und seine Stimme hat mir gesagt: ›Jetzt gib ihm eine Chance! Laß ihn sich selbst beweisen, was in ihm steckt!‹ Er konnte seine Angst nicht verbergen, als ich ihm befahl, an Bord zu gehen. Er hatte Angst vor seiner eigenen Courage! Als ich dann sah, wie er von Bord ging, wie ein armer Sünder zum Galgen, da hab' ich's bereut, ich wollte ihn zurückrufen. Aber er hatte schon abgelegt. Und es war gut so, Willem. Gestern abend, als Jakob ohne ihn zurückkam, da hab' ich gewußt: jetzt ist Jan auf dem rechten Kurs, er hat seine Angst überwunden und sein Selbstvertrauen wiedergewonnen, er wird wie ein Löwe um die EVVOIA kämpfen. Und hat er sich bis zu diesem Augenblick nicht tapfer geschlagen? Laß ihn weiterkämpfen bis zum Ende. Wenn ich ihn jetzt zurückrufe, fühlt er sich um einen Sieg betrogen. Deshalb soll er bleiben, wo er ist. Und damit basta!«
Es war der längste Monolog, den ich je aus dem Munde meines Kapitäns vernommen habe. Die Anstrengung hatte ihn eine Menge Atem gekostet und seine Kehle so ausgetrocknet, daß er es an der Zeit hielt, sie in seiner Kammer ein wenig anzufeuchten, damit er die Befehle für die bevorstehenden Manöver um so lauter geben konnte.
Und so enterte Jakob de Vries mit seinen Leuten das Wrack zum zweitenmale.

Vermeulen ließ unverzüglich anschirren. Diesmal steckten wir dreißig Faden Ankerkette des Griechen auf unsere Manilahanf-Trosse. Mit dem durchhängenden Gewicht ihrer sechs Tonnen wirkte die Kette als eine Federung, die harte und plötzliche Belastungen der Trosse abfing. Wir mußten dazu einen Anker der EVVOIA opfern. Die Runner schäkelten ihn von der Kette und ließen ihn aus der Klüse fallen – viertausend Meter tief auf den Boden des Nordatlantiks. Wieder ein Stück mehr für die schon so reichhaltige Alteisensammlung Neptuns. »Hurra für PERSEUS!« rief der Koch, als wir anschleppten. Bei achterlichem Wind im ostwärts laufenden Golfstrom, der uns eine Seemeile je Stunde dazuschenkte, machten wir gute sieben Knoten. Kurs Südost.

Bald darauf kündete Musik aus der Kammer des Kapitäns, daß er wieder die Flagge der Hoffnung gehißt hatte: er ließ Lohengrin fortissimo vom Heiligen Gral erzählen. Pieter Paul Vermeulen liebte diese Oper ganz besonders, weil es darin – wie er mir einmal erklärt hatte – um eine wunderbare Bergungsaktion ganz nach seinem Geschmack geht, »indem nämlich der große Schwan im richtigen Augenblick auf dem Plan erscheint, um den seefahrenden Ritter vor seinem neugierigen Weib in Sicherheit zu bringen. Wenn man genau hinhört, erkennt man kurz zuvor im Orchester, von einer Posaune geblasen, eine Art SOS-Ruf.«

Pieter Paul hatte nicht nur viel Phantasie, sondern auch eine unergründliche Abneigung gegen den Ehestand. Er ging Frauen eher aus dem Weg als einem Hurrikan, und es war ganz in seinem Sinne, daß Wirbelstürme in den Wetterberichten unter weiblichen Vornamen geführt werden – »weil sie so unberechenbar sind!«

Am andern Mittag meldete Kapitän van der Dool, seine Maschine laufe wieder Volle Kraft, und er hoffe, uns am folgenden Morgen zu treffen. Trotzdem war niemand an Bord so naiv zu glauben, nun seien wir glücklich aus dem Schneider. Das Seegebiet, in dem wir uns befanden, ist im November keine Promenade. Ruhiges Wetter in diesem Monat ist ein Irrtum der Natur, eine kurze Atempause für Schiffe, wie sie Boxern zwischen den Runden gewährt wird.

Für uns war sie mit Sonnenuntergang zu Ende. Eine harte Bö pfiff uns wieder in den Ring. Washington-Radio verbreitete eine Sturmwarnung. Der Wind wurde steif, die See begann sich zu türmen. Glasige, schwarze Wellen brachen über das Heck herein und überfluteten das Achterdeck brausend wie Wasserfälle. Noch war die Kimm klar, und durch ausgefranste Löcher, die der Nordwest in die Wolkendecke riß, schimmerte der mondhelle Himmel. Der Luftdruck fiel schnell.

Bei Wachwechsel um zwanzig Uhr, als der Windmesser die Geschwindigkeit der Luft mit fünfunddreißig Knoten angab, meldete van Huizen, daß Luke 2 nun endlich repariert war, so gut unter den Umständen überhaupt möglich.

Sie blieb der schwache Punkt, die Achillesferse. Schwere Schläge würde sie nicht lange hinnehmen können. Solange das Schiff Wind und See von achtern nahm, war es vor Brechern über Deck und Luken sicher; also mußten wir es in dieser Lage halten. Ob wir das schafften, hing nicht allein von Vermeulens Schleppkünsten ab. Der Wind blies immer kräftiger; es sah ganz danach aus, als habe er sich für die Nacht allerhand vorgenommen. Der Gedanke an einen Orkan trieb mir den kalten Schweiß auf die Stirn. Ein Trossenbruch, und die Evvoia würde sich querlegen und sich den Gewalten ausliefern, die nach ihr gierten. Dann wäre sie verloren, und uns bliebe nichts zu tun übrig, als in einem letzten verzweifelten Manöver zu versuchen, wenigstens unsere Leute zu retten, bevor die See ihr Leichentuch über eine erschlagene Evvoia breiten konnte.

Vermeulen war mit der Fahrt heruntergegangen. Jetzt ging es nicht darum, voranzukommen, jetzt ging es ums Durchhalten! Flucht war unmöglich; wir waren wie eine Schnecke, die eine tote Schildkröte schleppt. Standhalten hieß unsere Parole, uns das Wrack nicht noch einmal entreißen lassen! Und warten auf van der Dool. Vermeulen hatte seinen alten Genossen zur Eile angetrieben. Mit drei Worten: »Denk an damals!«

Um zweiundzwanzig Uhr wehte es mit Stärke 9, das war Sturm. Die See begann zu rollen, die Schaumstreifenmuster wurden dichter, und das Brausen und Pfeifen in den Riggen schwoll an zu einem nicht enden wollenden Geheule.

Vermeulen hatte auf dem kleinen, offenen Deck hinter dem Schornstein Posten bezogen, von wo er das Achterdeck am besten überblickte, auf dem überkommende Seen quirlten und brandeten, gegen die Verschanzung sprangen und sie behämmerten, daß es sich auf der Kommandobrücke anhörte wie dumpfe Donnerschläge eines fernen Gewitters. Der Lichtstrahl eines Scheinwerfers war auf das Schlepptau gerichtet, das hinter dem Heck im strudelnden Kielwasser verschwand. Der Kapitän ließ es nicht aus den Augen, ständig beobachtete er den Zug auf die Trosse. An ihr hing unser Glück wie an einem seidenen Faden, daran wir gefesselt waren: zwei Schiffe, die in einer immer höher laufenden See rollten und arbeiteten. Der Zug durfte nicht zu stark werden, sonst war ein Bruch unvermeidlich; ebenso gefährlich wäre es gewesen, ihr Lose zu geben und so der Evvoia Freiheit zu lassen. In ihrem unwiderstehlichen Drang, anzuluven, wäre sie sofort ausgeschoren. Wir allein hätten sie dann nicht zurückzerren können.

Vermeulen hatte das Funksprechgerät neben sich angezurrt. »Wie zeigt die Kette, Jan?« fragte er immer wieder. Und van Huizen auf der Back der Evvoia meldete, was er sehen konnte: wie sich die Kette auf- und niederbewegte, sich straffte und wieder entspannte und in welche Richtung sie zeigte. Vermeulen richtete danach seine Befehle an den Matrosen am Ruder und an mich, der ich den Maschinentelegraphen bediente.

So wurde es Mitternacht. Wie lange würde der Sturm anhalten? Ich starrte durch die Fenster des Ruderhauses voraus in die schwarze Finsternis und hörte dem Wind zu, der um die Kommandobrücke wimmerte wie die verdammte Seele eines Mörders, die sich nach Erlösung sehnt. Die Zeit schien stillzustehen. Ich versuchte an das Morgen zu denken und an meine Zukunft. Aber ich stieß mit meinen Gedanken ins Leere. Nicht einmal die Zukunft der nächsten Stunde war gewiß, sondern nur der gegenwärtige endlose Augenblick, da unter der Spannung das Ich zusammenschrumpfte zu einem erbarmungswürdigen Rest aus Furcht und Hoffnung.
Jeder Seemann kennt solche Anfälle von Verzagtheit, wenn er von langen Wachen in schlechtem Wetter übermüdet ist. Dann verflucht er die See, die christliche Seefahrt und sein Los, das ihn auf das Deck eines Schiffes verschlagen hat, obwohl der Mensch doch dazu geschaffen worden ist, mit beiden Beinen auf festem Grund zu wandeln. Wie sind die Leute zu beneiden, denkt er, die sich in der Nacht im Bett räkeln, wenn der Sturm auf den Schornsteinen pfeift, die sich an Kindern, Blumen, Mädchen und schönen Dingen erfreuen dürfen. Sie lesen morgens in der Zeitung, was überall in der Welt geschieht, und ist ihr Tag vergangen, machen sie Pläne für den kommenden. Von alledem bist du ausgeschlossen, sagt er sich, und daran wird sich nichts ändern. Du hast dich in einer jugendlichen Torheit selbst dazu verurteilt, zu fahren, zu fahren immerzu, ohne jemals wirklich Ruhe zu finden. Du denkst an Flucht, aber du weißt genau, daß dich die See niemals freigibt – bis sie dich eines Tages ausstößt wie einen verbrauchten Tramp, nach einem Leben, in dem dir viele Stunden vorgekommen sind wie Ewigkeiten und das dennoch vergangen ist wie eine einzige kurze Reise oder wie eine Seewache zwischen Morgen und Abend.
Plötzlich sah ich Lichter voraus an Steuerbord: zwei weiße und ein rotes. Ein schnelles Schiff auf Ostkurs. Es kam zur rechten Zeit, mir die Grillen zu verscheuchen.
Lichter, die einem Seefahrer in der Wüste Ozean erscheinen – sei es am Firmament oder auf dem Wasser – strahlen eine magische Kraft aus. Da fährst du Tage oder Wochen unter einem bedrückenden Himmel, der über dem Meer liegt wie ein Deckel, und du hast das Gefühl, in einem unendlichen großen Suppentopf auf der Stelle zu treten. Und dann, mitten in der schwärzesten Nacht, funkelt dich durch eine Luke in den Wolken ein heller Stern an wie ein Signal, das dir sagt: Du da unten auf deinem schwimmenden Staubkorn, fahre getrost dahin, du wirst schon ans Ziel kommen! Lacht mich meinetwegen aus, aber ich denke mir manchmal, wenn ich nachts auf der Brücke meine Wache gehe, daß die himmlischen Leuchtfeuer nicht nur angezündet worden sind, um uns zu einem genauen Schiffsort zu verhelfen. Ohne sie würde ich mich fürchten und glauben, auf unserem Globus allein, sinnlos und verloren durch einen grenzenlosen leeren Raum zu treiben.

Oder du begegnest einem fremden Schiff in der Nacht auf einer einsamen Seestraße, im Pazifik zwischen Panama und Australien oder irgendwo im weiten Atlantik. Du weißt nicht, woher es kommt oder wohin es bestimmt ist; du hast keine Ahnung, unter welcher Flagge es fährt noch welche Sprache man an Bord spricht. Und doch fühle ich mich mit dem Mann, der dort drüben wie ich seine Wache geht, durch das gemeinsame Schicksal verwandt. Vielleicht haben sich unsere Wege schon einmal gekreuzt, auf hoher See oder in irgendeinem Hafen – wer weiß? Ich sage mir: jetzt sieht er zu mir herüber und denkt dasselbe wie ich. Und von Brücke zu Brücke, über den Abgrund des Ozeans hinweg, tauschen wir einen Gruß: bye-bye, Bruder! Gute Nacht und glückliche Heimkehr!

Die Dampferlichter waren weit vor unserem Bug vorübergewandert und hinter der Kimm verschwunden.

Ich fühlte mich wieder obenauf. Ich ließ mir Kaffee heraufbringen und zündete mir eine Pfeife an. »Sei kein Narr, Willem de Witt«, sagte ich zu mir, »laß nur den Teufel Trübsal blasen, einen Seemann wie dich jagt er nicht ins Bockshorn, das wäre ja noch schöner!« Meine Welt war wieder allright, so wild es auch darin zuging. Die Trosse hielt, Vermeulen wachte darüber wie der liebe Gott persönlich. Und van der Dool war auf dem Marsch.

»Denk an damals!« Der Kapitän der ANDROMEDA hatte die Botschaft verstanden. Im Klartext hieß sie: »Es geht um Alles oder Nichts, um Leben und Tod – wie damals in der irischen See. Lauf, was du kannst!« Bedenkt, dem Schlepper stand der Nordwest ins Gesicht. Jede See, die ihn ansprang, war ein Schmetterschlag gegen seine stählerne Brust, der ihn bis in die Mastspitzen erschütterte und sein Oberdeck unter rasenden Wasserstürzen verschwinden ließ. Van der Dool rannte gegen die Zeit, den Sturm und die Wogen an; er knüppelte sein Schiff vorwärts, rücksichtslos. Er ging bis an die äußerste Grenze, die der Widerstandskraft des Schiffes gesetzt war – und noch eine Handbreit darüber hinaus. Wie damals. »In jener Nacht hat er Gott versucht!« Das ist bis heute die Meinung des Ersten Steuermanns der ANDROMEDA über seinen Kapitän.

Ab vier Uhr früh gaben wir der ANDROMEDA Peilzeichen. Sie stand um diese Zeit noch dreißig Seemeilen ab. Schwere Gegensee hielt sie auf, vor acht Uhr würden wir sie nicht sehen. Die Kapitäne telefonierten miteinander in der Funkstation, während ich die Wache bei der Trosse übernahm. Zwei Stunden später meldete sich van der Dool, um uns zu sagen, er habe den Schleppzug klar im Radar. Bald darauf kam die ANDROMEDA recht voraus in Sicht. Ich heulte ihr Salut mit dem Typhon, als sie nahe genug heran war. Sie stampfte an uns vorüber, drehte hinter dem Heck der EVVOIA bei und schoß eine Leine hinüber. Die Runner holten daran eine Manila an Bord und belegten sie, worauf der Schlepper dreihundert Meter aussteckte und sich in dieser Distanz mit dem Kopf auf die See legte. An der Trosse hielt er das Heck des Griechen gegen den Wind, wie man einen Gaul am Schwanz festhält, damit er nicht mit dem Hinterteil ausschert.

»Hurra für ANDROMEDA!« brüllte Heemskerk, als van der Dool mit dem Typhon verkündete, daß er auf Position lag und mit der Achterleine das Wrack im Griff hatte. Damit war von Vermeulens Schultern die halbe Last genommen. Wir atmeten auf.

Solange der Sturm nicht nachließ, mußten wir ihn geduldig abreiten. Irgendwann würde er uns schon eine Chance geben. Bedenklich war allerdings, daß auf dem Wrack der Benzinvorrat für die Pumpe zur Neige ging und nur noch für zwölf Stunden reichte. Mit der Dieselpumpe allein, so meinte van Huizen, könne er den Wasserstand im Maschinenraum nicht halten. Dieses verflixte unheimliche Leck! Es konnte uns zuguterletzt noch einen bösen Streich spielen. Jedermann wußte, was drei Monate zuvor unserem Bergungsschlepper SIRIUS widerfahren war, als er mit einem leckgeschlagenen Engländer auf dem Haken aus dem Atlantik kam. Vor dem Eingang in den Englischen Kanal, als er Falmouth schon in Sicht hatte, begann der Frachter plötzlich, bei ruhiger See zu sinken, so schnell, daß sie auf dem Schlepper im hurry-up die Trosse kappen mußten, um nicht selbst in Bedrängnis zu geraten. Die Mannschaft des Havaristen hatte nicht einmal Zeit, in die Boote zu gehen. Zum Glück konnten sie schwimmen, und SIRIUS fischte sie alle aus dem Wasser – bis auf einen Schmierer, der im Wellentunnel gearbeitet hatte, als der gewaltige Wassereinbruch das Schiff in die Tiefe riß.

Für die Männer auf dem Schlepper und die Direktoren in Rotterdam war das Unglück damals ein schwerer Schlag. Zwei Wochen vergebliche Schinderei, eine Trosse zum Teufel – und statt einer fetten Bergungsprämie alles in allem zweihunderttausend Gulden auf dem Verlustkonto. Aber so lautet nun einmal das Gesetz, nach dem wir antreten: »No cure – no pay! Kein Erfolg – keine Bezahlung!« Wenn sich doch auch unsere Medizinmänner und Rechtsanwälte nach dieser Regel richteten!

Der Tag ging dahin und auch die nächste Nacht. Der Sturm blieb auf Touren. Und wieder wurde es Tag – und wir trieben mit dem Wrack am Bändel nach Osten unter einem Himmel, der uns kaum hoffen ließ. Im Maschinenraum der EVVOIA konnte nur noch eine Pumpe arbeiten. Das Wasser stieg, die Schlagseite nahm zu, Grad um Grad.

Wir mußten warten.

Wie lange schon plagten wir uns mit diesem Schiff ab, ohne ein Ende abzusehen? Ich mußte im Logbuch nachblättern, um zu wissen, daß wir vor neun Tagen St. John's verlassen hatten.

Da endlich, mit dem zehnten Morgen, geschah das Wunderbare: Wir sahen die Sonne aufgehen! Sie verscheuchte die Wolken; strahlend stieg sie hinter einer messerscharfen Kimm herauf und veränderte die Welt in einem einzigen Augenblick. Die Finsternis wich – und es ward Licht. Es gab Himmel und

Wasser ihre Farben zurück und verwandelte die graue, trostlose See in ein Bild bewegter, wilder Schönheit. Der Sturm war zu einer frischen Brise abgeflaut. Die häßlichen Gischtstreifen waren verschwunden, auf der daherrollenden tiefblau leuchtenden Dünung spielten nur noch Schaumtupfer wie Katzenpfoten. Es war eine Stunde zum Hallelujasingen.
Jetzt mußten wir zusehen, uns mit dem Schlepp davonzumachen. Das Barometer stieg kräftig an, der jüngste Wetterbericht von Washington-Radio enthielt keine Warnung. Also: auf nach Horta! Zweispännig! Die ANDROMEDA hievte sich an ihrer Trosse unter das Heck der EVVOIA zurück und wagte auf der Dünung einen Tanz, wie ihn sich nur ein kaltblütiger Mann wie van der Dool leisten durfte. Es schien ihm die beste Methode, ein Dutzend Zwanzig-Liter-Kanister mit Hilfe einer Wurfleine auf den Griechen zu befördern. Darauf ließ er loswerfen und verholte vor den Bug, um seine Schlepptrosse zu belegen, auf der anderen Ankerkette. De Vries hatte den Anker bereits abgeschäkelt und Neptun geopfert. Van der Dool mußte vorsichtig manövrieren; er konnte der EVVOIA nicht vor den Bug scheren, weil ihm unsere Kette die Passage versperrte. Außerdem geboten ihm Wind und Dünung einen repektierlichen Abstand.
Die erste Leinenrakete knallte knapp unter der Reling gegen die Bordwand, die Leine landete im Wasser. Die zweite wurde abgetrieben und flog nahe am Steven vorbei, als sich der Bug hoch aufbäumte. Es dauerte eine Weile, bis sie eine dritte abschießen konnten. Diesmal zischte die Leine hoch über die Back und wurde von einem Windstoß gepackt, so daß sie vor dem Flaggenstock herunterkam und auf der Kette hängenblieb, an der wir lagen. Was dann geschah, beobachtete ich durch das Fernglas.
Ich sah, wie van Huizen sich neben dem Flaggenstock auf die Verschanzung schwang und sich im nächsten Augenblick an einem Tau, das ihm um den Leib gebunden war, hinunterfieren ließ und auf die Kette. Wie ein Affe hangelte er sich daran abwärts mit Händen und Füßen, während der Bug des Schiffes in der Dünung tief eintauchte bis zu den Ankerklüsen, sich wieder aufbäumte und die Kette mit hochnahm, um im nächsten Augenblick wieder wegzutauchen, als wolle er den Mann auf der Kette abschütteln oder ertränken. Mit einer Hand sich festhaltend, versuchte van Huizen mit der anderen die vertüderte Leine zu klarieren und sie sich um das Handgelenk zu schlingen. Es gelang ihm endlich, und de Vries konnte mit seinen Runnern unseren Zweiten Steuermann aufholen auf die Back.
»Er war halb ertrunken und starr vor Kälte«, erzählte Jakob de Vries später, »aber das hat ihm nichts ausgemacht. Ich hab' zu ihm gesagt: ›Mijnheer, gehen sie unter Deck und ziehen Sie sich um sonst holen Sie sich den Tod!‹ Aber davon wollte er nichts wissen. ›Erst mach' ich die Trosse fest‹, sagte er. ›Das können wir doch allein‹, sagte ich. Aber er blieb so lange auf der Back, bis die ANDROMEDA schließlich neben PERSEUS auf Position lag.«

Die Typhone tuteten einen langen Ton über die See. Auf beiden Schleppern klingelten die Maschinentelegraphen. Mit ganz langsamer Fahrt zogen wir an, beide Schlepper auf gleicher Höhe, hundert Meter Wasser zwischen sich.

»Hurra für PERSEUS und ANDROMEDA!« schrie Heemskerk und »Lang lebe die Königin!« Er war eben nicht nur ein erstklassiger Koch, sondern auch ein guter Patriot.

Vermeulen feierte die Stunde auf seine Weise mit einem Schlückchen und der Arie, die er gewöhnlich auflegte, wenn er seines Sieges sicher war: »O, wie werd' ich triumphieren, wenn sie Euch zum Richtplatz führen und die Hälse schnüren zu . . .« Ich glaube, er hatte dabei die Versicherer im Sinn.

Da waren wir also unterwegs nach den Azoren. Natürlich hielt das freundliche Wetter nicht lange durch, die Wetterhexe hatte in ihrer Küche schon ein neues Tief ausgekocht, und am nächsten Abend wehte es uns hart um die Ohren. In der Nacht brach die Schleppkette der ANDROMEDA in der Ankerklüse der EVVOIA. Ein Foul des Seeteufels, der – um mit Jakob de Vries zu sprechen – braven Holländern bei der Rettung eines Schiffes ebenso gern ein Bein stellt wie sein Schwefelsbruder an Land der Heilsarmee bei der Bergung einer gescheiterten Seele.

Auf dem Schlepper mußten sie die Trosse einhieven bis zum Beginn der Kette und sie losschäkeln. Eine Arbeit für Schwerathleten, dazu auf einem überfluteten Achterdeck. Die Kettenlänge ließen sie fallen – eine Uhrkette für Neptun. Dann stellten sie eine neue Verbindung her, im Scheinwerferlicht. Zum Glück trafen sie mit der ersten Leinenrakete ins Ziel. Eine Ankerkette ist mindestens zweihundertsiebzig Meter lang, und so hatten die Runner genug Reserve auf die Manilatrosse zu schäkeln. Drei Stunden nach dem Bruch konnte van den Dool sich wieder ins Geschirr legen.

Zwölf Stunden später erwischte es auch uns: Unser Kettenstück riß gleich hinter dem Verbindungsschäkel mit der Trosse. Darum hatten wir es leichter, sie einzuhieven, während die Runner auf dem Wrack das lose, senkrecht im Wasser baumelnde Ende vor dem Ankerspill mit dem Schweißbrenner abschnitten und es durch die Klüse rasseln ließen, daß die Funken sprühten – ein Armband für Amphitrite! Die EVVOIA war mit Opfergaben wahrhaftig nicht kleinlich; sie wußte, was sie als griechisches Schiff dem alten Meergott und seiner Gemahlin schuldig war, um sie gnädig zu stimmen.

Tatsächlich war damit das Maß unserer Prüfungen voll. Von den Tagen und Nächten, die folgten, bleibt nicht viel zu erzählen. Regen und Sturm begleiteten uns auf dem Weg nach Südosten, aber sie hielten uns nicht mehr auf.

Bis uns eines Morgens ein lauer Wind entgegenblies und die Sonne bei ihrem Aufgang an einem klaren Himmel das ersehnte Ziel enthüllte: die Azoreninsel Fayal. »Land in Sicht!« brüllte Heemskerk. Wir auf der Brücke hatten es längst gesehen: das bergige Eiland, steil aufragend aus der See, blaudunstig im Gegenlicht der Sonne.

Unter wehenden Flaggen und kurzgehievten Trossen erreichten wir am Nachmittag die Reede von Horta. Schon zwei Tage zuvor hatten wir über Funk erfahren, wie es weitergehen sollte. Die EVVOIA wurde an der Kohlenpier erwartet, wo man sie um sechstausend Tonnen ihrer Ladung erleichtern wollte. Das würde sie hoch aus dem Wasser heben, so daß es möglich war, an das Leck heranzukommen und es provisorisch zu dichten. Anschließend müsse PERSEUS das Schiff allein weiterschleppen nach Piräus, in die Werft, während ANDROMEDA in Horta auf weitere Order warten sollte.
Um siebzehn Uhr lagen wir fest. Die Formalitäten mit den Behörden waren erledigt. Die Maschine kam zur Ruhe. Der Kampf war zu Ende – nach achtzehn Tagen. Wir hatten gewonnen.
Aber meine Geschichte geht noch zwölf Stunden weiter, denn es ist ja die Geschichte meines Freundes Jan van Huizen.
Es war vor dem Abendessen, als Vermeulen mich zu sich rufen ließ. Durch das ganze Wohndeck schallte der Triumphmarsch aus »Aida«. Wollte er mich an seiner privaten Siegesfeier teilnehmen lassen?
Pieter Paul thronte auf seinem Schreibtischsessel, mitten im Raum, völlig nackt bis auf ein schmales Handtuch, das er als Lendenschurz vorgebunden hatte. Seine Füße – o, diese Füße! – steckten in einer dampfenden Waschbalje. Auf seiner Koje lag ein auseinandergefaltetes schneeweißes Hemd. Er saß da, in seiner majestätischen Fülle aus Speck und Muskeln, mit verklärtem Gesicht, bärtig und struppig behaart von Kopf bis zu den Waden. Nur ein **Dreizack in der Faust** fehlte ihm, und man hätte in ihm den wiedererstandenen meeresbeherrschenden Neptun erkannt.
Mit einer gnädigen Geste lud er mich ein, dem Ritual seiner Fußwäsche beizuwohnen, wie es seinem Ersten Steuermann anstand. Den Akt der innerlichen Reinigung hatte er bereits mit Rum eingeleitet. Die Flasche stand in seiner Reichweite. Er deutete mit dem Daumen darauf, was heißen sollte: »Bedien dich, Willem! Das ist ein dienstlicher Befehl!« Ich gehorchte. Während ich trank, war die Platte zu Ende. »Auf die Hexe von Veracruz!« rief ich und trank ihm zu mit einem neuen Schluck.
Für einen Augenblick starrte er mich verblüfft an. Im nächsten begann er zu grinsen, dann lachte er. Er bog sich vor Lachen, daß sich der Knoten seines Schurzes löste. Es kümmerte ihn nicht. Übermütig wie ein Baby in der Badewanne plantschte er mit seinen Füßen, daß das Wasser überplatschte.
»Wo ist van Huizen?« fragte er, als er seine Würde wiedergefunden hatte.
»Ich denke, er liest die Briefe seiner Frau«, antwortete ich.
»Wir werden ohne ihn nach Piräus gehen«, sagte der Kapitän. Ich sah ihn fragend an. »Lies das Telegramm, Willem, es liegt auf dem Schreibtisch. Der Agent hat es gebracht.«
Das Telegramm lautete: »Jan van Huizen mit Wirkung vom 1. Dezember zum Ersten Steuermann befördert. Fliegt unverzüglich Kapstadt via Lissabon

zum Dienstantritt auf Schlepper Sirius. Passiert Kap ca. 28. November zusammen mit Schlepper Capella, beide mit Bohrinsel auf dem Weg zum Persischen Golf. Ablösung für van Huizen unterwegs.«
»Na, was sagst du dazu, Willem?«
»Haben Sie das veranlaßt, Kapitän?«
»Wer denn sonst? Meinst du, die Herren in Rotterdam wären von selbst darauf gekommen, daß der Junge sich ausgezeichnet hat? Jedenfalls meine ich, daß dein Freund Jan sich den dritten Streifen redlich verdient hat. Oder?«
Ja, das meinte ich auch. Vermeulens Rechnung war aufgegangen. Jan war für die Schleppschiffahrt gerettet.
Am Abend jumpten wir alle an Land, wir von der Perseus und unsere Kameraden von der Andromeda. Nur eine Bordwache blieb zurück. Wir machten ein Lokal am Hafen ausfindig, in dem wir ein Fest feierten, von dem die Leute in Horta wohl noch lange gesprochen haben. Mehr will ich darüber nicht sagen.
Die Sonne ging auf, als wir an Bord zurückkamen. Pieter Paul Vermeulen und van Huizen voran. Der Kapitän hatte seinen Arm um Jans Schulter gelegt; er stützte sich auf ihn, da seine eigene Stabilität nicht mehr ganz allright war. Die beiden erinnerten mich an ein Bild aus meiner Schulbibel: der gütige Vater, seinen Sohn umarmend, der verloren war und wieder heimgefunden hatte.
Als letzter wankte Heemskerk selig über die Gangway – und fiel mit dem Ruf »Lang lebe die Königin!« der Länge nach an Deck. Mit blutender Nase, aber glücklich stolperte er in die Kombüse, um uns ein fürstliches Frühstück zu bereiten. Der Kapitän sorgte für die passende Begleitmusik. »Fünftausend Taler – träum' oder wach' ich?« ließ er den Bassisten auf der Platte singen.
Ich vermute, Pieter Paul Vermeulen dachte dabei an den schwerverdienten Bergelohn. Wie jeder Mann an Bord.

EISWACHT BEI NEUFUNDLAND

Die weiße Armada

Am 10. April 1912 verließ der britische Ozeanriese TITANIC die Reede von Southampton zu seiner Jungfernfahrt nach New York. An Bord befanden sich 1300 Passagiere und 900 Mann Besatzung. Der 270 Meter lange Luxusdampfer mit seinen vier Schornsteinen war der Stolz der britischen Handelsmarine. Er galt als unsinkbar.
Am Mittag den 14. April stand die TITANIC etwa 400 Seemeilen südöstlich der Großen Neufundlandbank und steuerte den Kurs, der für alle westwärts gehenden Schiffe in dieser Jahreszeit vorgeschrieben war – einen ungefährlichen Kurs, wie Captain Edward Smith glaubte, denn er verlief südlich der normalen Treibeisgrenze im April. Indessen konnte der Kapitän den Seekarten entnehmen, daß sich nicht alle Eisberge brav an diese Grenze hielten. Er mußte damit rechnen, daß einzelne in manchen Jahren weiter nach Süden vorstießen bis auf die Dampferwege. Und wirklich: mehrere Schiffe hatten tags zuvor dort Eisberge gesichtet und Warnungen »An alle!« gefunkt. Trotzdem ließ Smith seine TITANIC auf dem alten Kurs weiterlaufen mit der vollen Kraft ihrer 50 000 Pferdestärken.
Der Tag geht zu Ende. Eine halbe Stunde vor Mitternacht steht das Schiff 120 Seemeilen südlich der Bank. Der Himmel ist wolkenlos sternklar, die See spiegelglatt. Im Mastkorb hockt ein Matrose und späht voraus. Er zittert vor Kälte, das hält ihn wach. Er hat Befehl, scharf auf Eis zu achten. Noch immer laufen die Maschinen »Voll Voraus«, die drei Propeller treiben die schwimmende Stadt mit einer Geschwindigkeit von 20 Knoten – das sind fast 38 Kilometer in der Stunde – durch den Ozean.
Unter Deck, in den Gesellschaftsräumen, geht es hoch her. Die Passagiere feiern ein glanzvolles Fest, mitten unter ihnen der Kapitän. Niemand zweifelt daran, daß die TITANIC am übernächsten Tag in New York jubelnd empfangen werden wird als die neue Königin des Atlantik.
Zwanzig Minuten vor Mitternacht. Der Ausguck entdeckt plötzlich genau voraus einen weißen Schimmer: die Spitze eines kleinen Eisbergs. Geschätzte Entfernung: zwei Schiffslängen. Dreimal haut er hart auf einen Gong zur

Warnung an die Kommandobrücke, dann reißt er den Telefonhörer von der Gabel und meldet: »Eisberg voraus!« In derselben Sekunde befiehlt der wachhabende Erste Offizier »Ruder hart backbord!« und legt den Maschinentelegraphen auf »Voll Zurück!«

Der gewaltige Koloß aus Stahl gehorcht sofort dem Ruder – und gerade dies wird ihm zum Verhängnis. Hätte der Ausguckmann doch geschlafen! Dann hätte die TITANIC ihren Feind mit dem Bug voll getroffen. Ihr Vorschiff wäre zwar schwer beschädigt worden und bis zum ersten wasserdichten Schott vollgelaufen, doch sie wäre schwimmfähig geblieben. So aber schrammte sie beim Abdrehen an der Unterwasserflanke des Eisbergs entlang, der mit einer scharfen Kante ihren Leib ein paar Meter über dem Kiel steuerbordvorn 90 Meter weit aufschlitzte und sie tödlich verwundete. Zweieinhalb Stunden später sank die TITANIC mit dem Bug voraus in die Tiefe des Atlantik und riß 1500 Menschen in den Tod. Ihr Untergang ist die größte Katastrophe, die in Friedenszeiten die Handelsschiffahrt getroffen hat – bis auf den heutigen Tag.

Die TITANIC war nicht das erste Opfer der weißen Wegelagerer. Unzählige Schiffe sind lange vor ihr auf der Strecke geblieben, und zwar in jenen Zeiten, als die meisten Schiffe, die zwischen dem Englischen Kanal und den nördlichen Häfen Amerikas verkehrten, den kürzesten Weg wählten, und der führt über die Große Neufundlandbank, wo sich im Frühjahr bis in den Sommer hinein Eisberge ein Stelldichein geben. Damals, gegen Ende des 19. Jahrhunderts, nahm die Schiffahrt einen großen Aufschwung. Die Dampfer verdrängten mehr und mehr die Segler, sie wurden größer und schneller. Kein Wunder, daß auch die Verluste zunahmen. Allein zwischen 1880 und 1890 wurden in den neufundländischen Gewässern 40 Segler und Dampfer bei Nacht und Nebel von Eisbergen in den Grund gebohrt. So durfte es nicht weitergehen!

Deshalb lud 1891 das »Amerikanische Hydrographische Amt« die großen Schiffahrtsgesellschaften zu einer Konferenz ein. Die Vertreter der Reedereien beschlossen »Einbahnstraßen« über den Nordatlantik, die zu allen Jahreszeiten die größtmögliche Sicherheit bieten sollten. Sie verliefen während der Eisperiode südlich der normalen Treibeisgrenze, blieben aber nördlich genug, die Seewege nicht wesentlich zu verlängern.

Von nun an wurden Zusammenstöße mit Eisbergen selten. Ganz vermeiden ließen sie sich nicht, und dann war gewöhnlich Leichtsinn mit im Spiel, wie der Fall »Titanic« zeigt.

Die TITANIC war nur ein Passagierdampfer unter Dutzenden gewesen, die regelmäßig den Nordatlantik überquerten. Wie konnte garantiert werden, daß den übrigen und den unzähligen Frachtern auf den nördlichen Routen ein gleiches Schicksal erspart blieb? »Verlegt die Wege in Breiten, die von Eisbergen niemals erreicht werden!« so forderte die internationale Presse.

Davon wollten die Reeder nicht viel hören. »Südliche Kurse würden die Straßen über den Nordatlantik um Hunderte von Seemeilen verlängern und die Kosten für die Beförderung von Fracht und Passagieren in die Höhe treiben«, argumentierten sie dagegen. »Darf Geld eine Rolle spielen, wenn es um Menschenleben geht?« konterten die Herren der öffentlichen Meinung.
Es mußte eine Lösung gefunden werden, die allen Interessen gerecht wurde. Darüber berieten im November 1913 die Vertreter von dreizehn Schiffahrtnationen in London. Das Ergebnis war der »Internationale Vertrag zum Schutz des menschlichen Lebens auf See«. Darin hieß es:
»Die hohen vertragschließenden Teile verpflichten sich, für den nordatlantischen Ozean so bald wie möglich einen Dienst zur Beobachtung der Eisverhältnisse einzurichten. Zu diesem Zweck werden zwei Schiffe mit der Ausführung dieses Dienstes betraut. Sie sollen während der ganzen Zeit der Eisdrift eingesetzt werden. Die Regierung der Vereinigten Staaten wird ersucht, diesen Dienst einzurichten, zu verwalten und sicherzustellen. Die hohen vertragschließenden Teile verpflichten sich, zu den Kosten der Einrichtung beizutragen.«
Im Frühjahr 1914 lief ein Schiff der amerikanischen Küstenwache aus, um die bedrohten Dampferwege zu überwachen. Damit hatte der »Internationale Eiswachdienst auf dem Nordatlantik« begonnen.

Die Eisberge, vor denen es die Schiffahrt zu schützen gilt, stammen aus Grönland, der großen Insel, die fast völlig von einem Eispanzer bedeckt ist. Im Innern ist er bis zu 3000 Meter dick. Er speist die mächtigen Gletscherströme, die an der grönländischen Westküste vielarmig ins Meer münden. Ihre Zungen schieben sich über den seichten Küstensaum weit hinaus, bis sie über tieferem Wasser den Grund unter sich verlieren. Die überhängenden Zungen brechen dann ab, wobei das regelmäßige Auf und Ab des Wassers im Wechsel von Ebbe und Flut kräftig mithilft. Man sagt: »Der Gletscher kalbt.« Manche Gletschergruppen tun es bis zu 1500mal im Jahr. So entstehen die Eisberge: etwa 7500 große im Laufe von zwölf Monaten, dazu viele kleine. Das ist grob geschätzt und gilt als Durchschnitt. Im Sommer 1949 hat die Luftaufklärung der US Coast Guard im arktischen Seegebiet zwischen Westgrönland und Kanada insgesamt über 40 000 Eisberge aller Größen gesichtet und fotografiert.
Die neugeborenen Gletscherkinder treiben zunächst mit dem Westgrönlandstrom an der Küste entlang weit hinauf nach Norden, schwenken dort hinüber zur kanadischen Polarküste der Baffin-Bucht und wandern gen Süden, bis sie schließlich, vom Labradorstrom geführt, die neufundländischen Gewässer erreichen. Eine solche Reise dauert mitunter drei Jahre. Dabei werden die

dahintreibenden Eisberge allmählich kleiner. Wenn sie bei Neufundland aufkreuzen, besitzen sie nur noch ein Zehntel der Masse, mit der ihr Muttergletscher sie entlassen hat. Aber selbst abgemagert sind viele noch so stattlich, daß große Schiffe wie Zwerge neben ihnen wirken. Dabei lassen sie nur den kleinsten Teil ihrer wahren Größe blicken; sechs Siebentel halten sie unter der Wasseroberfläche verborgen.

Zum Glück werden nicht alle Eisberge gefährlich. Die meisten stranden schon vorher irgendwo am Wege, an Küsten oder Inseln, auf Sandbänken in seichten Gewässern oder an Riffen. Nur ungefähr jeder zwanzigste hat eine Chance, jene Seestraßen unsicher zu machen, die zu den verkehrsreichsten der Erde gehören. Ihr Auftreten dort schwankt von Jahr zu Jahr beträchtlich, es hängt ab von vielen Klimafaktoren in der Arktis. Im Jahre 1966 zum Beispiel ließ sich nicht ein einziger Eisberg bei Neufundland blicken, 1929 dagegen waren es mehr als 1300 – ein Rekord, der 1972 gebrochen wurde, als es fast 1600 Eisbergen gelang, über den 48. Breitengrad hinaus vorzustoßen. Der Durchschnitt liegt bei 400.

Die ersten tauchen gewöhnlich Ende Februar oder Anfang März auf. Im Mai und Juni folgt das Hauptgeschwader auf breiter Front. Die letzten Nachzügler kommen im Juli angekleckert und treiben unaufhaltsam dem gleichen Schicksal entgegen wie ihre Vorgänger: Sie geraten in wärmere Gewässer und schmelzen schnell ab, während sie ihre Formen zu phantastischen Gebilden verändern; sie werden ausgehöhlt und von den Wellen unterspült; und plötzlich kentern sie oder brechen donnernd auseinander. Die Reste verschlingt der Golfstrom und verwandelt sie wieder zu Wasser. Dann herrscht Friede an der Eisfront, die Seefahrer dürfen aufatmen – bis zum nächsten Jahr.

Die Amerikaner haben versucht, den Feind aus dem Norden mit Gewalt schon auf seinen Anmarschwegen zu vernichten. Doch alle Angriffe sind gescheitert: Hitzebomben brannten nur kleine Löcher in die kalten Häupter; Sprenggranaten hinterließen lächerliche Kratzer, und Torpedos, die Schlachtschiffe versenkt hätten, prallten wirkungslos an den Unterwasserpartien ab. Darauf versuchte man es mit einem Trick: Hubschrauber schwärzten die Kuppen, indem sie in langsamem Schwebeflug Tonnen von Ruß herabrieseln ließen; die dunklen Flächen sollten die Sonnenwärme schlucken, statt sie zurückzustrahlen, und dadurch die natürliche Abschmelzung beschleunigen – was auch geschah, nur nicht schnell genug. Und so bleibt den Männern der Eispatrouille vorläufig nichts anderes übrig, als auch fernerhin die Eisberge aufzuspüren, ihnen zu Wasser und aus der Luft auf den Fersen zu bleiben, die Schiffe zu warnen und die eisigen Zerstörer so lange zu bewachen, bis die Natur selbst ihnen den Garaus macht.

Was dieses Räuber-und-Gendarm-Spiel schwierig macht, ist die Unberechenbarkeit der Eisdrift. Die Kurse der Eisberge verlaufen im Zickzack, in Schleifen und Schlangenlinien, mit ständig wechselnden Geschwindigkeiten. Legt einer heute 10 Kilometer zurück, schafft er morgen 20, vielleicht sogar 30, und übermorgen tritt er auf der Stelle. Kommt eine Gruppe angesegelt, läuft sie plötzlich auseinander. Einzelgänger finden sich unerwartet zusammen, werden eine Weile zu Weggefährten und gehen dann wieder getrennte Wege.

Das Geheimnis der labyrinthischen Pfade liegt in dem Zusammenprall der beiden Meeresströmungen: Östlich Neufundland stößt der Labradorstrom in breiter Front von Norden her tief in die Flanke des ostwärts dahinziehenden Golfstroms. Dazu kommen die Winde, die häufig Richtung und Stärke ändern und die herausragenden Teile der Eisberge vor sich herschieben im Widerstreit mit den kalten und warmen Stromfeldern, die ihrerseits miteinander ringen. Dies alles geschieht lautlos – bei Sturm wie unter dem Deckmantel des berüchtigten Neufundlandnebels, der entsteht, wenn feuchtwarme Luftmassen aus dem Süden über die kalten Fluten streichen und sich dabei abkühlen.

Neptuns Waschküchen haben viel von ihren Schrecken verloren, seit Radar sie durchdringt und schwimmende Hindernisse sichtbar macht, wenn sie groß genug sind. So kann sich also auch kein Eisberg unbemerkt davonschleichen. Die Eiswachschiffe können sich im Nebel nicht verirren. Mit Hilfe der Funknavigation wissen ihre Offiziere auf der Brücke immer sehr genau, wo sie und das beobachtete Eis sich befinden.

Der Internationale Eiswachdienst ist seit 1913 nur in Kriegszeiten unterbrochen gewesen. In all den Jahren hat er die Schiffahrt vor Zusammenstößen mit Eisbergen bewahrt. Und mehr noch: die Meeresforscher und die Meteorologen an Bord der modernen Coast-Guard-Schiffe haben nebenher wertvolle neue Erkenntnisse über das Wetter, das Eis und das Meer im nordwestlichen Atlantik gewonnen.

Das alles kostet Geld, ungefähr zwei Millionen Mark pro Jahr. Darin teilen sich, neben den USA, sechzehn andere Regierungen. Die Beiträge richten sich nach Zahl und Größe der Schiffe, die unter der Flagge der einzelnen Länder den Nordatlantik während der Eisperiode befahren haben. Die Anteile müssen also nach jeder Saison neu berechnet werden. Die größte Summe zahlt stets Großbritannien. Die Bundesrepublik Deutschland muß jährlich rund 150 000 Mark beisteuern – eine Kleinigkeit, wenn man bedenkt, wieviel an Sicherheit für Seeleute und Passagiere und für Millionenwerte an Schiffen und Handelsgütern dafür erkauft ist.

Eispatrouille

Das Eis kam ungewöhnlich früh in diesem Jahr, und die EVERGREEN mußte schon in der zweiten Februarwoche an die Front geschickt werden. Eines Morgens quoll schwarzer Ölqualm aus ihrem Schornstein; wenige Stunden später war ihr Liegeplatz in der geschützten Bucht von Argentia, wo sie überwintert hatte, leer. Mit voller Kraft dampfte sie in den Atlantik hinaus. Hinter ihr versank die Küste Neufundlands im Dunst der frühen Dämmerung. Das Leuchtfeuer von Kap Race an der Südspitze der Insel blinkte ihr einen letzten Gruß nach.
Am andern Morgen wußte es der ganze Nordatlantik: das Eisspähschiff vom Dienst hatte Posten bezogen. Ein Funkspruch aus dem Hauptquartier der Coast Guard in New York hatte die Aufforderung verbreitet: »Alle Schiffe im Seegebiet zwischen dem 39. und 49. Grad nördlicher Breite und vom 33. bis zum 54. Längengrad westlich von Greenwich werden aufgefordert, alle drei Stunden ihre Position, den Kurs und die Geschwindigkeit bekanntzugeben, die Temperaturen von Luft und Wasser zu melden sowie Angaben über Sicht, Wind und Seegang zu machen. Gesichtetes Eis soll unverzüglich gemeldet werden, wobei die in der Nähe gemessene Wassertemperatur übermittelt werden soll. Alle Beobachtungen sind an das Eiswachschiff auf Station oder an Argentia-Radio zu richten.«

Da war ein Norweger, die ROMSDAL, in Ballast von Oslo nach Boston unterwegs, wo eine Ladung Sojabohnen auf sie wartete. Sie stand ungefähr halbwegs zwischen dem Englischen Kanal und Kap Race, als die amerikanischen Küstenfunkstellen den Beginn der neuen Eissaison meldeten. Lars Kristensen, der Funker, konnte die Nachricht nicht empfangen, denn er lag zu dieser Stunde blaß und stöhnend auf seiner Koje. In der engen Kammer war es heiß, die stickige Luft war aufgeladen mit Dünsten von Schweiß, abgestandenem Bier und Tabakasche. Tron Tornoe, der Erste Offizier, ließ einen Hauch frischer Seebrise hineinfahren, als er über die Türschwelle stieg. Der Messesteward hatte ihn geschickt. »Zu faul zum Arbeiten, wie?« knurrte er. Der Vorhang zur Funkstation nebenan war aufgezogen. Mißbilligend musterte der Erste den verlassenen Arbeitstisch, die verwaiste Morsetaste in einem Wust von Papieren und die stummen Geräte ringsum. Nur das rotglühende Kontrollicht des automatischen Notrufempfängers zeigte an, daß noch ein Nerv der Anlage funktionierte.
»Ich hab' nicht viel versäumt, Tron«, stöhnte der Funker. »Bis zum nächsten Wetterbericht bin ich wieder klar, wenn du mir hilfst.« Er preßte beide Hände auf den Leib und krümmte sich.

»Hast du das schon mal gehabt, Lars?«
»Ja, in den letzten Wochen, aber noch nie so schlimm wie heute.«
»Wo tut's weh?«
»Überall«, jammerte Lars, »der ganze Bauch.«
»Vielleicht nur 'ne Blinddarmreizung«, meinte Tron. Ihm wurde unbehaglich zumute.
»Nee, Tron«, grinste Lars, »das Ding haben sie mir schon vor zehn Jahren rausgerupft, in Sydney war's. Ich denke, es ist der Magen. Verpaß mir nur 'n paar Pillen, damit ich die verfluchten Krämpfe loswerde.«
»Bleib ganz ruhig liegen, Mann«, gebot Tornoe, »ich werde dich untersuchen.« Den Arzt zu spielen, gehörte zu seinen dienstlichen Pflichten; es bedeutete ihm eine Quelle ständiger Furcht vor einer Prüfung, die ihn entlarven würde. Wenn er bisher an Bord als zuverlässiger Medizinmann betrachtet wurde, so verdankte er diesen Ruf weniger seinen auf der Steuermannsschule erworbenen Kenntnissen als seiner Begabung, harmlose Wehwehchen zu komplizieren und alle belanglosen Fälle aufzubauschen. Sein »Ärztlicher Ratgeber für Kauffahrteischiffe« versorgte ihn dabei mit den notwendigen Vokabeln, die einem vertrauensseligen Janmaatengemüt so richtig imponierten. Doch in diesem Augenblick, als Lars mit gläubigem Hundeblick Hilfe heischte, fühlte er sich in die Enge getrieben. Dennoch versuchte er, seine Rolle weiterzuspielen. Behutsam betastete er Kristensens Leib, brummte scheinbar befriedigt und versprach dem Patienten Linderung. Darauf begab er sich ein Deck tiefer in die Apotheke, um den »Ärztlichen Ratgeber« zu befragen, in dem alle an Bord eines Schiffes möglichen Krankheiten, alphabetisch geordnet, mit ihren Symptomen ausführlich geschildert waren. Indessen mußte er bald feststellen, daß heftige Magenschmerzen verschiedene Ursachen haben konnten. Ratlos beschloß er, Lars zunächst einmal schmerzstillende Tropfen einzuflößen. Er ahnte, daß damit nichts gewonnen war und es klug sei, die Verantwortung für alles, was da kommen mochte, seinem Kapitän aufzuhalsen.
Der alte Bull hatte jedoch wenig Mitleid mit seinem Funker; er nahm Tornoes Rapport auf die leichte Schulter: »Kristensen raucht und säuft zuviel. Das hat er nun davon!« Bull richtete seine Hand, eine dicke Brasil zwischen seinen kurzen Fingern, anklagend gegen den düsteren Himmel: »Was haben Sie mit ihm gemacht?«
»Magentropfen«, antwortete Tornoe. »Vielleicht bringen sie ihn wieder ins Lot. Wir müssen uns aber darauf gefaßt machen, daß er einen Arzt braucht, Kapitän.«
»Wir sind in sechs Tagen in Boston«, sagte Kapitän Bull. Er starrte aus runden, ein wenig vorquellenden Augen voraus, über die Brückenverschanzung, die Nase im Wind, als rieche er bereits die Küste hinter der westlichen Kimm. »Solange wird er es wohl aushalten.«

Tornoe verweigerte die Zustimmung, hob skeptisch die Schultern und sagte gelassen: »Wir würden nicht viel verlieren, wenn wir nach Süden abdrehten, auf den New-York-Weg. Wir hätten dort eher eine Chance, einem Schiff mit einem Arzt zu begegnen.«

Bull fuhr wütend herum und stieß einem unsichtbaren Gegner das glühende Zigarrenende ins Gesicht. »Sorgen Sie dafür«, fauchte er den Ersten Offizier an, »daß der Koch ihm das richtige Süppchen kocht. Im übrigen behandeln Sie ihn nach den Vorschriften!«

»Jawohl, Kapitän«, erwiderte Tornoe erleichtert, wie jemand, dem der Schwarze Peter aus der Hand genommen wird. Es schien ihm allerdings unfair, Bull damit sitzen zu lassen. »Kristensen muß in der Koje bleiben«, erklärte er. »Für die nächsten Tage wird er also ausfallen. An Ihrer Stelle, Kapitän, wäre mir nicht ganz geheuer, ohne Wettervorhersagen die Neufundlandbank zu passieren.«

»Sie sollten allmählich wissen«, knurrte der Alte, »daß ich auf das Gequake der Wetterfrösche zu verzichten pflege und mich lieber auf meine eigene Nase verlasse. Man wird uns nicht gleich für verschollen erklären, wenn wir uns einige Tage nicht melden.«

»Und was machen wir bei einer Kollision mit einem Fischereifahrzeug oder mit Eis?«

»Unsinn, Tornoe!« rief Bull und paffte seinen Ersten an, als wolle er ihm die Bedenken aus dem Sinn blasen. »Wir haben heute erst den 10. Februar. Um diese Zeit ist die Bank noch ziemlich nebelarm. Die Dorschfang-Saison beginnt auch nicht vor Ende März, und was das Eis angeht: bis Anfang März ist unsere Route eisfrei, jedenfalls habe ich auf diesem Kurs im Februar noch nie Eis angetroffen, und ich befahre diese Gegend schon seit der Zeit, als Sie noch nicht trocken waren.« Er bog sich vor Lachen, daß sich sein Bauch vorwölbte wie der Bug einer holländischen Kuff. Im nächsten Augenblick jedoch wurde er wieder hitzig und maulte: »Wir bleiben auf Kurs, verstanden?«

Tornoe legte wortlos die Hand an den Mützenschirm, was soviel wie »okey, Sir« bedeuten sollte.

In den nächsten Tagen, während sich die ROMSDAL den neufundländischen Gewässern näherte, änderte sich der Zustand des Kranken weder zum Guten noch zum Schlechteren. Kristensen versuchte ein paarmal, Dienst zu tun, machte aber schlapp, bevor er seinen Empfänger abgestimmt hatte. So blieb der Frachter abgeschnitten von der Welt und taub für die Stimmen im Äther.

Oberleutnant Arthur Fenwick, Erster Wachoffizier auf dem US Coast Guard Cutter EVERGREEN, musterte den Eisberg mit der grimmigen Befriedigung eines Kriminalkommissars, dem es geglückt ist, einen Verbrecher noch vor

der Tat zu stellen und unschädlich zu machen. Er ließ das Schiff mit ganz langsamer Fahrt den Eisberg umkreisen. Aus Südwest gepeilt, glich er einer brütenden weißen Riesenhenne, gut zweihundert Fuß hoch und in der Wasserlinie, von der Brustpartie bis zur stumpfgezackten Schwanzspitze, fast ebenso lang. Zwei kleine, von den Wellen abgeschliffene Eistrümmer trieben wie verlorene Eier in der Nähe. Obgleich sie nur drei bis fünf Fuß aus der See ragten, waren auch sie gefährlich und durchaus imstande, einem Schiff den stählernen Rumpf aufzureißen und ihn zu den Fischen zu schicken. Gegen fünfzehn Uhr hatte Fenwick das Trio als flackernde Lichtpunkte auf dem Bildschirm des Radargerätes entdeckt, mitten in einem flachen Nebelfeld. Zehn Minuten später hatte Argentia den alarmierenden Funkspruch der EVERGREEN quittiert und pünktlich um sechzehn Uhr über Washington-Radio auf der internationalen Verkehrswelle an alle Schiffe im Nordwestatlantik ausstrahlen lassen. Dies war der erste Eisbericht der Saison. Von nun an bis zum Ende der Gefahr würde die Schiffahrt mehrmals täglich zu genau festgelegten Uhrzeiten über die Positionen der Eisberge und ihre Drift unterrichtet werden.
Der Nebel hatte sich aufgelöst, doch war es kaum heller geworden. Im Westen, tief über der dunstigen Kimm, hing die Wintersonne wie ein trübes Auge. Sie verlieh der See einen fahlen Glanz, einer See, die unter der auffrischenden südlichen Brise allmählich unruhig wurde und sich kräuselte. Kleine Schaumflocken huschten über ihre graugrünen Rücken wie Katzenpfoten, und sie begann, den Eisberg und seine kleinen Trabanten mit kurzen Zungen zu belecken. Feuchte Luft kroch Fenwick trotz seiner pelzgefütterten Jacke kalt über die Haut. Er war erfreut, als plötzlich der schwarze Steward seinen Kopf aus dem Fenster des Kartenraums steckte und »Coffee, Sir!« rief.
Oberleutnant Fenwick überschaute noch einmal die einsame See ringsum, ließ beide Maschinen stoppen und begab sich durch das Ruderhaus in den Kartenraum. Gemächlich stopfte er seine Pfeife und schlürfte genießerisch das heiße Getränk, zugleich die Seekarte betrachtend, die auf dem Kartentisch ausgebreitet lag. Ein kleines, schwarzes Dreieck, von Fenwicks Hand gezeichnet, markierte die Position des entdeckten Eisbergs. Noch ein paar Wochen, dachte Fenwick, und es wird sich in Gesellschaft befinden, ganze Kolonien werden dann die Eiskarte bedecken! Die Luftaufklärung hatte, noch weit nördlich der Bank, eine Armada aufgespürt, die bereitlag, nach Süden durchzubrechen.
Unter seinen Füßen spürte er eine vertraute Bewegung: die EVERGREEN begann, sacht zu dümpeln.
»Wetterbericht, Sir!« In der Tür stand der wachhabende Funker. Er reichte Fenwick einen Zettel und verschwand wieder in seiner Station nebenan. Das Wetter im Seegebiet südlich und östlich Neufundland würde sich im Laufe

der nächsten vierundzwanzig Stunden wenig verändern, vorausgesetzt, daß sich die Propheten des Amerikanischen Wetterbüros nicht täuschten: trüb, umlaufende schwache bis mäßige Winde, Temperaturen wenig über dem Gefrierpunkt, ruhige See, verbreitet Nebel. »Na schön«, murmelte Fenwick gutgelaunt vor sich hin und trank die Tasse leer.
Kaum hatte er sie abgesetzt, als er das dumpfe Gebrumm von Flugzeugmotoren hörte. Er ging ins Freie. Da tauchte auch schon die Viermotorige aus dem Dunst im Osten, niedrig, mit Kurs auf die EVERGREEN, an der sie dröhnend vorüberflog. Fenwick schwenkte seine Mütze. Für einen Augenblick erkannte er in der gläsernen Bugkanzel das Gesicht von Steve Martins, dem Piloten, und hinter dem breiten, gewölbten Fenster im Rumpf der B 17 den Beobachter an seiner kanonenförmigen Luftbildkamera.
Das Brückentelefon schnarrte. Fenwick nahm den unförmigen Hörer ab.
»Mister Martin möchte Sie sprechen, Sir«, meldete der Funker.
»Sofort!« Fenwick legte auf und rannte in die Station ans Mikrofon. »Hallo, Steve!«
»Hey, Arty, alter Junge«, kam eine verzerrte Stimme aus dem Lautsprecher. »Wir fliegen für heute nach Hause, wenn ihr nichts dagegen habt. Weg Edna ostwärts ist eisfrei, aber vierzig Seemeilen Nord von euch treiben sich zwei prächtige Burschen herum.«
»Wir werden sie uns bald mal ansehen, Steve«, sagte Fenwick. »Schiffe gesichtet?«
»Ja, drei, westwärts laufend. Zwei konnten wir gut ausmachen, sie werden euch bald südlich passieren.«
»Wir wissen Bescheid. Ein Engländer und ein Deutscher, sie haben sich vor einer Stunde bei uns gemeldet. Und der dritte?«
»Ein seltsamer Vogel«, antwortete Steve. »Nationalität unbekannt. Er dampft durch ein flaches Nebelfeld, nur die Masten stachen aus der Watte und der Rand vom Schornstein. Qualmte wie der Höllenschlund. Muß 'n alter Tramp sein und 'ne lahme Ente dazu.«
»Bisher hat er keinen Piep von sich gegeben«, sagte Fenwick. »Gehört wohl zu den Leuten, die glauben, sie hätten's nicht nötig. Standort?«
»Ungefähr fünfzig Seemeilen Nordost von hier, etwas nördlich Weg Edna. Wenn er seinen Kurs beibehält, kommt er gut klar von der Teufelsbrut da unten. Den Eisbericht wird er ja wohl aufgeschnappt haben. Bei euch alles okey?«
»Vorläufig noch ganz gemütlich«, lachte Fenwick. »Bei uns gibt's heute abend im Kino einen knallharten Western. Und die drei Wochen bis zur Ablösung sind auch keine Ewigkeit. Übrigens könntest du nachher meine Frau anrufen. Betty soll streng darauf achten, daß Bobby seine Hausaufgaben ordentlich macht. Wenn der Bengel mich auf See weiß, wird er nachlässig.«
»Okey, Steve, wird erledigt, gleich nach der Landung. Ende!« Unmittelbar

darauf knatterten Salven atmosphärischer Geräusche aus dem Lautsprecher, dann war Stille. Die Maschine war längst außer Sicht und Hörweite. Fenwick erhob sich aus dem unbequemen Sessel. In der Tür prallte er mit Steuermannsmaat Jones zusammen.

»Verzeihung, Sir«, sagte Jones, »aber da kocht jemand eine dicke Suppe.« Er bemühte sich, auf dem schwankenden Untergrund eine stramme Haltung zu bewahren.

»Nebelautomat einschalten«, befahl Fenwick. »Signal für gestopptes Schiff.«

»Ay, ay, Sir!« Steuermannsmaat Jones machte auf den Hacken kehrt, flitzte zurück ins Ruderhaus und drückte einen Knopf unterhalb des mittleren Brückenfensters. Sogleich gellte die Sirene der EVERGREEN das vorgeschriebene Signal in den Nebel. »Ich hätte nie gedacht, Sir«, meinte Jones, »daß die Suppe so schnell ans Dampfen kommt. Vor einer halben Minute konnte ich die Jonnies noch ausmachen.« Er deutete mit dem Daumen über die Schulter seewärts, wo er die Eisklötze hinter der Nebelwand vermutete.

Wie immer, wenn Seenebel das Schiff überfiel und ihn mit Blindheit schlug, benötigte Fenwick eine geraume Weile, um das lähmende Gefühl der Unsicherheit abzuschütteln. Nervös saugte er an seinem Pfeifenstiel. Über die Brückenverschanzung gebeugt, vermochte er kaum die Wasseroberfläche zu erkennen. Das Vorschiff zerfloß im Wasserdampf, der Mast schien nur noch ein Stumpf, und nach achtern zu war hinter der Schornsteinsäule nichts mehr zu sehen; doch verrieten Stimmen, die in Fetzen und gedämpft aus dem Unsichtbaren zur Kommandobrücke heraufwehten, daß es noch ein Achterdeck und Leben darauf gab.

»Radar einschalten!« kommandierte Fenwick. Ungeduldig stiefelte er auf der Steuerbordseite der Brücke hin und her. Jedesmal wenn an der Vorderseite des Schornsteins die Sirene ohrenzerreißend losjaulte, zuckte er erschrocken zusammen. Endlich meldete der Maat das Gerät empfangsklar. Der Erste Wachoffizier trat heran, legte einen winzigen Hebel um und vernahm sogleich das Surren der halbmondförmigen Radarantenne, die sich auf der Spitze des Vormastes drehte und dabei elektrische Wellen ausschickte. Sie durchdrangen den Nebel, tasteten den Meeresspiegel im Umkreis ab, und wenn sie auf ein festes Hindernis trafen, wurden sie als unhörbare Echos zurückgeworfen und, von der Antenne wieder aufgefangen, in das Empfangsgerät geleitet und auf dem Bildschirm sichtbar gemacht.

Das Gerät stand im Ruderhaus. Fenwick legte sein Gesicht auf den Rand eines kegelförmigen Schachtes aus schwarzem Gummi, der den Bildschirm abblendete. Er war etwas größer als eine Schallplatte, doch glich er mehr einer dunklen, gläsernen Zielscheibe mit dünnen, leuchtenden Ringen. Der helle Punkt im Zentrum: die EVERGREEN, die runde Scheibe: der Spiegel der See.

Fenwick hatte auf Nahbereich geschaltet. Die Entfernung von Ring zu Ring bedeutete nun eine halbe Seemeile in der Natur. Das Geheimnisvolle an diesem Zauberteller aber war ein matt schimmernder Strahl, der um das Zentrum kreiste und in wenigen Sekunden die ganze Scheibe bestrich, das Verborgene ans Licht bringend. Da zeigten sich die Eisberge: ein kleiner und zwei winzige Flecke mit unscharfen Umrissen, die jedesmal aufflackerten, wenn der Strahl darüber hinwischte, und sogleich wieder fast verlöschten, wenn er sie hinter sich gelassen hatte, um bei der nächsten Umdrehung an derselben Stelle wieder zu erscheinen. Das gab Fenwick seine Sicherheit zurück. Jetzt konnte er »den lieben Gott spielen«, wie Commander Grant, der Kommandant der EVERGREEN, die Beobachtung des Bildschirms zu nennen beliebte; denn weiter als das menschliche Auge bei hellstem Sonnenschein reicht, lag die Welt, wenn auch auf die Größe eines Kreises von einem Fuß Durchmesser zusammengeschrumpft, vor ihm. Mit einem Blick war sie zu kontrollieren, auch mitten in der finstersten Nacht. Nichts konnte sich vor ihm verstecken, keine Bewegung ihm entgehen, ob es sich nun um Schiffe, Eisberge, Bojen oder irgend etwas anderes auf dem Wasser handelte. Es mußte nur groß genug und aus festem Material sein. Das war das Problem! Kleine Eisbergtrümmer in rauher See oder treibende Schollen entzogen sich gewöhnlich den Radarfühlern. Und auch solche Brocken sind nicht zu verachten.
Fenwick bediente nun einen anderen Schalter. Auf dem Bildschirm erschien ein neuer Lichtring am Außenrand der Scheibe. Während Fenwick langsam ein Rädchen drehte, wanderte der Ring, sich verengend, von außen nach innen, bis er das Radarecho des Eisberges berührte. Hier hielt Fenwick den Ring an und konnte nun auf einer beleuchteten Skala am oberen Rande des Bildschirms die genaue Entfernung von der EVERGREEN bis zum Eisberg ablesen: neun Zehntel einer Seemeile. Jetzt fehlte ihm noch die exakte Seitenpeilung. Noch einmal drückte er eine Taste, und zu den Lichtringen gesellte sich ein scharfer radialer Strahl, der sich wie ein Uhrzeiger drehen ließ. Fenwick richtete ihn auf das Radarecho und las die Seitenpeilung ab: zweiundzwanzig Grad an Steuerbord.
Inzwischen war es siebzehn Uhr geworden. Draußen wurde es düster. Jones schaltete die Navigationslampen an. Die weißen Lichter am Vormast und am achteren Mast verbreiteten nur einen milchigen Glanz, der auf der Brücke kaum wahrzunehmen war. Auch die rote Seitenlaterne an Backbord und die grüne an Steuerbord schienen unnütz; ihr kläglicher Schein wurde von den Nebelschwaden verschluckt, die träge am Rumpf des grauen Schiffes entlangkrochen. Doch wenn auch kein anderes Fahrzeug in der Nähe war, die Lampen mußten brennen und die Nebelsirene alle zwei Minuten ihre Warnschreie ausstoßen – so verlangt es nun einmal die Internationale Seestraßenordnung.

Auf der eisernen Treppe, die vom Bootsdeck zur Brücke hinaufführte, hörte Fenwick den schweren, selbstbewußten Schritt des Kommandanten. Grant trat wortlos an den Radarempfänger und steckte die Nase in den Gummischacht. Nach einer Weile richtete er sich wieder auf und sagte: »Wir bleiben vorläufig gestoppt liegen, Mr. Fenwick, und halten die Banditen im Auge. Zeichnen Sie ihre Bewegungen sorgfältig auf.« Er schnupperte in den Nebel, bespuckte ihn über die Reling und verließ, eine flotte Melodie summend, die Kommandobrücke über die Innentreppe zum Offiziersdeck, wo er laut nach Bill, dem schwarzen Steward, rief.

Die ROMSDAL keuchte seit dem Mittag durch den Nebel. Sie war ein alter Kohleneimer, reif für den Schiffsfriedhof, und verschlang mehr Geld als sie einbrachte. So jedenfalls behauptete ihr Reeder, der sie aus diesem Grund seit langem knapp hielt und hoffte, sie demnächst doch noch in irgendeinen Winkel der Erde verkaufen zu können, wo man auf Fortschritt weniger Wert legte. Außer einem altmodischen Funkpeiler gab es auf der Brücke der ROMSDAL kein Orientierungsgerät, weder Radar noch Kreiselkompaß oder andere Instrumente, die für eine sichere Navigation heutzutage als unentbehrlich gelten und die ein junger Nautiker wie Tron Tornoe sehr vermißte, im Gegensatz zu Kapitän Bull, der noch aus der alten Schule stammte und seinen Offizieren jeden Tag zu den Mahlzeiten den gleichen Sermon servierte:
»All dieser neumodische Kram ist nur von Übel. Ich verlasse mich lieber auf meine eigenen fünf Sinne und die Sterne am Himmel. Da gibt es weder Kurzschlüsse noch Röhren, die durchbrennen. Vierzig Jahre auf See bin ich mit diesem Rezept klargekommen – im Gegensatz zu gewissen Patentseeleuten, die sich einbilden, zur Navigation gehörten nur ein paar Knöpfe. Das sind die mit den saudummen Gesichtern, wenn sie vor dem Seeamt erscheinen und erklären sollen, wie sie ihr Schiff trotz Radar und anderen Errungenschaften zum Wrack gemacht haben.«
Und nun hetzte der brummige alte Seebär sein Schiff gegen das Gesetz mit voller Kraft durch den zähen Nebel. Ja er hatte dem Chief die ewige Verdammnis angedroht, wenn er den Dampfdruck nicht halten würde. Trotzdem brachte die ausgeleierte Kolbenmaschine das Schiff mit Ach und Krach auf nur elf Knoten, und das heisere Nebelsignal der Dampfpfeife klang wie das Gebrüll einer verendenden Kuh. »Wenn wir uns in Boston auch nur eine Minute später ladebereit melden, als der Chartervertrag bestimmt«, knurrte Bull, »können die Befrachter uns erpressen und sagen: Danke, Gentlemen, wir passen, oder ihr schafft unsere Bohnen zu ermäßigter Fracht über den Teich!«
Das hörte sich plausibel an. Aber Tornoe wußte, daß die Furcht vor verspäte-

ter Ladebereitschaft in Boston nicht der einzige Grund für Bull war, das schwache Herz seines Schiffes so rücksichtslos und die Seestraßenordnung mißachtend zu strapazieren.

Als Tornoe an diesem Abend in die Kammer des Funkers trat, erschrak er. Tiefblaß, mit eingefallenen Wangen und geschlossenen Augen, lag Kristensens Kopf auf dem zerwühlten schmutzigen Kissen. Er wimmerte: »Es zerreißt mich bis zum Rücken, Tron. Am schlimmsten ist der Magen.«

»Ich verpaß' dir gleich 'ne Spritze, Lars«, sagte Tron und griff nach dem Handgelenk des Kranken.

»Gib mir zu trinken, Tron, ich sterbe vor Durst«, ächzte Kristensen.

»Das darf ich nicht«, sagte Tornoe, »nur die Lippen kann ich dir anfeuchten.« Er zählte die Pulsschläge. Von draußen drang der schaurige Ton der Dampfpfeife in die Kammer, ein unheimlicher Zeitmesser in einer trostlosen Welt, durch die der alte Frachter blind dahinzog. Tornoe behandelte Lars gewissenhaft; er verglich seine Beobachtungen und Mutmaßungen zum ungezählten Mal mit dem »Ärztlichen Ratgeber« und suchte alsdann Kapitän Bull auf, der im Kartenraum über der Seekarte brütete.

»Die Symptome sind mehr als bedenklich, Kapitän«, sagte der Erste. »Er klagt jetzt über quälenden Durst.«

»Das tut er, solange ich ihn kenne«, grunzte der Alte und versuchte zu grinsen. »Wenn's weiter nichts ist.«

»Oberflächliche Atmung, schwacher schneller Puls und sehr belegte Zunge«, setzte Tornoe sachlich seinen Bericht fort. »Die Schmerzen werden unerträglich, der ganze Leib ist hart und gespannt wie ein Trommelfell.«

»Temperatur?«

»Fast vierzig.«

»Hat er Blut erbrochen?« wollte der Kapitän wissen.

Tornoe sagte: »Nein, noch nicht, und ich hoffe sehr, er läßt's bleiben, bevor er auf dem Operationstisch liegt, wo er hingehört, so schnell wie möglich. Denn ich fürchte, Lars hat ein schweres Magengeschwür. Wenn es durchbricht in die Bauchhöhle . . .«

»Mein Gott, Tornoe«, sagte Bull leise, »was sollen wir denn tun?«

Vom Schornstein her gröhlte die Dampfpfeife.

»Verfluchter Nebel«, sagte der Erste. »Bei klarer Luft bekämen wir vielleicht ein Schiff in Sicht und könnten es mit dem Morsescheinwerfer um Funkvermittlung zur Coast Guard oder an einen Musikdampfer bitten.«

»Wieviel Zeit geben Sie ihm noch, ich meine – bis es zum Schlimmsten kommen kann?«

Tornoe hob die Schultern. »Er braucht äußerste Ruhe, keine Bewegung, vielleicht, daß er . . .«

Tornoe brach ab, seine Augen folgten dem Blick des Kapitäns zum Barometer.

»Wir müssen bald mit Wind und rauher See rechnen«, meinte Bull langsam, indem er an das Glas klopfte. »Der Druck beginnt zu fallen.«
»Bis dahin muß Kristensen von Bord sein«, erklärte Tornoe mit Nachdruck, »sonst hat er keine Chance. Der nächste Hafen ist St. John's.«
»Daran hab' ich auch schon gedacht«, sagte Bull. Eine Weile starrte er auf das Kartenbild der Insel Neufundland. »Die Ostküste ist um diese Zeit gewöhnlich noch von Meereisfeldern blockiert. Vielleicht kämen wir durch. Wenn aber das Wetter nicht mitspielt, wäre es ein zu riskantes Manöver, St. John's anzusteuern. Wir haben ja nicht mal eine genaue Position. Seit drei Tagen keine Sonne! Zum Verzweifeln, Tornoe.«
»Wir kämen bald in Reichweite der Küstenfunkfeuer«, warf Tornoe ein.
Bull schüttelte unwillig den Kopf. »Sind mir bei ungünstigen Wetterbedingungen zu unsicher.« Er streifte mit einem verächtlichen Blick den grauen Kasten des Funkpeilers. In diesem Falle mußte Tornoe dem Alten rechtgeben: das Ding war unzuverlässig für die Navigation in gefahrvollen Revieren.
»Trotzdem, Kapitän«, sagte er, »es geht um sein Leben.« Er wollte noch mehr sagen, aber die Dampfpfeife riß ihm das Wort vom Munde.
Bull wartete, bis der Ton verklungen war, dann sagte er ruhig: »Ich halte es für vernünftiger, nach Süden abzudrehen auf den Dampferweg vom Kanal nach New York. Ich hoffe, wir kommen dann bald aus dem Nebel heraus und können um Hilfe signalisieren.«
»Das hatte ich Ihnen schon vor drei Tagen vorgeschlagen«, versetzte Tornoe gereizt. Er war darauf gefaßt, daß der Kapitän mit einem wütenden Ausbruch reagieren werde wie immer, wenn jemand es wagte, ihn zu belehren oder zu kritisieren. Doch statt zu explodieren, nahm Bull diesmal mit ruhigen Händen Zirkel und Kursdreieck und brummte nur, den neuen Kurs absetzend: »Ja, ja, Tornoe, aber wo, zum Rasmus, kämen wir hin, wenn wir aus jedem Magenkneifen gleich ein Drama machten?«
Tornoe gab keine Antwort. Er verließ den Raum, warf einen schnellen Blick auf die Kompaßrose und begab sich auf die Steuerbordseite der Brücke, während über ihm ein neuer Ton der Dampfpfeife wie ein Posaunenstoß ausgelöst wurde und nach fünf Sekunden mit Gezisch erstarb. Tornoe lauschte gespannt in die triefende Dunkelheit. Kein Echo, keine Antwort, keine Warnung eines fremden Fahrzeugs. Nein, es war kein rettender Engel zur Stelle. Die ROMSDAL schien allein auf weiter Meeresflur zu sein. Tornoe hörte aus dem Ruderhaus die Stimme des Kapitäns, unmittelbar darauf knarrte das Steuerrad unter den Händen des Rudergasten. Die ROMSDAL fiel nach Backbord ab und ging auf den neuen Kurs.

Gegen achtzehn Uhr, als es bereits nachtdunkel geworden war, begannen die drei Eisinseln langsam auseinanderzustreben. Ihre Abstände vergrößerten sich, und ihre Drift änderte sich allmählich von Südwest über Süd nach Südost, als wollten sie sich, ihre Bewacher überlistend, heimlich davonstehlen. Aber die Radaraugen der EVERGREEN belauerten sie unablässig. Oberleutnant Fenwick zeichnete die Bewegungen des Eises gewissenhaft in eine Karte, die nach Beendigung der Saison den Meeresforschern dazu dienen sollte, den verschlungenen, anscheinend unentwirrbaren Strömungen in diesem Sektor des nordatlantischen Ozeans auf die Schliche zu kommen. Da aber auch das gestoppte Fahrzeug vor dem Wind und mit dem Strom dahintrieb, mußte Fenwick zu jeder vollen Stunde den Standort neu bestimmen. Diese navigatorische Aufgabe machte ihm wenig Kopfzerbrechen; er brauchte nur in den Kartenraum hinüberzuwechseln und ein Gerät zu bedienen, welches Funksignale auffing, die von mehreren landfesten Sendern gleichzeitig ausgestrahlt wurden. Da ihre Wege bis in den Bordempfänger verschieden weit waren, kamen sie nicht im selben Zeitmaß an. Der elektronische Rechner erfaßte die Unterschiede und verriet mit Schlüsselzahlen, wo auf der Funknavigationskarte in einem dichten Netz von Kurven der Schnittpunkt zweier Linien zu finden war, der den genauen Schiffsort darstellte.

Lob und Dank den erfindungsreichen Köpfen an Land, denen dieser Zauber und manche andere zu verdanken sind, die einem Navigator an Bord das Leben immer leichter machen! Wie oft hatte Fenwick auf der Marineakademie über astronomischen Standortbestimmungen gebrütet und an Formeln, Tabellen und Zahlenkolonnen herumgetüftelt, bis er schließlich vor Resultaten stand, die oft mehr als zweifelhaft schienen. Mitunter erlebte er in Alpträumen noch einmal die Stunde des Examens und sah sich, von allen guten Geistern verlassen, vor der Wandtafel verzweifelt nach dem verlangten Schiffsort aus drei Fixsternhöhen suchen. Hätte nicht eine freundliche Seele der gestrengen Prüfungskommission im rechten Augenblick gehüstelt, wäre der Kandidat Arthur Fenwick mit seinem Schiff in der Sahara gestrandet und er selbst mit Glanz und Gloria durchgefallen.

Eine Viertelstunde vor dem Wachwechsel tauchte Commander Grant im abgedunkelten Ruderhaus auf. Er inspizierte den Radarempfänger. Fenwick hatte den lästigen Gummischacht abgenommen. Die magische Scheibe strahlte gespenstisches Licht aus, in dem die Gesichter der beiden Männer wie wächserne Masken erschienen. Grant schaltete auf Fernbereich. Die gläserne Zielscheibe wurde zum Abbild eines Seeraumes von dreißig Seemeilen im Durchmesser. Der Taststrahl erfaßte an der unteren Grenze mehrere Objekte. Es waren Schiffe, die ihren Kurs geändert hatten und weit südlich an der Gefahr vorübersteuerten. Alles in Ordnung! Darauf schlurfte Grant auf seinen Mokassins in den Kartenraum, um die Eintragungen im Journal und die Positionsmarkierungen auf den Navigationskarten zu kon-

trollieren.« Um zwanzig Uhr werden wir diese Position verlassen und mit halber Fahrt nach Norden laufen zu den beiden Eisbergen, die Steve Martin gesehen hat. Verfluchte Bande!«
»Hassen Sie Eisberge, Sir?« fragte Fenwick, der dem Kommandanten gefolgt war.
Grant schien auf diese Frage nicht gefaßt zu sein. Erst nach einer ganzen Weile fragte er verblüfft: »Wie kommen Sie plötzlich darauf, Mr. Fenwick?«
»Weil Sie sie verfluchen.« Wieder waren zwei Minuten um, die Nebelsirene gellte.
»Stimmt«, sprach Grant in die neue Pause, »ich hasse sie. Dieser Haß ist mir angeboren. Meine Eltern waren auf der TITANIC. Vielleicht verstehen Sie jetzt, was ich meine.«
Fenwick schwieg dazu, betroffen. Grant machte sich mit Bleistift und Zirkel auf der Karte zu schaffen. Plötzlich fuhr er fort: »Sie hatten ihre Flitterwochen in Europa verbracht und waren auf der Heimreise.« Die Worte kamen ihm nur langsam von den Lippen. »Mein Vater mußte meine Mutter, die mit ihm untergehen wollte, mit Gewalt in ein Rettungsboot stoßen – meinetwegen. Er selbst . . .« Grant brach ab. Nun erst sah er Fenwick an, der versuchte, eine Miene des stummen Beileids aufzusetzen. Da fand Grant den Faden wieder: »Als kleiner Junge, wenn ich allein in einem dunklen Zimmer lag, bildete ich mir oft ein, die verzweifelten Schreie meiner Mutter in jener Nacht zu hören, und in meinem kindlichen Vergeltungsdrang überlegte ich mir, wie ich mich eines Tages an der Sippschaft der Eisberge rächen könnte, die meinen Vater auf dem Gewissen hatten. Als ich dann erwachsen wurde, mußte ich einsehen, daß sich Eisberge ebensowenig wie das Böse aus der Welt schaffen lassen. Wir müssen damit leben. Immerhin können wir verhindern, daß sie Schiffe versenken und Menschen umbringen.«
Im Offiziersdeck knallte eine Tür, dann polterten Schritte schnell treppaufwärts. Es war Leutnant Mike Taylor, der Zweite Wachoffizier. Gut gelaunt wie immer, einen sentimentalen Song auf den Lippen, fiel er in den Raum ein wie ein frischer Windstoß. Es war fünf Minuten vor zwanzig Uhr.
»Verzeihung, Sir!« entschuldigte er sich verlegen für den Lärm, den er machte, als er den Commander bemerkte. Dann übernahm er die Wache bis Mitternacht.
Fenwick begab sich in seine Kammer, er mußte sich zum Essen umziehen. Plötzlich begann der Boden unter seinen Füßen zu beben, das Zahnputzglas in der Halterung über dem Waschbecken klirrte leise: die EVERGREEN hatte Fahrt aufgenommen.
Nach der Mahlzeit in der Offiziersmesse besuchte er die Kinovorstellung im Mannschaftsraum. Danach zog er sich auf seine privaten sechs Quadratmeter zurück. Bis zum Beginn seiner nächsten Wache um vier Uhr früh blieben ihm

knapp sechs Stunden. Aber wie die meisten Seeleute hatte auch Fenwick gelernt, sich mit wenigen Atemzügen in tiefen Schlaf zu versetzen und in der letzten Minute der bemessenen Ruhezeit von selbst zu erwachen. Die Nebelhörner einer ganzen Flotte hätten es nicht fertiggebracht, ihn aus der Ruhe zu schrecken. Was aber war die Ursache für das plötzliche Erwachen lange vor der Zeit? Er knipste die Leselampe über dem Kopfende seiner Koje an und befragte seine Armbanduhr. Erst fünfunddreißig Minuten vor Mitternacht. Zu starker Kaffee nach dem Abendessen? Unwahrscheinlich! Unvertraute Geräusche im Schiff oder veränderte Bewegungen? Nichts davon, alles normal. Aber irgend etwas mußte sein Unterbewußtsein alarmiert haben. Fenwick wußte von Seeleuten, die im Laufe der Jahre einen tierhaften Instinkt für unsichtbare nahe Gefahren entwickelt hatten. Freilich mußte Fenwick sich eingestehen, bisher von ähnlichen Ahnungen verschont geblieben zu sein. Trotzdem!
Er griff zum Telefon auf dem Nachttisch und wählte die Nummer der Kommandobrücke. Es dauerte eine Weile, bis sich Leutnant Taylor meldete.
»Was liegt an, Mike?« fragte Fenwick. Er hörte, wie Mike nach Luft schnappte. »Alles in Ordnung?«
»Was, zum Teufel, soll denn nicht in Ordnung sein?« Mike war wütend. »Ich dachte, es ist Grant. Möchte bloß wissen, was bei dir nicht in Ordnung ist, daß du dich mitten in der Nacht als meine Gouvernante aufspielst!«
»Schon gut, Mike«, antwortete Fenwick und legte auf. Schrullen! Wie konnte er glauben, es sei irgend etwas unklar?
Die EVERGREEN lag wieder gestoppt. Also hatte sie inzwischen ihre neue Position erreicht. Auf ihr Nebelsignal erhielt sie keine Antwort. Warum auch. Es war eben kein anderes Fahrzeug in der Nähe, weil außer dem Spähschiff der Coast Guard in dieser Gegend niemand sonst etwas zu suchen hatte.
Fenwick löschte das Licht, schloß die Augen und strengte sich an, wieder einzuschlafen. Es gelang ihm nicht. Was ihn nie gestört hatte, attackierte nun seine Nerven: Da pochten Pumpen, Generatoren brummten, Lüfter rauschten, Motoren tuckerten – Lebenszeichen eines Schiffes, das selbst Leben barg. Seine Behausung war ihm nie eng gewesen; gegen die See von fünf Millimeter Stahlblech abgeschirmt, hatte er sie immer als eine Zelle der Freiheit genossen. Nun plötzlich bedrückten ihn die Wände. So mußte es sein in einer Taucherglocke am Grunde des Ozeans! Die Luft war stickig und heiß; er konnte kaum atmen, Schweiß perlte auf seinem Gesicht. Nur raus an Deck! Fenwick sprang aus der Koje, kleidete sich hastig an, gierig nach frischer Luft. Er ging auf die Kommandobrücke, ins Ruderhaus.
Hier war es fast völlig dunkel. Nur einige wenige Lichtquellen spendeten matte Anhaltspunkte für die Orientierung: die winzigen Kontrollämpchen, die bestätigten, daß die Fahrtlaternen brannten, die indirekt beleuchtete Fahrtkommandoscheibe des Maschinentelegraphen, die Rose des Kreisel-

kompasses und das Radarbild. Es zeigte zwei Eisberge an, vier Seemeilen voneinander entfernt, und die EVERGREEN genau dazwischen auf Position. Fenwick schätzte ihre Durchmesser auf mindestens zweihundert Fuß in der Wasserlinie. »Ganz stramme Burschen, was?« rief Taylor ihn an. Er kam aus dem Kartenraum. »Lage eingezeichnet, Funkmeldung an Argentia rausgegangen. Hat dich der Alte zu meinem Aufpasser bestellt, Arty?«
»Unsinn, Mike«, antwortete Fenwick freundlich. »Ich konnte nicht schlafen. Und 'ne Nachtbar gibt's ja nicht an Bord. Laß dich nicht stören.«
Mikes Wache war bald um; brummend zog er davon und machte sich daran, die Zahlen für das Dutzend Spalten im Schiffstagebuch zu sammeln. Die meteorologischen Instrumente hatte er bereits abgelesen.
Mehr zum Zeitvertreib als zur Kontrolle schaltete Fenwick das Gerät auf Fernempfang. Die drei Eisvagabunden, die sie um zwanzig Uhr verlassen hatten, waren außer Reichweite, selbstverständlich. Aber da! Achtzehn Seemeilen südostwärts flackerte beim Durchgang des Leitstrahls ein Echo unregelmäßig auf. Fenwick rief nach Leutnant Taylor. »Schon gesehen, Mike?«
Leutnant Taylor schüttelte verwundert den Kopf. »Vor zehn Minuten hab' ich zuletzt auf Fernempfang geschaltet. Ich will auf der Stelle zu Eis werden, wenn mir ein Echo entwischt wäre. Vielleicht ist das nur ein Störeffekt wie so oft bei Nebel.«
»Nein«, sagte Fenwick, »das ist ein exaktes Echo.«
»Von was? Eis?«
»So schnell treibt kein Eisberg. Wir hätten ihn unterwegs erfassen müssen, als wir den Standort verlegten.«
»Dann kann es nur ein Fahrzeug sein«, meinte Mike.
»Sehr scharfsinnig, mein Junge«, lobte Fenwick spöttisch. »Die Peilung ändert sich ganz langsam. Scheint, als läuft er Südsüdwest. Ein ungewöhnlicher Kurs für ein Schiff in dieser Gegend.«
»Ich wette: ein Fischersmann«, sagte Mike.
»Dafür ist das Echo zu stark bei der Entfernung. Ich tippe eher auf einen langsamen Frachter in Ballast, der hoch aus dem Wasser ragt und uns in diesem Augenblick die Breitseite zeigt. Ich werde ihn eine Weile im Auge behalten. Mach du nur weiter mit dem Journal.«
Mike war bis zur Spalte für »Allgemeine Bemerkungen« gekommen, als Oberleutnant Fenwick den Kartenraum betrat, den Leutnant kurzerhand beiseite schubste, nach Bleistift, Zirkel und Kursdreiecken griff und sich, Zahlen murmelnd, über die Seekarte beugte. »Hier steht er«, sagte er nach einer halben Minute und setzte die Spitze des Zirkels in ein Bleistiftkreuz. »Und wenn er seinen Kurs beibehält, wird er dem Trio von heute Nachmittag genau in die Arme laufen. Nun, mein Kleiner, was sagst du dazu?« Aber er ließ Mike nicht mehr zu Wort kommen, denn er hatte bereits den Telefonhörer abgenommen

und die Nummer des Kommandanten gewählt. Die Sirene gellte dazwischen. Als ihr zweiter Ton erstarb, schnarrte Grants verschlafene Stimme in der Muschel.

»Ein Fahrzeug, Sir«, meldete Fenwick. »Radarpeilung hundertsechzig rechtweisend. Abstand siebzehn Komma sechs Seemeilen. Hält anscheinend Kurs auf das Eis im Süden.«

»Wie weit hat er es noch bis dorthin?« fragte Grant zurück.

»Noch knapp zwanzig Seemeilen, vielleicht etwas mehr.«

»Geschwindigkeit?«

»Schätzungsweise zehn Knoten, Sir. Vermutlich handelt es sich um den Dampfer, den Steve Martin überflogen hat. Rätselhaft ist mir allerdings der Kurs, er steuert ungefähr Süd. Was halten Sie davon, Sir?«

»Daß der Funker auf diesem Schiff eine Schlafmütze ist und den Eisbericht verpaßt hat oder der Kapitän mit der Navigation auf Kriegsfuß steht«, meinte der Commander. »Jedenfalls stimmt da was nicht.«

»Wie Steve feststellen konnte«, bemerkte Fenwick, »hat der Kasten kein Radar. Das könnte für ihn leicht ins Auge gehen, Sir.«

»Sonst ein Fahrzeug im Radar?«

»Nein, Sir.« Für Sekunden blieb es still in der Leitung. Dann verblüfft: »Was haben Sie eigentlich in Ihrer Freiwache auf der Brücke zu suchen, Arty?«

»Mir war, als hätte mir jemand einen Rippenstoß versetzt, hier oben nach dem Rechten zu sehen. Gerade zur rechten Zeit, Sir.« Knacken im Hörer, Grant hatte hart aufgelegt.

»Für solche Witze hat der Alte nicht viel übrig, Arty«, sagte Mike grinsend, »ich übrigens auch nicht.«

»Du bist noch ein Salzwasserküken, Mike«, sagte Fenwick überlegen, er gab sich als ein Mann von Würde. »Aber wenn du jemals mit Gottes Gnade und Neptuns Hilfe ein Seemann von Format werden solltest, wirst du vielleicht auch diesen wunderbaren Fühler entwickeln, der dich warnt, wenn irgendwo etwas unklar zu gehen droht, für das du verantwortlich bist.«

»O, damit ist zu rechnen«, erwiderte Mike trocken, »der Zug zum Visionären liegt nämlich in der Familie. Meine Tante kann einen Brand vor seinem Ausbruch auf eine Entfernung von dreißig Meilen im Umkreis riechen, so behauptet sie jedenfalls. Aber immer wenn ich sie besuche, läßt sie den Kuchen im Backofen anbrennen.«

Schritte kamen herauf. Grant, mit offenem Uniformmantel über dem buntgestreiften Pyjama, die Mütze flott gebraßt, warf einen Blick auf die Karte, begriff sofort die Situation und befahl: »Beide Maschinen Voll voraus! Mit hart Steuerbord auf hundertachtzig Grad gehen!«

»Ich wundere mich, wo der Wind bleibt«, sagte Kapitän Bull. »Er müßte doch längst aus Südwesten wehen und den verdammten Nebel wegpusten. Es ist wie verhext.«

»Lars hat vielleicht noch eine Frist von zwölf Stunden, wenn nicht weniger«, sagte Tron Tornoe, »und wir sind machtlos.« Sie standen im Ruderhaus. Die Dampfheizung spendete Wärme, es war trocken, und der Duft von Kaffee und Pfeifentabak hing zwischen den Teakholzwänden. Bull und der Erste Offizier starrten aus der scheinbaren Geborgenheit durch die Frontfenster voraus und aufwärts in den kläglichen trübgelben Dunstkreis, den die vordere Dampflaterne ausstrahlte. »Nebel ist höhere Gewalt«, sagte Bull nach einer Weile. Er wollte noch mehr sagen, aber die Dampfpfeife schnitt ihm das Wort ab. Alf Christoffersen, der Zweite Offizier, bediente sie von draußen, auf der Backbordseite der Brücke, wo er geduldig seine Wache ging, allein mit sich und dem Nebel. Drinnen, im Ruderhaus, hörten sie seine schlurfenden Schritte in Gummigaloschen, hin und her wie die eines Gefangenen, nur alle zwei Minuten unterbrochen von den Sekunden, da Christoffersen den Handgriff eines Drahtes zog, der das Ventil der Dampfpfeife am Schornstein steuerte.

Plötzlich aber setzten seine Schritte mitten in einem Intervall aus. Eine Weile blieb es draußen still. Dann wurde die Schiebetür aufgerissen. »Ein Schiff!« rief Christoffersen ins Ruderhaus. »Ich habe eine Sirene gehört!«

Bull und Tornoe zwängten sich zugleich ins Freie, stürzten an die Verschanzung und spitzten die Ohren. Sie hörten gellende Töne, kurz und schnell hintereinander. »Es kommt von Steuerbord achteraus«, rief Bull. Er rannte, die beiden Offiziere in Kiellinie, durch das Ruderhaus nach Steuerbord. Wieder rief die Sirene. »Er kommt schnell auf«, sagte Christoffersen. »Wenn das ein dicker Pott ist, rennt er uns womöglich über den Haufen.«

»Das ist doch kein Nebelsignal, Mann! So bellt nur ein Kriegsfahrzeug zur Warnung. Vielleicht die Coast Guard! Weiß Gott, der meint uns vielleicht!«

»Stop!« kommandierte Bull, und ›zwei lang‹!

Christoffersen hopste ins Ruderhaus, ließ den Telegraphen rasseln und wollte im nächsten Augenblick mit dem vorgeschriebenen Nebelsignal anzeigen, daß die ROMSDAL gestoppt hatte: zwei lange Töne. Aber schon der erste ließ sich nicht abstellen; das Ventil klemmte, die Feder versagte, und der gräßliche Ton quoll aus der Messingkehle, herzzerreißend, fort und fort, als wolle das Schiff bis zu seinem letzten Atemzug um Hilfe brüllen. Christoffersen zerrte wild an dem Drahtzug, verfluchte aus vollem Hals die Maschinistenbande, das verrottete Schiff, sein eigenes Schicksal und den Himmel dazu, bis das ohrenbetäubende Getöse plötzlich mit einem müden Schluchzer erstarb.

Die Stille, die darauf folgte, war überwältigend. Die Maschine hatte gestoppt,

und geräuschlos glitt die ROMSDAL, schnell an Fahrt verlierend, durch das Wasser. Und da glühten plötzlich Lichter auf, querab an Steuerbord, ein rotes und darüber ein weißes, und eine Stimme drang gedämpft herüber: »Hier Coast Guard Cutter EVERGREEN. Welches Schiff?«
Bull hatte schon das blecherne Megaphon aus der Halterung an der Reling genommen und den Trichter an den Mund gesetzt. Er antwortete: »Norwegischer Dampfer ROMSDAL in Ballast von Oslo nach Boston. Was wünschen Sie?«
Tornoe meinte, drüben ein unterdrücktes Lachen zu vernehmen.
»Wir hoffen, daß Sie heil ans Ziel kommen, Captain«, ließ sich eine Stimme hören, »aber wenn Sie auf Ihrem Kurs bleiben, werden Sie einen Eisberg rammen. Er treibt zwei Seemeilen vor Ihrem Bug. Haben Sie verstanden, Captain?«
Bull zögerte mit der Antwort, als habe er Mühe, die Überraschung zu schlucken. Tornoe drängte: »Eisberg voraus, Kapitän. Der Yankee will wissen, ob wir das begriffen haben!«
»Ich bin ja nicht schwerhörig«, schnauzte Bull ihn an, fand aber sogleich zu einer höflichen Tonart zurück und rief in Richtung des roten Lichtes: »Verstanden, EVERGREEN. Danke! Unser Funker ist schwerkrank. Haben Sie einen Arzt an Bord?«
»Ja«, schallte er herüber. »Er kommt sofort rüber. Bleiben Sie gestoppt! Erwarten Sie unser Boot an Steuerbord!«
Tornoe schaltete die vordere Decksbeleuchtung ein. Er war froh, etwas tun zu können. Er selbst holte die Lotsentreppe aus dem Kabelgatt, befestigte sie an den Relingsstützen mittschiffs und ließ sie in den milchigen Abgrund über Bord, bis er die unterste Sprosse eben über dem Wasser vermutete. Dieweil er hantierte, verfolgte sein Gehör, was auf dem Amerikaner vor sich ging. Stimmen, Kommandos, Getrampel auf eisernen Decks, Surren und Quietschen von Drahtläufern in ihren Blöcken: ein Boot wurde ausgesetzt. Schwer klatschte es ins Wasser. Im nächsten Augenblick knallten Zündungen, ein Motor sprang an und versagte wieder. Beim zweitenmal kotzte er, kam aber dann auf Touren. Tornoe hörte das Kommando zum Ablegen, gleich darauf schor es längsseit. Ein Mann nahm das Ende der Wurfleine, die Tornoe hinabgelassen hatte, und befestigte es am Griff einer prallen Ledertasche. Mit dem Daumen machte er Tornoe ein Zeichen, das Ding zu hieven. Es war eine schwere Tasche. Während Tornoe sie aufholte, kletterte eine schmächtige Gestalt behende die Lotsentreppe hinan und flankte über die Reling. »Ich bin Doktor Murphy«, stellte er sich vor. »Wo ist der Mann?«
Tornoe nahm die Tasche auf und bat ihn, ihm zu folgen. Das Motorboot hatte wieder abgelegt. Auf der Treppe zum Bootsdeck hörte Tornoe die Aufforderung von der EVERGREEN: »Folgen Sie uns mit langsamer Fahrt. Kurs ist rechtweisend West. Wir lassen einen Scheinwerfer am Heck brennen.«

Kapitän Bull brüllte etwas zurück, das nach »All right« klang. Dann rasselte der Maschinentelegraph. Die ROMSDAL kam wieder in Bewegung.
Eine halbe Stunde schlich sie hinter ihrem Lotsen durch den Nebel. Dann geschah etwas Wunderbares: Bull stand plötzlich da, von einem himmlischen Schein übergossen, der heller und heller wurde und sogar dem nassen Schornstein unverdienten Glanz verlieh. Bulls Körper warf einen Schatten auf das Brückendeck. Beglückt hob er den Kopf und sah dem vollen, kalten Mond ins Gesicht. Achteraus blieb das verlassene Nebelreich zurück. Je weiter das Schiff der fließenden Grenze entrückte, um so täuschender schien sie der steile Saum einer unnahbaren Küste zu sein. So mochten in nordischer Urzeit sich die Menschen Niflhjem vorgestellt haben, das mythische Reich der Nebel und der Kälte. Bull, ihr Nachfahre, sah darin nur eine hinterlistige Laune der Natur, brave Seeleute ins Verderben zu locken.
Die EVERGREEN scherte aus, ließ sich sacken und hielt sich nahe querab des Norwegers. »Wo bleibt unser Medizinmann?« rief jemand herüber.
Bull erschrak. Glücklich, dem nahen Verhängnis entronnen zu sein, hatte er während der Schleichfahrt an Lars Kristensen nicht mehr gedacht. Er ließ Christoffersen allein auf der Brücke. Als er in die Funkbude kam, lag Lars bis ans Kinn in Decken gehüllt und mit einer Wurfleine wie eine Mumie verschnürt auf der Trage. Tornoe und der Arzt hatten das Problem, wie man den Kranken in horizontaler Lage und ohne viel Erschütterungen hinübertransportieren konnte, gelöst. Tornoe ließ das Steuerbord-Rettungsboot bis in Relingshöhe fieren, so daß man Lars leicht hineinheben konnte, worauf das Boot langsam wie ein Fahrstuhl neben der hohen Bordwand abwärtssank. Das Motorboot der EVERGREEN war bereits zur Stelle, es manövrierte längsseit. Unter Doktor Murphys Fürsorge wurde die Trage übergeben. Er gab Tornoe einen freundlichen Wink: okey!
Der Erste Offizier der ROMSDAL atmete auf. Eine Last war von ihm genommen. Er ließ das Rettungsboot aufheißen. Durch den Maschinenraumschacht klang die Glocke des Telegraphen herauf. Eine Rauchwolke schoß aus dem Schornstein, glühende Funken stoben achteraus, der alte Leib des Tramps zitterte und setzte sich unter Schnauben und Stampfen in Bewegung.
Als Tornoe auf die Brücke kam, stand Bull an der Verschanzung und schwenkte seine schäbige Mütze, während Kristoffersen der Dampfpfeife ein röchelndes Abschieds-Tuuuut entlockte. EVERGREEN erwiderte den Gruß, ihr grauer schlanker Rumpf drehte elegant wie auf dem Teller, Schraubenwasser quirlte auf, und mit einem letzten Gellen ihrer Sirene lief sie, immer schneller werdend, ab. Kurs Nordwest. Ihr weißes Hecklicht war noch eine kleine Weile zu sehen.
»Den hat uns der Himmel geschickt«, sagte Tornoe. »Ohne ihn hätte das Eis unserem Reeder vermutlich auf die bequemste Art geholfen, diesen Kasten loszuwerden.«

Bull hatte sich eine Brasil angezündet und blies den ersten Qualm der entschwindenden EVERGREEN nach. »Daß sie uns das Eis vom Halse halten, dafür sind die Amis ja da. Schiffssicherheitsvertrag, Sie wissen ja. Wozu zahlt denn Norwegen Jahr für Jahr seinen Anteil in den Topf, he?«
»Wenn Sie sooo darüber denken, Kapitän ...« setzte Tornoe zu einem Protest an. Aber der alte Bull kam ihm zuvor. Mit seiner Seemannspranke versetzte er seinem Ersten einen gewaltigen Hieb auf die Schulter, strahlte über sein hängebackiges Gesicht und rief: »Darf ich in diesem Augenblick nicht einmal mehr einen dummen Witz machen, Menschenskind?« Und beschwörend fügte er hinzu: »Wenn Lars nur wieder flott wird! Wollen Sie mir nicht endlich verraten, was der Doktor gesagt hat?«
»Er würde keinen Dollar auf sein Leben setzen«, zitierte Tornoe, »aber nicht mal einen halben auf seinen Tod. Mehr war nicht aus ihm herauszukriegen.«
»Ein Mediziner sollte nicht so reden«, tadelte Bull.
»Es hörte sich aber zuversichtlich an. Er will einen Hubschrauber der Coast Guard anfordern, der Lars in aller Frühe, beim ersten Licht, abholt und nach St. John's ins Krankenhaus bringt. Die EVERGREEN wird ihm mit äußerster Kraft entgegenlaufen. Hat man Ihnen eine genaue Position gegeben, Kapitän?«
»Ja«, antwortete Bull, »sie ist gar nicht mal so weit von meiner Schätzung entfernt, kaum der Rede wert, möchte ich sagen.« Stolz paffte er Tornoe ins Gesicht. »Ich habe sie eingetragen und den neuen Kurs abgesetzt. Und nun gute Nacht!« Bull schleuderte die eben angerauchte Zigarre in hohem Bogen über Bord, als wolle er Neptun eine Gabe opfern. Dann entschwand er im Ruderhaus, prüfte im Vorübergehen den anliegenden Kurs und begab sich ein Deck tiefer in seine Kammer. Tornoe folgte seinem Beispiel. Er war totmüde und freute sich auf die Koje. Um vier Uhr begann seine Wache. Jetzt war es zwei. Es hatte aufgebrist, der Mond war hinter aufziehendem Gewölk verschwunden. Das Barometer fiel langsam weiter. Es sah wirklich nach Sturm aus.

AUF FANGPLÄTZEN IM NORDMEER

Schutzengel für Hochseefischer

Seit bald einem halben Jahrtausend verlassen in jedem Frühling portugiesische Fischer ihre Heimathäfen zur Fahrt über den nordatlantischen Ozean mit Kurs auf die Große Neufundlandbank, um dort bis zum Beginn des Herbstes den Kabeljau zu angeln. Gesalzen und getrocknet gehört er seit alters her zur Speise während der Fastenzeit und zur Verpflegung des Militärs. Was übrig bleibt, wird in andere Länder exportiert.

Die Große Neufundlandbank bildet eine steil aus der Tiefsee aufsteigende Terrasse in 45 bis 175 Meter unter dem Meeresspiegel, über der sich die aus den arktischen Gewässern herabfließenden kalten Ströme mit dem aus Süden herandrängenden warmen Golfstrom vermischen: die ideale Voraussetzung für die Entwicklung von Plankton, mikroskopisch winzigen pflanzlichen und tierischen Lebewesen, die kleinen Fischen zur Nahrung dienen, welche wiederum von Raubfischen gefressen werden. Diese biologische Kette macht die Große Neufundlandbank, ein Gebiet halb so groß wie die Bundesrepublik Deutschland, zu einem der reichsten Fischgründe der Erde.

Die bedeutendste Rolle in der Ausbeute spielt der Kabeljau. Als »Bodenfresser« findet er auf dem sandigen, felsigen oder schlickigen Grund Unmassen von Muscheln, Würmern und Krebsen; er verschlingt aber auch kleine Fische, die in Schwärmen über dem Grund stehen.

Seit den fünfziger Jahren haben moderne Motorschiffe die Flotte der berühmten viermastigen portugiesischen »Bank-Schoner« verdrängt. Unverändert aber wie seit Jahrhunderten wird der Fisch mit Angelleinen vom offenen Ein-Mann-Boot aus gefangen – eine Methode, die früher von allen Neufundlandfischern angewendet wurde. Sie hat den Vorteil, daß man dem Kabeljau auch dort nachstellen kann, wo felsiger Grund das Schleppen eines Netzes unmöglich macht. Außerdem beißen gewöhnlich nur ausgewachsene Kabeljaue auf den Köder an, während sich die Netzfischer auch mit dem Kleinzeug herumärgern müssen.

Beim ersten Schimmer der Morgendämmerung gehen die rund fünfzig Fischer eines Fangschiffs in ihr Dory: ein aus wenigen Planken zusammengefügtes rotbraunes oder gelbes Boot mit flachem Boden, scheinbar mehr eine zerbrechliche Holzkiste als ein seetüchtiges Fahrzeug. Den Dories fehlt sogar der Kiel, damit sie sich, Platz sparend, an Deck zu fünft ineinanderschachteln lassen.

Und so segelt der Dorymann davon, ein jeder auf eigene Faust, und hofft auf das Glück des Tages; er überläßt es seiner Ahnung und dem Lotsendienst seines bevorzugten Heiligen, wo er es versucht. Doch darf er sich nur so weit von seinem Schiff entfernen, daß er jederzeit das Rückrufsignal ausmachen kann. Auch soll er im Eifer des Angelns nicht versäumen, hin und wieder über den Kompaß das Schiff zu peilen, denn aus den Wassern über der Bank steigt der Nebel oft schneller auf, als ein Dorymann seine Pfeife stopfen kann. Dann lauscht er in das nasse graue Kissen, das ihn bis zur Nasenspitze einhüllt, auf das Nebelsignal seines Schiffes und bläst Antwort auf seinem Muschelhorn.

Er takelt Mast und Segel ab und läßt sich treiben, während er die Grundangel auslegt, eine bis zu tausend Meter lange Leine, von der alle zwei Meter eine kurze Querleine abzweigt, mit dem Haken am Ende. Sie werden mit Sardinen aus den Kühlräumen des Mutterschiffs beködert. Die Leinen klar über den Rand eines Bootes laufen zu lassen, das von der See herumgestoßen wird, ist ein Kunststück.

Drei bis vier Stunden läßt der Dorymann die Angel auf dem Grund. Inzwischen vertreibt er sich die Zeit mit Handleine und Blinker. Dann kommt für ihn die Stunde der Ernte. Hat er ein gutes Los gezogen, kann er bis zu zehn Zentner Kabeljau auf einmal einbringen. Darunter sind Kerle, die dreißig oder vierzig Pfund wiegen, und mancher hat es auf achtzig gebracht. Ist das Dory randvoll und schwer, daß es sich kaum noch eine Handbreit über Wasser hält, segelt sein Herr es längsseit des Schiffes, gabelt seine Fische einzeln über die Reling in ein hölzernes Fach und legt unverzüglich wieder ab. Mehr Fisch! Mehr Fisch! Zwanzig Zentner bis zum Abend sind genug für ein Deo gratias. Aber ebensooft beschließt ein kummervoller Seufzer den Tag.

Der Kapitän schätzt eines jeden Dorymanns Beute und notiert sie; denn jeder Fischer wird nach dem bezahlt, was er anbringt. Und so hängt am Kabeljau das Brot für seine Familie. Ein Tag ohne Fisch ist für ihn ein verlorener Tag und verzögert die Heimreise. Schlimmer noch, wenn Sturmperioden den Schwarm der Dories tagelang an Deck fesseln.

Ihr Fischerglück ist wendisch wie Neufundlandwetter. Es gibt Tage, an denen der Kabeljau wie verrückt beißt, und andere, an denen ihm die Lust auf Köder vergangen zu sein scheint. Manchmal verschwindet er plötzlich ganz – wohin? Die Zeit ist zu kostbar, auf seine ungewisse Rückkehr zu warten; also richtet man den Kurs nach Norden, zu den Gründen und Bänken vor der Westküste von Grönland. Auch dort steht der Kabeljau in guten Sommern zu Legionen. Doch nirgendwo ist das Wetter tückischer als in dieser Gegend, schlagen Stürme so schnell aus heiterem Himmel zu, bevor ein Dorymann seine Fangleine einholen und sich auf sein Schiff retten kann. Oft liegt es tagelang fest, zur Untätigkeit verdammt, von treibenden Eisbergen im Nebel umzingelt, von wütenden Böen umbraust – während ein Kalenderblatt nach dem andern fällt. Verlorene Tage, schwindende Hoffnung. Noch einmal zurück zur Neufundlandbank und fischen bis zum allerletzten Termin, den der nahende Herbst setzt, bis das Schiff mit geschlachteten, gesalzenen Kabeljauleibern vollgestopft ist. Dann wird der Winter in Portugal erträglich sein, und die Kinder werden satt. Dafür lohnt sich der höchste Einsatz.

Das Leben des Dorymanns liegt nicht nur in seiner eigenen Hand, sobald er sein Segel setzt. Der Kapitän wacht über die Boote als ein guter Hirte. Er allein entscheidet, ob sie sich zum Fischen zerstreuen dürfen, er allein befiehlt bei drohendem Unheil den Rückruf. Die Männer in den Dories erwarten von ihm, daß er in seinen Entschlüssen bis an die äußerste Grenze des Wagbaren geht. Der Gedanke an den Seemannstod ist ihnen vertraut. Neufundlandfischer haben den Kabeljau immer mit hohem Zoll an Leben bezahlen müssen. Früher, als nur Segler auf der Großen Bank kreuzten, verging kaum ein Jahr, ohne daß Sturm, Eis und Nebel ein ganzes Schiff mit Mann und Maus als Tribut forderten. Trotzdem hat es für die Portugiesen nie an Nachwuchs für die Bankfischerei gemangelt. Ihr angeborener, fast mythischer Drang zur Seefahrt hat allezeit junge Männer dieses Küstenvolks in die neufundländischen Gewässer gelockt, wo sie neben ergrauten Fischern arbeiteten, die seit ihrer eigenen Jungmannzeit ein Dory segelten. »Wer einmal auf der Bank war, kehrt immer wieder dorthin zurück«, sagen sie und bekreuzigen sich dabei. Das Dory wird zu einem Teil ihrer Persönlichkeit. Im Umgang mit ihm bringen sie es zur Meisterschaft ohnegleichen. Viele Fischer haben sich darin viele Tage und Nächte behauptet, wenn sie, von Sturm und Strömung vertrieben, im Nebel auf der Bank herumirrten, bis sie schließlich doch ihr Schiff wiederfanden oder irgendwo an der Küste Neufundlands, Neuschottlands oder des Kontinents auftauchten, weil sie es für vernünftiger gehalten hatten, das nächste Land anzusteuern.

Als im Herbst 1952 der Viermaster JOAO COSTA auf der Heimreise bei den Azoren in einem Orkan leckschlug, nahmen die siebzig Portugiesen an Bord ihre Zuflucht in ihre abgetakelten Dories, die sich aus ihren Stapeln lösten und aufschwammen, als der Schoner kenterte. Ohne Proviant, ohne Besegelung und ohne jegliche Hilfsmittel standen ihre Chancen denkbar schlecht. Acht Tage darauf sichtete der Ausguck eines amerikanischen Frachters in diesem Gebiet ein Dutzend treibender gelber Boote in der groben See. Fast gleichzeitig stieß, nicht weit davon entfernt, ein deutsches Schiff auf einen zweiten, größeren Schwarm Dories der JOAO COSTA. Und siehe da: nicht ein Boot war verlorengegangen, nicht ein Mann fehlte, als man die Schiffbrüchigen gerettet hatte. In ihren Nußschalen hatten sie überlebt, mit

nichts als ihrem Geschick, einem unbändigen Gottvertrauen und dem Regenwasser, das sie aus ihren Wollmützen gewrungen hatten.
So konnte es nicht weitergehen: jeden Sommer zweitausend Mann auf der Großen Neufundlandbank, sechs Monate lang auf sich selbst gestellt und hilflos allen schweren Nöten ausgeliefert, denen Fischer begegnen können, die ein Ozean von ihrer Heimat trennt. Als nach dem Ersten Weltkrieg die portugiesische Kabeljaufischerei einen neuen Aufschwung nahm und große Viermast-Schoner mit Dieselmotoren vor Neufundland und Westgrönland erschienen, gab ihnen die Regierung einen Nothelfer mit auf den Weg, einen ehemals deutschen Frachter, den man mit Werkstätten, Versorgungslagern und einem Lazarett für die Kranken und Verletzten an der Kabeljaufront ausgerüstet hatte. Es war auf den Namen GIL EANNES umgetauft worden, zur Erinnerung an einen jener portugiesischen Seepioniere, die im frühen 15. Jahrhundert unter dem Patronat des Prinzen Heinrich ihrem Lande den Weg zu unbekannten überseeischen Küsten gebahnt und damit seinen Aufstieg zur ersten europäischen Kolonialmacht möglich gemacht hatten.
Mit ihrem Hilfsdienst für ihre Fernfischerei gaben die Portugiesen anderen Nationen ein Beispiel: »Geht hin und tuet desgleichen.«

Zu Beginn des Jahres 1885 lief die SAGITTA als erster deutscher Fischdampfer von Bremerhaven zu ihrer Jungfernreise in die Deutsche Bucht aus. Die alten Fischer auf ihren Segelfahrzeugen lachten über so viel Torheit: Wie wollte dieser qualmende Kahn Fische fangen, da er sie doch mit dem Lärm seiner Dampfmaschine vertreiben würde? Sie hätten es besser wissen müssen, denn Engländer, die mit dem »neumodischen Kram« vorangegangen waren, hatten damit gute Erfahrungen gemacht.
Die SAGITTA war nach heutigen Maßstäben nur ein Dampferchen mit 275 Pferdestärken, doch sie konnte auch – sicher ist sicher – mit ihrer Schonertakelung segeln. Ihr Aktionsradius war gering, ihre Netztechnik primitiv. Trotzdem bewährte sich der Neuling so vortrefflich, daß er eine stürmische Entwicklung in Gang brachte. Um 1900 fühlten sich bereits weit über hundert größere und stärkere Fischdampfer aus den Häfen an Elbe und Weser auf allen Fangplätzen der Nordsee zu Hause. Man nannte sie nach ihren Vorläufern »Trawler«, die den »Trawl«, das Schleppnetz, hinter sich über den Meeresgrund zogen. Bis zum Ersten Weltkrieg wuchs ihre Zahl auf mehr als zweihundertfünfzig. Trawlerkapitäne waren auf der Suche nach neuen Revieren immer weiter nordwärts vorgestoßen, bis in die isländischen Gewässer. Im Jahre 1905 wagten sich die ersten über den Polarkreis hinaus, umrundeten das Nordkap und zeigten ihre Flagge in der Barents-See. Sie kehrten mit überquellenden Fischluken heim.
Es gab zu jener Zeit bereits einen sogenannten Fischereischutzdienst, dem

der »Internationale Vertrag über die polizeiliche Regelung der Fischerei in der Nordsee« aus dem Jahre 1882 zugrunde lag. Darin ging es den Anrainerstaaten vor allem um Zucht und Ordnung auf den Fanggründen, die außerhalb der nationalen Hoheitsgewässer allen Fischereifahrzeugen gleichermaßen zugänglich waren. Man befürchtete, daß sie sich im Kampf um die besten Plätze leicht gegenseitig ins Gehege und in die Haare geraten würden. Doch entgegen solcher Erwartung verhielten sich die Männer auf den Trawlern und Segelkuttern musterhaft, so daß Fischereikreuzer der Kaiserlichen Marine oder der britischen Navy, zum Beispiel, nur selten polizeilich einschreiten mußten. Statt dessen halfen sie den Fischern gut und gerne, wenn es nottat. Von einer organisierten technischen und medizinischen Betreuung der zivilen Hochseefischerei durch Marinefahrzeuge konnte jedoch keine Rede sein.

In den zwanziger Jahren begriff man in Dänemark, in Schottland und in den Niederlanden, daß es hoch an der Zeit war, die Fischer nicht länger auf hoher See ihrem Schicksal zu überlassen, sondern das portugiesische Beispiel der GIL EANNES nachzuahmen. Nur hinter der deutschen Küste rührte sich noch nichts. In den Schiffsregistern standen 1924 vierhundert Fischdampfer verzeichnet, von denen die meisten gewöhnlich im Nordmeer kreuzten, wo sie sich inzwischen auch die reichen Gründe bei der Bären-Insel, vor Spitzbergen und Grönland erschlossen hatten. Sie hätten wahrlich einen Schutzengel bitter nötig gehabt, denn sie mußten unter den widrigsten Bedingungen die härteste Arbeit leisten, die Seeleuten zugemutet wurde: Stürme am laufenden Band aus der berüchtigten arktischen Wetterküche; im Winter die immerwährende Polarnacht, treibendes Eis, Schnee und Nebel – und der mörderische Frost, der gischtendes Seewasser bei Berührung mit unterkühltem Eisen augenblicklich erstarren läßt und ein Schiff im Nu bis zu den Mastspitzen in einen schweren Eispanzer zwängt. Bei alledem die Arbeit am Netz und am Fisch, Schlaf in kleinen Portionen. Die Bordapotheke und die meist dürftigen Medizinmannskünste des Kapitäns waren früher alles, was einem verletzten oder kranken Mann, fern vom nächsten Hafen, helfen konnte – und oft nicht half. Zuverlässige Wettervorhersagen waren kaum zu haben, Orkane brachen unerwartet herein, wenn ein Trawler das Netz schleppte oder die Mannschaft dabei war, die Fische zu schlachten. Reisen mußten vorzeitig abgebrochen werden, weil Matrosen lebensgefährlich erkrankten oder technische Pannen den Fang stoppten, sei es daß die Netzwinde zusammenbrach, die Funkanlage ausfiel oder das Netz in die Schraube geriet. Ach, es konnte viel passieren, was einen Trawler in arge Bedrängnis brachte, und nicht immer konnte er sich daraus befreien. Unter dem Großen Bären sind viele Fischdampfer von der See verschwunden, spurlos.

Daß dieser Zustand auf die Dauer nicht allein für die Hochseefischer unerträglich war, sondern auch wirtschaftliche Bedeutung hatte, dämmerte den

Herren der Regierung erst, als es schon wieder nach Krieg roch. Sein Ausbruch machte der deutschen Fernfischerei ein Ende. Und es wiederholte sich auf den Trawlern der Flaggenwechsel von 1914: Die Kriegsmarine übernahm sie, rüstete sie um und schickte die äußerst seetüchtigen Fahrzeuge mitsamt ihren Besatzungen als Minensucher, Vorpostenboote, Geleitfahrzeuge oder Unterseeboot-Jäger an die Fronten. Zweihundertfünfzig gingen verloren.
Der Rest, der das Kriegsgeschehen überlebt hatte, konnte nach und nach in Fischdampfer zurückverwandelt werden. Ende 1948 waren es schon wieder 181 Trawler, die aus Hamburg-Altona und Cuxhaven, aus Bremerhaven und Kiel nordwärts dampften.
Und damit begann endlich die Geschichte des deutschen Fischereischutzes.

Im Sommer 1948 erschien FRITHJOF, ein umgebauter alter Trawler, bei den Fischern in der Nordsee. Zwei Jahre später wurde MEERKATZE zum Freund und Helfer auf den Fischgründen im europäischen Nordmeer bei Island und vor der nordnorwegischen Küste. Beide Schiffe sind inzwischen von Neubauten mit den alten Namen ersetzt worden. Dritter in ihrem Bunde wurde POSEIDON; ihr sind gewöhnlich die Fischer im Nordwestatlantik, zwischen Neufundland, Grönland und Labrador, anvertraut.
Um neue Fangplätze zu entdecken, neue Fangtechniken zu entwickeln und die noch immer weithin rätselhaften Lebensgewohnheiten der Fische zu erkunden, sind zwei hochmoderne Forschungsschiffe im Dienst: ANTON DOHRN und WALTER HERWIG.
Nach einem Gesetz aus dem Jahre 1950 ist Fischereischutz auf See eine Aufgabe des Bundes. Deshalb sind die Schutzboote und Forschungsschiffe Staatsfahrzeuge. Der Dienstherr der zivilen Besatzungen ist der Bundesminister für Ernährung, Landwirtschaft und Forsten. Weil man bei der Seefahrt Tradition nicht so schnell über Bord wirft, spricht und schreibt man noch immer von Fischereischutz, obwohl »Fischereihilfsdienst« seine Aufgabe richtiger bezeichnen würde.
Was die Männer auf den Schutzbooten leisten, ohne daß die Fische verspeisende Bevölkerung im Binnenland davon erfährt, liest sich in der trockenen Statistik zum Beispiel so: »FSB FRITHJOF konnte ihm Jahre 1972 sechs Reisen durchführen. In der ersten Jahreshälfte lag das Einsatzgebiet vorwiegend in den Gewässern von Grönland und Labrador, wo es sich mit FSB POSEIDON ablöste, so daß sich dort stets ein Fischereischutzboot bei den im Eis fischenden Fahrzeugen befand. Während einer dieser Reisen, am 17. Mai, gelang dem FSB FRITHJOF vor der Ostküste Grönlands die Rettung der vollständigen Besatzung des britischen Hecktrawlers RANGER AJAX. Das in Brand geratene Schiff mußte nach einem Abschleppversuch leider aufgegeben werden. Während der sechs Reisen wurden 433 Krankheitsfälle durch

ambulante, stationäre oder funkärztliche Beratung behandelt. In 591 Fällen wurde technische Hilfe geleistet. Die Summe der von der Bordwetterwarte geleisteten Dienste (Beobachtungen, Bildfunkkarten, Wetterbesprechungen, eigene Wetterberichte, Warnnachrichten) betrug 5888. Das Boot war 260 Tage in See und hat dabei 45 131 Seemeilen zurückgelegt.«

Hinter solchen Zahlen verbirgt sich der Mut von Männern, die fast täglich und oft in stürmischen Winternächten ein Schlauchboot bemannen, um einen kranken oder verletzten Fischer – Landsmann oder Ausländer – auf das Schutzboot und in den Operationsraum zu holen oder einen Techniker zu einer dringenden Reparatur auf einen Fischdampfer zu bringen. Es heißt dazu in der nächsten Jahresbilanz beiläufig: »... wurden weitere sieben Besatzungsmitglieder mit dem Bundesverdienstkreuz 2. Klasse oder der Verdienstmedaille der Bundesrepublik Deutschland ausgezeichnet.« So ist es in der Tat: wer lange genug auf einem Fischereischutzboot dient, kommt um Orden und Ehrenzeichen, von deutschen oder ausländischen Würdenträgern verliehen, nicht herum. Sie sind für ihn das klimpernde Zeugnis und der einzige Lohn für Rettungstaten, die zu seinen alltäglichen Pflichten zählen.

Bis zur Jahrhundertmitte mußte Fortuna mitfischen, damit ein Trawlerkapitän in der kurzen Frist, die ihm auf fernen Gründen gesetzt war, seine Fischräume vollpacken konnte. Hatte er Pech, traf er mit dem Netz ins Leere selbst dort, wo er auf der Reise zuvor aus dem vollen schöpfen durfte. Heute verraten ihm elektronische Spione, ob die Tiefe unter seinem Kiel belebt ist oder nicht. Die Entwicklung begann mit dem Echolot: Ein Sender schickt vom Schiffsboden ultrakurze Schallwellen zum Meeresgrund hinab, von dem sie als Echo zurückgeworfen werden; ein Empfänger auf der Kommandobrücke errechnet aus der Laufzeit der Wellen die genaue Wassertiefe, während gleichzeitig auf der Papierwalze des Echographen das Profil des Meeresbodens sichtbar wird. Treffen die Wellen, bevor sie den Meeresgrund erreichen, auf einzelne Fische oder ganze Schwärme, werden auch sie als Echos angezeigt. Mit der angeschlossenen »Fischlupe« läßt sich ein Ausschnitt des Lotbildes vergrößern. Ein erfahrener Kapitän erkennt daraus, wieviele Fische sich gerade unter seinem Schiff herumtreiben und in welcher Höhe über dem Boden, und er kann aus den Echos sogar auf die Fischart schließen. Jedenfalls rät ihm die Fischlupe, ob es sich lohnt, das Netz auszusetzen oder nicht.

Früher brachte das Echolot mit der Fischlupe nur einen kleinen Bereich genau unter dem Schiff ins Blickfeld. Heute kann der Kapitän mit dem Panorama-Horizontallot einen Umkreis von mehreren Kilometern nach Fischen abtasten. Während er mit diesem Gerät auf seinem Kurs unter Wasser weit vorausschaut, melden ihm Sonden, die am Kopftau des Netzes befestigt sind und ebenfalls nach dem Prinzip des Echolots funktionieren, was sich unmittelbar vor der Netzöffnung abspielt. Sie messen gleichzeitig den Abstand des Netzes vom Meeresgrund und vom Meeresspiegel, wenn es, statt über den Grund zu rollen, frei im Wasser schwebend in einer bestimmten Tiefe geschleppt wird. Aber die Entwicklung ist schon weitergegangen: In seinem »Jagdsitz« auf der Kommandobrücke sieht der Kapitän auf dem Monitor einer kleinen Unterwasser-Fernsehkamera, wie sich die Fische vor dem Netzmaul verhalten.

Bis zum Beginn der fünfziger Jahre waren die Trawler aller Nationen »Seitenfänger«. Hier wird das Netz über die Seite ausgesetzt, während das Schiff mit gestoppter Maschine quer zur See und zum Wind liegt. Nur so läßt sich verhindern, daß das Netz in die Schraube gerät. Mühsam und gefährlich ist das Einholen des vollen Netzbeutels bei Sturm und hoher See, ebenfalls über die Seite, und das Schlachten der Fische, denn die Mannschaft arbeitet ungeschützt auf dem Oberdeck. Bei sehr schwerem Wetter muß der Fang eingestellt werden, wodurch kostbare Zeit verloren geht. Vom ersten »Hol« an läuft auf einem Frischfischfänger der Countdown auf die Stunde, zu der er wieder auf Heimatkurs gehen muß, ob seine Fischräume gefüllt sind oder nicht, denn die geschlachteten und auf Eis gelagerten Fische müssen auf den Markt kommen, bevor sie ihre Seefrische verlieren.

Mit solchen Nachteilen machten als die ersten die Engländer Schluß, als sie den »Heckfänger« erfanden – nach dem Muster der Walfangmutterschiffe, die einen harpunierten Wal über eine breite, von der Wasseroberfläche schräg aufwärts führende Gleitbahn, die »Aufschleppe«, an Deck zur Verarbeitung hieven. Auf einem Heckfänger wird das Netz mit allem Drum und Dran von ferngesteuerten elektrischen Winden über die Aufschleppe ausgesetzt und wieder eingeholt, sehr viel schneller als auf einem Seitenfänger, der von seinen umständlichen Manövern behindert wird und auf dem alle Mann mit zupacken müssen. Ein Heckfänger braucht bei seinen Aktionen weder beizudrehen noch zu stoppen; er kann noch fischen, wenn ein Seitenfänger keine Chance mehr hat. Ein weiterer Pluspunkt für ihn: bei allen Arbeiten steht die Mannschaft geschützt und trocken. Für sie hat die See ihre ihre Schrecken verloren.

Die Fischereigesellschaften schalteten um, am schnellsten die westdeutschen. Von achtundzwanzig Neubauten, die sie 1960 auf Stapel legten, waren zwanzig Heckfänger und nur noch acht Seitenfänger, zwar die modernsten ihrer Zeit, aber auch schon die letzten Nachkommen einer aussterbenden Generation.

Ein letztes Problem der Fischwirtschaft ließ sich allerdings auch mit dem Neukommer nicht beheben: die Überwindung der großen Entfernungen. Auch der schnellste Heckfänger ist an die Frist gebunden, die ihm die Hausfrau im tiefen Hinterland setzt. Eine Reise von Cuxhaven oder Bremerhaven in die westgrönländischen Gewässer oder zur Großen Neufundlandbank

dauert insgesamt drei bis vier Wochen; davon bleiben für den Fang nur etwa acht Tage, dann muß man schleunigst kehrtmachen, damit die zuerst gefangenen Kabeljaus oder Rotbarsche noch frisch auf den Tisch kommen. Und Garantie für reiche Fischzüge können auch die modernsten Ortungsgeräte nicht geben. Das Fangglück spielt auch heute noch mit.
Die Lösung heißt »Vollfroster«. Er ist eine Kombination zwischen Heckfänger und schwimmender Fischfabrik mit Kühlhaus. Mit der Entwicklung hatten Deutsche vor dem Zweiten Weltkrieg begonnen. Aber erst die eiweißhungrige Sowjetunion tat den entscheidenden Fortschritt, als sie bei einer Werft in Kiel gleich zwei volle Dutzend Fang- und Fabrikschiffe bestellte. Der Auftrag war eine Sensation, das erste Exemplar, die PUSCHKIN, ein Erfolg. Er gab ihm Jahr 1955 das Startzeichen zu einem neuen Rennen um den »Internationalen Großen Preis der Fischgründe«.
Ein Vollfroster neuester deutscher Bauart ist 90 Meter lang und 15 breit. Zu seiner Besatzung gehören 75 Mann, die meisten nicht Seeleute, sondern technische Arbeiter. Täglich können 1000 Zentner Fischfilet tiefgefroren werden, vorausgesetzt, daß genug Fisch ins Netz geht. 16 000 Zentner sind eine volle Ladung. Für diese Menge »netto« müssen an die 45 000 Zentner Fische gefangen werden. Die Differenz ist Abfall, doch zu wertvoll, über Bord gekippt zu werden. Köpfe und Schwänze, Eingeweide, Gräten und Haut – alles, was nicht als schieres Filet in die Froster wandert, nimmt den Weg in Kocher, Verdampfer, Trockner oder Pressen. Das meiste wird zu Fischmehl verarbeitet. Die Lagerräume reichen für 7000 Zentner. Daneben gibt es Tanks für einige tausend Liter Lebertran und Fischöl.
Gesellschaften, die eine Flotte von Fang-Fabrikschiffen im Dienst halten, lassen den gefrosteten Fisch nach der Rückkehr von den Fangplätzen, nach zwei bis drei Monaten, in eigenen Landbetrieben handelsüblich verpacken. Andere Unternehmen stecken die Ware schon an Bord in die bunten Schachteln, wie sie die Hausfrau am Ende einer langen Kühlkette in der Truhe ihres Lebensmittelhändlers findet.

Der Übergang vom Seitenfänger zum Hecktrawler, der sich in unseren Tagen vollzieht, erinnert an die Verdrängung des Segelschiffs durch den Dampfer. Damals wie heute: es ist die Kalkulation in den Kontoren, die ein Schiff zum alten Eisen wirft.
Für die Hochseefischerei der Bundesrepublik Deutschland werden Seitentrawler nicht mehr gebaut, der Heckfänger hat über sie triumphiert. Immerhin waren Anfang 1975 noch mehr als zwei Dutzend im Einsatz – neben drei Dutzend Vollfrostern und vier Dutzend Heckfängern, die Frischfisch heimbrachten. Doch die Uhr der letzten »klassischen« Fischdampfer läuft schnell ab. Wenn man im Sommer 1982 in Bremerhaven, dem Zentrum

der westdeutschen Hochseefischerei, das hundertjährige Jubiläum der Dampffischerei begeht, wird man sich wohl in das Hafenbecken des Schiffahrtmuseums dieser Stadt begeben müssen, um einen Seitentrawler zu besichtigen. Aber noch schleppen sie unermüdlich ihre Netze.

Clara Drews ruft Meerkatze

Winter im Nordmeer. Über den Wassern endlose Finsternis wie am Ersten Tag. Kein Unterschied zwischen Morgen und Mitternacht, als sei die Sonne für immer erloschen. Stürme geben der See keine Ruhe; selten fegen sie den Himmel blank, daß sich die Sterne, die um ihren Pol am Firmament kreisen, in der schwarzen Flut spiegeln dürfen, während das Nordlicht flammt: Zartbunte Schleier wehen, wie von Winden bewegt, in der Höhe hin und her, Strahlen zucken zum Großen Bären hinauf, und fahle Lichtbündel huschen blitzschnell durch den erdfernen Raum wie geheimnisvolle Botschaften aus dem Universum an die Menschen auf dem arktischen Meer, die furchtsam zu der magischen Erscheinung aufblicken und sie verstehen als Vorzeichen eines neuen Sturmes.
Denn die See in diesen hohen nördlichen Breiten ist auch in der dunkelsten Zeit des Jahres nicht leer. Lichter tanzen über der Flut: rote, grüne und weiße – Lichter von Fischdampfern, die unter der Flagge vieler Länder überall kreuzen, wo tief unten auf Bänken und Gründen der Fisch steht.
Einer von denen, die ihrem Glück weit draußen vor der nordnorwegischen Küste nachlaufen, ist der deutsche Trawler CLARA DREWS. Das gestoppte Schiff schlingert in der rauhen Dünung, es bietet dem Wind die volle rechte Seite. Wasser bricht über die Verschanzung und zischt den Männern an Deck um die Köpfe. Es kümmert sie nicht, denn es gehört zu ihrer Arbeit; pfeifender Wind und rauschende See machen die Begleitmusik, wenn sie das Netz aussetzen, wer weiß zum wievielten Mal auf dieser Reise, in ihrem Leben.
Das Netz mit all seinem Tauwerk und dem Geschirr aus Holz und Eisen, mit Schwimmern, Kugeln und Rollern muß klar über die Seite und frei von der Schraube zu Wasser kommen und sich am Meeresgrund zu einem riesigen trichterförmigen Maschenmaul spreizen, das die Fische verschlingen soll. Die elektrische Netzwinde auf dem Vorschiff, unter der hohen Brückenfront, rattert. Die stählernen Kurrleinen surren von den Trommeln, laufen über Roller außenbords an Steuerbord entlang achteraus und lassen das Netz in die Tiefe, während CLARA DREWS in weitem Bogen auf Kurs geht. Das Echolot

auf der Brücke, im Ruderhaus, zeigt die Wassertiefe an: dreihundertzwanzig Meter.
»Fünfhundertfünfzig Faden Leine!« brüllt der Kapitän aus einem Fenster des Ruderhauses. Unten, an Deck, das von grellen Lampen erhellt ist, winkt ein Mann mit der Hand zu ihm hinauf: Verstanden! Es ist der Erste Steuermann, Hannes Freese. Er dirigiert die Arbeit am Netz und packt selbst mit zu, wo es nottut.
Die Kurrleinen straffen sich unter dem Zug des Netzes. Hinter dem Heck weisen sie schräg abwärts. »Alles klar, Kap'tän! Netz ist gut zu Wasser!« Der Erste Steuermann erscheint auf der Brücke. Das Vorschiff liegt wieder im Dunkeln. Die Netzwinde hat gestoppt, das Deck ist menschenleer. »Ich habe alle Mann in die Koje geschickt.«
»Gut so, Hannes«, antwortet der Kapitän. »In zwei Stunden werden wir hieven. Ich hab' ein gutes Gefühl, es kitzelt mich was unter den Fußsohlen.«
»Wir sollten Petrus rechtzeitig eine Kerze anzünden«, schlägt Freese vor, und es soll kein Witz sein.
»Leg dich lieber aufs Ohr und nimm 'n Auge voll!« Er klingt wie ein Befehl.
»Wenn nur das Wetter manierlich bleibt«, sagt der Erste Steuermann.
»Der letzte Wetterbericht hört sich nicht übel an«, erwidert der Kapitän, während er sich, wie jedesmal, wenn das Netz tadellos zu Wasser gekommen ist, eine dicke Zigarre anzündet. »Jedenfalls soll's vorläufig nicht schlechter werden, und mehr können wir nicht verlangen.«
»Da bin ich nicht so sicher, Kap'tän«, meint dagegen der Erste. »In dieser vermaledeiten Gegend kriegt unsereins im Winter von Neptun so schnell einen Schlag auf die Nase wie ein Anfänger im Boxring.«
»Tja, da kann nicht mal Petrus viel daran ändern«, muß der Kapitän zugeben.
»Dann also – Gute Wache, Kap'tän!«
»Gute Ruhe, Hannes!«
Der Erste Steuermann verzieht sich nach achtern in die Geborgenheit seiner Kammer. Der Kapitän bleibt allein auf Wache zurück mit dem Rudergänger und einem Ausguck. »Kurs dreihundertzweiundfünfzig!« Das kleine Ruderrad knarrt unter den Händen eines jungen Matrosen. »Dreihundertzweiundfünfzig liegt an«, meldet er.
»Recht so!« ruft ihm der Kapitän halblaut zu. Und damit ist Stille, es gibt nichts mehr zu sagen, nichts mehr zu kommandieren. Der Maschinentelegraph zeigt auf Halbe Kraft Voraus; das reicht für vier Knoten Fahrt mit dem Netz im Schlepp. Kapitän August Cohrs steht am Fenster und starrt in die windige Polarnacht, allein mit seinen Gedanken. Zwei Stunden bis zum Hieven! Eine Spanne Zeit, die auf die Nerven geht, wenn man ein Netz kurrt und die Hoffnung daran gebunden hat.
Das Netz! Da fährt es dahin in der Tiefe. Mit den Rollen des Grundtaus wird

es über den Meeresboden gezerrt; es schleift über Sand und durch Schlamm, immer in Gefahr, von kantigem Geröll oder festem Grundgestein zerschunden zu werden oder an einem versunkenen Wrack zu zerreißen. Die Scherbretter halten seine Öffnung weit gespreizt, sie reißen das Netzmaul auf: fünfundzwanzig Meter breit und fünf hoch mit dem Netzsack als Schlund, aus dem es für den Fisch kein Entrinnen gibt, wenn er einmal darin gefangen ist. Wenn . . . Fisch! Fisch! Das Wort, das jeden Mannes Seele an Bord beherrscht im Wachen und Träumen. Fisch – ein anderes Wort für Glück, Geld Haben. Der Fisch ist ihr Schicksal.
Seit acht Tagen und Nächten ist die CLARA DREWS im Geschirr, aber niemand an Bord hat Grund zum Jubilieren, am wenigsten ihr Kapitän. Kümmerliche achtzehnhundert Korb! Was ist das schon, wenn der Fischraum fünftausend fassen kann und nur noch sechs Tage Frist bleiben, bis sich der Trawler wieder heimwärts wenden muß. Und immer wieder wird das Netz ausgesetzt in der Zuversicht, daß sich das Wunder vom See Genezareth hier oben im Nordmeer auch für die CLARA DREWS endlich wiederholen möge, so wie es sich täglich auf vielen Fischdampfern ereignet, Gerechte wie Ungerechte segnend, heute den und morgen jenen.
Drei Reisen hintereinander ist Kapitän Cohrs mit halber Ladung zum Markt in Bremerhaven gekommen. Wer mag da noch seinem Reeder mit erhobenem Haupt unter die Augen treten? »Nicht, daß wir Ihnen Vorwürfe machen, Kapitän Cohrs. Jeder hat mal 'ne Pechsträhne.« O ja, sie zeigen Verständnis und Bedauern. Dennoch, es bleibt etwas an einem hängen, das man wie eine unsichtbare Last mit auf die nächste Reise nimmt: Mißtrauen.
Fangglück hat auf die Dauer nur der Tüchtige. An dieser simplen Weisheit läßt sich nicht rütteln, wenn sich die Zeiten auch zum Besseren geändert haben. Früher konnte ein Trawlerkapitän nur seinem Instinkt vertrauen, der ihn den Standort der Fische auf den wohlbekannten Fischgründen erahnen ließ. Es gab Kapitäne – und Cohrs selbst hatte unter solchen Assen gelernt –, die besaßen eine sagenhafte Spürnase und trafen gewöhnlich ins Volle, während andere, in Sichtweite des Glücklicheren, ins Leere griffen. »Nicht, daß wir das Vertrauen in Ihre Fähigkeiten verloren hätten, Herr Kapitän. Aber die Mannschaft! Wer fährt schon auf die Dauer gern unter einem Pechvogel auf der Brücke? Am Ende zählt für uns alle die Summe unter dem Strich. Sie verstehen?« Verdammt, da gab es nichts mißzuverstehen, und gewöhnlich ist es das Urteil: Aus! Es ist bitter, auf dem Deich spazierengehen zu müssen und den Fischdampfern nachzuwinken, auf denen Erfolgreichere das Kommando führen. Die Inspektoren würden es am liebsten sehen, wenn ihre Kapitäne ihr Seelenheil gegen die Garantie voller Netze verkauften; doch selbst der Teufel würde sich kaum auf den Handel einlassen, weil auch er über die Lebensgewohnheiten der Fische vermutlich wenig weiß. Nach welchen Gesetzen wandern sie über die Gründe? Welche Kräfte zwingen sie,

angestammte Reviere zu verlassen und sich andere zu suchen? Warum steht heute der Fisch in Massen auf einer Bank und beschert einem Dutzend Fahrzeuge übervolle Netze und läßt sie allesamt morgen am selben Platz leer ausgehen, weil sie sich plötzlich davongeschlichen haben, um vielleicht schon übermorgen wiederzukehren?

Eine Menge gelehrter Leute ist bemüht, ihnen hinter die Schliche zu kommen: dem Hering und dem Kabeljau, dem Rotbarsch, dem Schellfisch und dem Köhler. Sie haben uns schon viel geholfen, das muß man anerkennen, wir tappen nicht mehr so sehr im Ungewissen wie früher. Die Fischortungsgeräte haben die Chancen für alle erheblich vergrößert, gottlob. Aber noch immer, so scheint es, mischt sich das Glück ein, launenhaft wie der April. Doch damit kann sich niemand herausreden.

Noch eine Stunde. Cohrs beobachtet gespannt den Echographen und die Fischlupe. Über der schwarz verschwommenen Tiefenkurve, die mit geringem Auf und Ab den Meeresgrund darstellt, mehren sich verheißungsvolle Zeichen: dunkle, undeutliche Schatten, die wie Pfähle aus der Bank ragen, an deren Rand der Trawler sein Netz entlangschleppt, dazwischen strähnige Flecken – lauter massierte Echospuren von Dingen, die sich nahe dem Meeresgrund befinden: Fische! Dort unten wimmelt es von Fischen.

Am Tage zuvor waren sie zur gleichen Zeit hier angekommen, die CLARA DREWS und die NORDERSAND unter Hein Pinkepank. Aber der war nach dem ersten Hol, der ihm ein fast leeres und zerfetztes Netz eingebracht hatte, enttäuscht weitergedampft, Kurs Bäreninsel, wo er sich mehr versprach. Pinkepank war berühmt und beneidet wegen seines Riechers; er machte, von wenigen Ausnahmen abgesehen, die kürzesten Reisen und kam selten ohne volle Fischräume zum Markt. Die Gesellschaft wußte es zu schätzen. Es war in ihrer Flotte kein Geheimnis mehr, daß sie ihm den nächsten Heckfänger anvertrauen wollte, der bereits im Bau war, obwohl Cohrs eher an der Reihe gewesen wäre, umzusteigen. Doch diesen Traum mußte er sich wohl endgültig aus dem Kopf schlagen; man hatte ihn offenbar dazu verurteilt, seine Tage als Trawlerkapitän auf einem Seitenfänger zu beschließen und zusammen mit der CLARA DREWS, als unrentabel »außer Dienst« gestellt zu werden. Ihre Jahre waren gezählt.

Vielleicht wäre es vernünftiger gewesen, der NORDERSAND zu folgen? Aber Cohrs wollte lieber abwarten. Warum sollte der Fisch nicht zurückkehren? Hier am Westrand der Bank war gewöhnlich kein schlechtes Revier. »Noch vierundzwanzig Stunden. Wenn ich bis dahin keinen vollen Steert habe, will auch ich den Fangplatz wechseln.«

»Eher wirst du graue Haare kriegen«, hatte der junge Pinkepank ihm erwidert, in einem Ton, der deutlich seine Meinung über Cohrs verriet: Dir ist nicht mehr zu helfen!

Was er wohl sagen wird, wenn er erfährt, daß ich einen Hol von dreihundert

Korb oder noch mehr gemacht habe? Er würde auf der Stelle kehrtmachen. Besser, ich lasse mir nicht in die Karten sehen. Die Konkurrenz schläft nicht. Sie hören alle mit, jeder schnappt begierig die Fangmeldungen der Trawler an ihre Leitdampfer auf, die sie gebündelt weiterfunken an ihre Reeder zu Hause. Listig sind sie alle, und niemand sagt die reine Wahrheit. Aber wenn jemand eine Glückssträhne zu fassen hat, gleich wollen sich andere daranhängen. Wozu soll ich ihnen unter die Nase binden, wo ich stehe? Die Bank ist hundert Meilen lang, wie leicht kann man sich im Standort irren, haha, die Navigation ist um diese Zeit in diesem Gebiet nicht so einfach. Jeder ist sich selbst der Nächste auf den Fischgründen, und wer zuletzt lacht, lacht am besten. Erst wenn einer den Raum voll hat, daß kein Schwanz mehr in die Fächer paßt, und sich abmeldet, verrät er, wo er geerntet hat. So ist das nun mal, jeder kennt die Spielregeln, und ein jeder bekommt seine Chance . . . Wachträume vom Glück. Die Anzeigen auf den Lotstreifen sind ein Versprechen, noch keine Erfüllung.

Cohrs blickt wieder voraus in die Nacht, hört dem stürmischen Wind zu und dem Rauschen der See. Der Himmel ist bedeckt, aber es regnet nicht. Am scharfgebauten Bug des Trawlers spalten sich die Wogen, Wasserschwaden zischen über die Back und das Vorschiff bis hinauf gegen die Fenster der Brückenfront. Das Barometer hält sich, gottlob. Und dreihundertzwanzig Meter unter dem Kiel steht der Fisch. Wenn er mir nur ins Garn geht! Weiß der Deibel, aber jeder hat schon erlebt, daß die Fischlupe einen Millionenschwarm anzeigt und dann doch der Netzbauch kümmerlich mager heraufkam. Spüren Fische manchmal im letzten Augenblick die Gefahr, bevor das Netzmaul heran ist?

Warten, Hoffen, Vertrauen, Geduld: die Tugenden eines Trawlerkapitäns. Schwer, sie zu üben, wenn ihm die Zeit davonläuft. Daß es andern nicht besser geht, ist für Kapitän Cohrs ein schwacher Trost. Zwischen Grönland und der Barentssee, zwischen Spitzbergen und den Lofoten oder unter Island – alle haben die gleichen Sorgen.

Da ist noch ein anderes Schiff. Seit Wochen kreuzt es auf den Fanggründen zwischen dem Nordkap und den Lofoten. Es ist das deutsche Fischereischutzboot MEERKATZE, einer der getreuen Helfer der Hochseefischer im Nordmeer, immer bereit, ihnen in ihren Nöten beizustehen. Kaum ein Tag vergeht, ohne daß kranke oder verletzte Fischdampferleute von Bord ihrer Fahrzeuge geholt und ins Lazarett der MEERKATZE geschafft werden müssen. Und wenn auf einem Trawler das Echolot ausgefallen ist oder das Radargerät streikt, wenn der Telefoniesender verstummt oder die Netzwinde zusammenbricht und wenn alle eigenen Mühen vergeblich sind – ein drahtloser Hilferuf genügt, und schon eilt die MEERKATZE herbei, so schnell sie eben kann. Mit nur 10 Knoten kann sie wenig Staat machen, dafür aber fürchtet sie sich vor keinem Wetter.

Und da sind die beiden Männer in der Bordwetterwarte: der Meteorologe und sein Gehilfe, der Wetterfunker. Für den jungen Dr. Martins bedeutet der Seewetterdienst ein nie endendes spannendes Spiel, das nirgendwo so aufregend ist wie in diesen Regionen an der Polarfront, wo die Zyklone der nördlichen Breiten ausgekocht und, von scheinbar willkürlichen Kräften gelenkt, auf Bahnen geschickt werden, die auch den gewieften Wetterfrosch mit immer neuen Überraschungen in Atem halten und ihn unsicher machen, wenn er weiß, daß die Fischdampferkapitäne von ihm eine zuverlässige Vorhersage für die nächsten Stunden erwarten. An seinem Arbeitsplatz, über der Wetterkarte grübelnd, fühlt er sich Tag für Tag aufs neue herausgefordert und geprüft. Er triumphiert, wenn er sich nicht hat täuschen lassen: ein Punkt für ihn und seine Wissenschaft. Doch kennt er auch die Bitterkeit der Einsicht, daß sie beide nicht unfehlbar sind.
»Hier sind die Meldungen von Tromsö, Doktor!« Der Funker zieht mit der einen Hand ein Blatt Papier aus der Schreibmaschine, während die andere seinen Kopfhörer zurückschiebt.
»Danke, Max. Die haben mir noch gefehlt.« Martins macht sich daran, die Zahlengruppen, die der Funker aufgefangen hat, zu entschlüsseln und sie in meteorologische Zeichen auf der Wetterkarte zu übersetzen. »Zwischen der Bäreninsel und den Lofoten wird es bald ungemütlich.« Er betrachtet die fertige Wetterkarte wie ein Arzt ein Röntgenbild, mit gerunzelter Stirn, als müsse er eine bedenkliche Diagnose stellen. »Die Kaltfront wird eher durchgehen, als es noch vor sechs Stunden aussah. Es ist mit schweren Böen und plötzlicher Winddrehung auf Nordwest zu rechnen.«
»Also Sturmwarnung?«
»Ja, kann jedenfalls nicht schaden, für das Gebiet Bäreninsel bis Lofoten. Ich werde den Text nachher aufsetzen, möchte vorher noch schnell ein paar eigene Beobachtungen machen.«
Martins schlüpft in den Wettermantel, prüft seine Taschenlampe und ist im nächsten Augenblick auf der Tour zu seinen Meßinstrumenten auf dem Peildeck über der Kommandobrücke. Die Bordwetterwarte der MEERKATZE ist ein wichtiger Punkt im Netz der festen und schwimmenden Beobachterposten zwischen Helgoland und dem Eismeer.

Zwei Stunden lang hat die CLARA DREWS ihr Netz geschleppt. Endlich ist es an der Zeit, es einzuholen. Kapitän Cohrs läßt alle Mann wecken, als ersten den Koch, damit er heißen Kaffee bereithält. Die Matrosen kriechen aus ihren Kojen, schlaftrunken, mißmutig. Der Boden unter ihren Füßen hebt und senkt sich in harten Stößen. Sie machen sich bereit. Aus ihrem dicken warmen Unterzeug sind sie schon lange nicht mehr herausgekommen, sie brauchen nur ihre Pullover überzuziehen, lange Hosen, und ihre Beine in die

hüfthohen Gummistiefel zu zwängen. Pudelmütze tief in die Stirn gezogen, hinein in den Ölrock und den Südwester unter dem Kinn festgebunden. Fertig. Noch schnell in ihrer Messe eine Tasse kochendheißen Kaffee in den Magen gespült, Segeltuchhandschuhe an – und raus an Deck. »Klar zum Hieven!« ruft ihnen der Erste Steuermann entgegen.
Inzwischen hat der Kapitän das Schiff beigedreht, es treibt quer zum Wind, der vom Steuerbord kommt. Schwerfällig schlingert der Trawler in der See, im Widerschein der hellen Arbeitslampen leuchten Schaumkronen nahe der Bordwand auf.
»Hieven!« brüllt Cohrs aus einem Fenster der Brücke, über der Netzwinde. Die Trommeln beginnen sich zu drehen, die Kurrleinen werden straff wie überspannte Klaviersaiten. Die Winde ächzt vor Anstrengung, sie braucht ihre ganze Zugkraft. Das läßt einen guten Hol erwarten! Plötzlich wird es steuerbordachtern hinter dem Heck im Wasser unruhig. Im Licht eines Scheinwerfers ereignet sich der große, bang erwartete Augenblick: Das Wasser brodelt und wallt auf, es scheint, als fange dort die See zu kochen an. Ein paar Sekunden später schießt der Steert des Netzes steil in die Luft, fällt zurück und treibt auf der Meeresoberfläche wie ein langer, riesiger, mit Fischleibern zum Zerreißen gefüllter Sack. Ein Schrei der Begeisterung! Die Männer an der Reling schlagen sich auf die Schultern, stoßen sich gegenseitig in die Rippen, blicken hinauf zur Brücke, lachen ihren Kapitän an, glücklich.
»Da stecken dreihundert Zentner drin, Jungs!« ruft Cohrs ihnen zu, »wenn nicht noch mehr! Holt ein das Netz!«
Sie stellen sich nebeneinander auf an der Reling, über die das Wasser in breitem Schwall binnenbords flutet, wenn sich das Schiff tief luvwärts neigt. Sie müssen jetzt den Steert heranholen, längsseit, damit sie den Fang bergen können.
»Hooool – hoo!« singt der Erste Steuermann mitten unter ihnen, und »Hau – haaah!« Er gibt mit seiner Stimme den Takt an, in dem sich die Kraft von zwanzig Armen und Händen zusammenballt. Ihre Finger krallen sich in die Maschen, ihre Körper bewegen sich vor und wieder zurück, und so zerren sie das Netz nach und nach über die Reling, bis endlich sein langes Endstück mit der Beute darin neben der Bordwand schwimmt, umflattert von Scharen gieriger Möven, die plötzlich kreischend aus der Finsternis herabstoßen.
Der Steert ist zu schwer, als daß man ihn mit dem Ladebaum in einer einzigen Hieve an Deck schaffen könnte. Also muß er ein paarmal abgebunden werden, so wie ein langer Darm für die Bratwurst, damit der silberne Segen in Portionen aus dem Wasser kommt. Als die erste über die Seite schwingt und in Kopfeshöhe über dem Deck pendelt, springt der Erste Steuermann hinzu, reißt mit einem Ruck den Knoten auf, der das Ende des Steerts verschließt, und sogleich stürzt eine Lawine von Fischen heraus in die an Deck aufgestellten hölzernen Fächer.

Welche Fülle, buntschillernd! Da ist der Köhler mit seinem blauschwarzen und der Kabeljau mit seinem grün und grau gesprenkelten Rücken und dem silbrigen Bauch; der stachlige Rotbarsch, der knallrot aus dem Wasser kommt und an der Luft blaßrosa wird, sein Bauch ist schneeweiß wie der des Schellfischs, dessen Buckel dunkelgrau gefärbt ist. Gleich hinter dem spitzen Kopf trägt er zwei schwarze Flecken, als habe ihn jemand mit schmutzigem Daumen und Zeigefinger am Genick aus der See gezogen. Der Fischerpatron Petrus selbst soll es gewesen sein, erzählt die Legende.
Die Männer der CLARA DREWS setzen das Netz wieder aus, bevor sie sich über die Fische hermachen. Sie tauchen in die Flut der zappelnden, in ihren letzten Zuckungen mit dem Schwanz um sich schlagenden Leibern. Das Schlachten beginnt. Da müssen alle freien Hände zugreifen.
Fischmesser raus! Den toten Fisch bei den Kiemen gepackt und ihm mit der kurzen Klinge den Bauch aufgeschlitzt: Eingeweide – über Bord damit! Nur die Leber des Kabeljaus ist kostbar, sie wird in Körben gesammelt, für den Trankocher bestimmt. Die ausgeweideten Fische landen in leeren Fächern auf dem Arbeitsdeck, sortiert.
Die Männer arbeiten in gebückter Haltung, stumm und verbissen, mit automatischen Bewegungen, ohne nachzudenken, wie Maschinen, angetrieben vom Rausch des großen Fangs und der Hoffnung auf eine fette Prämie – ein immerzu heftig schwankendes, glitschiges Deck unter den Füßen, während der zunehmende Wind sie eisig umheult und Seewasser in Schwaden über die Seite gischtet. Sie beachten es nicht; sie schlachten Fische, Zentner um Zentner, sortieren sie nach Art und Größe, waschen die ausgebluteten Leiber unter dem Strahl der Seewasserpumpe und schaufeln sie auf die Rutsche, die schräg hinabführt durch die Decksluke in den Fischraum, wo der Erste Steuermann, tief in kleinzerstückeltem Eis watend, sie in Empfang nimmt und sie weiterschaufelt in die hölzernen Hocken zu beiden Seiten, die hoch bis zur Decke reichen. Eine Schicht Fisch, eine Schicht Eis! Ein Brett vor den Verschlag, wenn er voll ist, und den nächsten gefüllt, pausenlos, ohne einen Augenblick zu verschnaufen; denn der Strom der Fische, die von oben kommen, reißt nicht ab, und es sind Kerle darunter, die zwanzig Pfund und mehr wiegen: Köhler, lang und schlank und fest im Fleisch. Seelachs nennen ihn die Händler an Land, weil es sich feiner anhört.
Nach drei Stunden ist auch der letzte Fisch geschlachtet, gewaschen, sortiert, verstaut. Die Luke wird geschlossen. Zum Schluß heißt es: »Deck sauber!« Der harte Strahl aus dem armdicken Schlauch spritzt die Planken ab und die Fächer aus, spült Abfall und Blut durch die Speigatten in die See, den unersättlichen Möven zum Fraß.
»Dreihundertacht Korb, Kap'tän«, meldet der Erste Steuermann, erschöpft, aber mit sich und der Welt für dieses Mal zufrieden.
»So müßte es weitergehen«, sagt Cohrs. »Wir wollen wieder hieven.«

Jetzt ist der Steert magerer gefüllt. Immerhin, zweihundert Korb sind ein guter Hol. »Endlich läuft es«, brummt Cohrs zufrieden und befiehlt den nächsten Fischzug.

»Haben Sie die Sturmwarnung von der MEERKATZE vergessen, die vorhin gegeben wurde?« muckt der Erste Steuermann auf.

»Davon laß' ich mich nicht bangemachen. Wird so schlimm nicht werden, denke ich, jedenfalls nicht so bald.«

»Der Wetterfrosch von der MEERKATZE hat sich selten geirrt«, widerspricht Freese.

Cohrs lacht: »Aber manchmal meint er 's zu gut mit uns und vergißt, daß wir zum Fischen hier sind und nicht zum Spaß.«

»Die Böen wehen jetzt schon verdammt hart«, sagt Freese. Er steckt die Nase in den Wind. »Ich würde es an Ihrer Stelle nicht mehr riskieren.« Er hofft, bald selbst einen Trawler zu führen.

»Das laß getrost meine Sorge sein!« wehrt sich Cohrs gegen den Vorwurf. »Ich habe noch keinen einzigen Mann verloren in all den Jahren, die ich auf einer Kommandobrücke stehe, das kann nicht jeder sagen...«

»Aber unsere Leute sind total erledigt, Kap'tän«, fällt ihm der Erste Steuermann ins Wort. »Gönnen Sie ihnen endlich mal Ruhe – und sich selbst auch, Kap'tän. Bis morgen ist die Front durch.«

»Wir haben schon bei ganz anderem Wetter gefischt, das weißt du genau, Hannes!« Und mit unverblümtem Hohn fügt er hinzu: »Wer sich davor fürchtet, der soll gefälligst zu Hause bleiben und die Füße hinter den Ofen stecken! Wir sind auf einem Fischdampfer, und unter uns wimmelt es von Fischen. Und da sollen wir die Hände in den Schoß legen und den Schwanz einkneifen? Ich sag' dir, Hannes, wenn man das Glück einmal aus der Hand gibt, dann sackt es achteraus auf Nimmerwiedersehen. Also los, worauf wartet ihr noch? Netz zu Wasser, hab' ich befohlen!«

»Na schön«, brummt der Erste Steuermann, »wie Sie wollen, auf Ihre Verantwortung!«

Cohrs legt ihm die Hand schwer auf die Schulter: »Weiß Gott, ich bin nicht leichtsinnig, aber ich möchte endlich mal wieder mit einem vollen Schiff nach Bremerhaven zurückkommen.«

»Das wollen wir ja alle, Kap'tän«, sagt der Erste müde. Dann geht er an Deck zu seinen Leuten. Gleich darauf läßt die Winde die Kurrleinen auslaufen, und die CLARA DREWS geht zu einem neuen Hol auf Kurs.

Kapitän August Cohrs ist in dieser Stunde ein verlassener Mann auf der Kommandobrücke seines Trawlers, dem niemand die Verantwortung tragen hilft: für vierundzwanzig Menschenleben, für das Schiff und das Fanggeschirr. Sie alle, denkt er, vom Reeder bis zum jüngsten Mann an Bord, erwarten von mir, daß ich bis zum äußersten gehe und die Gelegenheit nutze. Aber niemand sagt mir, wo er liegt, der schmale Grat zwischen dem Zwang zum

Erfolg und einem reinen Gewissen. Die Entscheidung überläßt man mir allein. – Sie sind der Kapitän! – Jawohl, aber sie erkennen mich nur so lange an, wie ich ihrer Bilanz nütze.«

Der Sturm ist da wie ein plötzlich einsetzendes Fortissimo einer Sinfonie. Zugleich verschwinden auf den Schreibwalzen der Echographen die vielversprechenden Zeichen, sie lösen sich auf, sind wie wegradiert. Die Fische machen sich davon. Was verscheucht sie? Ist mit dem Netz etwas nicht in Ordnung, daß sie die Gefahr erkennen und die Flucht ergreifen? Sind es die Veränderungen in der Atmosphäre, die sie bis in die Tiefe ihrer Welt spüren und sie dazu treiben, sich zu verziehen – wohin?

»Hieven!«

Das Netz ist nur eine knappe Stunde am Grund gewesen. Es geht hart auf hart, aber der Steert gelangt unversehrt an Deck. Fünfzig Korb, nicht zu verachten. Die Männer arbeiten in großer Hast. Schneeschauer fegen über den Trawler, fast waagerecht jagt das weiße Gewirbel um den Schornstein und über das Vorschiff, auf dem die Mannschaft der CLARA DREWS ihre Beute verteidigt gegen die See, die über die Seite bricht, als wolle sie die Fische zurückfordern.

Endlich ist es geschafft, der letzte Fisch verstaut. Die Männer klaren das Deck auf. Ihre Augen brennen vor Salz und Müdigkeit; mit lahmen, schmerzenden Gliedern und steifgewordenen Fingern tun sie die letzten Handschläge für die Sicherheit ihres Schiffes, das den Sturm beigedreht abreiten soll. Sie alle haben nur ein Verlangen: Ölzeug und Stiefel vom Körper zu reißen und sich wie ein Stein in die Koje fallen zu lassen, hungrig, doch unfähig, zuvor einen Bissen hinunterzuwürgen. Nur schlafen, wie Tote schlafen.

Da geschieht das Unglück.

»Festhalten!« schreit der Erste Steuermann. Ihnen bleiben nur Sekunden, irgendwo nach einem Halt zu suchen, unter der Reling, am Vormast, bei der Winde, an einem Tau, einem Bolzen. Dann ist sie da, die Welle: sie trifft den Rumpf, steigt donnernd hoch, bricht über die Reling und stürzt sich in breiter Front auf das Vorschiff. Ihr Sog reißt einen Matrosen von den Beinen, das ablaufende Wasser trägt ihn mit sich fort wie einen hilflosen Fisch in einem tosenden Schwall und schleudert ihn gegen die Netzwinde. Da liegt er nun, bewegungslos. Mit einem Sprung ist der Erste Steuermann bei ihm, er winkt andere heran.

»Wir bringen ihn achteraus, in die Messe!« Der Netzmacher und zwei Matrosen heben Jan Lüth auf, an Schulter und Beinen. Sie schleppen ihn fort, in Lee der Aufbauten.

Ein zweiter Brecher verfolgt sie, Wasser brandet den Männern bis zur Brust, aber sie lassen ihren verwundeten Kameraden nicht fahren. Der Schwall schlägt sie nieder, eiskalt und hart. Das Schiff legt sich auf die Seite, richtet

sich wieder auf, langsam, und schüttelt das Wasser ab. Ehe die Gefahr wiederkehrt, erreichen sie die eiserne Tür, die achtern ins Innere führt, in einen Quergang und von dort in die Messe.
»Legt ihn auf den Tisch«, bestimmt der Erste Steuermann, »aber haltet ihn fest, damit er nicht herunterrutscht.« Der Matrose wimmert leise, seine Augen in dem bleichen Gesicht, das seit Tagen unrasiert ist, sind weit aufgerissen vor Schreck und Schmerz. Sie müssen ihn entkleiden: Seestiefel und Ölrock zuerst. Mit ihren Fischmessern schneiden sie ihm Pullover, Hose und Hemd vom Leib, es geht nicht anders.
»Was ist mit Jan?« Kapitän Cohrs erscheint in der Tür. Ohne eine Erklärung seines Ersten Steuermanns abzuwarten, beugt er sich über den Matrosen, legt ihm die Hand auf die Stirn. »Na, mein Jung, wo hat's dich denn erwischt?«
»Mein Kopp, Kaptein – und die Augen«, stößt er mühsam heraus. »Flimmert alles vor den Augen. Kann kaum atmen. Mein Kopp.«
»Na, dann laß mich mal deinen friesischen Dickkopp untersuchen.« Aber da ist nichts zu finden: keine Blutspur, keine Beule.
»Vielleicht innere Verletzungen?« sagt Freese.
Cohrs nickt. Er hat schon manchen Verletzten unter den Händen gehabt, ohne gleich die Nerven zu verlieren. Behutsam tastet er den behaarten Brustkorb ab. Lüths Gesicht verzieht sich dabei, er beißt die Zähne zusammen.
»Ich spüre ganz deutlich einen Knick an zwei Rippen«, sagt Cohrs.
»Dann hat er ja noch mal Glück gehabt«, meint der Netzmacher, »vor zehn Jahren hab' ich gleich drei gebrochen und leb' immer noch.«
Der Kapitän schüttelt besorgt den Kopf. »Das kann nicht alles sein. Dreht ihn mal auf die linke Seite.« Er braucht nicht lange zu suchen oder herumzuraten, jeder erkennt den großen, dunkel durchscheinenden Fleck: »Bluterguß! Muß bei der Niere sein.« Dann prüft er den Pulsschlag. Für eine kleine Weile wird es still im Raum, aller Augen blicken den Kapitän an, gespannt. Von draußen dringt das Brausen des Meeres, das Schiff erzittert unter dem dumpfen Anprall einer schweren See.
»Sehr schnell und ganz schwach«, sagt Cohrs endlich, indem er das Handgelenk des Matrosen losläßt, »manchmal kaum zu fühlen.«
»Wenn das man nicht 'ne ganz böse Sache ist, Kap'tän«, sagt Freese.
»Legt ihn aufs Sofa und deckt ihn warm zu. Ich rufe sofort die MEERKATZE, will hören, was der Doktor dazu meint. Bleib du solange bei Jan und beobachte ihn, Hannes!«
»Mach' ich«, antwortet Freese.
Cohrs begibt sich in die Funkstation. Sie liegt auf dem gleichen Deck wie die Kommandobrücke, hinter dem Kartenraum. Der Funker ist noch auf, obwohl Mitternacht längst vorüber ist. Aus einem Lautsprecher tönen Stimmen durcheinander, krächzend und wie aus weiter Ferne: Lebenszeichen von Fischern. Es sind Kapitäne, die miteinander klönen, um sich ein bißchen die

Zeit zu vertreiben; sie reden von sich, ihren Freunden, ihren Kindern und – vom Fisch.

»Ruf die MEERKATZE! Ich muß den Doktor sprechen!«

Der Funker schaltet den Lautsprecher aus und hat bereits die Hand am Telefoniesender. »Was passiert, Kap'tän?«

»Jan Lüth! Ein Brecher hat ihn gegen die Netzwinde geschleudert.«

»Schlimm?« fragt der Funker, während er sein Gerät auf den Sprechkanal der Seenotwelle abstimmt.

»Wo steht sie?« will Cohrs wissen.

»Weiter südlich, hab' sie noch vor einer halben Stunde gehört. Da hat der Doktor einen Engländer beraten. Jemand hat sich mit dem Fischmesser durch die Hand gestochen.«

»Was geht das uns an! Nun ruf doch endlich die MEERKATZE, Mann!«

Der Funker ist nicht aus der Ruhe zu bringen. Er zieht das Mikrofon zu sich heran, schaltet auf Senden und spricht langsam und deutlich: »Achtung Meerkatze! – Clara Drews ruft Meerkatze! – Wenn Sie mich hören, bitte kommen! – Clara Drews ruft Meerkatze! – Ich schalte um auf Empfang!« Und sofort kommt aus dem Telefonielautsprecher leicht verzerrt, von Knistern und Rauschen begleitet, die Antwort: »Hier Meerkatze! – Meerkatze an Clara Drews! – Ich höre Sie gut. Bitte kommen Sie mit Ihrer Meldung! – Ich schalte um auf Empfang!«

Das Fischereischutzboot MEERKATZE kreuzt mit halber Fahrt auf den Fanggründen nördlich der Lofoten. Es arbeitet hart in der See, rollt und stampft. Wer könnte auf dieser Schiffschaukel Schlaf oder auch nur Entspannung finden? Am wenigsten der Schiffsarzt nach einem langen Arbeitstag, denn ihn läßt der Gedanke an die Hochseefischer auch in seinen freien Stunden nicht los. Die Beine gespreizt, die Ellenbogen als Stützen weit abgewinkelt, Schultern und Hüften gepolstert von Kissen und Wäschebündeln – so liegt er in seiner Koje. Es ist anstrengend, aber so verhindert er am besten, zwischen den Seitenbrettern andauernd hin- und hergerollt zu werden. Er versucht zu lesen, doch es gelingt ihm nicht, sich auf den Mordfall in seinem Kriminalroman zu konzentrieren. Das Schlingern des Schiffes fesselt ihn an die Wirklichkeit, wo in Neptuns Gefilden der Aufruhr der Elemente tobt.

Plötzlich Schritte draußen auf dem Gang. Hart klopft es gegen die Tür. Bevor er »Herein!« rufen kann, poltert ein Matrose in die Kammer. »Unfall auf einem Fischdampfer! Sie möchten in die Funkstation kommen!« Und schon ist er wieder hinaus.

»Bin in drei Minuten oben!« ruft der Arzt ihm nach, während er sich aus der Koje windet. Eilig fährt er in Hose und Uniformrock. Die Pantoffeln! Raus aus der Kammer, den Niedergang zur Brücke hinauf und in die Funkstation.

»Hallo, Doktor, da sind Sie ja schon wieder«, empfängt ihn der Funker lächelnd, aber doch mitleidig. Erst vor einer halben Stunde hatten sie sich gegenseitig gute Nacht gewünscht. »Das Gerät ist auf Senden geschaltet. Der Kapitän ist auf der Welle.«
»Danke. Wie heißt das Schiff?«
»CLARA DREWS, ein Trawler aus Bremerhaven, Kapitän Cohrs. Steht ungefähr fünfzig Seemeilen Nordnordost – wenn seine Positionsmeldung stimmt.«
Der Doktor setzt sich in den seefest gezurrten Stuhl vor seinem Arbeitstisch. Hier hält er täglich und nächtlich Sprechstunde ab für Patienten, die er nie zu Gesicht bekommt; über Ätherwellen berät er Kapitäne, wenn sie hilflos vor einem Kranken und vor ihrer Bordapotheke stehen; er beruhigt, gibt Anweisungen, hilft und heilt. Funkarzt für Hochseefischer sein, heißt: rund um die Uhr bereit sein, allen zu dienen, denen er in ihrer Not zum Nächsten wird. Dankbarkeit der Geheilten ist sein Lohn, reich werden kann er nicht davon.
»Hier Schiffsarzt MEERKATZE an CLARA DREWS. Herr Kapitän, bitte geben Sie mir ihren Bericht. Ich schalte um!«
»Hier Kapitän von CLARA DREWS«, tönt es leicht verzerrt aus dem Lautsprecher.
Der Arzt hört sich an, was Cohrs zu berichten weiß. Fragen und Antworten gehen hin und her. Endlich kann er sich ein Bild vom Zustand des Verletzten machen. »Es besteht Lebensgefahr«, erklärt er mit Nachdruck. »Der Mann muß so bald wie möglich in meine Behandlung. Legen Sie ihm bis dahin Eisbeutel auf die Brust und geben Sie ihm eine Spritze: eine Ampulle Morphium-Atropin, null Komma null zwo, subkutan. Müßte in Ihrer Apotheke sein. Können Sie das machen, Kapitän Cohrs? Schalte um.«
»Klar, Doktor, kann ich. Morphium-Atropin null Komma null zwo, subkutan. Ist vorhanden. – Um!«
»Halten Sie den Patienten unter Beobachtung und melden Sie mir zu jeder vollen Stunde sein Befinden. Kommen Sie uns mit äußerster Kraft entgegen, soweit es der Seegang zuläßt. Unser Funker wird jetzt übernehmen und Ihnen eine Anweisung geben.«
»Hallo, Käpt'n Cohrs«, sagt der Funker der MEERKATZE ins Mikrophon. »Bitte, lassen Sie Peilzeichen geben auf vierhundert Kilohertz. Wiederholen Sie alle dreißig Minuten. Ich werde Ihnen noch sagen, wann Sie beginnen sollen. Sie bekommen gleich auch unsere genaue Position, unser Wachoffizier schreibt sie mir gerade auf. Bleiben Sie auf Empfang!«
»Weiß eigentlich unser Kapitän schon Bescheid?« fragt der Arzt.
»Ja, er ist auf der Brücke. Er möchte, daß Sie zu ihm kommen, sobald Sie sich entschieden haben.«
»Mir bleibt keine andere Wahl«, erwidert der Doktor. »Für unseren Käpt'n wird die Entscheidung viel schwieriger, fürchte ich. Es ist bei diesem Seegang

vielleicht ein zu großes Risiko, den Mann von Bord zu holen. Das Leben von sechs unserer Leute aufs Spiel zu setzen, um eins zu retten! Eine schwere Verantwortung...«
»Es wird in den nächsten Stunden wieder abflauen«, sagt der Funker, »jedenfalls glaubt das unser Wetterfrosch.«
»Möge der Himmel seinen Glauben belohnen«, seufzt der Doktor und verläßt die Funkstation. In der Tür stößt er mit dem Wachoffizier zusammen, der dem Funker einen Zettel bringt, auf den er ein paar Zahlen notiert hat: die Position der MEERKATZE nach Länge und Breite.

Seit drei Stunden läuft die MEERKATZE der CLARA DREWS entgegen, geführt von den Funkpeilsignalen des Trawlers. Zwei Matrosen halten Ausguck. Die Sicht ist schlecht, denn es schneit in nassen, schweren Flocken. Dagegen hat der Sturm tatsächlich ein wenig abgeflaut, doch weht er noch immer mit Stärke acht.
Die Brückenuhr hat eben halb vier geschlagen, als der Wachoffizier im Radar, am oberen Rande der runden Bildscheibe, zwischen den schlierigen Echos der Schneeschauer einen hellen Punkt entdeckt.
»Da ist sie!« ruft er halblaut in das Dunkel des Ruderhauses zur anderen Seite. Seit einer Stunde steht dort der Kapitän an einem Fenster der Brückenfront, stumm wie eine Wachsfigur. Auch jetzt gibt er keine Antwort.
»Noch eine halbe Stunde bis zum Treffpunkt, Herr Kapitän!«
»Ja.« Das ist alles, was er ihm entlocken kann. Noch immer weiß niemand an Bord, ob der Kapitän den Befehl geben wird, ein Boot auszusetzen, diesen Befehl, von dem Leben oder Tod für Männer abhängt, die ihm anvertraut sind. Wenn auch der Sturm nachgelassen hat und sich noch mehr zu mäßigen verspricht – die See läuft hoch mit steilen, schäumenden Kämmen.
»Wir werden das große Schlauchboot nehmen«, kommt es endlich ruhig aus dem Munde des Kapitäns. Seine Stimme verrät nichts von den Zweifeln und dem inneren Ringen um den Entschluß, der ihn bis eben bewegt hat. »Der Doktor will selbst mit hinüber auf die CLARA DREWS«, sagt er, wenig begeistert.
»Mut hat er, das muß man ihm lassen, Herr Kapitän.«
»Trotzdem – ich weiß nicht, ob ich ihm soviel Waghalsigkeit erlauben darf. Er ist kein Seemann. Wenn ihm selbst was passiert... Nicht auszudenken. Andererseits, wenn er es unbedingt für seine Pflicht hält, habe ich kein Recht, ihn zurückzuhalten. Er muß schließlich wissen, was er tut.«
»Fahrzeug recht voraus!« ruft einer der Ausguckleute von draußen ins Ruderhaus. Der Schnee in der Luft ist plötzlich wie weggeblasen, es klart zusehends auf, die schwarze Decke über der See klafft auseinander, Sterne funkeln herab.

Ein weißes Mastlicht genau voraus in der Kurslinie der MEERKATZE, in unregelmäßigem Auf und Ab. Bald darauf erscheinen auch die Seitenlichter, rot und grün. Bug gegen Bug laufen die beiden Schiffe aufeinander zu.
»Lassen Sie die Bootsmannschaft wecken und den Doktor wahrschauen«, befiehlt der Kapitän der MEERKATZE. »Ich gehe in die Funkstation und rede mit dem Trawlerkäpt'n. In zwanzig Minuten wird's ernst.«
In der Funkstation ist alles vorbereitet. »Kapitän Cohrs erwartet Ihre Anweisungen«, empfängt ihn der Funker.
Der Kapitän übernimmt das Mikrofon: »Hier Kapitän MEERKATZE! Guten Morgen, Herr Cohrs! Ich denke, daß wir uns in fünfzehn Minuten begegnen. Legen Sie Ihr Schiff quer zur See und stoppen Sie. Ich gehe dann auf Ihre Luvseite und setze ein Schlauchboot aus. Es wird an Ihrer Leeseite längsseit kommen. Alles klar soweit? – Um!«
»Alles klar. Sonst noch Anweisungen, Herr Kapitän? – Um!«
»Bitte, melden Sie, wenn das Boot angelegt hat. Halten Sie den Patienten solange unter Deck und legen Sie warme Decken bereit. Der Arzt kommt übrigens mit. Das wäre im Augenblick alles, Herr Cohrs. Haben Sie noch etwas dazu zu sagen? – Schalte um.«
»Dann also – in Gottes Namen. Ich bleibe auf Empfang.«

Helle Lampen bestrahlen das niedrige Achterdeck des Fischereischutzbootes. Neben der Reling liegt das Schlauchboot seeklar. Sieben Männer, der Bootsmann, fünf Matrosen und der Arzt, wollen sich in diesem Gebilde aus schwarzer Gummihaut und komprimierter Luft wieder einmal der See und Neptuns Gewalt ausliefern – freiwillig, ohne zu murren.
»Schlauchboot klar!« heißt der vertraute Befehl, und Dienst ist Dienst. Sie wußten, wozu sie sich verpflichteten, als sie anmusterten: Unbekannte Helden an der Alltagsfront des Nordmeeres zu sein, das verlangte man von ihnen, obgleich niemand von diesen Seeleuten auf die Idee käme, sich selbst so zu nennen. Kein Orden, kein Ruhmesblatt in Gazetten oder Magazinen, keine goldene Heuer. Eine Notiz im Schiffstagebuch der MEERKATZE, eine Zeile in der amtlichen Statistik eines Ministeriums am Ende des Jahres – damit hat's sich. »Schlauchboot klar!« Tag für Tag und Nacht für Nacht.
Die Bootsmannschaft und der Arzt warten unter Deck, in der Messe, auf den Befehl zum Ablegen. Sie haben ihr Schlechtwetterzeug angezogen: Gummihosen, die ihnen bis unter die Arme reichen, Ölröcke über dickem Unterzeug, Wollpullover, Pudelmütze. Die weißen Schwimmwesten wölben sich auf Brust und Rücken. Sie sind lästig beim Paddeln, aber Sicherheit ist häufig unbequem. Sie trinken heißen Kaffee, der wärmt den Magen. Einige rauchen noch eine Zigarette, schweigsam.
»Klar zum Ablegen!« Der Erste Offizier steckt den Kopf zur Tür herein. Die

Männer erheben sich, drücken die Zigaretten aus, rücken die Schwimmwesten zurecht. Der Bootsmann stopft ein paar Notlichter in die Tasche. Ein Matrose nimmt die zusammenklappbare Krankentrage auf. Dann gehen sie hinaus an Deck.

Der Himmel ist wieder bedeckt, kein Licht dringt durch die Wolken. Der Wind pfeift schrill um den Achtermast, Wasserschwaden zischen von Luv nach Lee über das quer in der See rollende Schiff. Drüben, hundert Meter entfernt und auf gleicher Höhe, wälzt sich der Trawler auf der Stelle. Sein Arbeitsdeck ist hell erleuchtet.

»Boot auf die Reling!«

Die Männer wuchten die zentnerschwere flache Gummiwanne auf den breiten Rand der Verschanzung.

»Zu Wasser!«

Eine Welle schwappt außenbords hoch. Mit einem Schwung schieben die Männer das Boot auf ihren Rücken, und da schwimmt es nun, fällt und steigt drei, vier Meter hoch an der Bordwand, nur von einer Vorleine gehalten. Die Besatzung klettert über die Reling, ein Wulst an der äußeren Bordwand gibt ihren Füßen einen Halt. Sie warten auf den günstigsten Augenblick, kaltblütig. Einer nach dem anderen steigt über, jeder an seinen angestammten Platz; je drei auf jeder Seite, auf dem prallen Wulst des Bootes, rittlings wie auf einem ungesattelten Pferderücken, mit einem Bein in der See, dem anderen im Boot – so halten sie am besten das Gleichgewicht. Als letzter geht der Arzt von Bord. Mit seiner Bereitschaftstasche zwischen den Beinen hockt er sich in die Mitte auf die Trage aus Segeltuch. Der Bootsmann hebt den Arm als Zeichen für den Ersten Offizier: »Alles klar! Leine los!«

Die sechs Seeleute im Schlauchboot haben ihre Stechpaddel ergriffen. Ein paar kräftige Schläge ins Wasser, schon sind sie gut frei von der Bordwand und auf dem Weg nach drüben, im Schutze ihres Mutterschiffs. Ohne Hast, im langsamen Takt, steuern sie ihren Kurs durch das brausende Wogenfeld, taumeln für Sekunden auf einem Kamm, sichtbar für alle, die ihre Bahn im Lichtkegel eines Scheinwerfers von der MEERKATZE verfolgen, und verschwinden im nächsten Augenblick, als habe der Ozean sie plötzlich verschlungen. Doch gleich darauf tauchen sie wieder aus der Tiefe empor, unversehrt, ihrem Ziel ein paar Bootslängen näher. Sechs Paddel sind ein guter Antrieb!

Die halbe Distanz ist überwunden, da springt in einer Bö der Wind um und bläst mit der Stärke eines Orkans. Er greift das Boot von der Seite an und treibt es vor sich her, zwischen den beiden Schiffen achteraus und außer Sicht, denn mit ihm ist der Schnee gekommen. Eine Wolke dicker Flocken jagt über die See, deckt das Boot zu und löscht die Lichter der CLARA DREWS – so scheint es den Männern auf der Kommandobrücke der MEERKATZE.

»Halbe Fahrt zurück!« Die Maschine gehorcht prompt, aber es braucht Zeit, bis die MEERKATZE Fahrt über den Achtersteven aufnimmt. Aus dem Typhon am Schornstein rufen drei kurze Töne gegen das Geheul der Bö an und durch das Schneegestöber: »Maschine geht rückwärts«, als Signal für den Trawler, der sich selbst mit zwei langen Tönen seiner Dampfpfeife hören läßt, wie sie für ein gestopptes Schiff bei Nebel und Schneefall vorgeschrieben sind.

»Licht steuerbord achteraus!« ruft ein Ausguck und deutet aufgeregt in die Richtung, in der er es entdeckt hat. Für Sekunden bleibt es sichtbar: ein schwacher flackernder Schein. »Das Boot! Es brennt ein Notlicht ab!« Im nächsten Augenblick ist es wieder verschwunden wie ein Spuk.

Doch die Bö zieht ab, und mit ihr die Schneefront. Der Wind erschlafft. Die Lichter des Trawlers erscheinen eine halbe Meile steuerbord voraus. Klare Sicht. Ein Stern über der Mastspitze. Wo treibt das Schlauchboot? Der Scheinwerferstrahl fährt suchend über das Wasser: weißer Schaum auf schwarzer leerer See, nichts sonst. Wohin ist es getrieben? Wo sollen wir suchen?

»Da ist es!« Der Erste Offizier hat mit dem Nachtglas für einen Augenblick den Widerschein der hellen Schwimmwesten entdeckt, als das Licht darüber weghuschte. Der Scheinwerfer heftet sich daran. Und die Männer im Boot wissen jetzt: wir sind gefunden, gerettet. Jemand winkt mit dem Paddel.

Die MEERKATZE manövriert sich nahe an das Boot heran, sie gibt ihm Windschutz und stoppt. Eine Leine fliegt hinüber, wird aufgefangen. Das Boot schert längsseit, dort wo es abgelegt hatte. Eine Minute später stehen die Männer an Deck, triefend, erschöpft, aber nicht entmutigt. Sie gehen unter Deck, zurück in die Messe, um sich auf den zweiten Versuch vorzubereiten. Trockenes Zeug, heißer Kaffee, ausspannen, solange die Zigarette reicht, während auf dem Achterdeck Matrosen das vollgeschlagene Schlauchboot mit dem Ladebaum binnenbords hieven und seeklar machen zur nächsten Fahrt und die MEERKATZE sich wieder auf Position manövriert. Bis es abermals heißt: »Klar zum Ablegen!«

Und dieses Mal kommen sie hinüber. Sie paddeln um den Bug des Trawlers herum auf die Leeseite in den Schutz der hohen Aufbauten. »CLARA DREWS an MEERKATZE«, meldet Kapitän Cohrs, »Ihr Boot ist längsseit. Der Arzt kümmert sich bereits um den Patienten, er kann gleich übernommen werden. Bitte um Anweisungen für die nächsten Manöver. – Ich schalte um!«

»MEERKATZE an CLARA DREWS! Gehen Sie mit langsamer Fahrt voraus, sobald unser Boot wieder abgelegt hat. Bitte, geben Sie als Signal einen langen Ton mit der Dampfpfeife, ich schiebe mich dann von achtern an Ihre Stelle und nehme das Boot an meiner Leeseite auf. Bitte, bleiben Sie in meiner Nähe, bis wir Ihren Mann und unsere Leute geborgen haben. – Ich schalte um.«

»CLARA DREWS an MEERKATZE! Habe verstanden. Ich hoffe, es geht alles klar. Anschließend laufe ich zu meinem Fangplatz zurück. Ich bleibe auf Empfang. – Ende.«

Jan Lüth liegt transportbereit auf der Trage, in warme Decken und wasserdichte Hüllen festgeschnürt wie eine Mumie. Der Arzt hat ihm eine Spritze gegeben; so merkt er nicht viel von dem, was mit ihm geschieht. Vorsichtig hebt man ihn auf die Reling, wo das Schlauchboot an der Bordwand schrammt im Auf und Ab des Seegangs.
Jetzt!
Für einen halben Atemzug hält eine Welle den Männern mit der Trage das Boot in Höhe der Reling entgegen, zum Greifen nahe. Sie verpassen die Gelegenheit nicht: Als die Welle das Boot wieder hinabreißt in einen Trog, drei Meter tiefer, liegt der Schwerverletzte sicher auf dem Boden. Bei der nächsten Chance folgt ihm der Arzt nach.
»Ablegen!«
Das Boot kommt frei. Signal an die MEERKATZE! Kapitän Cohrs legt den Hebel des Maschinentelegraphen auf langsam voraus. Sogleich geht ein Zittern durch den Rumpf des Trawlers: der Diesel ist angesprungen. Und da taucht im Kielwasser, keine zwei Schiffslängen entfernt, der hohe Bug der MEERKATZE auf. Cohrs beobachtet von der Brückenreling aus das Boot, das scheinbar an der Flanke des Fischdampfers achteraus sackt. Für einen Augenblick erscheint es im Lichtkreis der Hecklaterne, dann schiebt sich die MEERKATZE heran und nimmt es in ihren Schutz. Ein paar Paddelschläge, und es liegt unter der offenen Relingspforte des Achterdecks. Mit einer Fangleine wird es gehalten.
Der letzte dramatische Akt: die Trage mit dem leidenden Menschen darauf zu bergen – aus einem Boot, das nicht für die Dauer einer Sekunde zur Ruhe kommt. Es bockt, geht vorn und achtern hoch, taumelt längs und quer, während es gleichzeitig in unberechenbarem Rhythmus fällt und steigt, gegen die Bordwand geschleudert wird und daran abprallt wie ein Ball an der Mauer, übergossen von Spritzwasser, das immer höher in der Gummiwanne schwappt, den Männern darin um die Füße und dem halb Besinnungslosen über den Kopf. Trotzdem, es muß gelingen, schnell!
Hände an Bord der MEERKATZE strecken sich aus, das verschnürte Menschenpaket durch die Pforte in der Eisenwand der Verschanzung zu packen, wenn es ihnen in einem kurzen bangen Augenblick mit dem Kopfende entgegengeschoben wird. Es muß ruckzuck gehen.
Die Männer der Meerkatze – die im Schlauchboot und die an Deck – bestehen auch diese Prüfung. Zwei Matrosen tragen Jan Lüth ins Bordlazarett, in den Operationsraum. Dort verwandelt sich der Arzt aus einem schwarzhäutigen, triefendnassen Seehund wieder in den Samariter der Fischer im weißen Kittel. »Machen Sie alles klar zum Durchleuchten«, weist er seinen Heilgehilfen an, während er sich die Hände wäscht.
Er hat seine Untersuchung gerade beendet, als es an die Tür klopft. Es ist der Kapitän. »Na, Doktor, wie sieht's aus mit dem Mann?«

Der Patient liegt noch auf dem Untersuchungstisch, stöhnend, mit geschlossenen Augen. Der Kapitän legt ihm die Hand auf die Stirn. »Nur ruhig, Junge, jetzt bist du in besten Händen.«
»Der versteht Sie nicht mehr, Herr Kapitän«, sagt der Arzt. »Mittelschwerer Kollapszustand.«
»Schon einen genauen Befund?«
»Nierenblutung, dazu Verletzung der Lunge durch eine eingespießte Rippe, ein Fragment steckt zwei bis drei Zentimeter tief im Lungengewebe. Dritte und vierte Rippe rechts Schrägfraktur.«
»Sehr ernst, nicht wahr?«
»Muß operiert werden, so bald wie möglich.«
»Können Sie das?«
Der Arzt schüttelt den Kopf. »Bei diesem Seegang nicht zu verantworten...«
»Mit anderen Worten: ab ins nächste Krankenhaus.«
»Unbedingt, Herr Kapitän, und mit äußerster Kraft.«
»Der nächste Hafen ist Tromsö.«
»Wann können wir in Tromsö ankommen?«
»In sechs bis sieben Stunden, denke ich.«
»Ich hoffe, er wird solange durchhalten. Benachrichtigen Sie rechtzeitig die Hafenbehörden, damit der Krankenwagen bereitsteht, wenn wir anlegen.«
»All right, Doktor. Wir gehen sofort auf Kurs. Der Sturm flaut zum Glück ab.«
»Was ist mit der CLARA DREWS?«
»Hat kehrtgemacht.«

Zur Stunde, als gegen Mittag dieses Tages der Matrose Jan Lüth in das Krankenhaus des nordnorwegischen Hafens Tromsö eingeliefert wird, holen seine Kameraden von der CLARA DREWS hundertdreißig Korb Fisch aus der Tiefe. Und bevor die Uhr Mitternacht glast, empfängt Kapitän Cohrs ein Funktelegramm von der Küstenfunkstelle: »Der Patient ist außer Lebensgefahr.«
Zu dieser Zeit kreuzt das Fischereischutzboot MEERKATZE wieder weit draußen auf den Gründen. Ringsum am Horizont blinken Lichter von Trawlern, die bei der Arbeit sind. Die Sicht ist frostklar, der Wind hat sich gelegt, das Meer dünt in langen, schaumlosen Wogen. Und über den Himmel, unter dem Großen Bären, flammt geisterhaft ein Nordlicht auf.

ZUM ERSTENMAL ÜBER DEN ÄQUATOR

Die magische Linie

Es ist nicht überliefert, was die Männer auf den portugiesischen Karavellen empfanden, als sie um das Jahr 1471 als die ersten Abendländer von der nördlichen auf die südliche Erdhalbkugel hinüberwechselten. Vermutlich haben sie wenig Aufhebens davon gemacht, denn sie interessierten sich mehr für die entdeckten Gestade des Schwarzen Kontinents, an denen sie sich gute Geschäfte mit Sklaven und Goldstaub, Elfenbein und Gewürzen versprachen. Der Äquator schreckte sie nicht länger als die Schwelle zum Unbekannten, nachdem ihre Väter eine Barriere überwunden hatten, die ihnen lange den Weg in südliche Breiten verlegt hatte: Kap Bojador an der mauretanischen Küste, nur 2 Grad südlicher als die seit langem bekannten Kanarischen Inseln. Dieses Kap galt als das »Bis hierher und nicht weiter«. Ob die Erde nun eine Kugel war, wie die Gelehrten behaupteten, oder nicht – an jenem weit ins seichte Meer hinausreichenden Klippenriegel war der schiffbare Teil der Welt zu Ende. Dahinter wähnte man das Chaos, in dem jedes Schiff verloren war. Reißende Strömungen trieben es in das große Nebelmeer, wo alles Wasser unter der Glut der nahen Sonne kochte und sich, noch weiter gen Süden, in einen salzigen Sumpf verwandelte, aus dem giftige Dünste in schwarze Wolken hinaufstiegen, wo gräßliche Ungeheuer hausten, begierig, Menschen und Schiffe zu verschlingen.
Für den jungen Prinzen Heinrich von Portugal stand dieses Schreckensbild nicht im Einklang mit der Harmonie der Schöpfung. Er hatte sich vorgenommen, es zu zerstören.
Nach seinem glänzenden Sieg über die muselmanische Seeräuberfestung Ceuta im Jahre 1415 legte er auf weitere militärische Ehren keinen Wert. Auf der Iberischen Halbinsel herrschte Frieden, und da die arbeitslosen portugiesischen Ritter mit sich und der Welt nichts Rechtes anzufangen wußten, machte Heinrich sie zu Hauptleuten von Schiffen, die er zur Entdeckung unbekannter Küsten ausschickte. Die Nachwelt hat ihm dafür den Beinamen »der Seefahrer« verliehen, obwohl er selbst an diesen Kundfahrten nie teilgenommen hat.

Der Bann war gebrochen, als Gil Eannes, sein Schildknappe vor Ceuta, endlich, im Jahre 1434, Kap Bojador gerundet hatte und glücklich heimgekehrt war. Von nun an überbot eine Expedition die vorangegangene. Sich Meile um Meile an der afrikanischen Westküste entlangtastend, sahen die Portugiesen den Polarstern, ihren vertrauten nächtlichen Himmelslotsen, Grad um Grad im Norden versinken, während neue, nie gesehene Sterne über dem Horizont erschienen, das Kreuz des Südens ihnen voranfunkelte und der Schatten ihrer Masten von Mittag zu Mittag kürzer wurde. So trat im Jahre 1445 die Mündung des Senegal ins Blickfeld, bald darauf das Kap Verde, das »Grüne Kap«, das die vorherrschende Meinung widerlegte, ganz Afrika sei eine unbewohnbare Wüste. 1460, im Todesjahr des Prinzen, ankerten die ersten Karavellen vor Sierra Leone.

Man kann diesen portugiesischen Drang nach Süden und ihren Schritt-um-Schritt-Erfolg nur mit der Weltraumfahrt vergleichen. Auch für die Portugiesen hing das Tempo vom technisch-wissenschaftlichen Fortschritt ab, dem Prinz Heinrich nach Jahrhunderten des Stillstands großen Auftrieb gab. Ihm war klar, daß Mut und Gottvertrauen allein nicht ausreichten, sich die schiffbare Welt untertan zu machen. Also gründete er 1438 in Sagres, nahe dem Kap Sankt Vinzent am südwestlichen Ende Europas, eine »Nautische Akademie«, eine hohe Schule der Seefahrt, an der gelehrte Christen, Juden und Araber studierten, experimentierten und lehrten. Sie verbesserten den Magnetkompaß und die Methoden zur Ortsbestimmung, sie errechneten nautische Tabellen und zeichneten Seekarten. Schiffbauer entwickelten die »Karavelle«, eine neuartige Kombination zwischen den robusten, aber langsamen und wenig manövrierfähigen Fahrzeugen aus dem Norden, die nur viereckige Rahsegel trugen, und den schnellen Seglern der Muselmanen, die mit ihren dreieckigen, verstellbaren Segeln gegen die Windrichtung ankreuzen konnten.

Alles in allem: ein Fortschritt des Seewesens auf breiter Front, der sich in den Wappenpfeilern darstellte, mit denen die portugiesischen Entdecker an den Küsten ihre errungenen Ziele markierten. Der Äquator war auf ihrem Wege nur eine Etappe.

Bei Naturvölkern, deren Traditionen noch nicht von der Coca-Cola-Zivilisation hinweggespült worden sind, ist es Sitte, die heranwachsenden Knaben eines Stammes, sobald ihnen der Bart sprießt, feierlich in die Männergesellschaft aufzunehmen, freilich erst nach harten Mutproben, die ihre Reife beweisen sollen: sie müssen sich von bösen Geistern schrecken lassen, gefährliche Abenteuer bei der Jagd auf wilde Tiere bestehen oder den Kopf eines Feindes erbeuten. So werden in den Dörfern im Urwald von Neuguinea die Jünglinge in einer großen Zeremonie vor ein riesiges Ungeheuer geschleppt,

das sie symbolisch verschlingt. Doch gleich darauf werden sie wiedergeboren zu einem neuen Leben als Mann und bekommen einen neuen Namen.
Schmerz darf den Prüfling nicht mit der Wimper zucken lassen, wenn er zum Beispiel den Bissen giftiger Ameisen ausgesetzt wird, wie es unter Indianersippen Guayanas üblich ist. Auch die unvergänglichen Schmuckzeichen des Mannes erringt ein Junge nur unter Qualen. Dazu gehören unter australischen Eingeborenen und anderswo spitzgefeilte Vorderzähne. In Arnhemland, im hohen Norden des fünften Kontinents, spielt sich das Ritual der Jugendweihe in mondhellen Nächten auf dem »Traumplatz« der Horde ab, unter wilden Tänzen zu Ehren der Ahnengeister, die man als Zeugen herbeiruft. Dann beginnt der Medizinmann mit der Schönheitsoperation an den Novizen: Mit einem schartigen Steinsplitter reißt er ihnen in langen Streifen den Rücken, den Bauch, Brust und Arme auf und bestreicht die blutenden Wunden mit Asche, Lehm und schmutzigen Flaumfedern, damit sie eitern und wulstige Narben zurücklassen, auf die jeder Mann stolz ist.
Die kunstvollen Tätowierungen auf den Inseln Polynesiens sehen für Augen des Westens hübscher aus. Die schwarze Farbe wird punktiert unter die Haut gestochen, eine schmerzhafte Prozedur, der sich in gewissen Hafenstädten auch mancher junge Seemann tapfer unterzieht. Ein Anker, ein Herz oder ein Schwert als Symbole für Kampf, Liebe und Seemannschaft auf den Arm tätowiert, macht ihn, so meint er, erst zum gleichberechtigten Stammesmitglied in dem über alle sieben Meere verstreuten Naturvolk der Seemänner. Die eigentlichen Mannbarkeitsriten indessen werden im Namen Neptuns an Bord bei der Äquatortaufe vollzogen.
In vielen Seereiseberichten aus dem späten achtzehnten Jahrhundert ist oft beiläufig von den »Zeremonien am Äquator« die Rede, als handele es sich um einen allbekannten, seit altersher überlieferten Seemannsbrauch. »Wir hatten alleweil schönes Wetter, und beim Passieren der Linie stattete uns Neptun mit seiner Lady Amphitrite, wie gewöhnlich, einen Besuch ab«, erinnert sich William Robertson an eine Reise auf dem britischen Ostindienfahrer PRINCE OF KAUNITZ im Jahre 1791. »Das Rasieren mit einem grobgezahnten Stück Bandeisen begann, und das Wasser platschte nach allen Seiten, was sich als fatal für einen guten und achtbaren Gentleman namens Roberts erwies, der seine Frau mit an Bord genommen hatte. Im Spaß versuchte er, einen Eimer Wasser jemand über den Kopf zu kippen, doch rutschte er aus und glitt leewärts gegen einen Augbolzen an Deck, der ihm das Knie aufschlug. Und da er ein beleibter Mann war, kam ihn der kalte Brand an, der ein paar Tage später seinen Tod herbeiführte.«
Der deutsche Naturforscher Georg Forster, der Captain James Cook auf dessen Weltumseglung in den Jahren 1772 bis 1775 begleiten durfte, berichtet in seinem Tagebuch: »Am 9. September passierten wir den Äquator bei einer gelind wehenden Luft. Unsere Matrosen tauften ihre Kameraden, welche ihn

noch nie passiert hatten und sich nicht durch Trinkgelder loskaufen wollten. Wer die Salztaufe über sich ergehen ließ, zog, sobald die Operation vorbei war, frische Wäsche und Kleider an. Und da das auf See, besonders bei heißem Wetter, nicht zu oft geschehen kann, war ihnen das Untertauchen, anstatt eine Art von Strafe zu sein, vielmehr heilsam und gesund. Für die Trinkgelder der übrigen wurden starke Getränke angeschafft, und diese vermehrten die Lustigkeit und Laune, welche den herrschenden Charakter der Matrosen ausmacht.«

Aus der gleichen Zeit erzählt ein englischer Seebär in seinen Memoiren: »Es war meine erste Reise in Neptuns Reich, und so mußte ich mich durch die Hand von Seiner Majestät Hofbarbier der gewohnten schrecklichen Prüfung unterziehen, aus der ich als freier Seemann des Ozeans hervorging.«

Hätten demnach Britanniens Blaujacken die Äquatortaufe erfunden?

Nun, die traditionellen Zeremonien gehen wahrscheinlich auf die »Bergener Spiele« zurück, die während der Blütezeit der Hanse im sechzehnten Jahrhundert das Hansekontor in der norwegischen Hafenstadt Bergen in Verruf gebracht haben. Das Kontor war ein von der Stadt und den Norwegern abgeschlossenes Quartier. Zu ihm gehörten zweiundzwanzig hohe, aus Balken roh gezimmerte Gebäude, die man Höfe nannte. Die Fronten ihrer schmalen Giebelseiten säumten die »Deutsche Brücke«, einen langen Hafenkai. Ein Hof war mehr Pack- und Lagerhaus als eine anheimelnde Unterkunft für die »Hansebrüder«, die zu je hundert oder mehr unter dem strengen Regiment eines Hauswirts darin hausten, allesamt unbeweibt.

In der Rangfolge der Hofbewohner standen die Kaufmannsgesellen an der Spitze; ihnen folgten die Bootsjungen vor den Stubenjungen, die den Küchendienst versahen und aufwarteten. Im Sommer lebten alle auf ihren Stuben, im Winter dagegen fanden sie sich nach Feierabend im Schütting zusammen, der altnordischen Feuerstube, die zu ebener Erde lag und nur einen einzigen Zugang hatte. Es gab darin keine Fenster, nur ein Klappfenster im Dach ließ Licht herein und den Rauch hinaus. Es wurde geschlossen, sobald die gewaltigen Fichtenscheite glühten und keinen Rauch mehr bildeten.

In jedem Frühjahr kamen mit den ersten Schiffen aus Lübeck, Bremen oder Hamburg neue Kaufmannslehrlinge und Jungen nach Bergen. Um in die Gemeinschaft der Hansebrüder aufgenommen zu werden, mußten sie sich »hänseln« lassen. Das Spektakel hub mit dem »Rauchspiel« an. Eine Chronik beschreibt es so:

»Es begann des abends ungefähr um zehn Uhr. Die Spielenden begaben sich von ihrem Hofe, leere Butterfässer an der Seite, in Prozession je zwei und zwei nach der Schustergasse. Einer von ihnen war wie ein Narr, ein anderer wie ein Bauer, ein dritter wie ein Bauernweib gekleidet. Bei dem Hause angelangt, welches als Niederlage für Lohe und Thran diente, füllten sie ihre

Butterfässer mit Haaren, altem Holz und Unrat, worauf sie unter Trommelschlag in gleicher Ordnung heimkehrten. Unterwegs bewarfen sie die vom Lärm herbeigelockten Zuschauer mit dem Inhalte ihrer Fässer, und das Bauernweib begoß sie mit Wasser. Dann wurde der Neuaufzunehmende in den Schütting geführt und mittels eines Strickes, den man ihm um den Leib band, in die Höhe unter das Klappfenster gezogen. War dieses geschehen, so häufte man die aus der Schustergasse mitgebrachten Gegenstände zusammen und zündete sie an. Der Unglückliche mußte nun geraume Zeit oben in dem gräßlichen Qualm hängen, und damit ihm Mund und Hals gehörig damit gefüllt wurden, legte man ihm verschiedene Fragen vor, die er beantworten mußte. Erachtete man ihn für genügend beräuchert, so ließ man ihn wieder herunter und führte ihn zur Tür des Schüttings, wo sechs Fässer Wasser standen, die über ihn ausgegossen wurden, um den Rauch wieder abzuspülen. Ein wahres Wunder, daß uns nur von einem berichtet wird, der bei dem Spiel erstickt ist.«

Dem Rauchspiel folgten andere, nicht weniger rohe Späße. Das »Barbierspiel« werden wir später an Bord miterleben. In Bergen erfand man dazu die Utensilien: das hölzerne Rasiermesser und die übelriechende Seife. Das »Wasserspiel« beendete die Folge der Prüfungen. Dabei wurde der Neuling aus einem Boot ins kalte Hafenwasser geworfen und dreimal untergetaucht. Versuchte er, wieder ins Boot zu klettern, schlug man ihn mit Birkenreisern.

Dies alles lief auf ein lärmendes Fest hinaus. Der Gehänselte ward als Hansebruder anerkannt – und freute sich darauf, im folgenden Jahr an anderen zu praktizieren, was er selbst erduldet hatte.

Diese Spiele sprachen sich unter Janmaaten in Hafenschenken herum; sie leuchteten jedem Fahrensmann ein als eine nachahmenswerte Methode, Schiffsjungen den Ernst des Seemannslebens im Spaß fühlen zu lassen. So faßte die Tradition allmählich Fuß auf den Schiffen aller abendländischen Herren Länder. Mit Vergnügungen waren Matrosen, unter welcher Flagge sie auch immer dienen mochten, nicht verwöhnt. Die Disziplin an Bord war hart wie das Brot, das sie beißen mußten. Der Übergang von jener Erdhälfte, auf der sie das Licht der Welt erblickt hatten, auf die andere Seite bot ihnen Gelegenheit, sich wenigstens einmal königlich zu amüsieren.

Die Linie, die ausgehende Segler mitten im Atlantik kreuzten, bedeutete für die Mannschaften die erste Etappe auf einer langen Reise um die halbe oder ganze Welt. Die Erinnerung an den Heimathafen und an die Menschen an Land war schon verblaßt, der letzte Frischproviant längst verzehrt. Unter leichtem grauen Passattuch lebten ein paar Dutzend Männer, graubärtige und auch ganz junge, die noch nicht dem Konfirmationsanzug entwachsen waren, geborgen in einer besegelten winzigen Hülle aus Holz oder Eisen, unerreichbar geworden für die Welt, aber auch selbst uninteressiert am Lauf der Dinge. Die Zeit hatte für sie eine andere Dimension angenommen. Der Raum, obgleich auf einen engen blauen Umkreis begrenzt, schien endlos, die Zukunft ein Traum. Gott allein mochte wissen, ob sie je ans Ziel gelangten. Oft hielten Windstillen, wie sie in der Zone zwischen den Passaten anzutreffen sind, sie gefangen. Dann trieben sie Tage, mitunter Wochen, unter flappender Leinwand auf einer bleiernen See, die nur selten ein Windhauch riffelte. Jede Regung in der Luft mußte ausgenutzt, um jede Seemeile südwärts an den Brassen gerungen werden. Neptun stellte seine Kapitäne an der Grenze zwischen Nord und Süd gerne auf eine Geduldsprobe, bevor er selbst an Bord kam, um sich die Jungen zu verpflichten.

Doch auch auf den Meeren ändern sich die Zeiten und mit ihnen die Schiffe und die Menschen, die sie bemannen. Mit denen, die noch im Schatten von Rahsegeln gearbeitet haben, schwinden die alten Bräuche dahin. Diese Männer standen die besten Jahre ihres Lebens mit Neptun auf Du und in Tuchfühlung, aber Tag und Nacht wachsam vor seinen Launen, die See zum Greifen nahe, und oft von ihr auf Tod und Leben umarmt. Sie fuhren dahin in der Furcht des Herrn, dankbar für seine Gnade, ergeben in das ihnen zugemessene Seemannslos.

Auf modernen Schiffen, die von Robotern gesteuert werden, weht ein anderer Geist, in den Kammern der Besatzung pfeift man auf Stürme. Man lebt auf seinem Arbeitsplatz, der mit Maschinenkraft auf dem kürzesten Wege dahinfährt, nach einem Fahrplan, den Reeder und Kapitän bestimmen. Neptun hat da nicht mehr viel mitzureden. Auf vielen Schiffen läßt man ihn nicht einmal am Äquator an Bord; er würde nur das Arbeitsprogramm des Ersten Offiziers stören, und auf einem Linienfrachter, der in zehn Tagen von Hamburg nach Rio de Janeiro jagt, ginge mindestens ein Wochenende verloren. Wie könnte man sich da noch einen Extrafeiertag leisten? Auf Schiffen, die lange unterwegs sind, will man zwar nicht auf die Zeremonien auf der Linie verzichten, aber der Spaß wird da leicht zum Krampf wie bei Leuten, die um jeden Preis Rosenmontag feiern wollen, obwohl sie längst vergessen haben, was der Aschermittwoch bedeutet.

Kann sich Neptun überhaupt noch zu Hause fühlen auf Schiffen, in deren Decks es nicht mehr nach Holzteer, Hanf und Leinwand duftet – auf einem Tankerriesen, einem Massengutfrachter oder einem Container-Expreß, wo der Matrose zum »Facharbeiter im Decksdienst« geworden ist und der Kapitän, einst »Master next God« genannt, diesen Ehrentitel gegen den »Wirtschaftsingenieur für Seeverkehr« hergegeben hat?

Im Namen Neptuns

Wir waren unterwegs von Bremen nach Montevideo mit einer Ladung Kohlen. Stellt euch nun vor:
Ein Abend mitten auf dem Atlantischen Ozean, wo er am heißesten ist. Der Passatwind weht lau aus Nordost, alle Segel an den vier Masten sind prall gefüllt wie das Mieder einer jungen Käsemamsell auf dem Altonaer Fischmarkt, und die Bugwelle rauscht das uralte Lied von der See und den Schiffen, die einsam dahinziehen. Die Sterne im Kreuz des Südens funkeln herab, das Mondboot gondelt sacht auf seinem Kurs durch den Raum, und auf der nachtblauen Himmelswiese weiden zarte Wolkenlämmer. Ein Traum des Friedens, wie er nur einer braven Teerjacke beschieden wird, die sein Schiff vom Passat auf Händen tragen läßt. Von einem nahenden Unheil war kein Zeichen zu erkennen. Und doch lag es in der Luft.
Die Schiffsglocke auf der Back hatte acht Glasen geschlagen; die neue Wache kam an Deck, besetzte Ruder und Ausguck und löste die alte Wache ab, zu der auch ich gehörte – ein Schiffsjunge damals, nichts weiter, ein reiner Tor auf seiner ersten großen Fahrt, der sich angeschickt hatte, die Welt – jedenfalls den nassen Teil davon – zu erobern, sich aber vorläufig mit dem wenig beneidenswerten Los eines Grünschnabels abzufinden hatte. Ich hielt es natürlich für ausgemacht, es bis zum Kapitän zu bringen. Die ihm gebührenden goldenen Ärmelstreifen hatte ich in meinem Seesack wie ein Rekrut den Marschallstab im Tornister. Leider hatten aber auch andere dieses Ziel angepeilt; ich war nicht der einzige Moses an Bord.
Als Schiffsjunge war ich im Mannschaftsraum ein Mädchen für alles. Ich mußte das Essen aus der Kombüse holen und den Matrosen und Leichtmatrosen an einer Zehn-Mann-Back aufbacken. Sie waren anspruchsvoll wie Weltreisende im Londoner Hotel Ritz, nur legten sie wenig Wert darauf, auch wie Gentlemen zu reden: »Wo bleibst du mit dem Fraß, du lahme Flunder?« rufen sie mir entgegen und drohen mit den Löffeln. »Was gibt's zu stauen, Moses?«
»Erbsen mit Speck«, sage ich und stelle den großen Aluminiumtopf auf die weißgescheuerte Back, dem Ältesten vor die Nase. Er rührt mit der Schöpfkelle darin herum und fischt sich die fettesten Stücke heraus, das ist sein Recht nach der Hackordnung. Und so geht es weiter. Bis ich als letzter am Törn bin, ist die Suppe leergefischt. Mir bleiben nur die gekochten Maden. Never mind, denke ich mir und schütte dem Matrosen Rolf beim Abbacken den Rest der Brühe über die Hose, aus Rache.
»Döskopp!« brüllt er und stößt mir die Faust in die Rippen. »Daß man einen Tölpel wie dich überhaupt an Bord gelassen hat!«
»Laß man, Rolf«, meint sein Makker Heinz. »Morgen, am Äquator, werden

wir ihm die Hammelbeine langziehen und ihm das Gehirn kneten, ihm und den anderen Frischlingen.«

»Richtig! Dich werden wir kielholen, Sonnyboy«, sagt Rolf und sieht mich dabei an wie ein Henker, der sich auf seine Arbeit freut.

»Kielholen? Was ist das?« frage ich.

Sie grinsen. Heinz erklärt: »Ein Vergnügen, mein Kleiner. Dabei wirst du an einem Tau unter dem Schiff durchgezogen, schön langsam über den Kiel...«

»... wie der Moses aus Buxtehude auf der vorigen Reise nach Australien. Ihm hat beim Kielholen ein niedlicher kleiner Hai das linke Bein angeknabbert.« Rolf sonnt sich in der Erinnerung.

»Es war das rechte, Paule«, bemerkt Heinz, rülpst satt wie ein überlaufendes Speigatt und rollt sich eine Zigarette zwischen den Fingern.

»Ist ja auch nicht so wichtig«, meint Rolf gelassen, und die andern stimmen ihm zu.

In diesem Augenblick kommt Helmut herein, auch einer von denen, die tun, als hätten sie in einem langen Seemannsleben schon Muscheln am Achtersteven angesetzt, obwohl sie sich nur am Sonntag zu rasieren brauchen. »Ich hab' einen Bootsmannsstuhl klargemacht, an der Großrah«, verkündet er. »Das gibt einen Heidenspaß, Boys!« Er spricht mich an: »Wir heißen dich an die Rahnock, zwölf Meter über Wasser, werfen den Tampen an Deck los und – abwärts mit dir in die blaue Flut!«

»Wie eine faule Pflaume, die vom Baum fällt!«

»Für Schiffsjungen gratis. Das gibt's auf keiner Kirmes.«

»Nicht mit mir!« protestiere ich – und weiß doch genau, daß ich diesen Kerlen wehrlos ausgeliefert bin wie ein Kalb, das man am Strick zum Schlachthof zerrt.

»Wat denn, wat denn«, entrüstet sich Helmut, »ein paar Liter Salzwasser wirst du doch wohl schlucken können!«

»Und wenn ich dabei ersaufe?«

Sie amüsieren sich königlich über meine Angst. »Dann hast du eben Pech gehabt, Moses. Seemannslos! Und das nasse Grab umsonst.« Helmut sagt es ungerührt. Er hat sich inzwischen die Pfeife gestopft und bläst mir den Qualm ins Gesicht. »An einem Moses ist nicht viel verloren, von dieser Sorte gibt's ohnehin schon viel zu viel.« Die Horde spendet Beifall.

»Ich werde dem Kapitän sagen, was ihr vorhabt!« drohe ich.

Die befahrenen Helden schütteln sich vor Lachen. »Du redest wie ein neugeborenes Nilpferd«, sagt Rolf. »Morgen, bei der Äquatortaufe hat der Alte nichts mehr zu melden. Dann führt Triton das Kommando, Neptuns Großadmiral. Und für Triton ist ein lausiger Schiffsjunge das gleiche wie...« Ihm fällt so rasch kein passender Vergleich ein, aber da hilft ihm eine Kakerlake aus der Verlegenheit. Sie kommt aus seinem Tabaksbeutel gekrochen und

versucht, in einen dunklen Winkel zu entfliehen. Rolf fängt sie ab und setzt sie sich auf die Spitze des gekrümmten Daumens. ».... wie für mich diese gefräßige, nichtsnutzige Kakerlake«, fährt er zufrieden in seiner unterbrochenen Belehrung fort. »Ich sollte sie zerquetschen. Aber ich bin barmherzig und gebe ihr eine Chance.« Er schnippt mir die Kakerlake mitten ins Gesicht.
Im nächsten Augenblick hörten wir einen Ruf von weither: »Schiff ahoi!« Und noch einmal: »Schiff ahoi!« An Deck trillerte eine Bootsmannspfeife »Alle Mann aufs Achterdeck. Freiwache raus!«
»Triton kommt!« brüllte Helmut begeistert.
Der Ruf »Hannibal ante portas!« kann die Römer nicht mehr erschreckt haben als uns Schiffsjungen der Viermastbark KOMMODORE die Ankunft von Neptuns Vorkommando. Und so traten wir gehorsam auf der Schanze an. Da standen bereits der Kapitän mit seinen Offizieren, der Segelmacher und der Zimmermann, der Schiffsarzt und all die Sailors, die das Drama schon einmal erlebt hatten. Wir Schiffsjungen wurden achteraus gedrängt, bis wir die Heckreling im Rücken spürten. Nur ein Sprung über Bord ins Kielwasser hätte uns frei gemacht.
Dann begann das Spektakel des ersten Aktes.
Vorn auf der Back flammte eine Pechfackel auf. Ein fast nackter Neger trug sie der Gestalt voran, die sich uns näherte. Es war Triton. Er trug einen Ölmantel und auf dem Kopf einen Südwester, aus seinem langen Bart troff das Wasser. Ihm folgten zwei Trabanten: halbnackte Seeteufel mit Hörnern an der Stirn und langen Tauwerkschwänzen. Ihre mit Olivenöl gesalbten muskulösen Oberkörper glänzten rußverschmiert. Mit Geheul fielen sie uns an, besudelten uns in höllischen Umarmungen und traktierten uns mit den verdickten Enden ihrer Schwänze. Es waren unausweichliche Schicksalsschläge, die wir stumm über uns ergehen ließen: eine Übung fürs Leben.
»Haltet ein, meine Seeteufel!« donnerte Triton endlich. »Es möge als Vorgeschmack genügen.« Die Seeteufel gehorchten nur ungern.
»Wo ist der Kapitän?«
»Hier, Herr Großadmiral!« Der Alte trat vor, die Hand an der weißen Mütze. Er war von Natur so klein gewachsen, daß er zu dem Riesen Triton aufsehen mußte.
»How do you do, Captain?« sagte Triton.
»How do you do, Admiral?« sagte unser Kapitän. Sie schüttelten sich die Hände. »Was führt Euch auf mein Schiff?«
Triton räusperte sich. »Kann schlecht sprechen, Captain«, sagte er krächzend. »Meine Kehle ist rauh und ausgedörrt. Die lange Reise unter Wasser hat mich durstig gemacht.«
»Das hab' ich kommen sehen, Admiral«, erwiderte der Alte, »und rechtzeitig eine Batterie Bierbuddels in einem nassen Sack in den Wind hängen lassen. Ich hoffe, sie sind jetzt kühl genug.«

»Das war eine sehr gute Idee, Sir«, lobte Triton und streckte begierig die Hand nach der Flasche aus, die ihm der Kapitänssteward anbot. »So was gibt's für unsereins nicht alle Tage.« Er wischte sich den Mund. »Am Hofe meines Gebieters saufen wir immer nur Haifischblut.« Er trank die Buddel in einem Zug leer und warf sie in hohem Bogen über Bord. »Noch eine, Captain – und eine Zigarre, wenn ich bitten darf.«
Der Steward wußte, was er zu tun hatte. Er und der Kapitän übersahen diskret, wie Tritons gewaltige Pranke wie ein Rechen durch die Zigarrenkiste fuhr und sie um ein Dutzend Brasil erleichterte, die er in seiner Manteltasche verschwinden ließ mit den Worten: »Immerhin besser als Seegras, wie ich es am Hofe Neptuns zu rauchen pflege.«
»Komm zur Sache, Großadmiral«, mahnte der Alte.
Triton stellte sich in Positur. »Kapitän, Offiziere und Seeleute der Viermastbark KOMMODORE!« begann er. »Neptun, der Herr der Meere, sendet mich zu euch mit dem Befehl, euch zu seinem würdigen Empfang bereitzuhalten. Morgen wird er mit seinem ganzen Hofstaat an Bord kommen, um diesem herrlichen Windjammer beim Passieren des Äquators beizustehen und bei dieser Gelegenheit Gericht zu halten. Schlimme Dinge sind ihm zu Ohren gekommen über die frechsten, faulsten und gefräßigsten Schiffsjungen, die je ihre Rotznasen vorwitzig in seine Winde gehalten haben!«
Nach dieser Einleitung lenzte er die zweite Flasche. Die leere Buddel wie zum Schwur gen Himmel haltend, als wolle er den Mann im Mond zum Zeugen anrufen, verkündete er sodann: »Aber morgen wird für sie ein neues Leben beginnen. Dann wird der Dreck der nördlichen Erdhälfte mit eisernem Besen von ihrem Adam abgekratzt, daß ihnen Sehen und Hören vergeht! Im Salz des Meeres sollen sie geläutert und zu Männern gemacht werden, die sich im Reiche Seiner ozeanischen Majestät sehen lassen dürfen. Soweit die frohe Botschaft! Und nun noch 'ne Buddel, Captain, denn aller guten Dinge sind drei.« Flasche Nummer zwei ging derweil über Bord.
»Zum Wohl, Triton«, rief der Alte, als Neptuns Admiral die Flasche zum drittenmale wie eine Trompete an den Mund setzte, aber jeder in der Runde hörte der Stimme des Kapitäns an, daß er über den unersättlichen Durst seines hohen Gastes nicht sonderlich erbaut war.
Doch der Gesandte ließ die Flasche wieder sinken, ohne sich daran gelabt zu haben, denn er hatte etwas entdeckt: »Wer versteckt sich denn da hinter dem Rücken der Matrosen vor meinen Blicken?« Seine Augen begannen zu sprühen, ein Unwetter zog darin auf. »Wenn mich meine Sinne nicht täuschen, handelt es sich um euren Medizinmann. Herkommen!«
Irgend jemand gab dem kleinen, dicken Doktor von achtern einen Schubs, der ihn vor Tritons Angesicht beförderte.
»Du bist also der Unhold, der leidende Matrosen mit Rizinus kurieren will, auch wenn sie Zahnschmerzen haben?«

»Ja – jawohl, Herr Großadmiral«, bekannte der Doktor. »Das ist noch immer die beste Medizin. Jedenfalls hat sie noch niemand geschadet.«
»Bist du schon einmal über den Äquator gefahren, du Pillenheini?«
»Ja – jawohl, aber das ist schon lange her.«
»Bist du damals auch nach altem Brauch und Gesetz getauft worden, du Knochenbrecher?«
»Selbstverständlich, Exzellenz.«
»Dann zeige mir deinen Taufschein, du Bandwurmbändiger!«
»Meinen Taufschein?« Der Doktor kratzte sich verlegen den kahlen Hinterkopf, der im Licht der Pechfackel glänzte wie ein poliertes Straußenei. »Den hab' ich mir einrahmen lassen«, stotterte er nach einer Weile des Nachdenkens. »Er hängt zu Hause in meiner Praxis, im Wartezimmer.«
Triton erhob drohend die Flasche, als wolle er sie auf dem Eierkopf unseres Arztes zertrümmern. »Dieses Märchen soll ich dir glauben, du Filzlausdompteur?«
»Ich schwöre...«
»Für wen hältst du mich, du blutgieriger Sohn einer Landratte? Wenn du keinen Taufschein vorweisen kannst, wirst du morgen die Ehre haben, dich der geheiligten Zeremonie unterziehen zu dürfen wie jeder Moses.«
»Aber so höre doch, lieber Triton...« flehte der Dicke.
»Du wagst es, mich ›lieber Triton‹ anzureden?« fiel ihm der Admiral donnernd ins Wort. »Diese Respektlosigkeit wird dich teuer zu stehen kommen.«
»Ich zahle freiwillig eine Kiste Bier zur Sühne. Okey?«
»Ich bin heute gnädig gelaunt«, antwortete Triton, »Okey, Doktor!«
»Und eine zweite, wenn mir die Taufe erlassen wird.« Der Doktor bildete sich wahrhaftig ein, er könne sich loskaufen. Aber da kam er gerade an den rechten.
»Ich bin unbestechlich«, sagte Triton streng. »Gesetz ist Gesetz! Im übrigen wirst du morgen von deinem Kollegen, dem Leibarzt Seiner Majestät, behandelt. Von ihm kannst du noch einiges lernen, schätze ich. Bis dahin bist zu entlassen.«
Der Doktor zog sich stumm und ein wenig bleicher als sonst in den Hintergrund zurück. Wir Schiffsjungen hatten die Szene mit grimmiger Befriedigung beobachtet. Wenn wir die uns zugedachten Leiden mit unserem Schiffsarzt teilen mußten, waren sie leichter zu überstehen.
Triton rüstete zum Abschied. »Ich muß noch auf ein anderes Schiff, das morgen den Äquator passieren will – ein Kohlentrog.« Er spuckte aus.
»Neptun sei's geklagt!« sagte der Kapitän, der stolz darauf war, das größte unter den letzten Segelschiffen seiner Zeit zu führen und der zu der alten Zunft gehörte, die auf qualmende Dampfer mit Verachtung herabblickte, als seien sie schwimmende Schandflecke auf Gottes blauen Wassern.

»Du hast doch nichts dagegen, Captain«, meinte Triton unverschämt, »daß meine Trabanten die restlichen Buddels mitnehmen – als Reiseproviant.«
Nein, der Alte hatte nichts dagegen. Aber daß Triton die Gelegenheit schamlos ausnutzte, als sich die Seeteufel gröhlend über den Schatz hermachten, und auch die Kiste mit den Zigarren im Handumdrehen unter seinem Mantel verschwinden ließ, bemerkte der Steward erst, als Neptuns Großadmiral mit seinem Gefolge das Achterdeck verlassen und sich auf die Back zurückbegeben hatte. Dort flog die Pechfackel über Bord; sie trieb flackernd an der Steuerbordflanke des Schiffes entlang und verlöschte weit achteraus im Kielwasser.
Da machten wir, daß wir in die Hängematten kamen.
Mir war angst und bange zumute. Argwohn hielt mich wach. Ich lauschte gespannt in den Raum. Jemand röchelte, als werde er meuchlings erwürgt, ein anderer wälzte sich gequält in seiner Hängematte. Dann wieder Stille – bis auf das friedliche Rauschen und Plätschern der See jenseits der Bordwand. Aber ich ließ mich davon nicht einlullen. Ich versuchte, mich gegen die Müdigkeit zu wehren, ich wollte mich nicht im Schlaf von bösen Mächten überfallen lassen. Aber dann fielen mir doch die Lider zu wie Blenden von Bullaugen.
Plötzlich wurde ich wieder hellwach, von einem inneren Warnsignal alarmiert. Wie spät mochte es sein? Ich fühlte mein Herz im Halse pochen wie ein Schiffsdiesel. Ich hielt den Atem an: da war jemand in meiner Nähe, lautlos – ich spürte es bis in die Spitzen meiner gesträubten Haare. Von weither, wie aus einer anderen Welt, kamen drei Doppelschläge der Glocke: noch eine Stunde bis Mitternacht. Kaum waren die Töne verhallt, vernahm ich schlurfende Schritte, Geflüster, unterdrücktes Lachen. Es kam näher und näher: Scheuern geduckter Körper am Tuch von Hängematten. »Hier liegt ein Häslein im Pfeffer«, wisperte eine Stimme. Helmut! Eine abgeblendete Taschenlampe blitzte auf nebenan: sie hatten meinen Schicksalsgefährten Wolfram auf dem Kieker.
»Lang den Teerpott her«, flüsterte Helmut. »Er bekommt das Zeichen der Verdammten auf die Stirn.«
»Mit zarter Hand, daß er nicht aufwacht!« Das war Heinz.
»Never mind, der pennt wie'n Igel im Winterschlaf!« Einige Sekunden Stille, dann Helmut befriedigt: »Daran hat er bis zum La Plata zu scheuern.«
Wolfram stöhnte auf wie in einem Alptraum – und schnarchte weiter.
Ich wagte nicht, mich zu rühren, stellte mich tot. Vielleicht würden sie mich übergehen. Aber nein, die Schufte ließen sich nicht vom Kurs abbringen. Im nächsten Augenblick blendete mich ihre Taschenlampe.
»Haut ab!« knurrte ich sie an.
»Lüfte deinen müden Mors«, befahl Helmut.
»Ich hab' Freiwache«, protestierte ich.

»Zum letztenmal: raus aus der Miefrolle!«
Als ich mich noch immer nicht bequemte, zu gehorchen, grinste Heinz. »Du mußt mal, Kleiner, ganz dringend. Also – raus mit full speed ahead!«
»Mach dir nur nicht selbst in die Büx«, zischte ich wütend.
»Pack an, Helmut«, sagte Heinz, »wir kippen ihn aus dem Kahn und stopfen ihm das freche Maul mit dem Tauende.«
Ehe sie ihr Vorhaben ausführen konnten, war ich mit einem Satz aus der Matte und barfuß auf der Flucht ins »Parlament«, wie wir jenen stillen Ort nannten. Da saß ich nun und haderte mit meinem Schicksal. Warum hat deine Mutter nachgegeben und dich zur See gehen lassen! Wärest du doch an Land geblieben und hättest dich unter Menschen redlich zu ernähren bemüht, dachte ich und wünschte die Matrosenbande an den Südpol. Erst nach einer halben Stunde, als es sieben Glasen geschlagen hatte, wagte ich mich zurück in der Hoffnung, die Luft sei wieder rein. Tatsächlich trieb sich anscheinend kein Unhold zwischen den Hängematten herum.
Kaum hatte ich mich unter der Decke ausgestreckt, als ich es auf der bloßen Haut krabbeln fühlte, an den Füßen, am Bauch, gleich darauf am Hals. Aus der Hängematte zu meiner Linken kam ein wüster Fluch aus dem Munde meines Freundes Charly.
»Was ist los?« fragte ich und fluchte selbst wie ein Bremer Schauermann.
»Nimm die verdammte Kakerlake aus meinem Gesicht. Das Biest hockt mir auf der Nase. Ich werde wahnsinnig.«
»Hab' selbst 'ne ganze Herde am Hals«, sagte ich und schlug um mich.
»Ja, mindestens fünf Dutzend«, kam es aus dem Dunkel neben mir, schadenfroh. »Heinz und Helmut haben 'ne ganze Streichholzschachtel voll Kakerlaken unter deiner Decke freigelassen.«
Mir blieb die Luft weg über so viel Ruchlosigkeit. Da die Schuldigen außer Sicht waren, richtete sich mein Zorn gegen Charly. »Das sagst du mir erst jetzt, du falscher Hund?« Ich turnte aus meiner Hängematte, entschlossen, ihm den Verrat an unserer Freundschaft heimzuzahlen. Aber als ich mich auf ihn stürzte, merkte ich, daß er wehrlos war. Er lag eingeschnürt wie eine Mumie in seiner Hängematte, wie eine Wurst in einer Segeltuchpelle. Nur der Kopf guckte heraus. Charly war gefesselt und konnte kein Glied bewegen.
»Und dann haben sie mir die Kakerlake auf den Poller gesetzt«, stieß er heraus und schnaufte. »So nimm sie mir doch endlich weg, sonst krabbelt sie mir ins Ohr!«
»Als Dank dafür, daß du mich nicht gewarnt hast? Da bist du falsch aufgeschossen!«
»Sie haben mir gedroht: Wenn ich's dir verrate, wollen sie mich kielholen.«
»Trotzdem«, beharrte ich und weidete mich an seinen verdienten Qualen.
»Wenn du mich befreist, kriegst du nächsten Sonntag meine Kuchenration.«
»Daß sie dir selbst im Halse stecken bleibe! Ich geh' jetzt an Deck mit meiner

Hängematte und seh' zu, wie ich meine eigene Raubtierschau zum Teufel jage.«

»Das sollst du büßen!« rief Charly laut, während ich meine Matte zurrte. Ich blieb ungerührt. Plötzlich nieste er so gewaltig, daß es sich anhörte wie eine Trompete von Jericho. »Gott sei Dank«, sagte er darauf erleichtert, »das Aas ist weggepustet.«

Da half ich ihm aus der Verpackung, und wir waren wieder Brüder.

Ich mußte meine Plünnen tüchtig in den Wind hängen, bis ich die krabbelkneifenden Quälgeister los war. Erst um Mitternacht lag ich wieder in der Hängematte – zur gleichen Stunde, als zwei Matrosen dem Doktor einen Spuk veranstalteten. Sie klopften ihn aus dem Schlaf: ein Schiffsjunge klage über heftige Leibschmerzen, womit sie nicht ganz unrecht hatten, wenn sie daran dachten, daß diesem oder jenem Moses die Furcht vor dem nahenden Tag in den Därmen rumorte. Unser marinierter Medizinmann glaubte indessen eher an Blinddarm und erschien nach wenigen Augenblicken, wie erwartet, am Fuß der Treppe, die von seiner Kammer zur Kajüte hinaufführte, und – platschplatsch, traf ihn von oben der Inhalt eines Holzeimers, ergoß sich über seinen Pyjama und bescherte ihm ein Parföng, das ihm noch lange anhaften sollte: der liebliche Geruch nach eingesalzenen grünen Heringen.

Ein strahlender Tag zog herauf. Der Passat war über Nacht eingeschlafen und beim ersten Licht nicht wieder ganz aufgewacht; er wehte nur noch als linde Brise, die gerade ausreichte, die tiefblaue See mit Schaumtupfern zu schmücken. Gemächlich zog das Schiff unter der weißen Wolke seiner Segel dahin, eine Augenweide für Götter. O, hätten wir diesen Tag genießen können als ein Geschenk des Himmels! So aber wünschten wir schon beim Aufgang der Sonne ihren Untergang herbei.

Doch es hatte gerade erst acht Uhr geglast. Die Sonne brannte schon heiß herab auf die Bühne, auf der sich die uralte Posse der Seemannsweihe vollziehen sollte. Die Täuflinge mußten auf dem Oberdeck hinter dem Großmast antreten, nur mit der Badehose bekleidet. Da standen wir, ein Dutzend an der Zahl, den verzagten, nach Heringsbrühe duftenden Doktor in der Mitte, wie eine Herde junger Hammel, die für den Rest ihres Daseins gezeichnet werden sollten.

Plötzlich ertönte unter der Back Lärm. Eine bunte Prozession setzte sich in Marsch, voran die Band mit Pauken und Trompeten, Rasseln und Pfeifen. Der Kapellmeister, als Tod verkleidet, schlug mit einem Knochen den Takt. Hinter den Musikanten schritt Neptun in malerischem Gewand. In seinem ellenlangen Flachsbart hingen Muscheln, seine Schultern bedeckte ein Netz. Er trug eine Krone aus Seesternen und hielt in der Hand den Dreizack, das Zepter seiner Macht. An seinem linken Arm trippelte die vollbusige Thetis, sein blondperücktes Weib. Dem erhabenen Paar folgte würdevoll der Pastor in schwarzem Talar und weißer Halskrause; er hatte schwer zu schleppen an einer Bibel, die wohl zehn Pfund wiegen mochte und ein Werk des Zimmermanns war.

Ja, und da sahen wir auch Triton wieder, diesmal in großer Paradeuniform mit Dreispitz und goldenem Klimbim auf Brust und Schultern.

Als nächster erschien der spitzbärtige Astronom unter einem Turban. Sein Gewand war bestickt mit astrologischen Symbolen. Ihn begleitete der Aktuarius, der Hofkanzlist. Unter den Arm hatte er sich das Aktenbündel geklemmt, in dem unsere Missetaten aufgezeichnet standen. Eine zweite Hofschranze trug das Ordenskissen vor sich her. Hinter ihr trottete der Leibarzt, eine Krankenschwester zur Seite, die eine große Tasche schleppte mit der Aufschrift »Geburtshilfe« unter dem Zeichen des Roten Kreuzes. In ihrem Kielwasser marschierte Neptuns Barbier, ein riesiges Rasiermesser und eine hölzerne Schere geschultert. Den Zug beschlossen neckische Hofdamen, finster blickende Neger im Lendenschurz und ein Kommando Seepolizei. Sie alle sahen ebenso taten- wie bierdurstig aus.

Die Gesellschaft zog unter höllischen Klängen dreimal um das Deckshaus und stoppte schließlich vor Neptuns Thron aus gezurrten Hängematten, die mit Signalflaggen dekoriert waren. Ein Tusch, und es trat Stille ein. Thetis ließ sich nieder und überließ ihrem Neptun das Wort, der also anhub und sprach:

»Ich, Neptun, göttlicher Herrscher über alle Ozeane, Meere und Seen, Flüsse und Bäche, Tümpel und Pfützen, Gebieter über alles, was darinnen und darauf schwimmt und fährt – ich eröffne das Fest der Äquatortaufe auf der Viermastbark KOMMODORE.«

Tusch!

»Es ist mir eine große Freude, dieses herrliche Segelschiff wieder hier zu sehen und seinen Kapitän zu besuchen, den besten, der mir jemals diente.«

»Hat er denn auch genug Flaschen kaltgestellt?« fragte Thetis mit rauhem Sopran und rückte die Fülle ihres Kapokbusens zurecht.

»Selbstverständlich, Majestät«, antwortete der Kapitän und verbeugte sich artig. Als Dank empfing er eine Kußhand.

»Genug geflirtet«, tadelte Neptun seine Gemahlin und erhob aufs neue die Stimme: »Bevor ich zu Gericht sitze, sollen meine treuen und bewährten Untertanen für ihre Verdienste ausgezeichnet werden. Thetis, verleihe die Orden!«

Auf einen Wink des Herrschers trat der Lakai mit dem Ordenskissen heran. Als erster kniete der Kapitän vor Thetis nieder, demütig sein Haupt senkend.

»Empfange das Großkreuz vom goldenen Rollmops am meergrünen Bande!«

»Untertänigsten Dank, Majestät«, sagte der Kapitän bewegt, »ich werde ihn allzeit in Ehren tragen.«
»Daraufhin wollen wir uns einen genehmigen, liebster Kapitän«, rief Thetis. Sie ließ ihrem Vorschlag auf der Stelle einen beachtlichen Schluck folgen, was ihr einen Rippenstoß ihres Gemahls einbrachte: »Thetis!« donnerte Neptun. »Sauf nicht wie ein leckes Faß! Es gehört sich nicht für eine Lady. Beachte gefälligst die höfischen Sitten!«
»Aber mein Süßer«, gurrte Thetis gekränkt, »siehst du nicht, daß ich schwitze wie eine fette Sau?«
Der Erste Offizier erhielt den »Hausorden vom plattfüßigen Klabautermann«, der Zweite, dem die Navigation anvertraut war, den »Seestern Erster Klasse«; der Koch wurde mit der »Labskaus-Verdienstmedaille« geehrt und der Segelmacher unter dem Titel »Plünnenbaron« in den niederen Adelsstand erhoben. Jedesmal gab es Beifall, Tusch und für die Beteiligten einen Schluck aus der Buddel. Sie gerieten dabei schnell in Stimmung. Nur wir Täuflinge waren zum Fasten verurteilt.
»Großadmiral!« rief Triton, als der Ordenssegen verteilt war.
»Hier, Majestät!« Triton bemühte sich um stramme Haltung.
»Übernimm das Kommando! Stelle einen bewährten Mann ans Ruder!«
»Zu Befehl!« Ein Seepolizist übernahm das Steuerrad.
»Wo steckt der Hofprediger?« Der Pastor hockte auf der Luke; er hatte seinen hohen Zylinder umgekehrt als Flaschenkübel neben sich gestellt und war dabei, seine Gurgel zu ölen.
»Beginne mit deiner Predigt!« befahl Neptun und ließ sich gravitätisch auf seinen Thronsessel nieder. Die Kanzel war ein Heringsfaß, das von einer Flagge umhüllt war. Der Pastor schlug das Buch seiner Weisheit auf und wartete gesenkten Hauptes, bis sich die Gemeinde rund um die Luke versammelt hatte, bereit, seine Worte zu vernehmen:
»Im Namen Neptuns zur Äquatortaufe fröhlich Versammelte! Höret in Demut die Worte, die für euch aufgezeichnet sind im Buche Neptuns im siebenten Kapitel, Vers dreizehn: Eher kommt eine Kakerlake über eine frischgeteerte Persenning als ein Erdenwurm ungetauft über den Äquator!«
Nach dieser Einleitung erquickte er zunächst seine eigene Seele, bevor er begann, die Herzen der Täuflinge zu erschrecken: »Ihr Holzköpfe! Ihr Mistfinken! Zittert und bebet! Ihr Faultiere, ihr Frechdachse! Wachet auf, der Tag des Gerichts ist angebrochen! Ihr habt den Mut, den Äquator zu überschreiten? Bildet ihr euch vielleicht in euren Spatzengehirnen ein, euch wären schon Seebeine gewachsen? Ihr Grünschnäbel! Ihr minderjährigen Salzwasserwanzen...!«
»So ist es recht, Hofprediger«, jauchzte Thetis, »nur weiter so!«
»Aber euch steht eine Neugeburt bevor, von der ihr noch euren Kindern und Kindeskindern mit Schaudern berichten werdet«, fuhr er mit Eifer fort.

»Wehe dem, der die Prüfung nicht besteht! Sein Los wäre zu bedauern. Es wäre besser für ihn, wenn er sich an der Schürze seiner Mutter vertäut hätte, als seine Füße auf die Planken eines Viermasters zu setzen. Doch nun ist es zu spät! Seid also tapfer, wenn ihr glaubt, euer letztes Stündlein habe geschlagen, und denkt an Jonas, der dem finsteren, stinkenden Bauch des Walfisches heil entronnen ist! Neptuns Licht wird euch hinterher um so heller leuchten. Werft eure Furcht über Bord, denn Neptun duldet keine Schlappschwänze auf den Wellen. Geht in euch und bereut eure Missetaten. Nehmt euch ernstlich vor, eiserne Seeleute zu werden, dann wird Neptun euch gnädig aufnehmen in sein Reich, in dem die Sonne niemals untergeht. – Amen!«

Die Musikanten intonierten einen dreifachen Tusch.

Nun begann der Astronom seine nautischen Beobachtungen. Mit seinem überdimensionalen Sextanten schoß er die Sonne. Zahlen und Formeln schrieb er mit roter Kreide auf das frischgescheuerte Deck zu Neptuns Füßen und begleitete seine Berechnungen mit geheimnisvollem Gemurmel. Von Hamburg in Luv und Rio in Lee war da die Rede, von Backbord und Steuerbord, Kap Horn und Taifun. Der Bauchumfang des Kapitäns, die letzten Haare auf dem Haupte des Smutje, die Schuhgröße des Zimmermanns und die viel zu kleine Heuer der Matrosen kamen darin vor. Schließlich richtete er sich auf, zog den Schlußstrich und verkündete das Resultat: »Null Grad, Majestät! Der Äquator ist erreicht!«

»Alle Mann festhalten!« brüllt Triton. »Gleich gibt's einen Ruck!«

Ehrlich: ich peilte unwillkürlich über die Reling und auf die See, als gäbe es dort irgendein Zeichen der Natur für die so bedeutsame Grenze zwischen Nord und Süd. Warum zitterten nicht die Masten, warum schäumte die Bugwelle nicht hoch auf? Hätte uns wenigstens ein Wal mit seinem Atemstrahl Salut geblasen oder eine Gruppe Delphine uns das Geleit gegeben! Doch nicht einmal ein fliegender Fisch nahm von uns Notiz.

»Majestät! Die nördliche Erdhälfte liegt achteraus«, meldete Triton seinem Herrn. »Wir haben soeben den Äquator passiert.«

»Ja, ja, ich sehe ihn im Kielwasser«, sagte Neptun. »Ich hoffe, wir haben ihn nicht beschädigt.«

»Keine Sorge, Majestät«, erklärte der Großadmiral, »wir haben zum Glück gerade Flut.«

Thetis kreischte: »Huch, es geht schon den Berg hinunter!«

»Man beginne mit den Zeremonien!« gebot Neptun und stieß dreimal seinen Dreizack hart auf. »Aktuarius!« Der Schreiber trat vor, setzte eine Amtsmiene auf, rückte seine schwarzrandige Brille zurecht und öffnete den Aktendeckel. Dann rief er meinen Namen auf.

»Hier«, antwortete ich und trat vor die Front.

»Er wird angeklagt, einen Anschlag auf das Leben des Kapitäns verübt zu haben«, sagte der Aktuarius.

»Wie ist der Tatbestand?« wollte Neptun wissen.
Der Schreiber verlas die Anklageschrift: »Der Beschuldigte hat am vergangenen Sonntag auf der Frühwache aus der Kombüse ein rohes Ei entwendet, dasselbige ausgesaugt und alsdann mit Mehl gefüllt und mittels Gips wieder verschlossen. Der Koch kochte es und ließ es dem Kapitän zum Frühstück servieren, worauf selbiger beim Köpfen des Eies einen Wutanfall erlitt und beinah erstickt wäre, vom Stuhl fiel und sich einen blauen Fleck auf der Backbordseite seines Allerwertesten zuzog, während der Steward eine Beule davontrug, weil der Kapitän ihm das besagte Ei aus kürzester Distanz an den Kopf geworfen hatte.«
Der Aktendeckel wurde zugeklappt. »Ist das alles?« fragte Neptun.
»Ich denke, das genügt, Majestät«, mischte der Kapitän sich ein.
»Es war Mundraub«, verteidigte ich mich. »Ich hatte gräßlichen Hunger. Ich verlange mildernde Umstände!« Doch ich traf auf taube Ohren.
»Nehmt ihn und tauft ihn, wie es ihm gebührt!« Mit diesen Worten übergab er mich seinen Schergen. Zwei grimmige Seepolizisten nahmen mich in die Mitte.
»Nieder mit dir in den Staub zum Zeichen deiner Unterwerfung! Küsse Neptun den Stiefel!« Ich fiel wie ein Sklave auf die Knie. Als ich mein Haupt beugte, sah ich, daß Seiner Majestät Seestiefel auf den Spitzen dick mit Schmierfett bedeckt waren, das nicht gerade nach Rosen oder Veilchen duftete.
»Na, wird's bald?« Ich spürte eine Faust im Nacken. Stumm um Erbarmen flehend, blickte ich zu Thetis auf. Kannte dieses Weib kein Mitleid? Konnte sie eine solche Demütigung mit gutem Gewissen billigen?
Sie grinste über ihre schweißtriefende, braungebrannte, schlechtrasierte Visage und trank mir höhnisch zu, während zwei Fäuste meinen Hals in die Zange nahmen und meinen Kopf niederzwangen, daß mir die Nase an Neptuns widerlich einbalsamierter Stiefelspitze plattgedrückt wurde, und der andere Knecht sein Tauende auf meinem Achtersteven tanzen ließ.
»Erhebe dich, du armer Sünder«, hörte ich hinter mir die salbungsvolle Stimme des Hofpredigers. »Danke dem Meeresgott für die Gunst, die er dir erwiesen hat!«
Ich kam auf die Beine. Mein Gesicht war verschmiert, ich hatte die Nase gestrichen voll, auf einem Auge war ich blind.
»Komm her, Söhnchen, nasch mal an der Flasche«, sagte Thetis, »das wird dich stärken.«
Na also, noch schlug hinter dem majestätischen Busen das Herz eines Freundes. Er öffnete eine Bierflasche, Schaum quoll heraus, versprach mir Labsal. Aber Neptun fiel der Gnädigsten in den Arm: »Man wird ihm gleich einen Heiltrank zu schlucken geben, der ihm besser bekommt! Schafft ihn zu meinem Leibarzt!«

Unter Trommelschlag wurde ich dem Hofmedikus vorgeführt. Auf einem Tisch hatte er Instrumente und Arzneien ausgebreitet: Messer, Zangen und gewaltige Spritzen, Salbentöpfe und Medizinflaschen, die mit Totenköpfen und Etiketten beklebt waren, auf denen »Vorsicht, Gift« zu lesen war. Zwei Heilgehilfen in Metzgerschürzen und Schwester Apollonia, die Hebamme, standen bereit, ihrem Meister zu assistieren.
»Hier kommt der erste Patient«, wurde ich vorgestellt.
Der Doktor rieb sich erwartungsfreudig die Hände. »Na, dann wollen wir mal sehen, was ihm fehlt«, sagte er. Auf seinen Wink hin stürzten sich die Gehilfen auf mich und umschlossen mit hölzernen Kneifzangen meine Arme und Beine.
»So ist's recht, brav stillgehalten, mein Sohn. Nun laß den Onkel Doktor mal in deine Innereien sehen.« Seine Freundlichkeit verhieß wenig Gutes. »Maul auf!« herrschte er mich an. Ich riß mein Mundwerk so weit auf, daß jeder Zahnarzt entzückt gewesen wäre, wenn er mir meinen achtersten Backenzahn hätte ziehen wollen. Nicht aber dieser neptunische Eisenbart. »Noch viel weiter«, verlangte er. Ich hätte ihm am liebsten die Nase abgebissen, während er mir tief in den Rachen schaute. Schließlich schüttelte er bedenklich den Kopf und wendete sich Schwester Apollonia zu: Hab' ich's mir doch gleich gedacht: inwendig angefault bis in die Gedärme. Chronische Blähungen, unter deren Wirkung das Gehirn verkümmert ist. Ein ernster Fall. Aber dagegen haben wir ja unsere bewährte Arznei. Bitte, Schwester, drehen Sie eine Pille.«
»Nach welchem Rezept, Herr Professor?« fragte sie unschuldig.
»Hm – also: zwei Gramm schwarzer Pfeffer, ein Gramm Salz und eine Teelöffelspitze Löwensenf. Das Ganze überziehen Sie mit grüner Seife, damit die Wunderkugel besser rutscht. Dieweil werde ich ihm den Puls fühlen.« Wiederum legte er die Stirn in Falten. »Viel zu rasch. Du mußt bedeutend ruhiger werden, mein Sohn, denn Ruhe ist die erste Seemannspflicht. Doch sei getrost, unsere Universalpille wird dich radikal kurieren.«
»Die Pille, Herr Professor!« Schwester Apollonia präsentierte ihm in der hohlen Hand ein grünschillerndes Ding, groß wie eine Murmel. Der Doktor musterte sie wohlgefällig, faßte sie zwischen Daumen und Zeigefingerspitze – und ließ sie mir in den aufgesperrten Mund fallen. »Schön runterschlucken. Sogleich wirst du eine innere Verwandlung spüren.« Er musterte mich ebenso gespannt wie mißtrauisch, als ich würgte und würgte. »Ist sie im Keller?« fragte er ungeduldig.
Mir quollen die Augen aus dem Kopf. Ich raffte meine ganze Kraft zusammen, mich zu überwinden und ihm nicht zu zeigen, wie speiübel mir war. Tapfer grinste ich ihn an und nickte heftig, als habe ich es endlich geschafft.
Aber der Kerl ließ sich nicht hinters Licht führen. »Dann laß mich mal in deinen Schlund hinabblicken.« Ich preßte die Lippen zusammen. »Freßluke

auf!« Die Zangen zwackten, Widerstand war sinnlos. Mit einem Spachtel begann er, in meinem Mund herumzuwühlen. Prompt entdeckte er die Pille ganz hinten in der Lücke, wo mir vor nicht langer Zeit ein Weisheitszahn gezogen worden war. »Sieh einer an! Er sträubt sich gegen seine Kur!«

»Ich will was zu trinken, verdammt noch mal, sonst krieg' ich's nicht runter«, maulte ich und brüllte, so laut ich konnte »Bier her!«

»Da haben wir was Besseres«, meinte der Hofmedikus und winkte der Geburtshelferin. »Der Patient verlangt nach einem Trunk. Mixen Sie ihm ein Viertel Aqua vitae ozeanica forte.«

»All right«, kicherte Schwester Apollonia und braute einen Hexentrank aus Heringsbrühe, Currysauce und Rizinus. Mir blieb nicht erspart, ihn zu trinken: durch einen Trichter wurde er mir von Apollonias wenig zarter Hand eingeflößt. Ich kam mir vor wie Sokrates, als er den Giftbecher leeren mußte. Das Gesöff spülte die Pille in die Gurgel. Ich fürchtete schon, daran zu ersticken. Und dann hatte ich plötzlich das Gefühl, als schlügen Flammen aus dem Hals.

»Sehen Sie, Schwester Apollonia, wie sich sein Inneres umkehrt! Das ist ein gutes Zeichen!« Und sich zu mir wendend, fragte er strahlend: »Fühlst du dich besser, Sailorboy?«

Mir war schon alles gleichgültig. Darum nickte ich; denn wer weiß, was er mir sonst noch verschrieben hätte, um meine Wiedergeburt zu beschleunigen.

»Dann bist du entlassen und darfst dich zur Verschönerung deines Äußeren zum Hoffrisör begeben!«

Die Heilgehilfen ließen mich frei. Ich atmete auf, doch schon ward ich abermals gepackt und auf den Stuhl des Figaro gezerrt. Ergeben ließ ich mich auf den Sitz fallen, schnellte jedoch im selben Moment wieder hoch. Es war keine Tarantel, die mich gestochen, sondern eine Heftzwecke, die ich mir in die Heckpartie gerammt hatte.

»Verzeihen Sie, mein Herr«, entschuldigte sich der Frisör, »ich habe wirklich keine Ahnung, wie das Ding dorthin geraten konnte. Seien Sie froh, daß es kein Seeigel war. – Womit kann ich Ihnen dienen?«

»Sie können mich backbord und steuerbord...«

»Verstehe: Haarschneiden, Barbieren und Kopfwäsche, sehr wohl, mein Herr«, schnitt er den Rest meiner Aufforderung ab.

»Mein Kopf ist sauber«, sagte ich.

»Sie irren, mein Herr. Auf Ihrem Döskopp brüten Läuse. Ihre Haare sind so lang, daß sie sich bald in der Takelage verfangen, und auch Ihrem Milchbart kann eine Rasur nicht schaden!«

»Ich habe keinen Bart, das sieht doch ein Blinddarm, Sie...«

Ein Waschquast voll Seifenschaum fuhr mir über den Mund und stoppte meinen Protest. Ehe ich mich versah, war ich bis über Ohren und Augen eingeseift, daß mir Hören und Sehen verging. Nur meine Nase funktionierte noch:

sie gewahrte den gemischten Duft von Holzteer und Heringslake. Scheren klapperten in meinem Schopf; mir war, als werde ich bei lebendigem Leib skalpiert. Ein Rasiermesser, für Riesen gedacht, schabte schartig über meine Wangen. Zum Schluß stülpte mir ein Lehrling einen vollen Eimer Seewasser über den Kopf. Als er mich darauf trockengerieben hatte, puderte er mein Gesicht mit Mehl und Kohlenstaub. »Fertig, Meister!«
Der Figaro brüllte: »Der nächste, bitte!«
Es war Jan. Auch er hatte die Behandlung beim Hofmedikus lebend überstanden, aber seine Augen starrten mich irre an, als erkenne er mich nicht mehr.
Erwarteten mich noch mehr Prüfungen? Hatten Neptuns Mannen wirklich vor, mich über den Kiel schrammen oder von einer Rahnock bei voller Fahrt des Schiffes in die See stürzen zu lassen, nur von einem dünnen Tau gesichert? Ich traute ihnen alles zu. Doch nein, sie hatten mit düsteren Drohungen nur einfältige Schiffsjungenherzen erschrecken wollen. Vom Freiluft-Frisiersalon schleppten mich meine Bewacher direkt zum Taufbecken, wo ich die letzte Weihe empfangen sollte. Ich freute mich auf das saubere klare Wasser; nach allem mußte es ein Vergnügen sein, darin unterzutauchen und übermütig zu plantschen.
Als Taufbecken diente ein wasserdichter Segeltuchsack in einem Bretterverschlag, ungefähr drei Meter im Quadrat. Der Zimmermann hatte ihn auf dem Vorschiff zwischen Luke 2 und der Relingsverschanzung errichtet. Zwei halbnackte Neger, die größten Muskelprotze unter den Matrosen, standen darin bis zur Brust im Wasser. Über der Achterkante gab es eine erhöhte Plattform, zu der eine Treppe hinaufführte. Dort mußte sich der Täufling rittlings, mit dem Rücken zum Taufbecken, auf ein Brett setzen, das dick mit Fett bestrichen war. Daneben stand der Pastor, bereit, seines Amtes zu walten und den Kandidaten vor dem letzten Akt die letzten Mahnungen und Ermunterungen zu erteilen. »Hast du dich allen Prüfungen mit Freuden unterzogen, mein Sohn?« fragte er mich feierlich.
Ich nickte.
»Wirst du nun jederzeit bereit sein, dich mit Leib und Seele Neptuns ewigen Gesetzen zu beugen, auf daß es dir wohlergehe auf den Sieben Meeren?«
»Ich bin bereit!«
Das letzte Wort war mir noch nicht von der Zunge, als der Pastor das Brett am Ende mit einem Ruck anliftete. Ich rutschte, wie ein Schiff beim Stapellauf, rückwärts ins Wasser, daß die laue Flut hoch über mir zusammenschlug. Doch statt im nächsten Augenblick aufzutauchen und Luft schnappen zu können, wurde ich unter Wasser an Armen und Beinen festgehalten wie von den Fangarmen einer Riesenkrake und auf den Boden des Beckens geduckt, wo ich mit aller Kraft um Luft und Leben rang. In einem letzten lichten Moment begriff ich, daß ich mich mit Gewalt niemals aus der Umklammerung befreien

könnte, und so versuchte ich es mit einem Trick: Ich ließ meine Glieder plötzlich erschlaffen und stellte mich leblos. Tatsächlich rissen mich die vier Arme aus der Tiefe. Als die erschrockenen Taufknechte aber sogleich an meinem Prusten merkten, daß wider Erwarten noch Leben in mir war, duckten sie mich erneut – kaum daß ich meine Lungen wenigstens halb voll Luft hatte pumpen können. Ein zweites Mal fielen sie auf die List nicht herein und ließen mich zappeln. Vielleicht hatten sie zuvor einen Schnellkursus in Wiederbelebungsversuchen an Ertrunkenen absolviert und wollten unbedingt ihre Kenntnisse an mir praktizieren? In meinen Ohren brauste es wie ein westindischer Hurrikan. So wird es sein, war mein letzter Gedanke, wenn du mit einem Schiff auf den Grund des Ozeans und in die Ewigkeit hinabfährst. Aber dann war plötzlich Windstille, es wurde Licht, und ich erkannte über mir den blauen Himmel.

Ich war gerettet und erlöst. Neptun sei Dank! Ich wankte noch einmal vor seinen Thron, um ihm, wie es ihm gebührte, meine Reverenz zu erweisen.

Gnädig blickte er auf mich herab, berührte mit dem Dreizack meine rechte Schulter, als wolle er mich zu seinem Ritter schlagen, und sprach:»Jetzt bist du ein Seemann. Fahre also dahin in meinem Namen. Alle Meere sollen dir offenstehen, und meine Gunst ist dir allzeit gewiß. Von nun an wirst du in meinen Registern unter dem Namen ›Tintenfisch‹ geführt. – Aktuarius!« Neptun winkte dem Schreibersmaaten. Er fingerte in seinem Aktenbündel nach der Taufurkunde.

»Tintenfisch«, wiederholte Thetis. Sie nickte mir beifällig zu. »Nomen sit omen. Vielleicht wirst du eines Tages als Neptuns Hofdichter viel Tinte verspritzen – zu seiner Ehre.«

»Eine Flasche Bier wäre mir jetzt lieber als ein ganzes Faß voll Tinte, Majestät«, sagte ich und verbeugte mich artig. Thetis griff hinter sich in einen Eimer und holte eine Buddel hervor. Endlich konnte ich das Feuer in meinem Schlund löschen.

So kamen sie alle an die Reihe: die Schiffsjungen, unser Doktor und der Kochsmaat. Die Stimmung stieg höher wie die Äquatorsonne, die Schatten der Segel auf den weißgescheuerten Planken schrumpften zusammen, um so größer wurde der Radau. Die Musik spielte nervenzerreißend, der ganze Hofstaat tanzte wie eine wilde Indianerhorde um die leere Kanzel. Der Steward verteilte Würste, um jedermann bei Kräften zu halten. Bier und Schweiß flossen in Strömen, bis auch der letzte Täufling den Weg der Leiden zum salzigen Ende gegangen war. Alsdann sprach Neptun ein Machtwort: »Ruhe, mein Volk!« donnerte er. Es dauerte eine Weile, ehe man ihm Aufmerksamkeit schenkte. »Ich sehe«, rief er streng, »euch bekommt das Leben unter den Irdischen schlecht. Darum zurück mit euch auf den Meeresgrund in

eure Korallenpaläste, heim zu Muscheln und Fischen, zu Quallen und Totengebein.«
»Es ist aber so gemütlich hier«, quiekte Thetis. »Geh du nur allein in deinen nassen Keller, du oller Muschelgreis. Ich bleibe an Bord und amüsier' mich mit dem Kapitän.«
»Hinab mit dir zu deinen Seejungfern – oder du wirst in Zukunft Seekühe hüten!« Zur Bekräftigung seiner Drohung versetzte er ihr einen Stoß mit dem Dreizack, der tief in ihren Busen fuhr und sie vom Thron stürzte.
Dann kam der Abschied.
»Lebe wohl, Kapitän«, rief Neptun bewegt. »Ich will dein Schiff und deine Mannschaft behüten und glücklich heimkehren lassen. Auf der nächsten Reise sehen wir uns wieder.«
Triton ließ zum Abmarsch blasen. Und so zog die ausgelassene Prozession wieder von dannen. Der fröhliche Spuk war vorüber.
Wir aber freuten uns auf ein Festessen, wie es sonst nur zu Weihnachten und am Geburtstag des Kapitäns auf die Backen kam, ein Fraß für Meergötter:

ÄQUATORSCHMAUS

Froschlaich in Pottwalblut

*

Schweinsfischfrikassee mit frischem Seegras
Geröstete Seeigel, Miesmuschelmus
Korallenkompott

*

Seeschlangenragout in Haiflossen

*

Quallenpudding mit Transauce

Am Nachmittag feierten wir weiter bei Kakao und Kuchen auf dem Oberdeck. Wir tanzten auf der Luke, sangen unsere Shanties und lachten über den Bordzirkus. Die Schrecken des Morgens waren vergessen, die Spuren getilgt. Während die Sonne unterging, passierten wir den Äquator wirklich, er interessierte nur noch den Navigationsoffizier.

Der Abendstern strahlte klar am westlichen Himmel. In den Riggen summte der Passat, wir sangen dazu das Lied vom Hamburger Viermaster und »Rolling home«.
Wir Schiffsjungen waren stolz und glücklich. Wir hatten die unsichtbare magische Grenze zur Mannbarkeit überschritten, von nun an durften wir hohe Bogen spucken. Wir glaubten an die Zukunft, ahnungslos.

SCHIFFE SPINNEN EIN NACHRICHTENNETZ

Kabel auf dem Meeresgrund

New York am 6. August 1858.
Eine solche Begeisterung hatte die Stadt noch nie erlebt. Bis tief in die Nacht zog eine jubelnde Menge mit Musik über den Broadway. Alle öffentlichen Gebäude waren festlich illuminiert. Zeitungsjungen verteilten Extraausgaben, die Lokale waren überfüllt. Alles drehte sich um die große Sensation: Das erste transatlantische Kabel verband Amerika mit Europa, die Alte mit der Neuen Welt. Am Tage zuvor, am 5. August, hatte es die ersten Telegramme übertragen. Ein Traum war in Erfüllung gegangen.
Wir können uns heute kaum vorstellen, was dieser Fortschritt für die Menschen diesseits und jenseits des Ozeans bedeutete. Bis zu jenem 5. August brauchten Nachrichten von Kontinent zu Kontinent so lange wie der schnellste Postdampfer. Was in Europa geschah, lag mindestens zwölf Tage zurück, wenn die New Yorker davon erfuhren. Nun aber liefen Meldungen mit sieben bis acht Morsebuchstaben in der Minute durch das Seekabel auf dem Meeresgrund. Nicht nur Börsenspekulanten, Politiker und Zeitungsverleger, Kaufleute und die Postverwaltung waren glücklich über den neuen blitzschnellen Nachrichtenweg, nein, auch die Leute auf der Straße, jedenfalls drüben in Amerika. Durch den Telegraphen fühlten sie sich plötzlich enger verbunden mit ihren Heimatländern in Europa, aus denen sie selbst oder ihre Vorfahren übers Meer gekommen waren. Ein amerikanischer Dichter schwärmte: »Hand in Hand verbunden, fühlt nun ein Kontinent das Herz des andern schlagen!«
Der Held des Tages, der Mann, der das große Werk geplant und vollendet hatte, war der Amerikaner Cyrus Field, 39 Jahre alt. Als Papierfabrikant hatte er Millionen verdient. So konnte er sich früh von seinen Geschäften zurückziehen und sich ganz dem »Atlantik-Telegraphen« verschreiben, zu dem ihn sein berühmter Landsmann Samuel Morse ermuntert hatte. Ihm, dem Erfinder des Morsetelegraphen, verdankten die USA, aber auch die Länder Europas, ein Netz von Überlandtelegraphenleitungen. Um das Jahr 1850 waren die meisten großen Städte miteinander durch den Draht ver-

bunden. Bis Ende 1852 war es sogar gelungen, zwischen England und seinen Nachbarn Irland, Holland, Belgien und Frankreich Nachrichten durch Seekabel auszutauschen. Wenn es also möglich war, von der britischen Insel ein Kabel zum europäischen Festland über den Meeresgrund zu legen – warum nicht auch hinüber nach Amerika?
Auf diese Frage gab Professor Morse eine entschiedene Antwort: »Eine telegraphische Verbindung über den Atlantik dürfte mit Sicherheit herzustellen sein, denn die Übermittlung elektrischer Ströme durch isolierte Drähte auf eine Entfernung von 2000 Seemeilen ist ausführbar.«
Diese Behauptung war für Cyrus Field das Signal zum Handeln: er gründete die »Atlantik-Telegraphengesellschaft«. In England ließ er das Kabel herstellen und schickte im August 1857 zwei Schiffe auf die Reise. Von Valentia, einer kleinen Insel vor der Südwestküste Irlands, sollten sie auf dem kürzesten Weg hinüber nach Neufundland fahren und dabei das Kabel auslegen. Jeder der beiden Dampfer – die amerikanische NIAGARA und das britische Kriegsschiff AGAMEMNON – trug eine Hälfte des Kabels.
Sechs Tage verlief alles nach Plan. Die NIAGARA, mit Field an Bord, hatte schon die ersten 500 Kilometer Kabel über eine Rolle am Heck abgespult, als der Strang brach. Das abgerissene Stück sank auf den Meeresgrund hinab, unwiederbringlich. Die Schiffe mußten umkehren. Als die Unglücksnachricht bekanntwurde, fielen zwar die Aktien der Gesellschaft, nicht aber die Hoffnungen Cyrus Fields und seiner mutigen Teilhaber.
Tatsächlich: im folgenden Sommer waren AGAMEMNON und NIAGARA wieder unterwegs. Diesmal trafen sie sich im Atlantik, genau halbwegs zwischen Irland und Neufundland. Sie verspleißten die Enden ihrer Kabelhälften, wie sie es zuvor in der Biskaya geübt hatten, und dampften davon: die NIAGARA mit Kurs auf Neufundland, die AGAMEMNON in Richtung Valentia. Dreimal mißglückte der Start. Es gab Kabelbrüche und fehlerhafte Verbindungsstellen; dabei ging jedesmal so viel Kabel verloren, daß beide Schiffe heimkehren und Ersatz beschaffen mußten. Schließlich fuhren sie zum alten Rendezvous-Ort zurück und versuchten ihr Glück zum viertenmal. Und diesmal klappte es. Am 5. August kamen beide Kabelleger fast gleichzeitig ans Ziel. Unverzüglich wurden die Enden des Seekabels an Land und in die Küstenstationen gezogen, wo bereits alles vorbereitet war für den Anschluß an die Leitungen nach New York und London. Damit war die ersehnte Nachrichtenbrücke über den Atlantik geschlagen.
Noch pries die Welt diesen neuesten Triumph der Technik, als die Morsezeichen von Tag zu Tag schwächer wurden. Anfang Oktober, keine zwei Monate nach der Eröffnung, blieben sie ganz aus. Die Stationen auf Neufundland und Valentia gaben einander auf Anruf keine Antwort mehr. Das Kabel war tot. Vermutlich hatte ein Defekt in der Isolierung es zum Schweigen verurteilt.

Nach diesem Fiasko und dem Verlust von zwei Millionen Dollar hatten die Amerikaner die Lust verloren, noch mehr Geld in den großen Teich zu werfen. Um so interessierter zeigte man sich in England. Die britische Regierung selbst nahm sich der Sache gründlich an. Sie berief bekannte Physiker und erfahrene Telegraphentechniker in eine Kommission, die zunächst einmal im Laboratorium experimentieren und ein zuverlässiges Tiefseekabel entwickeln sollte.

Gleichzeitig waren englische und amerikanische Kriegsschiffe unterwegs, um den Meeresgrund zwischen Irland und Neufundland zu erforschen und eine günstige Trasse für das Kabel zu erkunden. Ein solches Unternehmen braucht seine Zeit; denn es gab noch kein elektrisches Tiefsee-Echolot, mit dem man heute bei langsamer Fahrt fortlaufend die Meerestiefe messen und automatisch aufzeichnen kann und so ein genaues Profil des Grundes auf dem abgelaufenen Kurs erhält. Damals mußte das Schiff für jede einzelne Lotung stoppen, damit man einen schweren Bleikörper an einer Hanfleine hinablassen und dann mühsam wieder hochkurbeln konnte. Bei einer Wassertiefe von 4000 Meter dauerte eine Lotung bis zu sechs Stunden. Diese Methode hatte allerdings einen Vorteil: Das Lot brachte eine Bodenprobe mit herauf – sie haftete an einem Talgklumpen im Bodenstück der Bleikeule –, die verriet, womit der Meeresgrund bedeckt war: mit Schlamm, Sand oder Ton, zum Beispiel.

Im Frühjahr 1863 konnten die Kabeltechniker ihre Versuche abschließen, und auch die Meeresforscher hatten ihre Aufgabe, so gut es ging, erledigt. Ihre Lotreihen ergaben ein scheinbar günstiges Bild: Mitten im Nordatlantik, am 50. Breitengrad, erhob sich aus 4000 bis 5000 Meter Tiefe ein breites Plateau bis auf 2000 Meter unter der Meeresoberfläche, das als Unterlage für Tiefseekabel wie geschaffen schien, weshalb die Ozeanographen es »Telegraphenplateau« benannten. In Wirklichkeit handelte es sich, wie wir heute wissen, um einen Teil des Gebirgszuges, der als »Mittelatlantischer Rücken« von Island bis zur Antarktis reicht.

Cyrus Field konnte endlich von neuem ans Werk gehen. Zuversichtlich gründete er in England die »Englisch-Amerikanische Telegraphengesellschaft«, die das Kabel in Auftrag gab. Es fehlten nur geeignete Kabelleger. Da das neue Kabel doppelt so viel wog wie das von 1858, mußten Last und Länge diesmal auf mindestens drei Schiffe verteilt werden, und das bedeutete: das Kabel mußte mitten im Atlantik zweimal von Bord zu Bord übergeben werden.

Die Erfahrung hatte gelehrt, wie hoch das Risiko war. Millionen standen auf dem Spiel, und Field wußte, daß es für ihn um die letzte Chance ging. Aus dieser Not rettete ihn ein Angebot des britischen Reeders Daniel Gooch: er bot ihm die GREAT EASTERN an, die er auf einer Zwangsversteigerung für ein Butterbrot erworben hatte.

Die GREAT EASTERN war eine seltsame Erscheinung auf dem Ozean. Ein englischer Ozeanriese – sechsmal so groß wie das nächste Schiff in der Rangfolge, 210 Meter lang! Damit wäre sie noch um 1900, ein halbes Jahrhundert nach ihrem Stapellauf, das größte Schiff der Welt gewesen. Sie trug sechs hohe Masten mit Segeln, zwischen ihnen quoll aus fünf mächtigen Schornsteinen der Qualm ihrer Kohlenfeuer. Eine Dampfmaschine trieb zwei haushohe Schaufelräder an den Seiten und einen riesigen Heckpropeller an. Als ein »Wunder des Meeres« sollte sie die Wogen durcheilen mit 4000 Passagieren – so hatten ihre Erbauer berechnet. Doch von ihrer Probefahrt an blieb sie vom Pech verfolgt. Keine Überfahrt zwischen England und New York verlief normal: einmal brachen die Masten im Orkan, ein andermal wurden die Schaufelräder zerschlagen oder das Schiffsruder beschädigt. Dann trieb sie jedesmal tagelang hilflos im Atlantik, und als sie auf einer Fahrt vor New York auf ein Riff lief, dauerte es elf Monate, bis man sie wieder flottgemacht hatte. Kein Wunder, daß sich das Publikum vor diesem Schiff fürchtete und seine prächtigen Salons und Luxuskabinen leer blieben. Schließlich saßen ihre Besitzer auf einem Berg von Schulden und mußten das eiserne Meeresungeheuer versteigern lassen. Daniel Gooch, dem sie zugeschlagen wurde, hatte sich von ihr als Kabelschiff einen Profit versprochen. Sein Angebot an Field war fair und optimistisch: »Nur wenn das Unternehmen Erfolg hat, woran ich aber nicht zweifle, beanspruche ich eine Summe von 50000 Pfund in Aktien der Telegraphen-Gesellschaft.« Field griff zu.
Anfang Juli 1865 erschien die GREAT EASTERN auf der Themse. Bei Greenwich, einem Vorort von London, machte sie in der Nähe der Kabelfabrik fest. Um Platz für das Kabel zu schaffen, hatte man einen Schornstein, zwei Dampfkessel und mehrere Salons ausbauen müssen. Nun waren drei riesige tankerartige Behälter an Bord bereit, das Kabel aufzunehmen. Acht Monate hatte die Herstellung der 4000 Kilometer langen Schlange gedauert. Jeder Kilometer wog 1 Tonne. Zwei Wochen vergingen, bis viele Hände sie in den Tanks so aufgerollt hatten, daß sie später glatt und ohne Verschlingungen auslaufen konnte.
Am Sonntag, dem 23. Juli lag die GREAT EASTERN seeklar vor Valentia. Die Kabelverbindung mit der Küstenstation war hergestellt. Gegen Mittag konnte das Schiff den Anker lichten und in den offenen Atlantik hinaussteuern. Zwei britische Kriegsschiffe begleiteten sie. Das eine, die SPHINX, sollte unterwegs loten und die Wassertiefen kontrollieren. Mit 6,5 Knoten Geschwindigkeit, das sind 12 Kilometer in der Stunde, schaufelte und schraubte sich die GREAT EASTERN westwärts, während hinter ihrem Heck die schwarze Kabelschlange versank.
Das Wetter war freundlich, jedermann an Bord wettete auf eine glückliche Reise nach Neufundland, ungeachtet der bewährten Mahnung: Man soll die Fahrt nicht vor dem Hafen loben!

In einer stürmischen Regennacht verlor die SPHINX den Anschluß und blieb verschwunden. Geheimnisvolle Defekte in der Isolierung, die auf Sabotage der irischen Kabelarbeiter schließen ließen, hielten das Schiff zweimal auf, weil das Kabel umständlich bis zur Fehlerquelle wieder eingehievt werden mußte. Das Spiegel-Galvanometer im verdunkelten Kontrollraum hatte sie verraten. Bei diesem Instrument wurde ein scharfer dünner Lichtstrahl von einem Spiegel auf eine Skala geworfen. Der Lichtpunkt auf der Skala bewies, daß der elektrische Strom aus den Batterien ungehindert durch das gesamte Kabel lief, bis nach Valentia. Es war also möglich, von Bord der GREAT EASTERN ununterbrochen mit der irischen Küstenstation Signale auszutauschen. Beim geringsten Stromabfall – wenn zum Beispiel durch einen Schaden in der Isolierung Seewasser mit den Kupferadern in Berührung kam – wurde der Spiegel von einem kleinen Elektromagneten weggekippt, so daß der Lichtstrahl in das Dunkel des Raumes fiel.

Am neunten Tage hatte das Schiff zwei Drittel seines Weges zurückgelegt, das Telegraphenplateau lag hinter ihm, unter seinem Kiel war der Atlantik wieder 4500 Meter tief. Da geschah das Unglück: Das Kabel riß am Heck mit einem lauten Knall, zerfetzte Drähte peitschten durch die Luft, und im nächsten Augenblick war das Kabel im Wasser verschwunden und auf dem Weg zum Meeresgrund.

Cyrus Field und Kapitän Anderson verzweifelten nicht: sie versuchten, das Kabel wiederzufinden und zu bergen. Neun Tage und Nächte mühten sie sich damit ab, einen fünfarmigen Greifer an einer 5000 Meter langen, aus mehreren Teilen zusammengesetzten Drahttrosse über den ebenen schlammigen Meeresgrund zu ziehen. Doch jedesmal, wenn der Greifer das Kabel anscheinend gefangen hielt und die Trosse eingehievt wurde, brach sie, und ein paar Kilometer Drahttau und ein Greifanker gingen verloren. Zu allem Mißgeschick überfiel ein Sturm das Schiff, ihm folgte dicker Nebel. Die Markierungsboje, die Kapitän Anderson am Ort des Kabelbruchs ausgelegt hatte, war nicht mehr zu finden. Auch das zweite Begleitschiff hatte die Fühlung verloren. Trotz alledem räumte die GREAT EASTERN das Feld erst, als alles Reservetauwerk an Bord nicht mehr bis zum Grund des Atlantiks reichte. Sie drehte ab nach Osten, Kurs England. Field kehrte zwar als Verlierer zurück, doch wurde er ehrenvoll empfangen. Und nicht nur das – man ermutigte ihn sogar, den Kampf um das Transatlantikkabel nicht aufzustecken. Also gab er ein neues Kabel in Auftrag.

Man schrieb den 13. Juli 1866, als die GREAT EASTERN Valentia zu ihrer zweiten Unternehmung verließ. Es war zudem ein Freitag. Viele Leute hatten vor dem unglückverheißenden Datum gewarnt. Aber weder Field noch Anderson waren abergläubisch, sie wollten keinen Tag verlieren.

Und es war wieder ein Freitag – am 27. Juli –, als das Schiff sein Ziel an der Ostküste Neufundlands erreichte. Eine glückliche Reise lag hinter ihm. Das neue Kabel, ohne Zwischenfälle ausgelegt, verlief 50 Kilometer nördlicher über das Telegraphenplateau als das verlorene. Es funktionierte ausgezeichnet. Am folgenden Tag, morgens um 1 Uhr 24 westeuropäischer Zeit, ging das erste Telegramm von London nach New York ab.

Und wieder geriet New York in einen Taumel der Begeisterung. Alles wartete auf Cyrus Field, den man als Nationalhelden feiern wollte. Aber Field hatte vorher noch etwas zu erledigen. An seine Frau in New York telegraphierte er aus Neufundland: »Laufen in einer Woche aus, um das Kabel vom letzten Jahr zu bergen.«

Zwei britische Schiffe assistierten Kapitän Anderson bei der Suche nach dem Kabel. In breiter Front überquerten sie rechtwinklig den Kabelweg und schleppten einen Greifer über den Grund. So geriet ihnen das Kabel in die Falle, doch immer neue Pannen und Trossenbrüche vereitelten die Bergung. Endlich, am 31. August, beim dreißigsten Versuch, gelang es in einer gemeinsamen Aktion, das Kabel an die Meeresoberfläche zu holen und auf der GREAT EASTERN zu sichern.

»Eine der interessantesten Szenen, deren ich jemals Zeuge geworden bin«, erzählt Field in seinen Erinnerungen, »war der Augenblick, als das wiedergefundene Kabelende in den Prüfraum des Elektrikers gebracht wurde, um zu sehen, ob es lebte oder tot war. Niemals werde ich vergessen, wie auf unsere Anfrage in Valentia sofort die Buchstaben OK als Antwort kamen. Da verließ ich schnell den Raum, ging in meine Kabine und schloß die Tür hinter mir. Ich konnte meine Tränen nicht länger zurückhalten.«

Die GREAT EASTERN hatte noch den Rest des Kabels an Bord; es wurde mit dem aufgefischten Ende verspleißt und ausgelegt. Am 7. September ankerte das Schiff wieder in Heart's Content, der neufundländischen Kabelstation. Vom folgenden Tage an gab es zwei fehlerlose Kabelverbindungen über den Atlantik.

So hatte sich das Unglück von 1865 zum Guten gewendet. Die ersten Fäden für ein weltweites Seekabelnetz waren gesponnen. Von nun an krochen Kabelspinnen emsig über die Ozeane. Zu Beginn unseres Jahrhunderts hatten sie alle Kontinente dem internationalen Nachrichtenverkehr erschlossen. Es war möglich, Telegramme in vierzig Minuten auf verschiedenen Wegen um den Erdball zu jagen, zum Beispiel von London über den Atlantik nach New York, quer durch die USA nach San Francisko und weiter über den Grund des Pazifiks nach Australien, von dort durch den Indischen Ozean nach Kapstadt und über die Insel Ascension und die Kap Verdischen Inseln zurück nach London. Allein vierzehn Kabel verbanden Westeuropa mit Nordamerika, darunter zwei deutsche, die von Emden via Azoren nach New York führten. Alle Seekabel aneinandergeknüpft ergäben heute einen Strang, mit dem man die Erde am Äquator fünfundzwanzigmal umwickeln könnte: eine Million Kilometer.

Nun darf man nicht glauben, ein Kabel ruhe auf ewig unversehrt auf dem Grunde der Ozeane. Eine britische Gesellschaft, die »Cable & Wireless Ltd.«, London, die größte ihrer Art, rechnet in ihrem weltweiten Seekabelnetz pro Jahr mit mehr als dreihundert Schäden, die ihre sieben Kabelschiffe in Atem halten.

Am häufigsten werden Seekabel Opfer von Schleppnetzen auf den fischreichen Gründen der Küstengewässer, wo sich das Festland unter Wasser fortsetzt, bis es nach einigen wenigen oder mehreren hundert Kilometern plötzlich steil zur Tiefsee hin abfällt. Man nennt den Festlandsockel gewöhnlich »Kontinentalschelf«. Die Große Neufundlandbank zählt dazu, die seit einem halben Jahrtausend zu den wichtigsten Fangplätzen für Kabeljau gehört; Island ist vom Schelf umrandet, dessen Fischreichtum die Insel am Polarkreis die wirtschaftliche Existenz verdankt. Auch der Boden der gesamten Nordsee ist versunkenes Land.

Der Festlandsockel liegt im allgemeinen nicht tiefer als 200 Meter; vor vielen Küsten aber beginnt der Steilhang erst in 500 bis 600 Meter unter dem Meeresspiegel, und so weit hinab reichen auch die Netze moderner Fangschiffe. Am unteren Rand werden sie offengehalten von senkrecht geführten Scherbrettern, die während des Schleppens über den Meeresgrund schleifen und dabei ein Kabel, das ihnen in die Quere kommt, mit ihren eisenbeschlagenen Kanten zerfetzen, obwohl Seekabel in Landnähe mit zwei Wicklungen aus starkem Eisendraht armiert sind. In den ersten zehn Monaten des Jahres 1960 wurden allein die Kabel der amerikanischen Telegraphengesellschaft »Western Union« vierzigmal von Trawlern beschädigt. Im Jahr zuvor hatte dieselbe Gesellschaft innerhalb von zehn Tagen sechs Kabelbrüche erlitten, darunter war das erste und bis dahin einzige transatlantische Telefonkabel zwischen Europa und Nordamerika. Mehrere Kabelschiffe brauchten anderthalb Monate, um die Schäden zu beheben. Kosten der Aktion: 120 000 Dollar. Fischdampfer haften nicht für das Unheil, das sie anrichten. Im Gegenteil, sie erklären: »Der Fisch und wir waren zuerst da!« und verlangen von den Kabelbesitzern Schadenersatz für zerrissene Netze.

Eine andere Bedrohung sind unterseeische Erdbeben und Schlammlawinen, die an Gebirgshängen oder an den Böschungen des Festlandsockels ausgelöst werden. Mit ungeheurer Gewalt stürzen sie in breiter Front in die Tiefsee und oft noch Hunderte von Kilometern über den Fuß der schiefen Ebenen hinaus, ohne daß Schiffe von solchen Katastrophen, die sich unter ihnen abspielen, das Geringste bemerken. So brachen im Jahre 1929 bei einem Beben südlich Neufundland acht Kabel in einem einzigen Augenblick, und fünf weitere in großen Entfernungen vom Zentrum der Erschütterung wurden durch Lawinen ausgeschaltet.

Wo sich bei Neufundland die transatlantischen Kabel bündeln, droht im Frühjahr und Sommer Gefahr von Eisbergen, von denen die größeren so viel

Tiefgang haben, daß sie sich auf den Bänken festrennen und dabei nicht selten Seekabel zuschanden schrammen.

Von 100 Kabeldefekten kommen etwa 95 auf das Konto von Fischdampfern, schleifenden Schiffsankern und Naturgewalten. In tropischen Gewässern knabbern mitunter Haie ein Kabel an, oder tieftauchende Pottwale verheddern sich darin. Daß es an gewissen fernen Küsten Kabelpiraten gibt, die bei Gelegenheit dunkle Geschäfte mit Kupferdraht machen, sei nur nebenbei bemerkt.

Im übrigen haben auch die Kabel selbst ihre schwachen Seiten. Verborgene Materialfehler machen sich oft erst nach Monaten oder Jahren bemerkbar. Werden bei der Fabrikation winzige Luftblasen zwischen den Kupferadern eingeschlossen – was allerdings heute kaum noch vorkommt –, preßt sie der ungeheure Wasserdruck in großen Tiefen durch die Schutzhüllen, so daß die Isolierungsschicht undicht wird. Wo ein Kabel zwischen zwei Erhebungen frei durchhängt, kann es durch sein eigenes Gewicht reißen oder sich an scharfen Kanten, von Strömungen bewegt, wundscheuern. Doch selbst wenn niemand und nichts ihm etwas zuleide tut – ein Seekabel bleibt von Altersschwäche nicht verschont. Das Salzwasser und Chemikalien, die darin gelöst sind, setzen ihm zu, bis schließlich die Umhüllung bis auf die Kupferseele verrottet ist. Fünfundzwanzig Jahre lang fließt elektrischer Strom durch seine Adern, dann ist die Zeit gewöhnlich um. Doch gibt es viele Ausnahmen: Unter den Telegraphenkabeln sind heute noch einige Abschnitte in Betrieb, die gegen Ende des vorigen Jahrhunderts ausgelegt worden sind.

Bis in die Mitte der fünfziger Jahre war das transozeanische Nachrichtennetz am Meeresgrund nur für Telegraphie geeignet, denn es gab keine Verstärkerröhren für Sprechströme, die sich in dünne Kupferschlangen einbauen ließen und dem Wasserdruck der Tiefsee standgehalten hätten. Aber die Aufgabe war gestellt, und die Techniker ruhten nicht, bis sie das Problem gelöst hatten. TAT-1 (Trans-Atlantik-Telefonkabel Nr. 1) war der große Sprung nach vorn. Es wurde 1956 auf dem kürzesten Weg zwischen Schottland und Neufundland abgespult. In dem 3630 Kilometer langen Wurm waren in Abständen von jeweils knapp 70 Kilometer biegsame Röhrenverstärker eingebaut, die jedoch den Strom nur in eine Richtung verstärkten, so daß für Hin- und Rückleitung zwei Kabelstränge parallel ausgelegt werden mußten. Über TAT-1 können 85 Gespräche gleichzeitig geführt werden.

Seit 1970 liegt TAT-5 als die siebente Telefonleitung auf dem Boden des Nordatlantik zwischen der Südwestecke Europas, bei Gibraltar, und der Küste von Rhode Island/USA. Der amerikanische Kabelleger LONG LINES konnte das 6414 Kilometer lange Kabel nur in Portionen auslegen. Als seine Kabeltanks zum erstenmal leer waren, wurde das Ende so lange an einer Boje verankert, bis das Schiff mit neuer Ladung wieder zur Stelle war, worauf das versiegelte Ende an Deck geholt und mit dem Anfang des zweiten Abschnitts verspleißt wurde. Dann ging die Fahrt mit 15 km/h wieter, bis der Vorrat erschöpft war und LONG LINES das Kabel aufs neue in der Weite des Ozeans zurücklassen mußte. Dreimal legte sie es an die Radarboje, bis sie endlich mit der vierten Etappe ihr Ziel erreichte. TAT-5 war der damals jüngste Sproß einer neuen Kabelgeneration, an dem sich zeigte, wie schnell die Entwicklung seit TAT-1 vorangekommen war. In dem 35 Millimeter dünnen Strang sind Hin- und Rückleitung für 845 Stromkreise untergebracht, das sind fast 200 mehr als in den sechs früher gelegten transatlantischen Telefonverbindungen zusammen. Dieser Fortschritt ist vor allem der Erfindung der kleinen Transistoren zu verdanken, die in Abständen von 18,5 Kilometer die Sprechströme in beiden Richtungen verstärken.

TAT-5 hat aber noch einen zweiten Meilenstein gesetzt: es ist das erste Seekabel, dem Anker und Grundschleppnetze nichts mehr anhaben können. Die Erfindung des »Seepflugs« hat die Gefahr gebannt. Diese 8 Meter lange Maschine wurde von der LONG LINES über den Festlandsockel geschleppt, während gleichzeitig das Kabel auslief. Der Pflug zog eine 60 Zentimeter tiefe Furche vor ihm her, in die es sich bettete. So verschwand es auf 100 Seemeilen vor der spanischen und 33 vor der amerikanischen Küste in der Versenkung. Der Pflug wurde aus dem Kontrollraum des Kabellegers ferngesteuert und von einer Unterwasser-Kamera beobachtet. Als er einmal mit dem Anker einer vor Jahrhunderten gesunkenen spanischen Galleone aneinandergeriet, kippte er um. Sein Betreuer sah es auf dem Monitor und richtete ihn sofort wieder auf.

Als im September 1965 das erste Gespräch über TAT-4 zwischen La Rochelle in Frankreich und Tuckerton in New Jersey/USA lief, hing seit wenigen Monaten im erdnahen Raum über dem Atlantik der erste stationäre Internationale Telefonsatellit (INTELSAT I), EARLY BIRD genannt. War er in den Himmel gestiegen, um dem Seekabel den Abgesang zu zwitschern, wie manche Leute prophezeiten?

Mitnichten! Seit damals sind mehr als 50 000 Kilometer Telefonkabel hinzugekommen. Sie verbinden Europa mit den beiden Amerikas und mit Südafrika; sie laufen durch das Mittelmeer und spannen sich von der Westküste Nordamerikas durch den Pazifik nach Ostasien und südwärts über Neuseeland nach Australien, das wiederum via Neuguinea direkt mit Japan sprechen kann. Ende 1970 hatten alle unterseeischen Telefonkabel bereits eine Länge von 160 000 Kilometer: viermal Erdumfang! Seitdem wird das Netz Jahr für Jahr um 5000 bis 6000 Kilometer erweitert, und jedes neue Kabel übertrifft alle Vorläufer an Leistung. TAT-5 war eine Sensation, CANTAT-2, das

zweite Canada-England-Transatlantikkabel, seit 1974 in Betrieb, überbietet es mit 1840 Sprechkanälen um mehr als das Doppelte. 4000 werden es bei TAT-6 sein (in der Gesamtzahl der Europa-Nordamerika-Kabel die Nummer 9), das im Frühjahr 1976 zwischen Frankreich und den USA den Betrieb aufnehmen wird.
Wo die Grenze liegt?
»Weit jenseits dieser Marke«, versichern die Kabelingenieure. Die Postverwaltungen diesseits und jenseits des Nordatlantiks möchten bis 1980 über mindestens 12 000 Sprechkanäle verfügen, aber 20 000 wären ihnen lieber. Denn der Nachrichtenstrom zwischen der Alten und der Neuen Welt schwillt unheimlich schnell an, gegenwärtig um etwa 20 Prozent jährlich. Das Tempo wird sich noch erheblich beschleunigen. Den Weg in die Zukunft des interkontinentalen Nachrichtenverkehrs müssen Seekabel und Satellit Hand in Hand gehen. Sie machen sich keine Konkurrenz, sondern ergänzen sich wie Straße und Schiene im Güterverkehr. Wer aus der Bundesrepublik Deutschland im Selbstwähldienst mit einem Partner in den USA telefoniert, weiß nicht, ob seine Stimme als elektrische Wellen drahtlos über INTELSAT IV oder durch eine Kupferader über den Meeresgrund das Ohr auf der anderen Seite erreicht. Die Bundespost hat für die Schaltung die Wahl, sie ist an den Kabeln ebenso beteiligt wie an den Satelliten.
Die Übertragungsqualität ist bei beiden Systemen gleich gut. Dennoch hat das Seekabel gewichtige Vorteile für sich: es ist technisch relativ einfach aufgebaut und deshalb wenig störanfällig; es kann nicht heimlich von Unbefugten angezapft werden; und wenn es einmal ausfällt, weil vielleicht ein Transistor streikt oder die Isolierung ein Leck bekommt, kann man sofort auf einen andern Kabelweg umschalten, während ein Kabelschiff mit der Reparatur beschäftigt ist – für die Techniker und Nautiker eine Routinesache, zu der allerdings viel Erfahrung und Geduld gehören. Einen Satelliten hingegen muß man seinem Schicksal überlassen, wenn es ihm nicht gelingt, sich auf Befehl von der Erde selbst zu kurieren. Übrigens funktioniert ein Seekabel auch länger als sein Partner unterm Sternenzelt. Entscheidend ist die Lebensdauer der Transistorenverstärker. Man rechnet mit 25 Jahren.
Freilich, auch ein Seekabel hat einen hohen Preis. TAT-5 kostete mit allem Drum und Dran volle 100 Millionen Dollar. Eine Strippe von Kontinent zu Kontinent lohnt sich deshalb nur, wenn garantiert ist, daß alle Sprechkreise ausgiebig genutzt werden und Gewinne einbringen. So wäre es in unseren Tagen noch unrentabel, ein Telefonkabel zum Beispiel zwischen Ostafrika und Indien oder Australien zu versenken. Hier ist der INTELSAT nützlicher, der über dem nördlichen Indischen Ozean stationiert ist und den Fernseh- und Telefonverkehr zwischen Europa und allen Ländern rings um den Indischen Ozean und weiter nach Ostasien vermittelt.
Eine Flotte von fünfzig Schiffen hält das Seekabelnetz in Ordnung. Sie fahren

im Dienst staatlicher Postverwaltungen oder privater Gesellschaften. Engländer und Amerikaner beherrschen das Feld: Jedes zweite Schiff zeigt den Union Jack oder das Sternenbanner. Die übrigen verteilen sich auf neun Staaten, darunter Japan, die Sowjetunion, Kanada und Frankreich. Die Bundesrepublik Deutschland unterhält keinen eigenen Kabelleger mehr; ihre Post zieht es vor, sich an ausländische Unternehmen anzuhängen und Sprechkanäle zu mieten. Auch bei der Entwicklung und der Herstellung von Seekabeln hat sich die einst bedeutende Rolle deutscher Firmen verringert. Indessen ist der größte und modernste Kabelleger der Welt, die NEPTUN, auf einer Lübecker Werft zur nassen Welt gekommen. In seinen Kabeltanks kann das 150 Meter lange Schiff fast 7000 Kilometer Tiefseekabel verstauen, genug, ein transozeanisches Kabel in einem einzigen Anlauf auszulegen.

Das Orakel

Wir hatten damals gerade das Tiefseekabel von den Kap Verdischen Inseln nach den Azoren überholt und dabei fünfundneunzig Meilen des alten Strangs ersetzen müssen. Das Wetter war handig, und mit einer Mütze voll Glück, vor allem aber mit Hilfe von Georges sagenhaftem Tastgefühl war die Sache in ein paar Tagen erledigt.
Kaum hatten wir den nördlichen Spleiß wieder in fünftausend Meter Tiefe geschickt, da erreichte uns ein Funkspruch unserer Gesellschaft in London. Wir erhielten Order, sofort zum Bunkern nach Ponta Delgada auf San Miguel zu dampfen und anschließend in die Biskaya zu gehen, um das Vigo-Kabel zu reparieren. Die spanische Endstation meldete sich nicht mehr. Die Widerstandsmessungen der Kabelwachen von Vigo und von Porthcurno, an der Küste von Cornwall, hatten den Defekt auf ungefähr hundert Seemeilen nordwestlich Kap Finisterre lokalisiert.
Jenes Funktelegramm enthielt indessen noch einen Nachsatz, der unserem Funker im ersten freudigen Schrecken so unglaublich erschien, daß er sich den Text zur Sicherheit wiederholen ließ. Ich sehe Jones noch vor mir, wie er plötzlich aus seiner Funkbude herausgeschossen kam und, das Formular an seine magere Brust gepreßt, mit dem Ruf nach dem Kapitän durch das Brückenhaus fegte und in den Schrei ausbrach: »Nach Hause!«
Zunächst fürchtete ich, Jones sei übergeschnappt; doch als nicht aufhörte, laut über Deck zu brüllen: »Wir gehen nach London!« und das Echo aus drei Dutzend Kehlen vom Oberdeck zurückbrandete wie das Entergeschrei einer

Piratenbande, wußte ich, was er soeben aus der Luft für uns aufgeschnappt hatte, und schlug dem Rudergänger vor Begeisterung so kräftig auf die Schulter, daß er verdattert das Rad losließ.

Der Freudentaumel, den unsere schwimmende Kabelkiste im Handumdrehen erfaßte, war verständlich. Fast zwei Jahre waren seit dem Tag dahingegangen, an dem wir mit zweitausend Meilen Kabel in den Kabeltanks unsere Leinen im Hafen von London losgeworfen hatten, um das weitmaschige Netz der unterseeischen Verbindungen intaktzuhalten, das die Schiffe unserer Gesellschaft seit Jahrzehnten zwischen Kontinenten und Inseln gewebt haben. So hatten wir ohne viel Muße den Atlantik von Island bis hinunter zu den Falklandinseln durchkreuzt, eine Zeitlang im Pazifik herumgeflickt und zwischendurch im Indischen Ozean für Ordnung gesorgt. Vierundzwanzig Monate! Das ist selbst für die Männer eines Kabelschiffes, die wahrlich nicht mit heimatlicher Landluft verwöhnt sind, ein harter Bissen. Aber nun hatten wir Order nach London.

Am meisten freute sich George McMillan, unser Chefingenieur, ein Mann von fünfzig Jahren, dem das Schicksal, wie er immer wieder versicherte, einen ausgekochten Streich gespielt hatte. Der langersehnte Stammhalter war ihm nämlich zehn Stunden nach dem Auslaufen geboren worden, so daß er sich während der endlosen Seezigeunerei zu seinem Kummer mit wenigen Fotos von Klein-Billy begnügen mußte. Jedermann an Bord kannte diese abgegriffenen Bildnisse des Nackedeis mit dem Plumpuddinggesicht. George redete von nichts anderem als von diesem heranwachsenden Stolz Englands, und ich glaube, er vergaß ihn nur, wenn er auf der Trosse des Schneidankers ritt. Nun, da er die Gewißheit hatte, seinen Sohn bald auf den Knieen schaukeln zu nen, verklärte ein glückseliges Lächeln sein gerötetes Schottengesicht.

»Na, Chief«, rief ich ihm zu, »mit dem Schicksal versöhnt?«

»Ich hab' gewußt, daß es bald nach Hause geht«, antwortete George ruhig, »schon seit einer Woche.«

»Geträumt?« spottete ich.

»Nein«, erwiderte der Chief ernst, »ich habe . . .« Er stockte, machte eine Handbewegung, als wolle er diesen Anfang einer Erklärung ausradieren, und wandte sich unvermittelt zum Gehen.

»Haben Sie etwa wieder Ihr Orakel befragt, George?« rief ich hinter ihm her..

Der Chief drehte sich um und sah mich an wie ein ertappter Sünder. Dann grinste er verlegen und war im nächsten Augenblick hinter der Tür zum Maschinenraum verschwunden.

Ich muß hier erklären, was es mit Georges Orakel auf sich hatte. Die Geschichte begann, als wir ein Jahr draußen waren und das Kabel von der atlantischen Insel Ascension hinüber nach Brasilien klarieren sollten. Wir konnten damals nicht hoffen, in der weiten Wasserwüste den nur gut

daumendicken Strang schon beim ersten Überlauf zu erwischen. Die See war am berechneten Ort der Störung über fünftausend Meter tief. Wir vermuteten, daß das Kabel zwischen Bodenwellen in losen Buchten hing und, von Grundströmungen bewegt, im Laufe der Zeit irgendwo die Isolierung sich durchgescheuert hatte oder gar das Kabel durch sein eigenes Gewicht gerissen war, was nicht selten vorkommt. Die Chancen, es auf Anhieb mit dem Lucas-Schneidanker zu fassen, standen so schlecht, daß George im Scherz erklärte: »Wenn's beim erstenmal klappt, gewinne ich das Große Los!«
Nach dieser Prophezeiung setzte er sich auf die Trosse, an der wir den Lucas schleppten, und schaltete seinen Tastsinn ein.
Auf den meisten Kabelschiffen unserer Gesellschaft ist es Sache des Chefingenieurs, zu erkennen, was dort unten am Meeresgrund vor sich geht. Mancher Chief verläßt sich dabei auf das Dynamometer, das den Zug auf die Trosse anzeigt. Doch ein Mann wie George verachtete diesen seelenlosen Mechanismus aus Federn und Rollen. Ein Chief wie George setzt sich zwischen Bugrolle und Zugmesser seitlings auf den straff gespannten Stahldraht, umfaßt ihn mit beiden Händen und konzentriert sich wie ein Yogi, während das Schiff in wohlbemessener Geschwindigkeit seinen Kurs quer zur Kabelstrecke abkriecht. Er spürt jede Veränderung des Zuges auf die Trosse in den Fingerspitzen und in den Muskeln seiner Oberschenkel; er fühlt, ob der Lucas schwer über den Grund schleift, ob er springt, irgendwo hakt oder das Kabel in seine eisernen Krallen genommen hat.
Während der Schleppfahrt ist ein Chief, der den Lucas reitet, ein einsamer Mann. Nur der Kapitän oder ein Wachoffizier darf in seiner Nähe bleiben, jedoch in sicherer Entfernung. Denn neben dem Chief hockt der Tod. Ich werde nie vergessen, wie er John Mills, den jungen Chief der ELECTRA, geholt hat. Ein Irrtum und ein zu spät gegebenes Kommando waren sein Verhängnis geworden. Es war damals blitzschnell gegangen. Der Lucas hatte sich festgehakt, die Trosse riß und erschlug John mit einem furchtbaren Peitschenhieb. Er wurde über die Reling geschleudert, und noch in der Luft traf ihn ein Stück des auseinandergeborstenen Zugmessers.
George McMillan hatte noch nie versagt, daher rührte sein Ruhm in der Kabelflottte. Auch über dem Brasilienkabel hatte er seine große Stunde. Nach drei Meilen Schleppfahrt schnappte der Lucas zu und brachte seinen Fang ans Tageslicht. Als wir vier Wochen darauf – das Aufholen des anderen Endes hatte uns viel Zeit gekostet – in Rio einliefen, fand George einen Brief vor, in dem ihm mitgeteilt wurde, er habe zwar nicht das Große Los, wohl aber tausend Pfund in der Lotterie gewonnen. Eine Laune des Zufalls! George jedenfalls wäre der letzte gewesen, der den Treffer anders gedeutet hätte.
Einige Monate danach schaukelten wir in der Tasman-See, wo wir uns ohne genaue Position bei unhandigem Wetter daranmachten, zehn Meilen Kabel

auszuwechseln. Als George sich mißvergnügt auf die Trosse setzte, sagte er leichthin: »Wir finden die Strippe heute ebensowenig, wie ich je eine Erbschaft mache.« Vier Stunden später hatte der Lucas das Kabel geschnitten, und wenige Wochen nach diesem Erfolg war George Besitzer eines baufälligen Hauses in Brisbane, das ihm ein als verschollen geglaubter Onkel hinterlassen hatte.

Von da an ließ George den Lucas immer häufiger als Orakel auftreten. Er machte daraus ein spannendes Spiel, an dem er die ganze Offiziersmesse teilnehmen ließ. Zu unser aller Verblüffung tippte seine eiserne Pythia nie daneben. Gewöhnlich bemühte er sie, um den Ausgang schwebender Familiensorgen frühzeitig zu erfahren, von denen wir durch Briefe von daheim wußten. Er sagte richtig voraus, daß die Tochter unseres Ersten Offiziers in einem Schulexamen durchfallen, sein eigener Bruder einen Prozeß gewinnen und die Frau des Zweiten Ingenieurs Erste Vorsitzende im Wohltätigkeitsverein von Richmond werden würde.

Mit der Zeit wurden Georges Vorhersagen, bevor er sich auf seinen Platz auf der Back begab, immer kühner. Als wir einmal acht Wochen hintereinander, ohne Land oder auch nur eine Rauchfahne zu sehen, im mittleren Pazifik arbeiteten und die Stimmung auf den Nullpunkt gesackt war, wagte er, bevor er die Trosse bestieg, die Behauptung: »Jungs, wenn's beim erstenmal klargeht, gibt's morgen für euch eine freudige Überraschung.« Wir lachten George grimmig aus. Die Chancen standen vielleicht eins zu hundert.

Nun, das geschnittene Kabel kam beim ersten Überlauf herauf, und am nächsten Morgen stoppte neben uns ein Passagierdampfer, der Post für uns an Bord hatte.

Georges Orakel wurde dadurch so populär, daß bald vor jedem Aushieven des Schneidankers irgendein Mann der Besatzung zu George kam und ihn anflehte, ihm Gewißheit in Fragen zu schaffen, die ihn bedrückten. Doch davon wollte der Chief nichts wissen. Nur ein einziges Mal ließ er sich im Übermut dazu hinreißen, auf einen seiner Untergebenen zu setzen. Es war an der westaustralischen Küste, vierhundert Meter über ebenem Grund. Spiegelglatte See. Hier hätte es mit dem Teufel zugehen müssen, wenn wir das dicke Küstenkabel nicht beim ersten Versuch greifen würden. Und so rief der Chief gutgelaunt einem Elektriker zu, der eine Oberdeckswinde überholte: »Also, Joe, ich sage Ihnen: wenn wir in vier Stunden nichts gefischt haben, läuft Ihnen die Braut davon!«

»Ausgeschlossen, Chief«, lachte Joe, »die ist treu wie meine Nase.«

Diesmal ging alles schief. Drei Tage dauerte es, bis wir endlich ein verrottetes Kabelende an Deck hatten. Eine Woche darauf gingen wir nach Sydney ins Dock, um den Schiffsboden von Muscheln und Tang säubern zu lassen. Abends hörte ich Joe in der Unteroffiziersmesse randalieren. Er hatte sich betrunken, weil seine Peggy ihm per Luftpost den Laufpaß geschickt hatte.

Mit diesem unheimlichen Treffer im Falle Joe nistete sich in den verwirrten und abergläubischen Köpfen einiger Matrosen und Schmierer der Verdacht ein, es könne bei den Vorhersagen des Chiefs nicht mit rechten Dingen zugehen. Sie beäugten George mißtrauisch und tuschelten hinter seinem Rücken. Als ich ihn darüber aufklärte, beeilte er sich zu verbreiten, seine Orakelei sei barer Unsinn, an den nur ausgemachte Idioten glauben könnten. Und fortan ritt George auf der Trosse des Schneidankers, ohne zuvor Fragen an das Schicksal zu stellen.

Seitdem war ein halbes Jahr vergangen. Um so verblüffter war ich, als ich nun dahinterkam, daß George aufs neue, und zwar heimlich, versucht hatte, der Zukunft in die Karten zu sehen, was ihm offenbar auch geglückt war. Na wenn schon, dachte ich. Aber da erinnerte ich mich: schien George nicht nervös und unsicher gewesen zu sein, als er beim letztenmal auf der Trosse ritt? Es wurde wirklich höchste Zeit für George, nach Hause zu kommen. Irgendwie waren wir alle reif, vom Captain bis zum jüngsten Decksjungen.

Wir nahmen also Kurs auf die Azoren, blieben vierundzwanzig Stunden in Ponta Delgada und dampften alsdann nach Nordosten. An den nächsten beiden Tagen blieb das Wetter freundlicher, als man es Anfang Oktober in diesen Breiten erwarten darf. Am dritten Morgen jedoch begann das Barometer zu fallen, der Himmel bezog sich tiefgrau. Je weiter wir nach Norden kamen, um so höher und länger wurde die Dünung, die sich von Westen heranwälzte, und als wir in der Frühe des vierten Tages unser Ziel fast erreicht hatten, begann es zu regnen. Nicht eine Meile Sicht! Für eine genaue Ortsbestimmung waren wir auf die Funknavigation angewiesen.

Während sich der Dritte Offizier um die Peilungen kümmerte, nahm ich mir noch einmal die Kabelkarte des östlichen Nordatlantiks vor. Wenn die Widerstandsmessungen stimmten, lag der Fehler des Vigokabels, den wir beheben sollten, in viertausenddreihundert Meter Tiefe auf schlickigem Grund. Nördlich der berechneten Stelle, so wies die Karte nach, war das Kabel zehn Jahre zuvor auf fünfzig Meilen ersetzt worden; demnach konnte der Defekt nur im alten Abschnitt liegen, nach menschlichem Ermessen. Der Captain wollte diesen alten Strang ungefähr fünf Meilen südlich des Anschlusses schneiden. Wir hielten auf den Punkt zu, sobald der Wachoffizier unsere genaue Position in die Seekarte eingezeichnet hatte.

Während ich die Kursänderung im Schiffstagebuch vermerkte, hörte ich plötzlich durch die offenstehende Tür zur Funkstation, wie Jones den Maschinenraum antelefonierte und den Chief an den Apparat bat. »Ein Telegramm für Sie, Chief!« Und wenige Augenblicke später: »Es ist besser, wenn Sie selbst heraufkommen.« Es lag irgend etwas in seiner Stimme, was mir nicht gefiel. Jones legte langsam den Hörer auf.

Kurz darauf erschien George. Ohne ein Wort des Grußes ging er schnell an mir vorbei in die Station. Ich schielte nach nebenan. Jones gab dem Chief das

Telegrammformular. George las es, seine Hände zitterten, und sein Gesicht wurde kreideweiß. Er wankte, tastete nach einem Stuhl, fiel schwer darauf nieder.

»George!« rief ich. »Um Himmels willen, was ist los?« Er blickte mich an, starr und fremd, dann hielt er mir das Telegramm entgegen. Es besagte in wenigen Worten, daß Billy an Gehirnhautentzündung erkrankt sei und wenig Hoffnung für ihn bestehe, durchzukommen.

Schwerfällig taumelte George hinaus. Ich horchte auf seine Schritte. Er ging hinunter ins Offiziersdeck. Die Tür seiner Kammer fiel leise ins Schloß. Armer George! Niemand von uns konnte ihm helfen.

Gegen elf Uhr standen wir auf Position. Das Tiefsee-Echolot bestätigte die auf der Karte angegebene Tiefe. Ein Funkspruch aus London hatte uns daran erinnert, daß die Reparatur äußerst dringlich sei. Die hatten gut mahnen!

Ein Blick auf die jüngste Wetterkarte erschütterte unsere Hoffnung, mit der Arbeit schnell fertig zu werden. Auf dem mittleren Nordatlantik braute sich eine schöne Suppe zusammen. Wenn wir diesem Tief nicht zuvorkamen, konnten wir unter Umständen wochenlang auf unsere Chance warten, und das sozusagen direkt vor unserer Haustür.

Das Schiff lag gestoppt und dümpelte in der Dünung. Ich ließ das Tagessignal für Kabelschiffe aufheißen: zwei rote Bälle übereinander mit einem weißen Kasten dazwischen. Das heißt für alle anderen Fahrzeuge: da ist ein Kabelschiff bei der Arbeit und kann nicht ausweichen. Niemand darf ihm in die Quere kommen!

Zunächst mußten wir eine Markierungsboje verankern, ein riesiges Stahl-Ei mit einer Flagge für den Tag und Laternen für die Nacht. Dazu kam der Radarreflektor. Wir brauchten eine gute Stunde, bis wir den Pilzanker an seinem Tau auf den Meeresgrund gefiert hatten und die Boje zu Wasser lassen konnten. Darauf dampften wir mit langsamer Fahrt nach Westen, gingen auf Gegenkurs, stoppten erneut und hievten den Lucas aus. Das kostete uns fast drei Stunden.

Endlich konnte ich dem Captain melden: alles klar! Ich schickte den Bootsmann und seine Leute unter Deck und wartete auf George. Ich würde mit ihm allein sein auf der Back. Endlich sah ich ihn langsam nach vorne kommen, im Ölzeug. Unter dem schwarzen Südwester sah sein Gesicht besonders bleich aus. Er nickte mir wortlos zu, setzte sich auf die Lucastrosse und starrte mit den maskenhaften Zügen eines Altgewordenen an mir vorbei über die graue dünende See, auf die der Regen rauschte.

Auf der Brücke rasselte der Maschinentelegraph. Beide Schrauben drehten für ganz langsame Fahrt voraus. Kurs war Ost, quer zum Kabel. Der Vierte Offizier hatte am Peilkompaß seinen gewohnten Posten bezogen. Es war seine Aufgabe, darauf zu achten, daß die Markierungsboje immer recht achteraus peilte, solange sie überhaupt zu sehen war. Diesmal war sie bereits

nach drei Schiffslängen außer Sicht, aber im Radargerät machte sie sich sehr deutlich als heller Punkt auf dem Bildschirm erkennbar.
Eine halbe Stunde lang blieb der Zug auf die Trosse normal. Plötzlich kletterte der Zeiger auf dem Dynamometer stetig an. Erwartungsvoll blickte ich George an. »Hat er es?« fragten ihn meine Augen. Aber George brüllte: »Zum Teufel! Wir machen zu viel Fahrt! Einen Knoten weniger!« Ich gab die Forderung über das Mikrophon weiter zur Kommandobrücke, für die sie bestimmt war.
»Entschuldigen Sie«, ließ George sich vernehmen. Es war das erstemal, daß er die Beherrschung verloren hatte.
»Schon gut, Chief«, gab ich zurück. Darauf sah er mich eine Weile nachdenklich an und sagte leise: »Wenn wir mit dieser Arbeit vor dem Sturm fertig werden, bleibt Billy am Leben.«
»Aber George«, rief ich ihm zu, »der Wind brist jetzt schon ganz hübsch auf, und der Seegang wird so schnell zunehmen, daß wir vielleicht nach dem ersten Überlauf abbrechen müssen. Es hört auf zu regnen, das ist ein schlechtes Zeichen.«
George nickte. »Dann wird Billy sterben.«
»Seien Sie doch vernünftig, Mann«, redete ich auf ihn ein. Ich mußte George davor bewahren, sich in diesen Wahn zu verstricken. »Wenn Sie sich jetzt von diesem verdammten Unsinn selbst beeinflussen lassen...«
George schüttelte den Kopf. »Machen Sie sich darüber keine Sorgen«, sagte er ruhig. »Ich war meiner Sache nie so sicher wie jetzt.« Und nach einer Pause fügte er hinzu: »Ich habe jetzt Billys Leben in der Hand.«
»Das ist Irrsinn, Old Man«, schrie ich ihn an. »Was hat denn das Kabel mit Ihrem Kind zu tun? Es liegt auch nicht in Ihrer Hand, ob wir das Kabel gleich beim erstenmal erwischen und schneiden. Das wissen Sie selbst so gut wie wir. Von Ihnen erwarten wir nur eine richtige Entscheidung im richtigen Augenblick. Alles übrige ist unsere Angelegenheit.«
George schnitt mir mit einer unwilligen Geste das Wort ab. Ich gab aber nicht auf. »Haben Sie nicht selbst erklärt, Ihre Orakelei sei nur ein verrückter Spaß?«
»Jawohl«, antwortete George hart, »aber das habe ich nur gesagt, um die Leute nicht zu verwirren. Ich selbst denke seit langem anders darüber. Bisher hat mein Orakel nie versagt; das scheint zwar höchst seltsam, aber es ist eine Tatsache. Und deshalb ersparen Sie mir gefälligst Ihre gutgemeinten Predigten.«
George tat mir leid. Ich bereute meine Heftigkeit. Nein, ich durfte jetzt nicht versuchen, ihm mit Vorhaltungen die einzige Hoffnung zu nehmen. Er erwartete ein günstiges Vorzeichen, an das er sich in seiner Verzweiflung klammern konnte. Ich flehte darum, es möge ihm zuteil werden.
Stur rollte das Schiff auf seinem Kurs dahin. Der Chief hielt sich unbeweglich

auf der leicht vibrierenden Trosse, die er mit beiden Händen umfaßte. Gleichmäßig schleifte der Schneidanker über den Meeresgrund, der Zugmesser verriet es.

Es wurde dämmrig, als wir zum zweiten Anlauf drehten. Hoch über der Brücke brannte, ringsum sichtbar, das Nachtsignal: drei Lichter übereinander, zwei rote, dazwischen ein weißes. Tiefhängende Wolken hetzten einander gen Osten, der Wind wurde ungestümer und heulte in den Stagen und Flaggleinen. Meine Zuversicht schwand dahin wie der letzte Schimmer des Tages.

Kurz vor Mitternacht, auf halbem Wege des dritten Überlaufs, begann plötzlich der Zeiger des erleuchteten Dynamometers zu klettern. Sofort reckte sich Georges dunkle Gestalt. Ich sah ihm ins Gesicht, gespannt. Seine Augen waren geschlossen.

Der Zug auf die Trosse nahm zu, schneller, als es in der Ordnung war. »Was hat er, Chief?« Keine Antwort. Der Zeiger ruckte. Das konnte nicht das gefangene Kabel sein. Warum sagte George nichts?

»George!« brüllte ich. Die Trosse wurde steif wie eine zum äußersten gespannte Klaviersaite. Der Zeiger zuckte über die rote Warnmarke. Mit einem Satz war ich bei George, sprang ihn an, atemlos vor Angst, und riß ihn von der Trosse. Ich erwartete den Knall und den Peitschenhieb. »Stop!« schrie ich, so laut ich konnte.

Durch den Wind hörte man mich nicht auf der Kommandobrücke. Der Chief keuchte wie eine Lokomotive. Er schüttelte mich ab, daß ich gegen die Kabelwinde flog. Ich raffte mich auf, um mit der Schiffsglocke Alarm zu schlagen. In diesem Augenblick hörte ich Georges Stimme: »Es ist das Kabel! Sie verdammter Narr!« Er zeigte auf den Zugmesser. Der Zeiger war zurückgefallen. »Lassen Sie einhieven!« George hatte seine Ruhe wiedergefunden, aber atmete schwer.

»Gratuliere, George«, sagte ich, und »Gott sei Dank, jetzt haben Sie Ihr Zeichen.«

»Noch nicht«, entgegnete George und schüttelte langsam den Kopf, »noch nicht. Die ganze Arbeit – das wird es sein.« Und damit verschwand er achteraus. Was nun kam, ging ihn nichts mehr an.

Ich ließ den Bootsmann mit seinen Leuten auf die Back kommen. Wir hievten die Trosse. Bald merkten wir an dem geringen Zug, daß der Lucas ohne Kabelende heraufkam. Wie wir feststellten, als er endlich vor der Bugrolle pendelte, hingen Holzfetzen in seiner Schneide, Spuren einer Planke, die er von einem gesunkenen Fischerfahrzeug gerissen hatte, vermutlich. George hatte sich also geirrt, zum ersten Mal.

Wir machten den Lucas wieder klar und ließen ihn aufs neue in die Tiefe. Bei Tagesanbruch schleppten wir an. Der Chief hatte wieder seinen Posten bezogen. Gegen zehn Uhr gab der Zugmesser plötzlich zum zweitenmal eine

schnell zunehmende Belastung an. Georges Hände verkrampften sich, die Fingerknöchel traten weiß und spitz hervor. Auf seiner Stirn erschienen Schweißtropfen, sein Mund wurde zu einem Strich. Und wahrhaftig, er schielte verstohlen auf den Anzeiger. Hatte ihn sein Versagen in der Nacht schon so unsicher gemacht? Der Zeiger wanderte stetig weiter auf der Skala. Ja, so war es gut, so muß es sein, wenn der Lucas das Kabel gepackt hat und mitschleppt. »Jetzt hat er's, George«, rief ich, »sollen wir stoppen?«
George schüttelte den Kopf, er zitterte. Ich glaube, er wußte in diesem Augenblick nicht mehr, was um ihn vorging. Er hatte die Nerven verloren.
»Was ist vorne los?« kam die näselnde Stimme des Kapitäns aus dem Kommandolautsprecher. »George!«
Es war an ihm, zu antworten. Statt dessen sah er mich stumm an; seine Augen schienen mich anzuflehen, ihm zu Hilfe zu kommen. So meldete ich zur Brücke: »Es sieht ganz so aus, als hätten wir's diesmal geschnappt, Sir.«
Der Maschinentelegraph rasselte, das Schiff kam schnell zum Stehen. Als wir den Lucas hievten, stieg der Zug an. Der Zeiger wanderte musterhaft dem roten Strich entgegen. Wir durften daraus schließen, daß der Schneidanker das Kabel vom Meeresgrund abhob und hochzerrte. Gespannt beobachteten wir den Zugmesser. Plötzlich schnellte der Zeiger zurück. Geschnitten! Die Kraft auf den Sperrstift im Lucas war in diesem Augenblick so stark geworden, daß sie den Sperrstift knackte und die Kabelschneide löste.
Wir atmeten auf, als der Lucas mit dem eingeklemmten Kabelende an der Wasseroberfläche erschien. Dieses Ende mußten wir an Deck nehmen. Wir konnten es nicht einfach mit dem Schneidanker zusammen über die Bugrolle hieven, das hätte Bruch gegeben.
Was nun kam, war gefährliches Handwerk des Bootsmanns. Er wurde mit einem Bootsmannsstuhl, einem schmalen Sitzbrett, über Bord gelassen, bis er vor dem Bug unter dem Lucas baumelte. Mit einer Stopperkette sollte er das Kabel unterhalb der Klemme abfangen. Es machte ihm nichts aus, daß er immer wieder bis zum Hals untertauchte, wenn das Schiff im Rhythmus der Dünung die Nase in die Wogen steckte. Bei seiner Arbeit mußte er höllisch aufpassen. Wenn er die Kette nicht richtig belegte, konnte sie beim Hieven reißen und ihn erschlagen. Doch unser Kabelbootsmann war ein Meister in seinem Fach. Er erledigte den Fall in drei Minuten. Auf sein Zeichen hievten wir die Kette vorsichtig einige Zoll an. Der Stopper hielt. Nun sägte der Bootsmann das Kabel am Lucas ab. Es hing jetzt mit seinem ganzen Eigengewicht an der Kette. Vorsichtig hievten wir weiter, während zugleich der Kran den entlasteten Schneidanker einholte. Als wir fünfzig Meter Kabel zu unseren Füßen an Deck liegen hatten, klemmten wir es vor der Bugrolle ab, damit es uns nicht durch die Lappen flutschen konnte.
Da hatten wir also ein loses Kabelstück, mit dem wir umgehen konnten. Ob wir das Vigo-Ende oder das Porthcurno-Ende in der Hand hielten, mußte

sich herausstellen. Frank, der Chefelektriker, schlug den Kabelkern frei und schloß ihn im Prüfraum an die Kontrollapparate. Sie zeigten normalen Widerstand. Schön, das Kabel war intakt. Wir waren gespannt, wer sich melden würde, wenn Frank auf die Morsetaste drückte. Das konnte lange dauern. An der westafrikanischen Küste hatten wir einmal einen lieben langen Tag klappern müssen, bis jemand antwortete. Doch diesmal schlief der Mann am anderen Ende nicht. Es war die Station Vigo, die einwandfreien Empfang quittierte.

Damit hatten wir schon viel gewonnen. Jetzt wußten wir, daß der Fehler im Porthcurno-Teil zu suchen war. Mit dem Vigo-Ende konnten wir vorläufig nichts anfangen. Indes mußten wir uns beeilen, es zu sichern. Jones hatte nämlich eine Sturmwarnung aufgefangen. Windstärke 9 bis 10. Fluchend gingen wir an die Arbeit, versiegelten das Vigo-Ende mit Guttapercha und entließen es mit einem Pilzanker zurück zum Meeresgrund. Das obere Ende des Ankertaus machten wir an einer Kabelboje fest. So konnten wir das Kabelende wieder an Deck holen, wenn es an der Zeit war.

Inzwischen war es später Nachmittag geworden. Sollten wir aufgeben und das angekündigte Sturmtief passieren lassen? Zu jeder anderen Zeit hätte der Kapitän nicht lange überlegt und besseres Wetter abgewartet. Aber ihn zog es ebenso nach Hause wie den jüngsten Mann. Doch er allein trug die Verantwortung. Noch unentschlossen, schnupperte er wie ein Hund in den steifen Wind und musterte argwöhnisch die Schaumstreifen auf den Wellen. Plötzlich wandte er sich mir zu und befahl: »Signal nieder!« Er hatte das Handtuch geworfen.

Ich hätte den Befehl weitergeben müssen an den Matrosen der Wache, tat es aber nicht. Statt dessen erzählte ich meinem Kapitän von Georges Wahn und seiner Verzweiflung. Er hörte mich an mit unbewegtem Gesichtsausdruck. Ich spürte seine Abwehr. Eine Weile schien er nachzudenken, wobei er an mir vorbeisah, den Blick auf die ferne trübe Kimm gerichtet, als suche er ein Leuchtfeuer. Plötzlich ging er in den Kartenraum, stellte sich vor den Barographen und tat so, als studiere er die Kurve des Luftdrucks. Sie sah nicht sehr ermutigend aus.

»Hmmm«, brummte der Kapitän nach einer Minute, »ich habe das Gefühl, als würde die Störung nördlicher an uns vorüberziehen, als ich befürchtet habe. Lassen wir es also darauf ankommen und versuchen wir unser Glück, so lange es eben geht.« Er blinzelte mich an, und ich verstand.

Das Signal, das alle anderen Schiffe zum Ausweichen verpflichtete, blieb oben. Langsam dampften wir eine gute Meile nordwärts auf dem Kabelweg, fieberhaft damit beschäftigt, alles klarzumachen für das Aufholen des Porthcurno-Endes. Für diese Aufgabe benutzen wir einen eisernen Vetter des Lucas, einen Suchanker. Er sollte den losen Kabelstrang am Meeresgrund nicht kappen, sondern ergreifen und festhalten.

Schwarze Nacht hüllte uns ein, als wir den Suchanker am Grund hatten und quer zum Kabel anlaufen konnten. Der Chief stieg auf. Der Schein einer Sturmlaterne flackerte über sein Gesicht. Seine Züge waren eingefallen, in seinen Augen war die Hoffnung erloschen. »George«, sagte ich zuversichtlich, »wir werden gewinnen, und Billy wird leben!« Im nächsten Augenblick boxte eine See gewaltig gegen die Bordwand. Der Rumpf zitterte, und zugleich fegte der erste Brecher über das Vorschiff.
»Da haben Sie die Antwort«, sagte George müde.
Nach dreißig Minuten verriet der Zugmesser, daß der Suchanker etwas gefaßt hatte. Das Auf und Ab des Zeigers, verursacht durch das harte Stampfen des Schiffes, ließ nicht erkennen, was ihm in die Quere gekommen war. George hätte es gewiß gespürt, wenn ihm nicht zu dieser Stunde längst die Sicherheit und der letzte Rest von Selbstvertrauen über Bord gegangen wären.
Zwischen Hoffen und Bangen hievten wir. Nach zwei Stunden tauchte im Scheinwerferkegel der Greifer aus dem Wasser. In seinen Fängen hielt er eine verrottete Kabelbucht. Er hatte sie, so schätzten wir, ungefähr eine Meile nördlich der Schnittstelle vom schlammigen Meeresboden aufgepickt. Der Kabelbootsmann machte sich klar. Wir sicherten ihn mit einer Leine. Da bäumte sich der Bug hoch auf, das Kabel brach aus der Klemme, und ein Ende versank in der Flut. Der lose, meilenlange Rest taugte zu nichts mehr. Trotzdem wollten wir wenigsten versuchen, das Kupfer zu retten. Der Kabelbootsmann wäre fast ertrunken, als er den Stopper anlegte, um das Kabelstück unter dem Suchanker abzufangen. Er hatte sich die Mühe umsonst gemacht, denn als die Kette steif kam, wurden die Drahtadern der Kupferleitung und die Bewehrung zerrissen, und so ging der schäbige Rest auf Nimmerwiedersehen zum Teufel.
Mit Ach und Krach bändigten wir den unter der Bugrolle hin- und herpendelnden Suchanker, bevor er uns die Bordwand verbeulen konnte. Während wir ihn festzurrten, erloschen die Lichter des Nachtsignals. Aus dem Lautsprecher kam die Stimme des Kapitän: »Schiff dreht bei, warten auf besseres Wetter.«
All right, wir hatten unser Bestes getan. Mich zog es mächtig in die Koje. Und George? Er hatte seinen Posten auf der Back nicht verlassen, obwohl er uns nur im Weg stand. Ich glaube, er fürchtete sich vor der Stille seiner Kammer. »Gehen Sie endlich schlafen, George«, forderte ich ihn mit einem freundlichen Rippenstoß auf.
»Ich kann nicht«, antwortete er. Dennoch drehte er mir gehorsam den Rücken zu und ging davon. Noch in der Nacht erhielt er ein Telegramm: seine Frau ließ ihn wissen, daß die Ärzte Billy aufgegeben hatten.
Wir hielten uns in der Nähe der Markierungsboje und wetterten untätig den Sturm ab, der zum Glück schon am nächsten Abend schnell abflaute. In seinem Gefolge kamen heftige Regengüsse; sie zertrommelten die Wellen-

kämme und bügelten die Dünung nieder, so daß wir am folgenden Morgen wieder an die Arbeit gehen konnten. Da mit beständigem Wetter nicht mehr zu rechnen war, wollten wir die kostbare Zeit nicht damit vertrödeln, das Porthcurno-Ende ein zweitesmal am gleichen Ort zu fischen. Was davon in der Klemme des Suchankers zurückgeblieben war, ließ darauf schließen, daß sich der gesamte alte Abschnitt nach Norden zu bis zum Anschluß an das zehn Jahre zuvor neu ausgelegte Teilstück in einem miserablen Zustand befand. Wozu sich damit herumplagen? Das Vernünftigste war, ihn zu ersetzen. Der Kapitän ließ sich aus London grünes Licht für das Unternehmen geben. Okey! Und so versegelten wir nordwärts zur berechneten Position und kreuzten den Kabelweg zur ersten Suchaktion.

George richtete seine Kommandos nach dem Verhalten des Dynamometers. Seine Stimme klang teilnahmslos, als sei ihm gleichgültig, ob wir Erfolg hatten oder uns noch wochenlang mit dem Kabel abrackern mußten.

Auf Anhieb ging alles klar, ein Musterbeispiel. Ein sauber geschnittenes Kabel kam an Deck. Ungeduldig warteten wir auf das Ergebnis der Prüfung. Die Leute der Freiwache belagerten die Tür zum Kontrollraum. Endlich steckte Frank seine Nase heraus und verkündete: »Verbindung mit Porthcurno. Tadellos!«

Das war der Auftakt zum zweiten Hauptteil unserer Arbeit, deren Dauer nun vorauszusehen war, sofern uns das Wetter keinen üblen Strich durch die Rechnung machen würde. Johlend vor Heimatlust zogen die Kabelarbeiter das Ersatzkabel aus dem Tank und machten sich unter Franks Aufsicht daran, es mit dem Porthcurno-Ende zu verspleißen. Das ist eine Kunst, die keine Pfuscherei verträgt. Nicht die winzigste Luftblase darf sich dabei in die Kabelseele oder in die inneren Schutzhüllen einschleichen, der ungeheure Wasserdruck in der Tiefsee würde sie hinauspressen und die Isolierung undicht machen. Ebenso wichtig ist es, nach der Verlötung der Kupferadern die äußere Metallbewehrung so fest zu verbinden, daß die Nahtstelle denselben Zug aushält wie das eigentliche Kabel.

Nun, am späten Abend war der Spleiß fertig, die Zugfestigkeit geprüft und die elektrischen Widerstände gemessen. Alles in Ordnung. Jetzt konnten wir mit dem Auslegen beginnen. Wir mußten uns beeilen, denn die Kurve des Luftdruckschreibers zeigte wieder Lust zu fallen. Kurz vor Mitternacht drehten wir den Bug nach Süden und dampften langsam auf die Kabelboje zu, während das neue Kabel Meile für Meile über die Bugrolle auslief.

Wind und See waren wieder ungemütlich, als wir uns an die Boje heranmanövrierten. Es war eine Sache von Geduld und guter Seemannschaft, ein solches eisernes Ungetüm mit Hilfe von Kran und Winde zu bergen und dann das fünftausend Meter lange Ankertau mit dem daranhängenden Pilzanker einzuholen, an den ein Kabelende gefesselt war. Wir waren froh, als wir das versiegelte Vigo-Ende wiedersahen. Und noch einmal drei Stunden, da war

es mit dem neuen Abschnitt verspleißt. England und Spanien waren wieder verbunden. Ob aber der Strom der Telegramme fließen konnte oder nicht, das war hier noch die Frage. Bei uns an Bord ließ sich das nicht prüfen. Jones hatte deshalb einen Funkspruch an die Kabelwachen in Porthcurno und Vigo abgesetzt: »Kabel repariert. Bitte melden, ob okey!«
Und nun warteten wir frühmorgens auf Antwort. Nervös saßen wir in der Messe beim Frühstück. Besonders Frank war, wie gewöhnlich, so aufgeregt, daß er keinen Bissen hinunterbrachte. Er war ja verantwortlich für die Spleiße.
Als endlich das Telefon summte, zuckte er zusammen, als habe er einen elektrischen Schlag bekommen, und nahm zitternd vor Spannung den Hörer ab. Plötzlich verzog sich sein Gesicht zu einem glücklichen Grinsen. Er legte auf und langte gierig nach der Platte mit Eier und Schinken. »Alles klar, Jungs! Was dachtet ihr denn?« Der Heuchler tat, als habe er nichts anderes erwartet. Auch das kannten wir bei unserem Chef-Elektriker. Ihm konnte niemand in unserer Kabelflotte etwas vormachen, ehrlich.
Dann gingen wir an Deck und nach vorn auf die Back – zum letzten Akt. Das Schiff rollte stark. Das Kabel hing vor dem Bug, eben über Wasser, von zwei Taustoppern gehalten. Unter jedes Tau hatte der Bootsmann einen Holzklotz geschoben. Zwei Matrosen standen mit Äxten bereit, die Taue auf einen Schlag zu kappen.
»Fertig?« rief ich?
»Fertig, Sir«, antwortete der Kabelbootsmann.
»Achtung, Jungs! Eins – zwei – kapp!« Die Äxte schlugen zu. Mit einem Platsch verschwand das Kabel in der See und fiel sanft auf den Grund der Biskaya. Wir aber nahmen die Markierungsboje auf, holten das Signal nieder und verließen den Ort unserer Bewährung mit Kurs auf den Englischen Kanal. Homeward bound!
Als wir die Insel Wight passierten, empfing Jones ein Funktelegramm für George. Er zeigte es mir, noch ehe er den Chief verständigt hatte. Das war gegen die Vorschrift, aber der Funker wußte um meine Sympathien für George.
Billy lebte! Sein Zustand hatte sich plötzlich, für die Ärzte unerklärbar, wie durch ein Wunder verbessert. Er würde gesund werden!
Ich nahm Jones das Formular aus der Hand, ich wollte selbst George damit erlösen. Er hockte in seiner Kammer, unrasiert, mit übermüdeten Augen, das Gesicht auf die geballten Fäuste gestützt. Vor ihm, auf seinem Schreibtisch, lag seine Bibel, aufgeschlagen. Ich trat von hinten heran – er hatte mein Klopfen überhört und das Hereinkommen nicht bemerkt – und verdeckte die Prophetenstelle mit dem Telegramm. Es dauerte eine Weile, bis George begriffen hatte. Ein Schluchzen erschütterte plötzlich seinen Körper, und Tränen fielen auf das Papier. Da ging ich leise hinaus.

Als wir auf der Themse schwammen, sah ich George wieder, er besuchte mich auf der Brücke.

»Beim Lucas!« rief ich ihm übermütig entgegen. »Es riecht schon kräftig nach London. Ich wette, das alte Dorf hat sich inzwischen für keinen Penny verändert.«

George reagierte nicht. Wie geistesabwesend starrte er voraus, stromaufwärts.

»Wie lange werden wir die Freuden des Lebens an Land genießen, George?« lachte ich unbekümmert weiter. »Darüber hätten Sie das Orakel befragen sollen!«

Da sah George mich an und sagte langsam: »Ich werde es nie mehr befragen, weil ich mit Seekabeln nie wieder etwas zu schaffen haben will.«

»Das darf nicht Ihr Ernst sein!« rief ich verblüfft.

»Ich bin fertig damit. Verstehen Sie das nicht? Ich bin von meinem Aberglauben kuriert, aber diese Lehre hat mich mein Selbstvertrauen gekostet. Ich habe es verspielt.«

»Sie werden es wiederfinden, Chief«, redete ich eifrig auf ihn ein, »machen Sie erst mal Urlaub. Danach ist die Welt wieder in Ordnung für Sie.«

George schüttelte den Kopf, er lächelte betrübt. »Ich weiß es besser!« Mit diesen Worten nahm er sein Fernglas vor die Augen, um anzudeuten, daß für ihn das Thema erledigt sei.

In London ging er als erster von Bord. Seitdem habe ich ihn nicht wiedergesehen. Nur gehört habe ich kürzlich von George, das war in Kapstadt. Er soll als Ingenieur auf einem Frachter der Cunard Line fahren.

GEFAHREN VOR DEUTSCHEN KÜSTEN

Retter im nassen Dreieck

Die Küstengewässer der Nordsee gehören zu den gefährlichsten der Erde. Überall lauern Untiefen, die sich weit in die See hinaus erstrecken. Sie bedrohen besonders den Verkehr in den Mündungsgebieten von Elbe und Weser. Dazu kommen die starken Strömungen der Gezeiten. Bei Nacht und Nebel bringen sie ein Fahrzeug schnell vom Kurs ab und treiben es den Sandbänken und Riffen in die Arme. Niemand kann die Zahl der Schiffe schätzen, die allein im »nassen Dreieck« der deutschen Nordseeküste und an den Inseln im Wattenmeer im Laufe der Jahrhunderte gestrandet sind. Unzählbar auch die Schiffbrüchigen, die dort ein Seemannsgrab gefunden haben.
Nun sollte man glauben, in unserer modernen technischen Welt müßten die Gefahren für die Schiffahrt gebannt sein. Gibt es nicht Radar und Echolot, Funkpeiler und Kreiselkompaß? Hat nicht jedes Schiff genaue Seekarten an Bord? Bekommt nicht jeder Kapitän zuverlässige Wettervorhersagen?
Ja, so ist es. Und trotzdem, auch heute vergeht kaum ein Tag, an dem nicht ein Hilferuf drahtlos durch den Äther dringt: Schiff in Not! Allerdings trifft es selten ein großes Fahrzeug.
Solche Seenotrufe verhallen nicht ungehört. Wer etwa Mitte Januar eines jeden Jahres aufmerksam die Zeitung liest, wird sicherlich auf eine Meldung wie diese stoßen:

> Bremen, 14. Januar 1974. Die Deutsche Gesellschaft zur Rettung Schiffbrüchiger ist noch niemals so häufig alarmiert worden wie im vergangenen Jahr. In 1163 Einsatzfahrten konnten 1839 Menschen aus Seenot gerettet werden, unter ihnen 109 Ausländer. Unter den Geretteten waren 314 Fischer, 78 Seeleute und 838 Segler oder Wassersportler.

Das ist nicht immer so gewesen. Es gab eine Zeit, als Schiffbrüchige nicht auf Rettung hoffen durften, weil es niemanden gab, der an ihre Rettung dachte. Im Gegenteil!

In einer stürmischen Septembernacht des Jahres 1860 strandete die Brigg ALLIANCE vor Borkum. Sie war ein altes Schiff, und die schwere Brandung hatte leichtes Spiel mit ihr. Die Mannschaft floh vor ihr in die Takelage und schrie beim Morgengrauen verzweifelt um Hilfe. Fischer kamen in der Frühe an den Strand. Sie hätten die Schiffbrüchigen mit einem Fischerboot retten können. Doch was sich vor ihren Augen abspielte, betrachteten sie als gottgewolltes Seemannslos, das auch sie jeden Tag treffen konnte. Zudem wären sie um ihr Strandrecht gekommen. So erwarteten sie kaltblütig das Ende des Zweimasters und sahen ungerührt zu, wie er auseinanderbrach und die Besatzung in den Fluten umkam.

Die bettelarmen Fischer freuten sich über das nun herrenlose Gut, das die Brandungswellen ihnen als Eigentum an den Strand spülte: Holz und Tauwerk, Kisten und Fässer und viele willkommene Dinge. Erhört war, so glaubten sie, ihr sonntägliches Gebet in der Inselkirche: »Wir bitten Dich, o Herr, wenn es Dir in Deinem Ratschluß gefällt, Schiffe umkommen zu lassen im Heulen des Sturmes und im Rasen der See, dann führe sie hierher an unsern Strand zum Wohle der armen Bewohner dieser Küste.« Gewöhnlich faßte man sich allerdings kürzer: »Gott segne unsern Strand.«

Ein früh aufstehender Kurgast, ein pensionierter Kapitän, hatte das Ende der ALLIANCE mit angesehen – empört, aber machtlos. Er berichtete darüber in der »Weserzeitung«. Viele Leute lasen den Artikel. Nur einer war darunter, dem er von Stund an keine Ruhe ließ. Dieser Mann hieß Adolph Bermpohl. Sein frommer Vater hätte ihn gern als Diener der Kirche gesehen. Er konnte nicht ahnen, daß sein Sohn auf dem Umweg über die Meere einer noch höheren Berufung zusteuerte: dem Dienst an der Bruderschaft zur See.

Als die ALLIANCE verlorenging, hatte er den Rock des Obersteuermanns bereits an den Nagel gehängt und sich, jung verheiratet, in der kleinen Stadt Vegesack bei Bremen als Lehrer an einer privaten Navigationsschule niedergelassen.

»Ist es nicht eine Schande für ganz Deutschland, daß so etwas an seinen Küsten vorkommen kann? Warum werden nicht, wie in England, auch an unseren Küsten Rettungsboote stationiert, ausgerüstet mit allem Möglichen, das die Rettung von Schiffbrüchigen erleichtern kann?«

Die Leser der »Vegesacker Monatsschrift« ahnten nicht, daß der anonyme Verfasser des Protestes ihr sonst so stiller Mitbürger Bermpohl war. Nun ja, das unbedeutende Lokalblättchen hatte wenig Abonnenten, und so blieben die Fragen unbeachtet. Die breite Öffentlichkeit müßte man ansprechen, einflußreiche Leute interessieren, die ein Gewissen und Geld haben, so sagte sich Bermpohl und machte sich auf die Suche. Er fand einen Verbündeten in dem Notar Kuhlmay. Gemeinsam schrieben sie einen flammenden Aufruf

und schickten ihn an alle Zeitungsredaktionen in den deutschen Küstenländern. Darin hieß es zum Schluß: »Es ergeht hiermit an alle Deutschen der ernste Ruf, sich an diesem Werke der Wohltätigkeit nach Kräften zu beteiligen. Es wird geplant, in den verschiedenen Städten Deutschlands Komitees zur Ausführung dieses Unternehmens zu bilden, und man bittet, etwaige Beträge an dieselben gelangen zu lassen.«
Nur wenige Zeitungen druckten den Appell. Dennoch, die Idee zündete hier und dort. Mehr und mehr Gesinnungsfreunde stießen zu Bermpohl; sie planten, machten Vorschläge, reisten herum, holten Auskünfte ein, sammelten Erfahrungen und rüttelten mit Artikeln die Leute hinter den Deichen wach: »Selten birgt ein Jahr wie das verfließende so viele Unglücksfälle zur See in seinem Schoße, und selten hat das Element des Wassers so viele Opfer an Menschenleben gefordert wie in diesem Jahre. Von allen Meeren ist es aber wieder die Nordsee, welche in diesem traurigen Register den Schauplatz für die meisten Verluste an Leben und Gut geboten hat.«
Doch es gab Widerstände auf einer Seite, von der man es am wenigsten erwartet hatte. Waren nicht die bremischen Kaufleute mit der Handelsschiffahrt und dem Schicksal der Seefahrer auf Gedeih und Verderb verbunden? Aber die Herren der Handelskammer reagierten skeptisch. Sie schickten einen Sachverständigen an die Nordseeküste und auf die friesischen Inseln, um die Voraussetzungen für ein Rettungswerk zu prüfen. Das Gutachten war negativ: es gäbe nirgendwo genug Männer, die bereit wären, freiwillig ihr Leben für Schiffbrüchige – und gar noch für ausländische – aufs Spiel zu setzen und auf das Strandrecht zu verzichten. Übrigens seien auf den Inseln auch nicht genug Pferde vorhanden, um Ruderrettungsboote im Notfall aus den Schuppen auf Wagengestellen in die Brandung zu ziehen, so wie Bermpohl es sich gedacht hatte. Kurzum, eine finanzielle Unterstützung sei sinnlos.
Aber Bermpohl und seine Freunde gaben nicht auf. »Jetzt erst recht!« hieß die Parole. Und es dauerte nicht lange, da gab es in Hamburg, in Bremen und Emden »Rettungsvereine«. Von den Beiträgen und den gesammelten Spenden konnten die ersten Schuppen am Strand errichtet, die ersten Rettungsboote gebaut werden. Auch auf den Inseln hatte sich die Gesinnung geändert. Es meldeten sich junge Männer, die gewillt waren, hinauszurudern, wenn Menschen vor ihren Augen in Seenot geraten sollten.

Inzwischen schrieb man das Jahr 1864. Wieder tobten Herbststürme über der Nordsee. Sie warfen einen kleinen Segler auf ein Riff vor der Insel Spiekeroog. Was dann geschah, wäre wenige Jahre zuvor undenkbar gewesen:
Auf den Ruf »Schiff in Not!« rannten die Leute von Spiekeroog zum Bootsschuppen in den Dünen. Es war keine Zeit mehr, die Pferde von der Weide zu holen. Also spannten sie sich selbst, Männer und Frauen, vor den Boots-

wagen, zogen das große, schwere Rettungsboot auf seinem Fahrgestell zum nahen Strand und schoben es in die Brandung. Acht kräftige junge Fischer sprangen ins Boot und ergriffen die Riemen, während die übrigen den Wagen weiterzogen, in tieferes Wasser, bis ihnen die Wellen über die Köpfe brachen. Im nächsten Augenblick hob eine Woge das Boot von seiner Unterlage: es schwamm! Durch die brüllende Brandung ruderte die Mannschaft hinaus. Gegen Sturm und Strömung mühte sie sich ab; aber es war unmöglich, an dem Wrack anzulegen, ihr Boot wäre daran zerschmettert worden. Das erkannten auch die Schiffbrüchigen. Hastig banden sie aus Planken ein Floß zusammen, klammerten sich daran fest und ließen sich treiben. Sogleich war das Rettungsboot heran. Während die fünf Erschöpften an Bord gezerrt wurden, brach draußen auf dem Riff der Segler auseinander. »Wie sich herausstellte«, so konnte die Weserzeitung diesmal berichten, »waren die Schiffbrüchigen Franzosen. Sie zeigten ihre Dankbarkeit, indem sie die Hände ihrer Retter küßten, die sie dem sicheren Tod entrissen hatten. Am Strande angekommen, knieten sie nieder, und ihr Kapitän sprach laut ein Dankgebet. Dann wurden sie ins Dorf geführt.«

Bevor das Jahr zu Ende ging, gab es in allen deutschen Hafenstädten Rettungsvereine, auch an der Ostsee. Sie schlossen sich im Mai 1865 in Kiel zusammen und gründeten die »Deutsche Gesellschaft zur Rettung Schiffbrüchiger«. Ein Jahrhundert später, Ende 1965, konnte sie stolz verkünden: »Seit Gründung unserer Gesellschaft im Jahre 1865 wurden insgesamt 15 070 Menschenleben durch die Mannschaften, Boote und Geräte unserer Stationen gerettet, unter ihnen 3514 Ausländer.« Bis 1974 erhöhte sich die Zahl auf fast 280 000.

Adolph Bermpohl hatte erreicht, was er wollte. Er trat nun bescheiden zurück und überließ die weitere Entwicklung anderen Leuten. Einer, der schon früh zu ihm gestoßen war, zeigte sich als die vorantreibende Kraft: Dr. Arwed Emminghaus, Redakteur des »Bremer Handelsblattes«, Volkswirt und Rechtsgelehrter in einer Person. Er wurde später Professor an der Technischen Hochschule Karlsruhe und schließlich Direktor einer Lebensversicherung. Nach ihm ist ein Seenot-Rettungskreuzer benannt, dem wir in der folgenden Geschichte auf dem berüchtigten Scharhörnriff begegnen werden.

Es ist nicht übertrieben: die Deutsche Gesellschaft zur Rettung Schiffbrüchiger ist die modernste ihrer Art in der Welt. Ihr Hauptquartier liegt in Bremen. Hier, in der »Seenotleitung«, laufen die Fäden im Netz des Seenotmeldedienstes zusammen: 14 eigene landfeste Funkstationen sind mit der Zentrale und den 21 Rettungsstationen ständig verbunden. In dieses Geflecht aus Telefonkabeln, Fernschreibleitungen, Sprechfunkkanälen und Telegraphiefrequenzen sind auch die drei großen deutschen Küstenfunkstationen eingeschaltet: Norddeich-Radio, Elbe-Weser-Radio und Kiel-Radio. Tag und Nacht lauschen ihre Antennen auf Rufe von Schiffen auf See und geben Antwort. Von hohen bemannten Leuchttürmen spähen Wächter mit Ferngläsern über die Reviere, auch sie haben Funkverbindung mit der nächstgelegenen Rettungsstation. Wenn irgendwo eine Notrakete aufsteigt oder ein SOS-Ruf aus dem Äther aufgefangen wird – in wenigen Augenblicken sind die Retter alarmiert. Es gibt keinen Punkt auf den Seestraßen vor unseren Küsten, der nicht innerhalb einer Stunde zu erreichen wäre.

Das Ruderrettungsboot, das von Pferden oder Menschenhand in die Brandung gezogen werden mußte, hat natürlich längst ausgedient. Heute liegt auf jeder Station ein Motorfahrzeug seeklar: stark, schnell, wendig, unsinkbar und ausgerüstet mit allem, was die Chancen im Wettlauf mit dem Seemannstod verbessert. Die Mannschaft braucht sich vor keinem Wetter zu fürchten.

12 Boote der Flotte sind aus Leichtmetall gebaut mit geringem Tiefgang für den Einsatz in flachen, strandnahen Gewässern. Weiter draußen operieren 7 Seenot-Rettungskreuzer. Die größten sind 26 Meter lang und machen 24 Knoten – das sind etwa 45 Kilometer in der Stunde –, wenn ihre drei Motoren und die drei Propeller äußerste Kraft laufen. Sie gelten als nahezu unsinkbar, denn es sind »Zwei-Schalen-Schiffe«: Eine doppelte Außenhaut ist durch wasserdichte Schotten aufgeteilt. Die Zwischenräume an den Seiten und im doppelten Boden enthalten die Tanks für Treibstoff und Wasser.

Neuartig an den Kreuzern ist ihr Tochterboot. Sie tragen es huckepack in einer offenen Wanne hinter dem Kommandoturm. Es kann im Handumdrehen über das Heck ablaufen und mit einer elektrischen Winde wieder eingehievt werden. Die 6 Meter langen und äußerst seetüchtigen Tochterboote sind oft die letzte Rettung, wenn es um Minuten geht und das Mutterschiff sich bei Niedrigwasser nicht mehr nahe genug an ein gestrandetes oder sinkendes Fahrzeug heranmanövrieren kann.

Wenn auch die Technik im Rettungsdienst eine große Rolle spielt, das Entscheidende hat sich seit der Gründung nicht geändert: Noch immer sind es Männer der Küste und von den Inseln, die freiwillig hinausfahren. Nur auf den Seenot-Rettungskreuzern ist eine Stammbesatzung von vier bis sechs Mann fest angestellt. Die Männer auf den übrigen Booten verlangen keinen Lohn, sie gehen einem Beruf an Land nach. Wenn sie gerufen werden, lassen sie alles stehen und liegen, rennen an Bord und laufen aus in die Nacht, in den Sturm, in den Nebel. Sie sind zu jedem Opfer bereit, selbst zum höchsten.

Bisher haben fast 50 Rettungsmänner ihr Leben verloren, als sie es aufs Spiel setzten, um es anderen zu erhalten. So ist am 23. Februar 1967 die gesamte Besatzung des Seenotkreuzers ADOLPH BERMPOHL in einem Orkan bei Helgoland zusammen mit drei holländischen Seeleuten ertrunken, die sie zuvor mit dem Tochterboot VEGESACK von einem havarierten Fischkutter geborgen hat-

ten. »Die Katastrophe geschah vermutlich bei dem Versuch, die völlig erschöpften Holländer vom Tochterboot auf das Mutterschiff zu übernehmen. In dieser Situation muß sich eine gewaltige Grundsee über die beiden Boote aufgetürmt haben und auf sie niedergebrochen sein. Die ADOLPH BERMPOHL wurde dabei 90 Grad auf die Seite und über die VEGESACK geworfen. Die Seeleute wurden, wo sie sich in diesem Augenblick befunden haben mögen, außenbords gerissen und unter Wasser gedrückt.« So der Bericht des Seeamtes.
Der Rettungskreuzer wurde am nächsten Tag herrenlos gesichtet, bald darauf auch das kieloben treibende Tochterboot. Beide Fahrzeuge waren beschädigt, konnten aber schon nach kurzer Zeit wieder eingesetzt werden.

Und noch etwas ist geblieben, wie es Bermpohl und die Gründer wollten: Das deutsche Rettungswerk lebt von Spenden. Auch die sparsamsten Reeder zeigen sich nicht knickerig, und Seeleute geben brüderlich von ihren Heuern; Firmen des Seehandels lassen sich nicht lumpen, und Schulkinder im fernen Binnenland sammeln eifrig; Richter verhängen Geldbußen zugunsten der Gesellschaft, und Vereine plündern dafür ihre Kassen. In tausend Kneipen stehen die Sammelschiffchen auf dem Tresen und bleiben nicht leer. So kommen Jahr für Jahr Millionen zusammen. Sie machen das Rettungswerk unabhängig vom Staat und somit zu einem wahren Werk der Menschlichkeit.

Gestrandet vor Scharhörn

Der Dezember geht an der deutschen Nordseeküste zu Ende wie gewöhnlich: Die See rennt grau und schaumbedeckt gegen die Deiche an, und unter einem niedrigen, düsteren Himmel jagt der Nordwest regenschwere Wolken über die Deutsche Bucht und die Elbmündung. Er braust und pfeift im schwarzen Turmgerüst der Kugelbake, dem berühmten Seezeichen bei Cuxhaven, draußen, wo das Land zu Ende ist.
Dort, hinter einem schützenden Steindamm am Rande des Elbfahrwassers, liegt am Abend des ersten Weihnachtstages der Seenotkreuzer ARWED EMMINGHAUS auf seiner Hafenstation seeklar – bereit, jederzeit unverzüglich auszulaufen, wenn er gerufen wird. Die Besatzung, vier Mann, hat in den

Tagen zuvor wenig Ruhe gehabt. Am 23. Dezember, spätabends noch, mußte der Führer des Bootes, der Vormann Rolf Hoffmann, an die Leitung des Deutschen Seenotrettungsdienstes in Bremen schriftlich berichten: »Am 23. 12. um 20 Uhr 30 erhielten wir von der Seenotwache die Meldung, daß von dem Feuerschiff ELBE III ein Verletzter abzuholen sei. Wir liefen sofort von unserer Station aus und gingen um 20 Uhr 55 bei dem Feuerschiff längsseit. Wetter: Wind Nordwest 7, Regenböen, diesig. Wir übernahmen den Verletzten, liefen nach Cuxhaven zurück und übergaben ihn um 21 Uhr 30 im Alten Hafen an den über Funk bestellten Krankenwagen. Um 21 Uhr 45 lagen wir wieder klar auf unserer Station.«

Und schon vierundzwanzig Stunden später, am Heiligen Abend, meldet er an die Zentrale: »Durch die anhaltend schlechte Wetterlage war die Insel Neuwerk in der Vorweihnachtszeit vom Festland abgeschnitten. Am 24. 12. um 13 Uhr 10 liefen wir von Cuxhaven aus und hatten Versorgungsgüter und Post für die Inselbewohner an Bord. 14 Uhr 20 gingen wir unter Neuwerk vor Anker und brachten die Güter mit dem Tochterboot zur Insel. Auf der Rückfahrt nahmen wir wieder Post mit, die wir um 15 Uhr 15 im Alten Hafen an Land gaben. 16 Uhr 45 lagen wir klar auf unserer Station.«

Und nun ist der erste Weihnachtsfeiertag fast vorüber. In seiner Kammer an Bord der ARWED EMMINGHAUS sitzt der Vormann und liest, um sich die Zeit zu vertreiben. Er und seine Leute wären lieber an Land, zu Hause bei ihren Familien. Aber die See kennt keine Feiertagsruhe. Schiffe fahren auch in heiligen Nächten, und wenn in Häusern hinter den Deichen die Lichter an den Tannenbäumen brennen, schläft Rasmus nicht.

Die Borduhren zeigen 22 Uhr 30.

Um diese Zeit passiert ein russischer Frachter seewärts die Kugelbake. NJANDOMA heißt er. Er kommt aus einem lettischen Hafen, hat den Nord-Ostsee-Kanal durchfahren und ist nun auf dem Weg nach England.

Das Schiff macht gegen die stürmische See nur wenig Fahrt. Es geht auf Mitternacht zu, als es ELBE III passiert, das erste der drei Feuerschiffe, die den sicheren Weg von Cuxhaven zur offenen Nordsee weisen. Von ELBE III nimmt die NJANDOMA Kurs auf ELBE II, das ihr mit seinem starken Leuchtfeuer schon von weitem entgegenblinkt. Bald kommen die Lichter eines anderen Fahrzeuges in Sicht: es ist das Lotsenboot. Gewöhnlich liegt es auf Station beim Feuerschiff ELBE I, dem Ansteuerungspunkt für alle Schiffe, die aus der Nordsee kommen und elbaufwärts wollen. Aber bei ELBE I geht um diese Stunde die See so hoch, daß es zu gefährlich wäre, einen Lotsen zu versetzen. Deshalb hat sich der Lotsendampfer zurückgezogen in das ruhigere Fahrwasser zwischen ELBE II und ELBE III. Hier erwartet er die NJANDOMA und übernimmt ihren Seelotsen, der sie seit der Kanalschleuse begleitet und beraten hat. Kapitän Grechnjow hat keine Bedenken, die Fahrt bis ELBE I auf eigene Faust fortzusetzen, in einem Fahrwasser, das unter Seeleuten berüchtigt ist, denn zu beiden Seiten lauern tückische Sandbänke und Riffe. Wehe den Schiffen, die vom rechten Kurs abkommen und stranden; sie werden von der See zerschlagen und vom Sand verschlungen. Der Große Vogelsand und das Scharhörnriff zählen zu den größten Schiffsfriedhöfen der Welt. Genau zwischen ihnen verläuft die Seestraße.

Aber der russische Kapitän vertraut auf die Leuchtfeuer, auf das Echolot, auf das Radargerät und auf seine Erfahrung.

Drei Uhr morgens. Die NJANDOMA steht bei Feuerschiff ELBE I, ungefähr vierzig Kilometer von Cuxhaven entfernt. Vor ihr liegt endlich die offene Nordsee, jetzt hat sie freie Bahn nach Westen. Doch das Wetter ist schlechter geworden. Schneeböen decken den Frachter ein, und die See bricht wild über Deck und Luken. Harte Schläge muß er einstecken: Die Reling wird eingedrückt. Platten aus Stahl werden verbogen, und durch aufgerissenen Schweißnähte dringt Wasser ins Schiff.

Da gibt Kapitän Grechnjow auf. Er will umkehren, zurück nach Cuxhaven, Schutz suchen unter Land und besseres Wetter abwarten. Während die NJANDOMA auf Gegenkurs geht, verschwindet das Leuchtfeuer von ELBE I hinter Schneeschauern. Und damit nimmt das Verhängnis seinen Lauf. Der Kapitän merkt nicht, wie sein Schiff von Sturm und Strömung aus der Fahrrinne vertrieben wird, den Sänden und Riffen von Scharhörn in die Arme.

5 Uhr 35. Auf dem Seenotkreuzer ARWED EMMINGHAUS liegt Vormann Rolf Hoffmann auf seiner Koje, halb angezogen. Er hat wenig Schlaf gefunden. Über dem Kopfende rauscht und knistert es aus einem Lautsprecher. In der Funkstation ist das UKW-Sprechfunkgerät auf Empfang geschaltet. Es verbindet das Schiff drahtlos mit der Seenotwache Cuxhaven. Sie ist die Nachrichtenzentrale des Seenotrettungsdienstes im Bereich der Deutschen Bucht. Wenn irgendwo in den Küstengewässern vor Jade, Weser und Elbe ein Schiff in Not gerät – die Seenotwache Cuxhaven nimmt den Ruf um Hilfe auf.

Plötzlich übertönt eine ruhige Stimme die atmosphärischen Geräusche: »Seenotwache Cuxhaven an EMMINGHAUS! Bitte kommen auf Kanal Null. Es liegt ein Seenotfall vor!«

In wenigen Sekunden ist der Vormann auf den Beinen, wechselt hinüber in die Funkstation und greift zum Hörer des UKW-Telefons: »Hier EMMINGHAUS, Hoffmann. Was liegt an?«

»Vor einer Minute hat uns der Lotse auf dem russischen Tanker YELSK gerufen. Das Schiff liegt zu Anker vor Neuwerk, wartet dort auf Order. Der Lotse meldet: Russisches Motorschiff NJANDOMA gestrandet vor Scharhörn bei Tonne B eins. Schiff macht Wasser. Kapitän bittet um Rettungsboot.«

»Bei Tonne B eins, verstanden«, erwidert Hoffmann. »Sonst noch was bekannt?«

»Nein. Der Kapitän der NJANDOMA spricht kein Englisch, dagegen sein Kollege auf der YELSK um so besser, sagt der Lotse. Er will als Verbindungsmann klar bleiben und über uns zwischen EMMINGHAUS und NJANDOMA vermitteln.«

»In Ordnung«, bestätigt der Vormann.

»Wir geben die Meldung sofort per Fernschreiben an Seenotleitung in Bremen und informieren die Schlepperbüros«, sagt die Stimme, und Hoffmann antwortet: »Gut, wir laufen sofort aus. Ich rufe Sie, wenn wir draußen sind. Ende.«

Er legt mit der einen Hand den Hörer auf und drückt mit der anderen auf den Alarmknopf. Im Wohnraum der Besatzung schrillt die Glocke. Im Nu sind die drei Männer aus den Kojen. Schnell, ohne Hast ziehen sie ihr Schlechtwetterzeug an: Seestiefel, Ölmantel und Südwester. Drei Minuten später steht der Vormann im oberen Kommandostand des Bootes, hoch im Freien, wo er Sicht nach allen Seiten hat. Ein Rettungsmann übernimmt das Ruder.

»Ablegen!« ruft Hoffmann. Die beiden anderen Männer werfen die Leinen los, holen sie ein. Im Motorenraum springen die Diesel an, ein leises Zittern geht durch den Bootskörper, Wasser schäumt auf am Heck. Hoffmann zieht das Boot mit zwei Propellern rückwärts von der Anlegebrücke ab, dreht wie auf dem Teller und hält auf die Ausfahrt zu, in das Fahrwasser der Elbmündung und in die heulende Nacht hinein.

Es ist 5 Uhr 45.

Der Seenotkreuzer bietet der harten See die Stirn; mit hoher Fahrt läuft er gegen den steifen, eisigen Nordwest. Die Küste fällt achteraus zurück, die Leuchtfeuer von Cuxhaven und die Ankerlichter der Schiffe, die auf der Reede Schutz gesucht haben, werden ausgelöscht von Schneeböen. Im Widerschein des weißen Topplichts wirbeln Flocken um den Mast, leuchten rot und grün auf, wenn sie an den Seitenlaternen des Turmes vorüberzischen. Von seinem hochgelegenen Kommandostand beherrscht Vormann Hoffmann mit wenigen Hebeln die zweieinhalbtausend Pferdestärken der drei Motoren. Er überwacht den Kompaßkurs, das Echolot und das Radarbild. Er erkennt darauf die schwimmenden Seezeichen, die Feuerschiffe und Fahrwassertonnen, die nächsten Inseln im Wattenmeer: Neuwerk und dann Scharhörn an Backbord.

Um sieben Uhr liegt noch immer Finsternis über der See. Die ARWED EMMINGHAUS nähert sich dem Scharhörnriff. Der Vormann kennt die tückischen Gewässer, hier muß er vorsichtig navigieren.

»Seenotwache Cuxhaven an EMMINGHAUS«, ruft da die vertraute Stimme aus dem Lautsprecher neben ihm. Und als Hoffmann sich gemeldet hat, fragt sie weiter: »Was liegt an bei Ihnen? Wo stehen Sie?«

»Sind in wenigen Minuten bei Tonne B 1. Habe die NJANDOMA im Radar. Neue Nachrichten von ihr?«

»Ja«, antwortet die Stimme. »Das Schiff hat sich bei der Strandung den Boden aufgerissen. Starker Wassereinbruch in Luke 3. Der Russe hat vierundzwanzig Mann an Bord. Der Kapitän will zunächst neun Leute abbergen lassen. Wie sind die Aussichten? Was macht das Wetter da draußen?«
»Nordwest 7, böig und starke Schneeschauer zwischendurch. Ich rechne mit mittelschwerer Brandung auf dem Riff. Wir haben jetzt ablaufendes Wasser, aber ich hoffe, wir können noch längsseit gehen.«
»Also dann, viel Glück, Herr Hoffmann. Bis später. Ende.«
Hoffmann legt den wasserdichten Hörer auf und steckt die Nase wieder in den Wind. Langsam, mit gedrosselten Motoren, verläßt der Rettungskreuzer den Schiffahrtsweg und dreht ab in die Brandung, die auf den Sandbänken vor Scharhörn steht. Da! Zwischen zwei Schneeböen kommen Lichter in Sicht, weiße und rote. Ein gestrandetes Schiff! Die NJANDOMA.
Behutsam führt Hoffmann sein Boot durch das gischtende Gewoge. Es liegt zwar nur einen Meter sechzig tief im Wasser, aber wenn es zwischen zwei Wellen absackt, kommt der Kiel dem Grund gefährlich nahe. Der Vormann manövriert an die Steuerbordseite des Russen heran; er will sehen, an welcher Stelle er am sichersten längsseit gehen kann. Es wird auf jeden Fall ein gefährliches Unternehmen, darüber ist er sich klar. Trotzdem, es muß gewagt werden. Hoffmann nimmt den Hörer auf und ruft Cuxhaven: »Hier EMMINGHAUS. Wir sind klar, die Leute zu übernehmen, aber da drüben rührt sich nichts. Kein Mensch an Deck zu sehen. Was ist da los?«
»Ich wollte es Ihnen gerade sagen. Der Kapitän hat die Bergung vorläufig abgeblasen, er will alle Mann an Bord behalten – bis auf weiteres. Im Augenblick scheint keine unmittelbare Gefahr für das Schiff zu bestehen. Er bittet Sie aber, in der Nähe zu bleiben, für alle Fälle. Was meinen Sie dazu?«
»Ich glaube auch, bis zur nächsten Flut kann nicht mehr viel passieren. Bei Niedrigwasser sitzt der Russe hoch und trocken. Wir werden uns also wieder zurückziehen auf tieferes Wasser und abwarten, wie sich der Fall entwickelt.«
»Am besten, Sie nehmen direkten Kontakt mit dem deutschen Lotsen auf dem russischen Tanker auf. Das erspart den Umweg über uns, es könnte sonst leicht Mißverständnisse geben. Der Lotse weiß Bescheid.«
»All right«, bestätigt der Vormann. »Sonst noch was?«
»Es sind drei Schlepper unterwegs. Werden wohl bis Mittag eintreffen.«
»Gut. Bis später dann. Ende.« Der Vormann schaltet den Kanalwähler und ruft die YELSK. Der Lotse ist sofort auf Empfang.
»Ich bleibe klar auf Position bei B eins«, sagt Hoffmann. »Das Wetter scheint besser zu werden. Sturm flaut ab. Vielleicht haben die Schlepper eine Chance beim nächsten Hochwasser heute abend.«
»Da bin ich nicht so optimistisch«, meint der Lotse. »Scharhörnriff läßt ein Schiff so leicht nicht wieder los.«

»Weiß Gott, ja«, muß Hoffmann zustimmen. »Aber man soll die Hoffnung nie zu früh über Bord werfen. Ende.«
Tausend Meter von der NJANDOMA entfernt, am Rande des Fahrwassers, legt sich die ARWED EMMINGHAUS auf Posten. Und wirklich, das Wetter wird günstiger, der bissige Nordwest flaut ab, die See beruhigt sich. Gegen Mittag hat das Wasser den tiefsten Stand der Ebbe erreicht. Die neue Flut läuft auf, das Wasser auf dem Riff steigt wieder. Auf der NJANDOMA bleibt alles still.
Inzwischen sind auch die drei Bergungsschlepper zur Stelle. Einer läßt ein Motorboot zu Wasser. Es bringt zwei Männer zur NJANDOMA, den Bergungsinspektor und einen Maschinisten. Sie schaffen zwei tragbare Pumpen mit hinüber. Auch ein Funksprechgerät haben sie bei sich. Der Bergungsinspektor untersucht das Schiff; er interessiert sich vor allem, wie es am Grund freigeschleppt werden kann. Über das Ergebnis berichtet er an den Schlepperkapitän. Vormann Hoffmann hat sich in die untere Kommandozentrale seines Bootes begeben und hört mit: »Sieht nicht sehr verheißungsvoll aus«, berichtet der Inspektor. »Das Schiff sitzt mittschiffs fest auf einem alten Wrack, es ist vierkant draufgelaufen und hat sich dabei den Boden aufgerissen. Unglücklicher hätte es nicht stranden können. – Hallo, EMMINGHAUS!«
»Ja, ich höre mit, Inspektor«, meldet sich der Vormann.
»Seien Sie vorsichtig, wenn Sie noch einmal in die Nähe der NJANDOMA kommen müssen«, warnt der Bergungsinspektor. »Mittschiffs an Steuerbord erstrecken sich die Reste des Wracks ungefähr hundert Meter weit querab. Teilweise ragen sie aus dem Wasser. Eine gefährliche Sperre!«
»Genau dort haben wir uns heut' früh, als es noch stockdunkel war, herumgetrieben! Da müssen wir mittendurch gelaufen sein!« Dem Vormann wird ungemütlich bei dem Gedanken, daß sein Rettungskreuzer um ein Haar selbst Schiffbruch erlitten hätte.
»Da hat wohl ein Schutzengel im rechten Augenblick den Daumen zwischengehalten«, meint der Inspektor. »Also Achtung beim nächstenmal.«
»Dank für den Rat«, möchte der Vormann noch sagen, aber da ist der Bergungsinspektor schon wieder im Gespräch mit dem Kapitän des Schleppers.
Kapitän: »Wie soll das nun weitergehen, Inspektor?«
Inspektor: »Ich trau' dem Wetter nicht. Das Barometer fällt wieder.«
Kapitän: »Eben ist auch 'ne Sturmwarnung gekommen. Nordwest 8! Können Sie die Pumpen ansetzen?«
»Inspektor: »Wollen wir versuchen. Viel Wasser im Schiff. Die russischen Seeleute sind unten, wollen das Leck finden und abdichten. Wird aber schwierig sein, schätze ich, außerdem gefährlich wegen der Ladung. Chemikalien in Eisenfässern. Wenn der Inhalt mit Wasser in Berührung kommt, entstehen giftige Gase. Können explodieren. Bisher scheinen aber alle Fässer dicht zu sein.«
Kapitän: »Was haben Sie vor, Inspektor?«

Inspektor: »Wenn uns das Wetter keinen Strich durch die Rechnung macht, unternehmen wir beim nächsten Hochwasser einen Abschleppversuch.«
Kapitän: »Ich weiß nicht, Inspektor, ob wir dann genug Wasser unter dem Kiel haben und an die NJANDOMA nahe genug herankommen, um die Trosse rübergeben zu können.«
Inspektor: »Dann werden wir die EMMINGHAUS um Unterstützung bitten. Hallo, Herr Hoffmann, wie steht es damit?«
»Selbstverständlich, Inspektor«, mischt sich der Vormann wieder in die Unterhaltung. »Sie können fest auf uns zählen.«

Fünfzehn Uhr. Das Wetter hat sich wieder zum Bösen gewendet. Der Wind brist auf zum Sturm aus Nordwest, und die Brandung wird mit dem auflaufenden Wasser höher und höher. Wellen brechen sich am Rumpf der NJANDOMA, schlagen erbarmungslos auf sie ein, überspülen das ganze Vorschiff. Nur das Achterschiff mit den Aufbauten der Kommandobrücke und den Wohnräumen der Besatzung ragt noch wie eine versinkende Insel aus der Flut.
Da ruft der deutsche Lotse auf der YELSK den Seenotkreuzer und berichtet: »Der Kapitän der NJANDOMA hat soeben seinem Kollegen gemeldet, daß die Lage ernster wird. Der Schiffsboden scheuert auf dem alten Wrack und wird dadurch immer weiter aufgerissen. Alle drei Luken machen Wasser. Kapitän Grechnjow hält es jetzt an der Zeit, neun Mann von Bord zu schicken, so bald wie möglich. Können Sie längsseit gehen, Herr Hoffmann?«
»Ja, wir sind klar und werden sofort anlaufen«, antwortet Hoffmann. »Lassen Sie dem Kapitän ausrichten: Leute sollen Schwimmwesten anlegen und sich bereithalten.«
»Geht in Ordnung! Viel Glück!«
»Danke! – Ende.«
Hoffmann gibt seinen Kameraden Bescheid. Zwei von ihnen tun als Maschinisten Dienst, der dritte als Koch. Alle drei aber sind ausgebildet in allem, was zur Rettung Schiffbrüchiger gehört: sie sind erfahren in Erster Hilfe, im Sprechfunkdienst und in Seemannschaft. Viele Male schon haben sie mit ihrem Vormann Menschen von sinkenden oder gestrandeten Schiffen heruntergeholt, oft im letzten Augenblick. Jetzt ist es wieder einmal soweit. Jeder weiß, worum es geht und was er zu tun hat. Ein paar Erklärungen ihres Kommandanten genügen: »Also, wir gehen steuerbord achtern längsseit. Weiter mittschiffs ist nicht möglich, da liegt das alte Wrack im Weg. Wir müssen aufpassen, daß uns der Strom nicht draufsetzt. Achtern haben wir höchstens zwanzig, dreißig Meter Raum. Am besten, wir machen eine Leine auf dem Russen fest, die gibt uns Halt. Das ganze Manöver muß schnell gehen. Alles klar?« Die Männer nicken wortlos.
Hoffmann startet die Motoren. ARWED EMMINGHAUS nimmt Kurs auf das

Heck der NJANDOMA, wagt sich auf wenige Meter Abstand heran. Das Ende einer starken Leine fliegt hinüber. Ein russischer Matrose fängt sie auf und macht sie an Deck fest. Nun manövriert der Vormann das Boot längsseit. Ein dicker Gummiwulst schützt den doppelwandigen Rumpf des Seenotkreuzers vor schweren Stößen. Außerdem hat der Vormann große Kissen aus Tauwerk an der Backbordseite überhängen lassen; sie sollen die unvermeidlichen Anpraller abfangen, denn in der Brandung wird das große Boot an der Bordwand des Russen auf- und niedergerissen, immer in Gefahr, dagegengeschleudert zu werden.
Die neun russischen Seeleute stehen mit angelegten Schwimmwesten klar. Da! Der erste klettert über die Reling, klammert sich daran fest und wartet auf den kurzen Augenblick, wenn der Bug des Seenotkreuzers auf dem Kamm einer Welle taumelt, nahe der Bordwand. Dann springt der Mann ab und landet sicher auf dem Vordeck der ARWED EMMINGHAUS. Und schon wagt der nächste den Sprung.
So wird einer nach dem andern geborgen und unter Deck in Sicherheit gebracht. Kaum hat der letzte sein Schiff verlassen, läßt Vormann Hoffmann die Halteleine loswerfen und zieht sein Boot rückwärts in tieferes Wasser. Das ganze Manöver hat kaum eine halbe Stunde gedauert.
Es ist 16 Uhr 10, als Hoffmann die Seenotwache Cuxhaven ruft: »Meldung von EMMINGHAUS zur Weitergabe an Seenotleitung Bremen!« Nach wenigen Sekunden meldet sich der Wachhabende schreibklar, und Hoffmann diktiert ihm: »Haben neun Mann der Besatzung abgeborgen. Bleiben in Bereitschaft für weitere Bergung, falls erforderlich, andernfalls bringen wir die Geretteten zum russischen Tanker YELSK, der vor Neuwerk vor Anker liegt. Ende.«
»Danke«, tönt die Stimme aus der Außenwelt verzerrt aus dem Lautsprecher, »ich gebe das gleich weiter über Fernschreiber. Auf Wiederhören!«
Inzwischen hat sich die OTTO WULF aufgemacht. Von den drei Schleppern ist er der einzige, der es wagen darf, sich bei diesem Wetter an die NJANDOMA heranzuarbeiten. Die anderen haben zu viel Tiefgang. Aber auch die OTTO WULF kommt nicht ans Ziel. Bis auf achtzig Meter hat sie sich durch die schwere Brandung an den Russen vorgetastet, dann muß sie den Rückzug antreten. »Wir kommen nicht näher ran«, geht die Meldung an ARWED EMMINGHAUS über das Funktelefon. »Zu wenig Wasser und zu hoher Seegang. Habe laufend Grundberührung. Können Sie für uns eine Leinenverbindung herstellen?«
»Machen wir«, gibt Hoffmann zurück. »Halten Sie sich klar, die Leine zu übernehmen.«
Abermals geht ARWED EMMINGHAUS an die NJANDOMA heran. Der Anfang einer dünnen Leine wird hinübergegeben; dann fährt das Boot rückwärts, während die Leine ausläuft. Bald ist sie zu Ende. Eine zweite wird angeknotet

und schließlich eine dritte; die reicht bis zum Schlepper, der sich kaum noch in der Brandung halten kann. Ein Matrose steht an der Reling. Spreizbeinig balanciert er die Bewegungen des Schiffes aus. Er hält eine Wurfleine klar, wartet, bis die EMMINGHAUS auf gleicher Höhe mit dem Schlepper liegt, nimmt mit den Augen Maß, holt plötzlich weit aus und schleudert das beschwerte Tauende über die zehn Meter breite tosende Lücke.
Zu kurz!
Fluchend holt er den Tampen wieder ein und versucht es aufs neue.
Gelungen! Ein Rettungsmann hat drüben die Leine aufgefangen und sie im Handumdrehen mit dem Ende der Njandoma-Leine verknotet. Ein Wink zum Schlepper: Fertig! Hol ein!
Der Schleppermatrose zieht und zieht, Hand über Hand. Ein Brecher schlägt ihn zu Boden, aber er hält fest, schnappt nach Luft und macht weiter. Bevor Rasmus ihm den nächsten Hieb versetzen kann, hat er die Leine an Deck. In diesem Augenblick ist der Bergungsschlepper mit dem Russen verbunden. Der Kapitän von OTTO WULF atmet auf. Aber noch hat er nichts gewonnen, die NJANDOMA hat ihm erst den kleinen Finger gegeben.
»OTTO WULF an NJANDOMA! Bitte kommen!«
Sofort ist der Inspektor auf dem Sprechkanal. »Was liegt an, Käpt'n?«
»Wir haben die Leine von EMMINGHAUS übernommen und stecken jetzt ein Tau daran. Anschließend die Schlepptrosse.«
»All right, Käpt'n, ich gebe den Russen Bescheid. Ende!«
An der dünnen Leine ziehen die russischen Seeleute ein stärkeres Tau vom Schlepper zu sich an Bord und an diesem Tau die schwere, armdicke Schlepptrosse. Ein hartes Stück Arbeit für sie, aber endlich haben sie es geschafft.
Inspektor: »NJANDOMA an OTTO WULF! Die Trosse ist belegt. Von uns aus können Sie anschleppen.«
Kapitän: »Wie stehen die Chancen, Inspektor?«
Inspektor: »Ehrlich gesagt, nicht besonders. Das Schiff liegt in einer Mulde im Sand, das macht die Sache schwierig. Kaum möglich, den Kasten da rauszuziehen, aber ich habe die Hoffnung, daß wir ihn wenigstens von diesem verdammten alten Wrack freibekommen, bevor es ihm den Boden völlig aufgeschlitzt hat. Später sehen wir weiter.«
Kapitän: »Dann also wollen wir vorsichtig anschleppen. Ende!«
Es geht auf siebzehn Uhr zu. Dunkel ist es geworden. Heulend jagt der Nordwest über Scharhörnriff. Die Lichter des Schleppers und des Seenotkreuzers tanzen über den Wogen. Schlepper OTTO WULF zieht an. Die Trosse spannt sich, aber die NJANDOMA rührt sich nicht vom Fleck. Der Sand läßt sie nicht los, die eisernen Krallen des alten Wracks halten sie gefangen. Immer wieder legt sich der Schlepper mit voller Kraft ins Geschirr, während die Flut steigt und steigt und die Brandung immer höher tobt.
»Ich kann mich in der Brandung nicht mehr länger halten, Inspektor«, meldet

der Schlepperkapitän, »ich muß zurück in tieferes Wasser. Haben Sie verstanden, Inspektor? Es hat so keinen Sinn mehr.«
Pause. Dann antwortet NJANDOMA: »Also gut, Käpt'n«, sagt der Bergungsinspektor ruhig, »dann geben wir auf für diesmal. Vielleicht wird sich das Wetter bis zum nächsten Hochwasser morgen früh bessern. Wir sollten die NJANDOMA dann noch einmal anpacken. Wir müssen verhindern, daß sie von der See noch höher auf das Wrack geschoben wird, sonst wird sie bald auseinanderbrechen.«
»Wollen Sie solange drüben bleiben?«
»Ja«, antwortet der Inspektor, »aber unseren Maschinisten möchte ich an EMMINGHAUS übergeben, der kann hier doch nichts mehr ausrichten mit den Pumpen. – Hallo, EMMINGHAUS!«
»Ich habe alles verstanden«, meldet sich der Vormann. »Ihr Maschinist soll sich klarmachen, wir werden ihn gleich abholen, steuerbord achtern wie vorhin die Russen.« Und auch der Bergungsmaschinist gelangt sicher an Bord des Rettungskreuzers.
Inzwischen hat die neue Ebbe eingesetzt, das Wasser fällt langsam auf dem Riff. Bald erreichen die Brandungswellen nicht mehr die Aufbauten des russischen Frachters. Die größte Gefahr ist für diesmal gebannt, bis zum nächsten Hochwasser wird er verschont bleiben. Vormann Hoffmann will die Frist nutzen. Die drei Schlepper sind bereits abgedampft nach Cuxhaven, um dort die Nacht zu verbringen. Auch die ARWED EMMINGHAUS verläßt die Position und läuft mit hoher Fahrt davon, Kurs Feuerschiff ELBE II und dann weiter zur Insel Neuwerk. Auf der Reede liegt die YELSK vor Anker und wartet noch immer auf Order, wohin sie mit ihrer Ladung weiterfahren soll. Vormann Hoffmann übergibt die Geretteten der Obhut des russischen Kapitäns, legt sofort wieder ab und macht kehrt. Zurück nach Scharhörn!
Die Stunden vergehen, Mitternacht rückt heran. Der neue Tag, der 27. Dezember, beginnt mit heftigen Schneeböen. Der Sturm hält an. Die neue Flut läuft auf, und mit dem steigenden Wasser kehrt auch die Brandung wieder, springt den Rumpf der NJANDOMA an, bricht über ihre Reling, hämmert unbarmherzig mit schweren Schlägen auf Deck und Luken. Wehrlos muß sie den Sturmangriff über sich ergehen lassen.
Gegen halb eins wird ARWED EMMINGHAUS vom Lotsen auf der YELSK gerufen: »Kapitän Grechnjow läßt Ihnen mitteilen, daß die Lage auf seinem Schiff kritisch wird. Es sind noch vier Stunden bis Hochwasser, aber jetzt schon ist das ganze Vorschiff ständig überflutet. Die unteren Wohnräume stehen unter Wasser. Das Schott zum Maschinenraum hält noch dicht, fragt sich nur: wie lange noch?«
»Und das Schiff selbst?« fragte Hoffmann. »Wie verhält es sich?«
»Es droht auseinanderzubrechen. Kapitän Grechnjow hat seinem Kollegen erklärt: Beim Anprall schwerer See schrammt das Schiff heftig auf den alten

Wracktrümmern, davon werden die Leckagen natürlich immer größer. Er hält einen neuen Abschleppversuch für völlig aussichtslos, derselben Meinung sei inzwischen auch der Bergungsinspektor. Der Kapitän hat sich deshalb entschlossen, mit dem Rest seiner Besatzung das Schiff zu verlassen. Es sind noch fünfzehn Mann, dazu der Bergungsinspektor. Wann können Sie anlaufen?«
»Sobald wir genug Wasser unterm Kiel haben«, antwortet der Vormann.
»Wann wird das sein?«
»Nicht vor halb drei. Kapitän Grechnjow kann sich darauf verlassen, daß wir keine Minute länger warten als unbedingt nötig. Bitte lassen Sie ihm das ausrichten. Eine halbe Stunde vorher – sagen wir um zwei Uhr – gebe ich nähere Anweisungen für die Bergung der Leute. Bis dahin! – Ende.« Der Vormann legt den Hörer auf.
Die Männer des Rettungskreuzers ziehen sich in die warme Geborgenheit des Kommandoturmes zurück. Hoffmann führt nun sein Boot vom unteren Steuerstand aus: er legt es vor den Wind, da wiegt es sich ruhiger in der See. Nun kann der Koch an die Arbeit gehen. In seiner kleinen Kombüse bereitet er einen kräftigen Eintopf. Danach bleibt noch Zeit für Kaffee und eine Pfeife Tabak.
So wird es zwei Uhr morgens. Vormann Hoffmann ruft aus der Funkstation im Navigationsraum den Lotsen auf der YELSK: »In einer halben Stunde ist es soweit. Wir machen uns klar. Wir bringen das Sprungnetz auf dem Vorderdeck aus. Nur vorsichtshalber – ich denke, es wird auch ohne gehen. Kapitän Grechnjow soll seinen Leuten einschärfen: Ruhe bewahren! Es ist kein Grund zur Panik.«
»Was das anbetrifft, wird es keine Schwierigkeiten geben«, meint der Lotse, »russische Seeleute haben viel Disziplin.«
»EMMINGHAUS kommt wieder, wie beim erstenmal, steuerbordachtern längsseit und macht eine Leine auf NJANDOMA fest. Für Beleuchtung sorgen wir selbst mit unserem Scheinwerfer. Wenn alles klargeht, bringen wir die Geretteten noch in dieser Nacht auf die YELSK.«
»Ausgezeichnet«, sagt der Lotse, »wir können dann sofort Anker lichten. YELSK hat nämlich soeben Order für Hamburg bekommen, soll morgen mittag löschklar sein.«
»Ich denke, das schafft sie. Wir werden keine Zeit verlieren. So, das wär vorläufig alles. Auf Wiederhören. Und Ende!«

Die letzte halbe Stunde vor der Entscheidung. Die Männer der ARWED EMMINGHAUS sind gerüstet. Schweigend warten sie auf das Ende der Atempause und hören seelenruhig dem höllischen Spiel des Sturmes auf den Antennen zu, mit dem dumpfen Brausen der See als Kontrabaß. Es übertönt die vielen technischen Stimmen, die vom Leben im Organismus des Rettungskreuzers zeugen: Pumpen arbeiten, Generatoren brummen, Transformatoren summen.
Es ist dunkel im Navigationsraum, alle Lichter sind ausgeschaltet. Nur die Kontrollampen der Geräte, die abgeblendete Rose des Kreiselkompasses und das schwach strahlende Radarbild lassen die Gesichter der Männer erkennen. Zwei Uhr dreißig. Vormann Hoffmann hat seinen Kommandoposten auf dem oberen Steuerstand bezogen, bereit, mit Rasmus den nächsten Tanz auf dem Scharhörnriff zu wagen. Die Motoren springen an, ARWED EMMINGHAUS nimmt Fahrt auf, Kurs NJANDOMA.
»Scheinwerfer an!«
Grell greifen die gebündelten Strahlen weit voraus in die Finsternis, wo zwei rote Lichter übereinander signalisieren: hier liegt es, ein Wrack von einem Schiff, das sich in sein Schicksal ergeben hat. Die Scheinwerfer erfassen das Ziel: das Achterschiff der NJANDOMA, umtobt von der Brandung, die letzte Zuflucht der Schiffbrüchigen. Sie drängen sich an der Reling, winken den Rettern entgegen.
Zweimal läuft die ARWED EMMINGHAUS an gegen Sturm und Strömung, zweimal muß sie im letzten Augenblick abdrehen, um nicht gegen das Heck des Russen geschmettert zu werden. Beim drittenmal gelingt das riskante Manöver; sie geht längsseit, eine Leine wird drüben festgemacht. Nun kann sich das Boot besser in den Brandungswellen halten, obwohl es an der Bordwand des Frachters hinauf- und hinabgerissen und arg geschunden wird. Zwei Rettungsmänner stehen klar zur Hilfestellung. Und da springt der erste Russe tapfer ab, im genau richtigen Bruchteil der Sekunde, und landet mit beiden Füßen an Deck. Das hat dem nächsten Mut gemacht. Ein Satz über den schäumenden Abgrund – und auch er hat es geschafft. So kommt einer nach dem andern an die Reihe und wankt glücklich unter Deck des Rettungskreuzers. Schließlich der deutsche Bergungsinspektor und als letzter Kapitän Sergej Nikolajewitsch Grechnjow. Er findet seine Schicksalsgefährten wohlbehütet in den Lazaretträumen des Seenotkreuzers.
Die Leine ist losgeworfen, die Propeller der ARWED EMMINGHAUS drehen rückwärts. Das Boot wendet auf der Stelle und läuft mit hoher Fahrt davon. Zurück bleibt ein vom Leben verlassenes Schiff, zur Vernichtung verurteilt, das jüngste unter den unzählbaren Opfern des Scharhörnriffs. Vormann Rolf Hoffmann weiß, daß es nicht das letzte ist und daß er eines Tages wieder hier zum Kampf gestellt wird, um der Schiffsfalle wenigstens die Menschen zu entreißen. Er und seine Kameraden empfinden in dieser Stunde, da sie heim-

wärtsfahren, keinen Triumph, nur eine grimmige Befriedigung darüber, daß sie eine Runde gegen Rasmus gewonnen haben.

Die Meldung des Vormanns an die Seenotwache Cuxhaven um 3 Uhr 45 ist kurz und bündig: »Habe die restlichen fünfzehn Mann von NJANDOMA abgeborgen und an YELSK übergeben. Laufe Cuxhaven zurück. Ende.« Und eine Stunde darauf: »EMMINGHAUS an Seenotwache zur Weitergabe an Seenotleitung: Wir sind um 4 Uhr 45 wieder eingelaufen. Bleiben einsatzbereit. Ende.«

Der Seenotkreuzer liegt wieder fest an seinem Liegeplatz bei der Kugelbake. Für den Vormann und seine Mannschaft ist der Fall NJANDOMA damit erledigt. Todmüde und erschöpft fallen sie in die Koje. Alle Maschinen sind gestoppt. Es wird dunkel und still im Boot. Nur die Funkgeräte bleiben auf Empfang geschaltet. Die schlafende ARWED EMMINGHAUS muß hören, wenn sie gerufen wird. Nach einer Stunde, in der nächsten Nacht? Wer weiß. Denn die Nordsee wird niemals Frieden geben. Sie wird bleiben, was sie immer war: eine Mordsee.

ABSCHIED VON GROSSEN SEGELSCHIFFEN

Neptuns letzte Ritter

Ihre Runde war ursprünglich nur ein Stammtisch in einer Kneipe der französischen Hafenstadt St. Malo an der Kanalküste. Dort trafen sich zu Beginn der dreißiger Jahre, als man auch in Frankreich von weltweiter Segelschifffahrt endgültig nichts mehr wissen wollte, ausgediente Kapitäne ehemals stolzer Drei- und Viermaster und spannen bei Wein und Calvados ihr Garn von der See und den Windjammern, auf denen sie die besten Jahre ihres Lebens zugebracht hatten und – wer wußte noch, wie oft? – bei Kap Horn gekämpft hatten.
Die Kunde aus St. Malo sprach sich in anderen französischen Häfen herum, wo ebenso von der See zerzauste Graubärte auf dem Trockenen saßen, sei es in Marseille oder Bordeaux, in Rouen oder Le Havre. Auch sie gründeten ihren »Kap-Horn-Verein« und verbanden sich schließlich allesamt zu einem nationalen Freundschaftsbund.
Als sich nach dem Sturm des Krieges die Wogen der Feindschaft zu glätten begannen, besannen sich die französischen Cap-Horniers darauf, daß seit jeher Seefahrer vor Gott und Kap Horn gleich viel oder wenig gegolten hatten, unter welcher Flagge sie auch nach glücklicher Umrundung auf einer Reede am Stillen Ozean vor Anker gegangen waren. Also luden sie ihre deutschen Schicksalsgefährten ein, sich ihrem Bund anzuschließen. Ihnen folgten bald Belgier, Holländer und Engländer, Skandinavier und Italiener.
So entstand die »Amicale Internationale des Capitaines au Long Cours Cap-Horniers«. Nur wer es in seiner Laufbahn zum »Kapitän auf Großer Fahrt« gebracht und zu irgendeiner Zeit auf einem Rahsegler als Seemann, gleich in welchem Dienstrang, Kap Horn von Osten nach Westen, also vom Atlantik in den Pazifik, umrundet hat, kann Mitglied werden. Es gibt keine Ausnahmen.
Mit dieser strengen Satzung hat sich diese exklusivste Bruderschaft unserer Zeit selbst zum Aussterben verurteilt. Vive la tradition! Solange die Kap-Horniers leben...
Noch gehören fast zweitausend Kapitäne aus zehn Nationen der Zunft an. Jeder dritte ist ein Deutscher; denn in Hamburg und Bremen hat man am

längsten den Tiefwasserseglern eine Chance gelassen, wenn nicht als Geldverdiener, so doch als Schmiede für eiserne Seeleute. Die schwere Arbeit auf einem Windjammer galt als die härteste Schule der Seemannschaft. Wer Offizier und Kapitän der deutschen Handelsmarine werden wollte, mußte sich mindestens zwanzig Monate lang auf Segelschiffen Seebeine wachsen lassen, so verlangte es ein Gesetz. Auf deutschen Werften wurden noch Viermaster gebaut, als man anderswo die vom ersten Weltkrieg verschonten Reste der einst großen Seglerflotte abwrackte oder sie in entlegenen Hafenbecken und Flußmündungen schmählich verrotten ließ. »Da hörte ich auf, Seemann zu sein, und musterte auf einem Dampfer an.« Diese Redensart gehört zu den Memoiren vieler alter Kap-Horniers.
Sie sind sich darin einig, daß jene Schiffe unter allen Menschenwerken an Schönheit unübertroffen waren, wenn sie unter vollem Tuch dahinrauschten. Die Natur selbst hatte die Baupläne entworfen, wie auch die Körperformen und Schwingen der Seevögel. Das Streben nach Schnelligkeit und Seetüchtigkeit bei möglichst großem Nutzraum hatte am Ende einer jahrhundertelangen Entwicklung die Linien des Rumpfes sowie die Zahl und die Höhe der Masten bestimmt und für alle Typen, ob Brigg oder Bark, Vollschiff oder Fünfmaster, eine harmonische Einheit aus Stahl, Tauwerk und Leinwand geschaffen, die an Zweckmäßigkeit vollkommen schien.
Dennoch ließ sich das Rad ihrer Geschichte nicht aufhalten. Was nutzte es ihnen, daß sie bei günstigem Wind den schnellsten Dampfern ihrer Tage davonliefen, wenn sie dennoch Tage oder Wochen später als die von ihnen verachteten schwimmenden Kohlenkästen ans Ziel kamen? Denn der Wind weht, wann und wie stark er will. Er zwingt den Segler, ihn auf weiten Umwegen zu suchen, und oft läßt er ihn im Stich oder lähmt ihn durch endlose Flauten.
Mit der Dampfmaschine zog die Unrast auch in Neptuns blauen Gefilden ein. Vor dem neuen Glaubenssatz »Zeit ist Geld« mußte ein Segelschiffsreeder nach dem andern seine Hausflagge streichen, denn mit dem Betrieb seiner Barken und Vollschiffe ließen sich nur noch rote Zahlen ins Kontobuch schreiben. Geduld, die seit Anbeginn geübte Tugend der Kauffahrtei, wurde außer Kurs gesetzt von Terminen und Fahrplänen, vom transozeanischen Börsentelegraphen und dem Exportboom westeuropäischer Industrie. Der Suezkanal schnitt den Segelschiffen den zuvor so einträglichen Weg nach Osten ab, und auch aus anderen Fahrtgebieten wurden sie nach und nach verdrängt, bis sie am Ende oft in Ballast um den halben Erdball segeln mußten, um irgendwo eine günstige Ladung aufzutreiben – wenn sie es nicht vorzogen, einen Haufen Kohlen in die entlegensten Winkel zu schaffen, damit ihre qualmende Konkurrenz nur ja überall bunkern konnte. So trugen sie selbst dazu bei, ihren unaufhaltsamen Abgang zu beschleunigen. Nur auf dem Seeweg von Europa und von der Ostküste der Vereinigten Staaten zur pazifischen

Küste der beiden Amerikas blieben Segelfrachter noch so lange im Vorteil, bis der Panamakanal eröffnet wurde.
Dampfer konnten zwar die Magellanstraße benutzen, doch war die Fahrt durch diese 600 Kilometer lange Passage zwischen dem südamerikanischen Festland und dem Feuerland-Archipel zu allen Jahreszeiten navigatorisch riskant – nicht nur, weil Leuchtfeuer fehlten und die Seekarten unzuverlässig waren. Auch heute noch hat die Durchfahrt ihre Tücken: Ebbe und Flut verursachen starke Gezeitenströmungen, Regen, Schnee oder Nebel nehmen häufig die Sicht, schwere Stürme stürzen oft tagelang von den Bergen ringsum auf die enge, gewundene Wasserstraße herab, der Wind wechselt plötzlich die Richtung, und sichere Ankerplätze gibt es so gut wie keine. Und zu alledem kam für Dampfer das Problem der Brennstoffversorgung. Es gibt auf dem südamerikanischen Kontinent keine Zechen; jedes Kilogramm Kohle mußte aus England oder Deutschland zu den Bunkerstationen der wichtigsten Hafenplätze verschifft werden, was die Betriebskosten eines Frachters bedeutend erhöhte. Segelschiffe dagegen erhielten ihre Antriebskraft geschenkt, der Wind blies sie mit der Schubkraft von Tausenden von Pferdestärken voran. Und für die Beförderung von Massengütern war die Reisedauer um die Jahrhundertwende noch nicht entscheidend. Aber für sie war die Magellanstraße eine Falle, die sie mieden wie der Teufel das Weihwasserbecken. Sie zogen es vor, sich weiter südlich in freiem Seeraum von Ozean zu Ozean durchzuschlagen.

Der Zipfel Südamerikas ist eine düstere, in unzählige nackte Felseneilande zerkrümelte Welt. An seinem äußersten Ende ragt ein Klotz aus schwarzglänzendem Gestein fast hundert Meter hoch steil aus der See: Kap Horn.
Kapitän Willem Cornelis Schouten von der EENDRACHT hat es nach seiner Heimatstadt Hoorn an der Zuidersee benannt, als er es am Abend des 29. Januar 1616 – fast hundert Jahre nach Magellans Entdeckung – auf Westkurs im Norden sichtete. Die Holländer passierten es bei günstigem Wind und eröffneten damit den neuen Seeweg nach Ostindien, den zu suchen sie ausgefahren waren. Unter dem ursprünglichen Namen Kap Hoorn findet man das Wegzeichen nur auf holländischen Seekarten. Anderswo hat man ihn zu Kap Horn, Cape Horn oder Cabo de Hornos entstellt.
Während der Epoche um die Jahrhundertwende war die Kap-Horn-Route eine der verkehrsreichsten Seehandelsstraßen der Welt. Zwischen Europa und den Häfen der amerikanischen Westküste waren ständig Hunderte von Drei- oder Viermastern unterwegs – auf der Ausreise mit Kohlen oder Industrieprodukten beladen, oft aber auch nur in Ballast segelnd, auf der Heimfahrt angefüllt mit Naturgaben aus Ländern am pazifischen Ozean: Getreide aus dem Nordwesten der USA, Hölzer aus den Urwäldern Mittelamerikas,

Guano von den Vogelinseln vor der peruanischen Küste, zum Beispiel. Vor allem aber mit Salpeter aus Chile, dem Düngesalz, von dem die europäische Landwirtschaft nicht genug haben konnte. In Iquique und anderen Salpeterhäfen ankerten Segler zu Dutzenden und warteten auf ihre Beladung, unter ihnen deutsche Viermaster, die in der Windjammerflotte berühmt und beneidet waren wegen ihrer regelmäßig schnellen Reisen. In sechzig bis siebzig Tagen vom Englischen Kanal nach Valparaiso! Dazu gehörte nicht allein ein vortreffliches Schiff mit einer Schar erstklassiger Seeleute, entscheidend blieb der Kapitän, der sie führte. Nur ein Meister im Segeln, der weder Rücksicht auf sein Schiff nahm noch auf eine lebende Seele an Bord, am wenigsten auf sich selbst, schaffte Kap Horn mit Bravour.

Es ist der Stolz auf jene glorreich bestandene Herausforderung, der die Kap-Horniers verbindet.

Sie treffen sich in jedem Sommer in einer anderen europäischen Hafenstadt. Ihr Kongreß dauert drei Tage. Lübeck, Hamburg und Bremen hatten bereits die Ehre.

Unter ihnen besteht eine Rangordnung. Das Amt des Präsidenten mit dem Titel »Le Grand Mât«, der Großmast, blieb ein Vorrecht für Franzosen bis zum Jahre 1974, als der Tod den letzten würdigen Vertreter französischer Seeglorie abberief. Zu seinem Nachfolger wurde ein Deutscher erwählt.

Wer sich rühmen darf, als Kapitän einen Segler um Kap Horn geführt zu haben, wird als »Albatros« respektiert. Der Albatros ist der größte Vogel unter den Arten, die in den stürmischen Regionen der südlichen Ozeane vorkommen. Zwischen den Spitzen seiner langen, schmalen Schwingen mißt er drei bis vier Meter. Ohne Flügelschlag segelt er über Berg und Tal der Wogen, schießt in rasendem Flug dicht über dem Wasser dahin, um plötzlich gegen den Wind steil hochzusteigen bis über den Flaggenknopf des Mastes, den er langsam umkreist, das Schiff mit starrem Blick beäugend. Mitunter scheint er in der Luft zu stehen, stumm und bewegungslos, als ruhe er sich eine Weile auf dem Arm des Windes aus; doch gleich darauf, mit einem kaum sichtbaren Zucken der Flügel, setzt er seinen Kunstflug fort.

Ein Albatros kommt selten allein, er liebt die Gesellschaft. Gemeinsam geben sie dem Schiff das Geleit, tagelang. Sie verschwinden in der Dämmerung und sind mit dem ersten Licht des Morgens wieder zur Stelle, ewig hungrig. Wirft der Koch Reste aus der Kombüse über Bord, stoßen sie mit schrillen Schreien auf die Beute herab, streiten sich um ihre Anteile und erheben sich wieder in die Lüfte.

Sie lassen sich leicht fangen. Die Falle ist eine kleine Triangel aus starkem Draht oder Blechstreifen. Zwei Seiten werden mit Speck umwickelt, an der dritten ein Stück Kork als Schwimmer befestigt. Schnappt der Albatros zu, ruckt man die Leine straff, und das fast rechtwinklig gebogene Schnabelende verhakt sich in dem spitzen Winkel des Köders, aus dem sich der Vogel nicht

befreien kann, solange man die Leine gespannt hält, während man sie langsam einholt. An Deck dann ist der Vogel völlig hilflos; ihm fehlt der Platz, seine Flügel zu entfalten, und der Luftstrom, den er zum Start braucht. Will man das gänsegroße Tier freilassen, muß man es über Bord werfen, denn dann kann es sogleich in den Segelflug übergehen.
Es gibt eine alte Mär, daß die Seelen der bei Kap Horn ertrunkenen Seeleute in den Albatrossen weiterleben. Wehe dem, der einen der majestätischen Vögel tötet! Die See würde auch den Mörder fordern. Trotzdem hat man sich auf manchen Schiffen einen Jux daraus gemacht, Albatrosse im Fluge abzuknallen oder gefangenen Exemplaren den Hals umzudrehen, um mit den Daunen ein Kissen zu füllen und aus den Schwimmhäuten Tabaksbeutel zu nähen. Gewöhnlich aber gehörte der Albatrosfang zum harmlosen Zeitvertreib auf Kap-Horn-Seglern. Daran erinnert das Abzeichen des Bundes: ein Albatroskopf in der Angel. Die Tiere wurden schnell zutraulich; man spielte mit ihnen herum – wobei man sich allerdings vor Schnabelhieben hüten mußte –, amüsierte sich über ihre Tollpatschigkeit, nahm es in Kauf, daß sie sich, an Bord seekrank geworden, erbrachen – und gab ihnen bald wieder Starterlaubnis.
Unter den Sturmvögeln der Kap-Horn-Region nehmen die Molly Hawks den zweiten Rang ein. Sie sind die kleineren Verwandten der Albatrosse, mit denen sie sich aber in der Kunst des Segelflugs nicht messen können. Ihren Namen hat Seemannsmund zu »Malamok« verbalhornt. Und genau so nennt sich ein Kap-Hornier, der die Hölle von Kap Horn in untergeordneter Stellung erlebt hat, als Wachoffizier, Matrose oder Schiffsjunge.

Warum galt Kap Horn als der schwerste Prüfstein für Seemannschaft? Gibt es doch Regionen, wo ein Segelschiff noch größere Windstärken, noch höhere Wellen antreffen kann. Endlos ist die Reihe der Schiffe, die auf den Bahnen der Stürme in allen Teilen aller Ozeane untergegangen sind. Doch wo auch immer sie von einem Orkan überrascht wurden, sie konnten beidrehen und sich der Gnade des Himmels überlassen, in der Gewißheit, daß jedes Unwetter vorüberzieht und jedem Tief ein Hoch folgt.
Wie anders bei Kap Horn!
Wer es hinter sich bringen wollte, mußte kämpfen, nicht aus der Verteidigung, sondern im Angriff auf die Mächte, die sich seinem Drang nach Westen entgegenstemmten:
Da ist die Kap-Horn-Strömung. Aus dem südpazifischen Ozean zwängen sich, vom ewigen Westwind getrieben, Wassermassen durch das Tor zwischen Feuerland und dem antarktischen Kontinent ostwärts in den Atlantik. Mit ihnen reisen Eisberge, die sich gerne hinter Nebel verbergen. Vor allem aber: die selten unterbrochene Kette der Stürme; sie blasen an dreihundert Tagen

im Jahr ausreisenden Schiffen ins Gesicht aus Südwest bis Nordwest. Dagegen mußten sie ankreuzen auf Biegen und Brechen.

»Fahre so viel Segel, wie mit Rücksicht auf die Umstände zulässig ist«, hieß es in den Leitsätzen für die Umsegelung von Kap Horn. Es blieb dem Draufgängertum oder der Verzagtheit eines Kapitäns überlassen, was er für zulässig hielt: Der eine ließ schon Segel bergen, wenn der andere noch ein paar hundert Quadratmeter Tuch mehr aufbringen ließ, daß sich die Rahen bogen.

»Was du auch immer tust – mache West«, lautete ein anderes Gebot, das erste. Denn darauf allein kam es an: sich Längengrad um Längengrad nach Westen abzumühen, bis es endlich möglich war, mit Nordkurs in den freien Seeraum des Pazifiks abzulaufen.

Die Umrundung des Kaps begann, nach deutscher Rechnung, mit der Überquerung des fünfzigsten Breitengrades im Atlantik. War es möglich, segelte man durch die Le-Maire-Straße zwischen der Ostküste Feuerlands und der Staaten-Insel und versuchte alsdann, »West zu machen«, um möglichst bald den fünfzigsten Breitengrad im Pazifik nicht allzu fern von der chilenischen Küste zu erreichen: insgesamt ein Weg von rund 1200 Seemeilen, wenn man glatt herumkam. Es hat Kapitäne gegeben, die es in einer Woche schafften, aber so viel Glück hatten vielleicht zehn unter tausend. Vierzehn Tage galten als eine glänzende Leistung, drei Wochen waren noch guter Durchschnitt, zwei Monate mußte man einkalkulieren.

Im November 1938, zu Beginn des südlichen Sommers, brauste die deutsche Viermastbark PRIWALL, eines der letzten großen Segelschiffe, in der sagenhaften Zeit von fünf Tagen und vierzehn Stunden über die Strecke. Sie hatte das Große Los in der Kap-Horn-Lotterie gezogen: eine stürmische Brise von achtern. Im südlichen Frühjahr 1905 mußte sich das Hamburger Vollschiff SUSANNA neunundneunzig Tage abquälen, um Kap Horn zu bezwingen. Auch das war Rekord. Zehn Jahre zuvor hatte sie es unter einem anderen Kapitän in zehn Tagen vollbracht.

Viele Seeveteranen haben versucht, das Abenteuer Kap Horn in Worte zu fassen, obwohl es jeder Beschreibung spottet. Einen nüchternen, wenig bekannten Bericht einer Umrundung verdanken wir dem Kaplan auf dem Flaggschiff CENTURION im Geschwader des britischen Kommodore George Anson im Frühjahr 1741. Er erzählt...

»... von der großen Not, die wir in den folgenden Monaten ausgesetzt waren. Die Leiden, die wir durchmachen mußten, überstiegen jedes Maß.

Der Sturm begann zu toben, noch ehe wir die Meerenge Le Maire durchschifft hatten. Er nahm so gewaltig zu, daß selbst die Ältesten und Erfahrensten unserer Bootsleute in Besorgnis gerieten und bekannten, daß sie solche Stürme noch nie erlebt hätten. Das Brausen und Wogen des Meeres und das

ununterbrochene Heulen des Sturmes hielt uns in beständigem Schrecken. Jeden Augenblick hatten wir zu gewärtigen, daß einer der Sturzwellen über unser Schiff herfiel, um es mit Mann und Maus in den Grund zu bohren. Das Schiff wurde beständig nach Lee geworfen, wodurch eine so starke Bewegung an Deck entstand, daß die Mannschaft in ständiger Gefahr war, zur Seite oder über Bord geschleudert zu werden. Es blieb jedoch nicht aus, daß einige unserer Leute infolge der Stöße schwere Verletzungen davontrugen. Ein paar dieser Unglücklichen fielen sogar über Bord und fanden den Tod in den Fluten des Meeres.
Um unsere Not zu steigern, führten diese Stürme gewaltige Mengen von Schnee und Regen mit sich, wodurch unser Tauwerk so steif und starr wurde, daß die Schiffsseile bei der geringsten Ausdehnung brechen konnten. Dies machte die Arbeit der Schiffsbesatzung sehr schwer und mühselig, denn sie konnte mit den vor Frost starren Gliedern ihren Dienst kaum mit der erforderlichen Schnelligkeit erfüllen. Einigen von ihnen waren Finger und Zehen erfroren. Es ist unmöglich, alle die Einzelfälle zu erzählen, die unsere Reise bedrohten und das ganze Geschwader dauernd in Gefahr brachten.«
Nachdem die britischen Schiffe am 7. März die Le-Maire-Straße passiert hatten, versuchten sie vierzehn Tage lang vergebens, gegen die Sturmfronten westwärts anzukreuzen. Am 24. März wurde ihnen endlich eine Atempause gewährt, die gerade dazu ausreichte, auf der CENTURION ein zerrissenes Marssegel auszuwechseln. Kaum war es gesetzt, . . .
». . . da überfiel uns ein anderer, noch grausamerer Sturm, der sich zum Orkan auswuchs. Wir mußten schleunigst alle Segel bergen. Dabei wurde einer unserer besten Bootsleute über Bord gerissen. Er war ein kühner Schwimmer und behauptete sich lange Zeit in dem entsetzlichen Wellengang. Wir konnten ihm keine Hilfe bringen und verloren ihn bald aus dem Gesichtsfeld. Der arme Mann war rettungslos verloren.
Am 3. April brach ein drei Tage lang währender Sturm herein, der heftiger war und alle Nöte überstieg, die wir bisher ausgestanden hatten. Er begann mit einer fürchterlichen Sturzwelle gegen die linke Schiffsseite, unser Schiff war in einem Augenblick von den Wellen überflutet.«
Zehn Tage später, am 13. April:
»Nach der ausgestandenen schweren Not, die uns fast vierzig Tage lang bedroht hatte, hegten wir die Hoffnung, daß wir nun bald durch eine angenehme Fahrt für all die erlittenen Leiden entschädigt werden würden. Auf Grund unserer Berechnungen waren wir fast zehn Grad westlich der westlichsten Spitze von Feuerland entfernt und meinten, innerhalb der Grenzen der Südsee ziemlich weit vorangekommen zu sein. So richteten wir unsern Kurs jetzt nordwärts.«
Ansons Berechnungen des Schiffsortes beruhten auf groben Schätzungen aus abgelaufenen Kursen und Distanzen, denn es war damals noch nicht möglich,

auf hoher See den Längengrad durch astronomische Beobachtung zu bestimmen. Erst die Entwicklung des Chronometers hat das Problem gegen Ende des 18. Jahrhunderts gelöst.
Für den Kommodore und seine Offiziere war es die erste Begegnung mit Kap Horn. Niemand hatte eine Ahnung, wie stark die Strömung die Schiffe ostwärts versetzte, während sie sich abrackerten, West zu machen. So widerfuhr Anson, was nach ihm so viele andere Kapitäne an den Rand der Verzweiflung gebracht hat: Riß endlich einmal die Wolkendecke auf, so daß sie nach dem Stand von Sonne oder Sternen die genaue Position bestimmen konnten, mußten sie feststellen, daß sie noch immer dort standen, wo sie Tage zuvor den Kampf aufgenommen hatten. Manch einer hat vor diesem Resultat den Mut verloren und kehrtgemacht, um bei achterlichen Winden die Längengrade mit Ostkurs abzulaufen: durch den Südatlantik, am Kap der Guten Hoffnung vorüber in den Indischen Ozean und weiter, Australien an Backbord lassend, in den Pazifik, um endlich Honolulu, San Franzisco oder Valparaiso zu erreichen – und dennoch eher anzukommen als jene, die nicht vor Kap Horn kapituliert hatten.
Anson also hatte nach Norden abdrehen lassen, überzeugt, den freien Pazifik vor sich zu haben.
»Es waren trügerische Hoffnungen«, berichtete der Kaplan. »Sie sollten unser Ungemach nur vergrößern; denn am folgenden Morgen zwischen 1 und 2 Uhr, als wir nordwärts segelten und das Wetter, das bis dahin neblig gewesen war, sich etwas aufklärte, gab die ANNA ein Zeichen, daß sie recht voraus Land sichte. Da dieses Land nur zwei Meilen entfernt war, mußten wir damit rechnen, auf den Strand zu laufen, was unbedingt vermieden werden mußte. Glücklicherweise drehte der heftige Wind, der einige Stunden lang aus Südwesten geweht hatte, auf Westnordwest. So gelang es uns, südlichen Kurs zu halten; wir entgingen einer großen Gefahr und waren gegen Mittag beinah zwanzig Meilen auf hoher See.«
Die Klippen, an denen alle fünf Schiffe um ein Haar gescheitert wären, gehören zu einer Felsinsel vor dem Westausgang der Magellanstraße, und das hieß: Anson hatte sich in der geographischen Länge um rund 300 Seemeilen verschätzt.
Er mußte Raum gewinnen, um sich mit einem zweiten Versuch von Feuerland freizusegeln. Seine Mannschaften – allein auf der CENTURION 400 Soldaten und Seeleute – waren erschöpft und entnervt. Proviant und Wasser gingen zur Neige. In den düsteren, kalten Decks gab es keinen Winkel, der nicht vor Nässe triefte, keine Möglichkeit, die Kleidung zu trocknen. In stinkenden Hängematten stöhnten Kranke und die Verletzten, denen die See oder herabstürzende gebrochene Rahen die Knochen zerschmettert hatten. Die CENTURION leckte wie ein altes Faß. An den Pumpen, die ununterbrochen in Gang gehalten werden mußten, starben Männer vor Erschöpfung. Immer weniger

Matrosen waren kräftig genug, in die Takelage aufzuentern und das Schiff manövrierfähig zu halten.

Die Lage auf den übrigen Schiffen war nicht weniger trostlos. Das Geschwader bestand nur noch aus fünf Fahrzeugen, nachdem zwei eines Morgens plötzlich außer Sicht geraten waren. »Die beiden Schiffe waren offenbar zugrunde gegangen, wir sahen sie niemals wieder«, meinte Kaplan Walter. In Wahrheit hatten sie bei Morgengrauen auf eigene Faust den Rückzug angetreten, mit gebrochenen Masten und kaum noch seetüchtig, um Zuflucht in Brasilien zu suchen.

Zu aller Pein forderte der Skorbut täglich neue Opfer, zuerst nur zwei oder drei auf dem Flaggschiff, dann wurden es sechs oder acht. Eingenäht in ihre Hängematten, wurden sie der See übergeben. Viele holte sie sich selbst mit dem Schwall überkommender eisigkalter Brecher und ersparte damit den Überlebenden die Bestattungszeremonie.

Immer weiter nach Süden! Der April ging zu Ende, der südliche Herbst hatte begonnen. Das Geschwader stand am sechzigsten Breitengrad, als der noch immer aus Nordwest wehende Wind auf Südsüdwest umsprang. Das war die große, vielleicht die letzte Chance. Und diesmal gelang der Durchbruch. In den ersten Maitagen kreuzte die CENTURION den fünfzigsten Breitengrad im Pazifik – allein, denn inzwischen hatten auch die anderen Schiffe die Fühlung verloren. Aber keines war verloren gegangen. Sie alle waren schwer angeschlagen, halbe Wracks und schwimmende Siechenhäuser, in denen täglich mehr Menschen ihr Leben aushauchten. Aber Kap Horn war bezwungen.

Das Ringen hatte zwei Monate gedauert.

Die Segelschiffe, die zu Beginn unseres Jahrhunderts vor Kap Horn kreuzten, waren von anderer Bauart als die CENTURION. Die aus Eichenholz gezimmerten Fahrzeuge ihres Zeitalters waren nicht für einen langen Kampf mit schwerem Wetter gedacht. Ein Wunder, daß sie dennoch gewinnen konnten. Hundertfünfzig Jahre später trumpften die meisten Tiefwassersegler mit Rümpfen aus Stahl auf. Der untere Teil ihrer Masten bestand aus einem baumdicken Stahlrohr, die größten Rahen waren aus dem gleichen Material geschmiedet, und wo früher Hanftaue die kirchturmhohen Masten abstützten, waren sie von Stahl- oder Eisendraht ersetzt worden.

Die meisten Kapitäne und Offiziere kannten Kap Horn seit ihren ersten Reisen als Schiffsjunge, für die Mannschaft gehörte das Geheul der Stürme und das Tosen einer haushohen See zur vertrauten Begleitmusik ihres Berufes. Trotzdem: im September 1905, als dort unten am Ende der Welt wieder einmal die Hölle los war, wurden drei Dutzend Drei- und Viermaster so übel zugerichtet, daß sie ihr Heil in der Flucht suchen mußten, zurück in den Atlantik!

Die Takelage zerfetzt oder ganz verloren, mit einem Rest Leinwand als Notsegel an Maststümpfen gesetzt, mit gebrochenem Ruder und eingeschlagenen Luken schleppten sie sich nach Norden. Rettungsboote, Kombüse, Kartenhaus – zertrümmert oder als Treibholz über Bord gespült, mit weniger Männer im Logis als bei der Abfahrt: so erschienen sie in den Häfen an der Ostküste Südamerikas, in Montevideo und Rio de Janeiro, um ihre Schäden zu reparieren, die Wunden zu kurieren und sich für die nächste Runde mit Kap Horn zu rüsten.
Einige fehlten. Sie waren gekentert, gestrandet oder spurlos verschwunden wie so viele vor ihnen und noch nach ihnen – bis hin zu der Hamburger Viermastbark ADMIRAL KARPFANGER, einem frachtfahrenden Schulschiff, das im März 1938 mit einer Weizenladung auf der Heimreise von Australien bei Kap Horn verschollen ist, nichts hinterlassend als ein paar an den Klippen Westfeuerlands angetriebene winzige Trümmer, die nichts über die Ursache der Katastrophe verrieten.

Die neptunische Ritterrunde wird schnell kleiner.
Zum Ritual eines Kap-Hornier-Kongresses gehört ein Gottesdienst in einer der Kirchen, deren Türme viele Generationen von Seeleuten gegrüßt haben, wenn sie ausfuhren oder heimkehrten. In die feierliche Stille fallen die Namen derjenigen, die im verflossenen Jahr auf ihre letzte große Reise gegangen sind.
In Deutschland lebten im Sommer 1974, als sich der Freundschaftsbund in Stockholm versammelte, noch acht Albatrosse. Der Tag kann nicht mehr fern sein, an dem auch dem letzten das Tau gekappt wird, das sein Lebensschiff hält. Und bis zu Ende des Jahrhunderts wird ihm auch die noch große Schar der Malamoks folgen müssen, mit ihnen die lebende Erinnerung an ein heroisches Kapitel in der Geschichte der Seefahrt. Was bleiben wird, ist Historie.
Am Kap Horn aber werden die Sturmvögel weiter über die einsamen Wasser segeln, nimmermüde auf der Suche nach den Schiffen und den Männern, die niemals wiederkehren.

Seenot

Als Kapitän Peerson ins Kartenhaus kam, war es wenig später als achtzehn Uhr. Rolowsky, der Zweite Offizier, stand spreizbeinig vor dem Kartentisch, mit Bleistift und Kursdreiecken beschäftigt.
»Ich glaube, es ist Zeit zur Kursänderung«, empfing er den Kapitän, indem er sich zu respektvoller Haltung aufrichtete und den Platz freigab.
»Wo stehen wir?« fragte Peerson, kurz angebunden. Er beugte sich über die Seekarte. Seine linke Hand umklammerte den Kopf seiner Tabakspfeife, die rechte griff nach dem Zirkel.
»Hier, Herr Kapitän!« Der Zweite zeigte auf ein kleines Kreuz in der Kurslinie; sie verlief als scharfgezogener Strich von Südsüdwesten her zwischen den Azoreninseln Flores und Fayal nach Nordnordost. »Standort achtzehn Uhr, entsprechend der letzten Funkpeilung von Fayal«, erklärte Rolowsky. »Der Sender kam nur noch sehr schwach durch.«
»Gut«, entschied Peerson, »wir bleiben noch zwei Stunden auf diesem Kurs und werden erst dann auf rechtweisend Nordost gehen. Es ist besser, etwas nördlicher zu halten.« Nach diesen Worten blies er eine Rauchwolke über die Karte und wandte sich zum Gehen.
»Herr Kapitän«, fragte Rolowsky hinter ihm her. »Wie lange sollen noch die oberen Segel stehenbleiben?«
Der Alte sah ihn spöttisch an. »Haben Sie Angst, daß sie davonfliegen? Für jede Stunde, die wir die Lappen länger oben lassen, liegen Sie zehn Minuten eher in den Armen Ihrer Frau!« Die Tür fiel hart ins Schloß.
Ja, dieser Kapitän Peerson! Ein eisernes Rauhbein, dem das Herz scheinbar nur selten menschlich in der Brust schlug. Die Mannschaft nannte ihn den »alten Seeteufel«, nicht allein seiner Erscheinung wegen. Er war über sechzig und nur kurz an Gestalt. Sein Gesicht flößte auf den ersten Blick wenig Sympathien ein. Kleine, rotgeränderte Augen funkelten in tiefen Höhlen, über denen buschige, zusammengewachsene Brauen wie zerzauste Vogelnester an der niedrigen Stirn klebten. Weinrot schimmerten die Wangen; sie waren so durchsichtig, daß die Aderung blau und scharf hervortrat, besonders wenn er in Zorn geriet. Zu beiden Seiten der schief verkniffenen Lippen hing ein zottiger, gelblichgrauer Schnurrbart über die Mundwinkel.
Um die Wahrheit zu sagen: Kapitän Peerson war nicht beliebt. Die Matrosen fürchteten seinen despotischen Blick, seine brüchige Stimme bei Manövern; am unbehaglichsten jedoch fühlten sie sich, wenn er auf seinen dünnen, krummen Beinen leicht vornübergeneigt über Deck schlich und er sie hinter ihrem Rücken bei der Arbeit belauerte.
Rolowsky hörte, wie sich die tappenden Schritte des Alten an Deck verloren. Erleichtert atmete er auf und machte sich an die Arbeit. Zu seinen alltäg-

lichen Pflichten in den wachfreien Stunden gehörte es, endlose Zahlenkolonnen, die ihm der Seewetterfunk lieferte, zu entschlüsseln und danach die Wetterkarte zu zeichnen.
Schon bald erkannte er an Windpfeilen und den Linien gleichen Luftdrucks, was sich auf dem Nordatlantik zusammenbraute. Noch lag der Kern des Sturmtiefs weit im Westen, aber es war damit zu rechnen, daß es rasch nach Osten wandern würde.
Das Schiff lief mit wachsender Geschwindigkeit in den Abend. Wir würden jetzt jeden Frachter abhängen, dachte Rolowsky stolz. Und wenn das dem Alten noch zu langsam ist – all right, Sir!
In der Wand zur Funkstation nebenan fiel plötzlich die Klappe, eine Hand langte ein Blatt Papier herein. Für Sekunden sah Rolowsky hinter Zigarettenqualm das Gesicht des Funkers Trocha, von Kopfhörern umklammert.
»Von der QUEEN MARY. Kapitän vorlegen!« Klappe zu. Süßlicher Duft amerikanischen Tabaks blieb im Kartenraum zurück.
Rolowsky öffnete die Außentür einen Spalt und rief hinaus: »Matrose der Wache!«
Niemand hörte ihn.
Er versuchte es mit dem Sprechschlauch zum Ruderstand und pustete in das Mundstück. Vom anderen Ende her kam ein piepsiger Pfeifton, unmittelbar darauf vernahm Rolowsky das metallische Klicken des herausgezogenen Stöpsels. »Was ist?« schnarrte eine unwillige Stimme: der Alte persönlich.
»Wettermeldung von der QUEEN MARY«, antwortete Rolowsky. »Steht etwa zweihundert Seemeilen nordwestlich. Meldet Windstärke zehn und zunehmend schwere See.«
Keine Antwort, nur gedämpftes Brausen wie von weither. Dann Klick, und Stille. Eine Viertelminute später stolperte Peerson über die Messingschwelle. Er hatte einen langen, schwarzen Filzmantel angezogen, dessen Saum die Spitzen seiner Seestiefel streifte.
Rolowsky legte die vollendete Wetterkarte unter den Lichtkegel der Lampe. Der Alte schob sie achtlos beiseite. Der Funkspruch des britischen Ozeanriesen schien ihn mehr zu interessieren. Aufreizend umständlich kontrollierte er die Position, die Rolowsky in der Seekarte markiert hatte, und musterte schließlich die fast lotrecht fallende Luftdruckkurve auf der Schreibwalze des Barographen.
Rolowsky suchte in Peersons Miene eine Regung von Sorge. Aber der alte Fahrensmann, der sich rühmen durfte, als Kapitän zweiunddreißigmal um Kap Horn und oft genug um Haaresbreite an der Hölle vorübergesegelt zu sein, ohne daß der Satan es gewagt hätte, ihm auch nur einmal den Wind aus den Segeln zu nehmen – dieser Oldtimer ließ sich anscheinend nicht einschüchtern. »Wir laufen fünfzehn Knoten, Rolowsky«, kicherte er, »mit allen Segeln!«

Warum trägt er nur immer diese schäbige alte Mütze? Sie ist viel zu klein, deshalb lachen sie alle über ihn. Die Haare hängen ihm zottelig über die Ohren wie einer Hexe. Rolowsky schämte sich seines Kapitäns.

In diesem Augenblick hörten sie einen dumpfen Knall, als explodiere fern eine Granate. Das Schiff legte sich wie getroffen auf die Seite. Es war, als drehe sich der Kartenraum um seinen Mittelpunkt. Rolowsky warf sich mit ausgebreiteten Armen über den Kartentisch und versuchte, die abrutschenden Bleistifte, den Zirkel und die Journalkladde aufzuhalten, während sich der Alte am Rand des Tisches auf der schiefen Ebene des Bodens bergaufwärts hangelte und sich mühte, die Tür zu öffnen. Da richtete sich das Schiff langsam wieder auf, und Peerson huschte wie eine aufgescheuchte Ratte hinaus, Rolowsky ihm nach.

Das Schiff brauste durch die Finsternis. Hoch über ihm in der Takelage knatterten die Fetzen zerrissener Leinwand wie Gewehrfeuer. Langsam arbeitete sich der Zweite voran. Um ihn herum trampelten viele Füße, er hörte gotteslästerlich fluchen. Als er endlich neben der Großluke stand und seine Augen sich der Düsternis angepaßt hatten, sah er undeutliche Schatten im Unterwant des Großmastes aufentern.

Das schrille Signal einer Batteriepfeife, danach das Kommando des Kapitäns: »Unterbrahmsegel festmachen!«

Rolowskys Manöverstation war der Vortopp, der erste der vier Masten. Er rannte nach vorn, wo seine Leute schon an den Tauen zerrten und das Tuch des Vor-Unterbrahmsegels von Deck aus an die Rah falteten wie einen hochgehenden Vorhang.

»Enter auf!« befahl er und stieg als erster ins Want. Zugleich fiel eine neue Böe über die Viermastbark her und zerriß ihr alle leichten Segel, die dem ersten Angriff widerstanden hatten. Ein gräßliches Kreischen kam aus dem Topp. Funken sprühten an Rahen und Stagen. Das Schiff neigte sich weit nach Lee, Wasser brach in breiter Front über die Relingsverschanzung, strömte schnaufend und gurgelnd über das Vordeck und flutete in den Schweinestall, in dem es dumpf gegen die Wände polterte, als die Tiere darin mit ihrem Mastgewicht den Halt verloren, quietschend vor Entsetzen.

Aber das Schiff kam wieder hoch, und der Zweite Offizier an der Spitze seiner kleinen Gefolgschaft enterte ruhig, wie unzählige Male zuvor, Sprosse um Sprosse höher hinauf. Unter ihm verschwand das Deck wie in einem tosenden Abgrund. Er glaubte, inmitten einer höllischen Orgel zu sitzen: In den Takelageregistern heulte und pfiff, dröhnte und stöhnte es, als säßen Teufel auf der Bank und schlügen mit ihren Schwänzen die Manuale.

Wie Bretter standen die Marssegel; sie würden halten, sollte es auch dreimal so stark wehen. Von den oberen Segeln war nur die Tauwerkumrandung übriggeblieben und einige zerfranste Lappen, die wild gegen die Rahen klatschten. Es lohnte nicht, sich damit abzuplagen. So begnügte sich

Rolowsky, das Unterbrahmsegel zu bergen. Zu dritt auf jeder Seite lagen sie mit dem Bauch an die Bramrah gepreßt, rollten das aufgetuchte Segel zu einer festen Wurst zusammen und schnürten es faltenlos an die eiserne Rah. Vierzig Meter unter ihnen blinkte das Meer an den Flanken des dahinjagenden Schiffes. An den glitzernden Wasserschollen konnten die Männer im Vortopp erkennen, daß sie weit über den Wogen hingen.

Als sie wieder an Deck standen, war es in der Takelage stiller geworden. Die Bö hatte der guten alten Tante, wie die Matrosen ihr Schiff nannten, die Brusttücher vom Leib gerissen und sich leinwandsatt davongemacht. Doch wenn das Schiff auch dem Wind jetzt einige hundert Quadratmeter Segel weniger bot, es jagte mit der gleichen Geschwindigkeit dahin, die Nacht im Rücken.

Die Freiwache war dabei, Haltetaue über die offenen Decks zu spannen und alles zu sichern, was nicht seefest mit dem Schiff verbunden war.

Rolowsky ging in seine Kammer, zerrte sein Ölzeug aus dem Spind, zog Seestiefel an und stieg sodann gemächlich aus der Kajüte ins Kartenhaus hinauf, wo ein Leichtmatrose damit beschäftigt war, alle beweglichen Dinge in die Schubladen des Kartentisches zu stauen. Währenddessen war es neunzehn Uhr dreißig Minuten geworden. Der Druck war um weitere fünf Millibar gefallen. Auf der Seekarte lagen zwei neue Wetterfunksprüche fremder Frachter. Der nächststehende war die ARUNDEL CITY, amerikanisch, hundertachtzig Seemeilen westlich auf Heimatkurs. Sie dampfte mit langsamer Fahrt gegen schwere See und Windstärke 11 an.

Rolowsky verbrachte die letzten zwanzig Minuten seiner Freiwache wie gewöhnlich in der Funkstation, um mit Trocha zu schwatzen. Der nickte ihm kurz zu und schob ihm die Zigarettenschachtel hin. »Heute nacht gibt's Kirmes auf dem Teich«, grinste er und macht ein Ohr frei. »Lauter Wettermeldungen, als wollten sie sich gegenseitig erschrecken. Ich bin gespannt, wer als erster mit Windstärke 12 angeben kann. Wird nicht mehr lange dauern. Wie sieht's an Deck aus?«

»Nichts besonderes«, erwiderte der Zweite. »Der Alte hat sich zum Spaß ein paar Segel um die Ohren schlagen lassen, aber wenn er nicht verrückt ist, wird er wohl beidrehen.« Rolowsky wollte noch mehr dazu sagen, verstummte aber, als Trocha den Kopfhörer zurechtrückte. Seine Züge spannten sich, er schien nach innen zu lauschen. Hastig fuhr seine Hand über den Block.

»Ein SOS-Ruf«, sagte er. »Ein Holländer, NOORDKERK heißt er, treibt mit gebrochenem Ruder steuerlos. Kann nicht weit von hier sein.« Der Funker schob ihm den Zettel hin.

Rolowsky sah sich die Positionsmeldung an. »Nördlich von hier, über hundert Meilen. Wir können ihm nicht helfen. Gib her, vielleicht macht das den Alten frommer.« Der Zweite zog sich ins Kartenhaus zurück. Zehn Minuten bis Wachwechsel. Ein Offiziersanwärter trug das Wetter in die Kladde ein, wie

ihm der Erste Offizier angegeben hatte: Kurs 21 Grad, Geschwindigkeit 14 Knoten, Wind Südwest 8, zunehmend, Barometerstand 975.
Rolowsky schaltete das Licht aus, um sich an die Dunkelheit zu gewöhnen, während er seine Zigarette zu Ende rauchte. Dann setzte er seinen Südwester auf, band ihn fest unter das Kinn und ging hinaus an Deck.
Cassander, der Erste Offizier, wartete neben dem Ruder auf die Ablösung. Eine dunkle Riesengestalt.
»Alles klar?« fragte der Zweite.
Cassander hob bejahend die Hand. Gleich darauf bimmelten vier Doppeltöne vom Großmast her in den Wind: acht Glasen. Die große Schiffsglocke auf der Back wiederholte den Stundenschlag, und der Ausguck sang laut aus: »Auf der Back ist alles wohl. Die Lampen brennen!«
»Ay, ay!« brüllte Cassander zur Antwort, dann brachte er seinen Mund nahe an Rolowskys Ohr: »Befehl von Peerson: vorläufig alten Kurs steuern, wir geraten sonst zu sehr ins Rollen. Die Freiwache kann unter Deck, bleibt aber klar zum Manöver.«
»Wo ist der Alte?« fragte Rolowsky. Der Erste wies mit dem Daumen über die Schulter achteraus.
Peerson stand ganz achtern an der Reling, breitbeinig und barfüßig aufgepflanzt, die Nase im Wind und alles Gefühl in den Fußsohlen. Aus der Hecklaterne fielen dünne Strahlen auf das weißgescheuerte Deck.
»Ich übernehme die Wache, Herr Kapitän.«
Ohne sich umzudrehen, hob der Alte die rechte Hand zum Zeichen, daß er von der Gegenwart und der Absicht seines Offiziers Notiz genommen hatte.
»Es liegt eine Seenotmeldung auf dem Kartentisch. Ein Holländer treibt mit Ruderbruch!«
Keine Bewegung.
Da trottete der Zweite zur Ablösung, ihm gehörte die Wache bis Mitternacht.
»Ich fürchte, wir sehen uns bald wieder«, verabschiedete sich der Erste Offizier. Rolowsky wünschte ihm Gute Ruhe.
Am mannshohen Doppelrad des Ruders standen drei Mann angeschnallt. Der älteste, ein Matrose, starrte in das beleuchtete Kompaßgehäuse und beobachtete die schwingende Rose.
Jetzt erst merkte Rolowsky, wie hart das Schiff arbeitete. An den schimmernden Wellenkämmen sah er, daß die Geschwindigkeit bedeutend abgenommen hatte. Das Schiff stampfte schwerfällig, es schüttelte die überkommenden Seen mühsam ab und keuchte wuchtig vorwärts. Der Wind war etwas herumgegangen, und auch die Wellen kamen mehr von achtern. Als die erste Stunde seiner Wache verstrichen war, stand die Kuhle zwischen Hochdeck und Achterdeck, an Bord »Versaufloch« genannt, dauernd unter Wasser. Ein Brecher nach dem andern fegte über die Luke.

Um einundzwanzig Uhr ging Rolowsky selbst nach achtern, um die Logge abzulesen: zehn Seemeilen in der letzten Stunde! Das Schwungrad, das die Umdrehungen des nachgeschleppten Propellers über die dünne Loggleine auf die Logguhr übertrug, drehte sich nur noch langsam und unregelmäßig. Und Peerson, der Kapitän?
Da drüben verharrte er noch immer, zwei Schritte von der Reling entfernt, vor der Hecklaterne, die ihr Licht hinab ins Kielwasser warf. Seine großen, entblößten Füße sahen unter dem Rand des Wettermantels hervor, eine Elle auseinander. Er stand dort wie eine Erscheinung, wie der stumme Geist des Schiffes, aus dem er gewachsen war. Seine Füße wurzelten in den Planken; die Sohlen waren wie Fühler, die ihm den Herzschlag des Schiffes ins Gehirn leiteten und ihn alle Schwingungen spüren ließen. Peerson kannte sein Schiff wie ein Reiter sein Pferd; er wußte immer, wie weit er es mit ihm treiben durfte.
Er spürt, daß ich hinter ihm stehe und ihn beobachte, dachte Rolowsky, aber was bin ich ihm schon? Für ihn sind wir jetzt alle nur die Peitsche in der Hand, das Schiff vorwärtszuhetzen. Er hat kein Gefühl mehr, außer in den Fußsohlen. Er wiegt sich mit den Rollbewegungen des Schiffes, er pendelt um seine Verankerung wie ein schleppendes Metronom. Seine Augen sind geschlossen, aber sein Gesicht ist gespannt, als lausche er den Ratschlägen eines Unsichtbaren.
Der Zweite ging wieder nach mittschiffs. Er konnte sich noch ohne Hilfe der Strecktaue auf den Beinen halten, doch mußte er unterwegs oft stehenbleiben, wenn das Schiff hart überlegte, und sein Gleichgewicht auf dem Abhang ausbalancieren. Er lehnte sich an den Ventilatorschacht, der das Mannschaftslogis mit frischer Luft versorgte. Die Stimmen der Freiwächter schallten hohl aus dem Innern, die Jungen lachten laut und sangen ihre Heimwärtslieder. Ihnen war befohlen worden, sich bereitzuhalten. Es kümmerte sie wenig, ihren Schlaf zu opfern. Sie waren wie Landsknechte vor der Schlacht.
Rolowsky erinnerte sich an die eigene Matrosenzeit auf Windjammern. Da war es genauso gewesen: Sturm oder Flaute, Glutofenhitze am Äquator oder Eishagel bei den Shetlands. Wenn schon! Da waren ein Kapitän und Offiziere, die hatten den Kahn hindurchgeknüppelt und Rasmus eine Nase gedreht, wo immer er sich mausig machte. Nun ja, das alles ist vergangen wie die Schaumspur des Kielwassers. Niemand weiß so gut wie der Seemann um die Vergänglichkeit. Ihm fließt die Zeit an der Bordwand vorbei; er hört, wie sie vorüberrauscht.
Heute war das anders, heute war er selbst Offizier. Mit dem Steuermannspatent für Große Fahrt hatte man ihm noch etwas anderes auf den Weg gegeben, das nannte sich Verantwortung. Als er zum erstenmal als Wachhabender auf der Kommandobrücke stand, da war ihm klargeworden, warum

es heißt: Verantwortung tragen. Sie ist eine Last, die hängt sich an Herz und Gewissen und ist ebensowenig abzuschütteln wie der eigene Schatten. Verantwortung macht argwöhnisch. Auch Rolowsky war mißtrauisch geworden – gegen die launische, unberechenbare Natur beispielsweise, und er hielt es für gerecht, daß fast alle Sprachen sie zum Weib gemacht haben.
Er hatte ein schlechtes Gefühl. Er dachte: Unter mir arbeitet der Körper des Schiffes wie ein Tier, in meinem Rücken lauert das allgegenwärtige Verhängnis; es wartet die Nacht ab, um über uns herzufallen, über uns Menschen und über das Schiff. Wir gehören zusammen wie Leib und Seele. Niemand weiß das so gut wie Peerson, der alte Seeschratt.
Die Wache hatte sich in Lee des Kartenhauses verkrochen, bis auf einige, die eng zusammen unter der Back auf dem Ankerspill hockten. Manchmal flammte dort ein Zündholz auf. Hell brannten die Petroleumlampen der Kompaßbeleuchtung in der Messingkuppel, die einem Taucherhelm glich. Darinnen, unter einer Glasscheibe, schwang träge die Rose. Der verantwortliche Matrose der Ruderwache starrte unverdrossen auf die Scheibe und hielt den befohlenen Kurs. Den Kurs nach Hause.
Sechs Fäuste hielten die Speichen des Doppelrades gepackt und ließen sie auf die stumme Anweisung des Ältesten vorsichtig durch die Hände laufen oder stemmten sich mit aller Kraft dagegen, wenn das Schiff plötzlich ausbrechen wollte. Aber sie ließen ihm keine Chance, sie hielten es an der Kandare. Es gehören besondere Hände dazu, ein Segelschiff zu zügeln.
Der Sturm nahm zu, und seine Kraft ließ die See höher und höher gehen. Das Schiff bockte dagegen auf, es rollte heftig, nur in seltenen Augenblicken besann es sich auf seine gerade Haltung. Die Steuerbordreling blieb immer länger unter Wasser, über das Vorschiff brausten Sturzseen, und das Versaufloch war zu einem tosenden Wellenbad geworden.
Und dann kam Rasmus auch aufs Hochdeck, zunächst noch ein wenig schüchtern, als wolle er vorfühlen, wie er aufgenommen wurde. Doch mit jedem Ansprung wurde er frecher. Er polterte herausfordernd gegen die Bordwand, daß die Verbände erzitterten. Blitzschnell erhob er sich, schielte über die Verschanzung, um sich das beste Spielfeld auszusuchen, und schlug in der nächsten Sekunde zu. Rasmus, verfluchter! Sein Gelächter johlte noch in der Luft, wenn sich die Seeleute schüttelten wie begossene Bären und sich das salzige Wasser aus den Gesichtern wischten und fluchten, wenn es ihnen eiskalt unter den steifen Ölröcken den nackten Rücken hinunterrieselte.
Nach zweiundzwanzig Uhr, eben nach Wachwechsel der Rudergasten, spürte Rolowsky hinter seinem Rücken einen fremden Willen. Er drehte sich um: Peerson. »Freiwache an Deck«, befahl seine Stimme. »Bagien festmachen. Ihre Wache nimmt die Fock auf.«
»Endlich«, stöhnte Rolowsky laut heraus. Peerson hörte ihn nicht. Wie von einer unsichtbaren Bürde gebeugt, bewegte er sich auf den Kompaß zu. Der

Zweite Offizier glaubte ein leises Stöhnen zu vernehmen. Den Alten peinigte, wie stets bei schlechtem Winterwetter, die Gicht – eine Strafe des Himmels, wie der Koch wähnte. Einen Augenblick lang wurde das Klabautergesicht beleuchtet, als es sich dem Kompaßfenster zuneigte. Es war schmerzverzerrt. Darauf schlurfte der Kapitän an Rolowsky vorbei zum Kartenhaus. Seine Säbelbeine steckten wieder in ihren schwarzen Lederscheiden.
Rolowsky rief durch den Ventilator hinab nach der Freiwache. Die Deckswache schickte er nach vorn zum Vormast, und als er die Stimme des Ersten hörte, folgte er seinen Leuten auf die Manöverstation. Als er den Schweinestall passierte, wunderte er sich, daß die Tiere noch quicklebendig waren, obwohl sie häufig bis zu den Schnauzen im Wasser stehen mußten. Aber es waren Schweine, die Seebeine hatten. Ihre Behausung ragte wie eine umbrandete Insel zwischen der zweiten Vordecksluke und dem Winschhaus aus den Strudeln, ein großer dunkler Fleck. Die Schweine grunzten, lauter und schneller als gewöhnlich, es hörte sich an wie ein kläglicher Protest. Morgen sollten sie geschlachtet werden, als Vorfreude auf das fette Landleben.
Rolowsky musterte seine Mannschaft. Der Koch gehörte dazu und der Zimmermann. Der Zimmermann war seit jeher der Aussänger bei der Knochenarbeit. Er hatte eine Stierstimme, doch im Brausen der Sturmorgel war sie nur wie das Heulen eines Wolfes.
Das Wasser strudelte um die Leiber der Männer, die verbissen, Himmel und Hölle lästernd, mit geballten Kräften an den Tauen rissen und langsam, Zug um Zug, das riesige Focksegel rafften, bis es eingeschnürt unter der Fockrah hing. Der Druck auf das Vorschiff wurde geringer, es schien auch weniger Wasser überzukommen. Vom Reißen an den knüppelharten Tauen brannten die Hände, und in den Augen biß das Salz.
Wieder übernahm Rolowsky die Führung. Das Dutzend junger Männer wäre auch ohne ihn fertiggeworden, aber es war ermutigend für sie, ihren Toppsoffizier neben sich zu wissen.
Das Schiff lag weit über nach Steuerbord. Sie zogen sich an der Fockrah entlang gegen den Wind hinauf nach Luv, sich Hand über Hand vorantastend im Dunkel, unter den Sohlen ihrer Seestiefel nichts weiter als einen schwankenden daumendicken, von geteertem Hanf umsponnenen Draht.
Rolowsky hatte das Ende der Rah erreicht und wartete, bis seine Jungs aufgeschlossen hatten und so dicht nebeneinander standen, daß sie zu einem einzigen Körper mit vierundzwanzig Armen zusammenwuchsen, in der Mitte der Zimmermann, wegen der Stimme.
Das Schiff unter ihnen kletterte mühsam Wellenberge hinauf und stürzte wieder zu Tal; es stampfte, ging wie ein Gaul vorne und hinten hoch und rollte dazu, als wolle es die Last der Takelage abschütteln. All diese Bewegungen erlebten die Männer auf der Rah wie in einer Riesenschaukel auf dem Hexentanzplatz.

Der Sturm johlte seine furiose Tonleiter hinauf und hinunter. Ab und zu jedoch verschnaufte er, und diese Pause nutzten sie aus: krallten die Hände in das Tuch, würgten es Falte um Falte hoch auf die eiserne Rah, klemmten es unter die Brust und legten sich mit ihrem Gewicht darauf, entschlossen, sich das Eroberte nicht wieder entreißen zu lassen.
Die nächste Bö hatte Eishagel geladen und nahm das Schiff unter Trommelfeuer. Sie duckten sich und zogen die Köpfe ein. Die Körner prasselten auf die Südwester. Aber die Hände! Die hielten das Tuch und das Leben. Sie durften nicht loslassen, mußten sie hinhalten, als sollten sie an die Rah genagelt werden.
Die Bö raste vorüber, das Schiff richtete sich wieder auf. Für eine kleine Weile wurde es fast still in der Luft. Unten an Deck quiekten die Schweine in jäh erwachter Todesangst.
Das Segeltuch war naß geworden und steif und hart wie ein Brett. Eine Qual, es zu bergen. Wie im Feuer brannten ihre Fäuste, immer wieder, hartnäckig und zornig, hauten sie die Krallen in die Falten. Abermals ein Stoß aus dem Blasebalg des Äolus. Festhalten! Die letzte Kraft hielt verzweifelt die geborgene Leinwand. Sie warteten auf die nächste Chance. Eine Sekunde zwischen Himmel und Meer kann eine Ewigkeit sein.
Sie schnürten hastig das Segel mit dünnen Tauen an die Rah – nicht hafenfein, beileibe nicht, aber es hielt. Und doch war es nur erst der Anfang. Spanne um Spanne arbeiteten sie sich an der Rah entlang und abwärts von der Luvseite hinüber nach Lee, vom Sturm gewiegt, ohne ein Licht vom Himmel. »Eine Hand für das Schiff, eine für dich«, so lautete das Gebot, aber wenn sie nicht alle Hände an das Segel legten, würden sie nie damit fertig werden.
Endlich war die Fock gefesselt und gesichert. Die Kerle enterten nieder als Sieger. Als sie wieder das Deck unter den Füßen hatten, wehten sieben Glockenschläge vom Hochdeck her: halb zwölf! Das Ringen mit dem Segel hatte anderthalb Stunden gedauert.
Rolowsky entließ seine Leute. Sie verkrümelten sich unter die Back, holten ihre Pfeifen hervor und stopften sie wortlos. Der Zweite steckte sich eine Zigarette in den Mund. Als er sie mit dem Sturmfeuerzeug in Brand setzte, sah er Blut in schmalen Streifen von den Fingerspitzen die Handrücken herabrinnen. Er beachtete es nicht weiter.
Die Schweine hatten sich wieder beruhigt. »Arme Schweine«, brummte der Koch und seufzte. Ihre Not ging ihm nahe. O ja, er hatte ein Herz für alle Kreatur, das wußte jeder. Als er die erste der drei Sauen schlachten mußte, stieß er mit Tränen in den Augen das Messer in den Hals, und beim Wursten sang er geistliche Lieder. So einer war der Koch!
Rolowsky ging über die Laufbrücke, die als schmaler Steg von der Back über dem Vorschiffsdeck zum Hochdeck führte, nach mittschiffs, um wieder die

Wache zu übernehmen. Er mußte sich gegen den Sturm stemmen, das war wie gegen eine schwarze Mauer aus Gummi. Kein Stern, kein Mond, kein Schimmer aus der Höhe. Seit einer Woche keine Sonne. Ein Wunder, wie Peerson die Durchfahrt zwischen Flores und Fayal gefunden hatte. Fast auf die vorberechnete Stunde genau stand das Schiff zwischen den weit hinter den Horizonten gelegenen Inseln, die Funkpeilungen hatten es bewiesen. Der Alte hatte es eben im Kopf und in den Fingerspitzen. Oder der Leibhaftige war ihm verbündet. Der Koch machte sich seltsame Gedanken, er fuhr schon viele Jahre unter Kapitän Peerson.
Die Matrosen, die das untere Segel des Kreuzmastes, die Bagien, festgemacht hatten, enterten gerade nieder, als Rolowsky ins Kartenhaus gehen wollte. Auf der Schwelle stieß er mit Peerson zusammen. Der zischte: »Machen Sie mit beiden Wachen das Großsegel fest!« Also pfiff Rolowsky den Haufen zusammen und machte mit ihnen das Großsegel fest. Es vergingen mehr als zwei Stunden, bis sie es notdürftig gebändigt hatten.
So war nun mehr und mehr Tuch eingerollt. Das waren Peersons erste Züge in der Partie mit dem angriffswütigen Sturm. Und er wußte, wie er ihn mattsetzen konnte. Der alte krummbeinige Taktiker nahm ihm die Segel vor der Nase weg und ließ ihn ins Leere blasen. Auch die Obermarssegel im Vortopp und im Kreuztopp waren geborgen, ehe der brüllende Südwest sie zerfetzen konnte.
Die Seen bauten sich höher und höher. Der Ozean war zu einem wandernden Gebirge geworden. Es verfolgte das Schiff, um es unter sich zu begraben. Es stöhnte auf der Flucht, torkelte ächzend dahin und stürzte sich immer wieder kopfüber in die schwarze Flut. Das Vorschiff war ununterbrochen überschwemmt, Brechwasser gischtete um die Luken, den Stall und das Winschhaus, es wirbelte um den Fuß des Fockmastes. Die Schweine waren ganz still geworden. Ertrunken, vermutete Rolowsky und schlug sich den Braten aus dem Sinn. Doch stand der Stall noch unbeschädigt.
Peerson blieb hart. Wie lange noch wollte er sein Schiff schinden? Bei Gott, sagte sich Rolowsky, er liebt nicht einmal mehr sein Schiff. Er schrie dem Ersten Offizier ins Ohr: »Denkt er denn nicht an die Ladung?«
Cassander wußte darauf keine Antwort. Beide Offiziere hielten sich neben dem Kompaß, breitbeinig. »Wenn eine Luke eingeschlagen wird, sind wir erledigt, was meinen Sie?« Cassander verzog keine Miene.
Die Viermastbark hatte am La Plata fünftausend Tonnen Weizen gefressen, ihr Bauch war gefüllt mit losen Körnern im Unterraum und dichtgestapelten Zweizentnersäcken im Zwischendeck darüber. Im Unterraum zog sich in der Mittschiffslinie, mit Ketten und Drähten an die Bordwänden verankert, eine aus mehreren Teilen zusammengefügte Schottenwand durch den Laderaum. Sie sollte in schwerem Wetter das Schlimmste verhüten: das Verrutschen der Ladung.

»Glauben Sie, daß die Schotten halten?« bohrte Rolowsky weiter.
Cassander sah an ihm vorbei und zuckte mit den Schultern. Er selbst hatte den Einbau der eisernen Trennplatten überwacht und wußte besser als jeder andere, den Kapitän nicht ausgenommen, wie wenig Verlaß auf die notdürftige Konstruktion war, wenn sie aufs Äußerste belastet würde.
Plötzlich stand Peerson neben ihnen im schwarzen Ölmantel, mit einem verschlissenen Südwester auf dem Kopf. »Beidrehen!« befahl er.
Beidrehen! Das hieß: nachgeben als der Klügere, sich Sturm und See geschickt entwinden, die Partie unentschieden halten, bis die andere Seite ermüden und aufgeben würde. Das war ehrenvoll, wenn auch die Zähne vor Wut knirschten. Das Schiff hatte sich bis zu diesem Augenblick tapfer gegen eine wachsende Übermacht geschlagen, aber nun war es am Ende. Ein Pferd, das in den Sielen zusammenbrechen will, treibt keine Peitsche mehr voran. Spann es aus.
»An die Backbordbrassen!« Cassanders Stimme übertönte den Sturm. Alle Mann eilten an ihre Manöverplätze. Ein langgezogener Pfiff: »Braß an überall!«
Peerson hatte sich neben dem Kompaß aufgepflanzt. »Ruder hart Steuerbord!« kommandierte er.
Die Rudergasten legten sich in die Speichen; ächzend holten sie das Rad gegen den Druck der achterlichen See auf, bis sie auf harten Widerstand stießen. »Ruder liegt hart über«, schrie der Matrose.
Peerson beobachtete den Kompaß. Die Rose verhielt: das Schiff gehorchte dem Ruder nicht mehr, es machte zu wenig Fahrt, und die See gab das Heck nicht frei zum Ausscheren.
Der Alte packte das Gehäuse, beugte sich so weit vornüber, daß seine Nase fast das Fensterchen berührte, und starrte atemlos auf den Steuerstrich. Auf seine Stirn traten Schweißtropfen. Er stöhnte laut auf wie unter einer letzten Anstrengung, die Richtkraft der Magnete seinem Willen zu unterwerfen. Hätte der Koch ihn in diesem Augenblick gesehen, er hätte ein Kreuz in den Wind gemacht.
Plötzlich richtete sich der Kapitän auf, wendete sich den Rudergasten zu und sagte ruhig: »Seht ihr, jetzt kommt sie!«
Peerson hatte gewonnen. Das Schiff gehorchte. Langsam fiel es ab, der schwarze Steuerstrich kroch scheinbar am Rand der Kompaßrose entlang. Und so, wie sich das Schiff drehte, holte die Mannschaft die Rahen herum mit Winden und Tauwerk.
Am Kompaß ging Südost durch. Wind und See fielen quer ein, sie trafen das Schiff breitseit mit voller Wucht. Das war der gefährliche Augenblick bei diesem Manöver: Eine dunkle Wand wuchs neben der Bordwand hoch und brach donnernd über dem Oberdeck des Schiffs zusammen; sie schmetterte die Männer an den Brassen zu Boden; begrub für Sekunden die Rudergasten

und verlief sich in rauschenden Wasserfällen die Niedergänge zum Vordeck und zur Kuhle hinab während das Schiff willig weiter anluvte, bis Wind und Seegang endlich von Steuerbord vorn kamen. Der Viermaster hatte beigedreht.
Er lag nun bedeutend ruhiger. Wenn er sich auch hob und senkte, so tat er es mit fast behäbigen Bewegungen, ohne viel Wasser überzunehmen. Er trieb sicher unter Sturmsegeln vor dem Wind; ohne selbst Fahrt zu machen, ließ sich von den Seen auf den Rücken nehmen und parierte die anrollenden Wogen wie eine schwimmende Möwe.
Alle atmeten auf. Die Freiwache durfte unter Deck verschwinden und noch ein Auge voll Schlaf nehmen. Es war nichts mehr zu befürchten. Die Sturmorgel dröhnte zwar noch immer kraftvoll, und in klagenden Akkorden tönte die Takelagenharfe, aber es war ein Sturm, der seinen Schrecken verloren hatte und sich ohnmächtig wundrieb an Masten, Spieren und Stagen.

Drei Uhr in der Frühe. Der Windmesser zeigte zweiunddreißig Meter Geschwindigkeit in der Sekunde: voller Orkan. Da werden an Land Dächer zu Vögeln, und Bäume wirbeln aus der Erde.
Es war kälter geworden. Die Männer der Mittelwache warteten ungeduldig auf ihre Ablösung um vier Uhr. Rolowsky, dem dann die Stunde ebenso wieder schlagen sollte, schleppte sich müde in die Funkstation. Die Zeit bis zur Frühwache wollte er munter bleiben, um sich die Qual zu ersparen, aus dem Schlaf gerissen zu werden.
Trocha saß in einem Brodem von verbrauchter Luft und Tabaksqualm. Die Haare hingen ihm schweißnaß unter dem Kopfhörerbügel in die Stirn. Sein Schreibtisch war mit fliegenden Blättern bedeckt.
»Was macht die NOORDKERK?« fragte Rolowsky.
»Keine Meldung seit Mitternacht«, antwortete Trocha,« und das kann alles bedeuten. Alles!« Er drückte eine Zigarette aus.
Bevor er sich eine neue anzünden konnte, wurde er durch laute Funkzeichen alarmiert. »Hier ist sie wieder«, sagte er schnell und begann mitzuschreiben. Es war eine kurze Mitteilung an alle. »Sie haben ein Notruder klar und liegen jetzt beigedreht. Tüchtige Seeleute, diese Käsefresser. Aber hier« – er schob dem Zweiten die Zettel zu – »sind noch mehr Seelen in Seenot. Auf dem Nordatlantik ist mal wieder Betstunde.«
»Ehrlich gesagt«, erwiderte Rolowsky und grinste, »wir haben bisher nur geflucht.«
»Was nicht ist, kann ja noch werden«, brummte Trocha und zündete sein Feuerzeug.
»Das Barometer fällt noch, aber ich schätze, wir sind bald im Zentrum und können in vierundzwanzig Stunden wieder segeln. Nach Hause!«

Trocha grunzte beifällig. Indessen wäre er auch keineswegs bekümmert gewesen, wenn der Zweite Offizier ihm verkündet hätte, es bestehe keine Aussicht, vor Ablauf einer Woche wieder auf Heimatkurs zu sein. Trocha nahm eben Dinge, an denen er nichts ändern konnte, gleichmütig hin wie die Nachrichten, die ihm zweimal täglich wie von einem fremden Stern her durch den Äther in die Ohren tönten:
Kriege brechen aus wie Geschwüre, Revolutionen ersticken im Blut, Parlamente werden gestürmt, Streiks mit Gummiknüppeln gebrochen, Freiheiten zertrampelt, Wahrheiten auf den Kopf gestellt, gläubige Seelen betrogen. Die Luft ist voll Streit und Reuelosigkeit und Größenwahn, drahtlos posaunt die Welt ihre Laster um den Erdball. Doch das ewig bewegte Karussell dreht sich ungerührt weiter, die Ozeane atmen, und Schiffe fahren darüber hin, erderlöst einsam wie auf Gottes eigenem Handteller. Wenn Trocha von seinem Schreibtisch aufblickte, auf dem er die Pressemeldungen empfing, sah er bei Tage durch das Fenster ein winziges Stückchen dieses Ozeans oder nachts am Himmel einen Stern. Dann konnte er selten der Versuchung widerstehen, einen Knopf des Empfängers nach links zu bewegen und dem Ungeist den Hals umzudrehen. Sein kleiner Finger schaffte Frieden. Diese Zauberkraft hatte Trocha die große Ruhe und das Lächeln des Philosophen verliehen. Es gab nichts und niemand, der seine Herzschläge beschleunigen konnte. – Niemand? Vielleicht Peerson, der Einsame. Aber selbst das war höchst zweifelhaft. Trocha fürchtete sich nicht einmal vor Geistern.
Das Schiff stieg und fiel in einem gewissen Gleichmaß. Es machte jedesmal drei Sprünge in einem Takt; denn so kamen die Wogen angerollt: in Trupps zu dritt hintereinandergestaffelt, in kurzen Abständen, unerschöpflich.
Rolowsky sah vor der Ablösung im Kartenhaus nach dem Barographen. Noch immer nicht schien der Luftdruck den tiefsten Stand erreicht zu haben. Die Kurve kreuzte die Neunhundertsechzig-Millibar-Linie. Im Logbuch stand, von Peersons Hand geschrieben, in der Spalte für besondere Bemerkungen: »Voller Orkan, sehr schwere See.« Den Offizier erfaßte Hochachtung, ohne daß er zu erklären gewußt hätte, vor was eigentlich – vor der Urgewalt der Natur, vor der Standhaftigkeit des Schiffes, vor Peerson, der es gegen die Elemente verteidigte wie ein General eine belagerte Festung, oder gar vor sich selbst, weil er, Rolowsky, dazu ausersehen war, seinem Kapitän beizustehen. Er fühlte sich sicher. Unser Schiff, dachte er, ist ein zäher Vogel, zur Zeit zwar ein wenig gezaust, aber er läßt sich so leicht nicht die Flügel brechen.
Zufrieden stiefelte er an Deck. Er verließ den Raum in dem Augenblick, als die Orkanorgel einen Takt piano blies und er den Glockenschlag hörte, der die letzten zehn Minuten der alten Wache ankündigte. Die sie hinter sich gebracht hatten, krochen freudig aus ihren Schlupfwinkeln hervor, sie stellten sich in Lee des Deckshauses auf und rissen ihre Witze über die verschlafenen

Gesichter der neuen Wache. Die Rudergasten übergaben das Rad und streckten sich.

Da wurde es plötzlich ruhig in der Takelage. Alle Mann wandten überrascht die Köpfe nach oben. Rufe und Gelächter verstummten. In den Riggen verging ein letzter Seufzer, als sei damit die Fuge zu Neptuns Ehre verklungen. Nur das dumpfe Getöse der See hielt an.

»An die Steuerbordbrassen!« Peersons Stimme, unmenschlich. Es war ein Schrei des Entsetzens.

In dieser Sekunde näherte sich von fern ein hohles Sausen, kam näher, wurde stärker, es hörte sich an wie das Wimmern eines Kindes. Doch es kam nicht aus der alten Windrichtung schräg von vorn, sondern von Steuerbord achtern. Der Orkan war von Südwest unvermutet auf Nordwest herumgesprungen.

Jetzt fiel er dem wehrlosen Schiff in den Rücken und streckte es nieder. Die Masten neigten sich wie fallende Bäume. Das Groß-Obermarssegel zerplatzte, es war wie das tausendfach verstärkte Kratzen einer Messerspitze auf Porzellan. Einen Lidschlag nur, dann donnerte das Segel, das eine Herde Ochsen nicht in Stücke hätte reißen können, aus den funkenschlagenden Drahtkanten und flatterte in Fetzen davon. Unter Deck rumpelte es: alles was nicht sorgfältig genug festgelascht war, machte sich auf die Reise. Die Schweine kreischten markerschütternd – »sie leben ja noch!« rief Rolowsky –, die Männer hängten sich an die Haltetaue oder klammerten sich an Türgriffe und Geländer, wo immer sich ein Halt bot, während unter ihren Füßen das Deck abkippte zu einer steilen Rutsche, die in die See führte.

Da spürte Rolowsky tief im Innern des Schiffes eine Erschütterung. Jetzt ist ihm das Rückgrat gebrochen, durchzuckte es ihn. Gleich wird es kentern. Deutlich nahm er einen zweiten Ruck wahr, und am Rauschen der See, in der die Leeverschanzung tief versunken war, konnte er hören, daß die Schlagseite schnell zunahm. Er gab sich und das Schiff verloren; er wußte, daß ihm nicht viel Zeit blieb, seine Sünden zu bereuen. Trotzdem wunderte er sich, wie gelassen er dem Untergang entgegensehen konnte. Ich werde nicht versuchen, mich über Wasser zu halten, nahm er sich vor. Die See ist winterkalt, ein Herzschlag soll nicht wehtun, heißt es.

Ebenso plötzlich wurde es wieder friedlich in der Luft, fast flautig. Trotzdem richtete sich das Schiff nicht wieder auf, es blieb auf der Seite liegen und erwartete widerstandslos das Ende.

Rolowsky ahnte, was geschehen war. Im Unterraum waren die Befestigungen der Getreideschotten gebrochen, und viertausend Tonnen Weizen waren in Bewegung geraten. Während der sechs Wochen, seit der Abfahrt von Buenos Aires, hatte sich die geschüttete Ladung gesetzt und einen leeren Raum über sich geschaffen, in den nun, als die schwachen Trennwände unter der Last der Körnermassen nachgegeben hatten, einige hundert Tonnen auf die andere Seite geflossen waren und mit ihrem Gewicht verhinderten, daß sich das Schiff wieder erhob, nachdem die Orkanbö darüber hinweggerast war und der Wind auf die alte Richtung zurückdrehte.

Es war genau vier Uhr. Niemand dachte daran, acht Glasen zu schlagen. Was galt jetzt noch Zeit? Die Mannschaft drängte sich auf dem Hochdeck zusammen. Alle, die jungen und die alten, schienen die Sprache verloren zu haben und gelähmt zu sein. Sie erwarteten das unausweichlich scheinende Verhängnis.

Peerson aber wollte kämpfen.

Cassander hatte auf Befehl des Kapitäns einen Matrosen unter die Back beordert, Sanders, den Zimmermannsgehilfen. Der nahm eine leere Margarinedose aus dem Spind, in dem alte Lappen zum Lampenputzen, Petroleumkannen und wer weiß was alles aufbewahrt wurde, und durchsiebte den Boden mit dem Stahldorn seines Taschenmessers. Darauf stopfte er den Behälter voll mit Werg. Aus der Farbenkammer nebenan schleppte er einen Kanister Leinöl heran und goß davon auf das Werg, das sich vollsog wie ein Schwamm. Er hob die Dose hoch und hielt die Hand darunter: Öl regnete langsam in kleinen Tropfen hernieder. Befriedigt klemmte Sanders sein Werk in den Ausguß ganz vorn am Bug, in Luv, nahe der Ankerklüse, stellte den Kanister zum Nachfüllen in Reichweite und setzte sich auf die Ankerkette.

Das Öl floß durch das Rohr außenbords und breitete sich im Nu auf der See aus. Sogleich zeigte sich die geheimnisvolle wohltätige Wirkung: Die Wasseroberfläche wurde seidenglatt. Nicht etwa, daß die Wellenberge niedriger wurden, nein, aber der hauchdünne Ölfilm bändigte sie und machte ihre Brechkraft zunichte. Sie konnten nicht mehr an der Bordwand hochspringen und über die Seite hereinbrechen. Statt dessen liefen sie geschmeidig unter dem Schiff durch, ohne Unheil anzurichten. Ja, es schien wie ein Wunder.

Der Zimmermannsgehilfe war allein mit seinem Gerät und der Pflicht. Um ihn herum war es stockfinster. Er konnte nur das Geheul in der Takelage hören und das dumpfe Poltern der See, die von Lee her ungehindert das Vorschiff heimsuchte und den Viermaster mehr und mehr niederzwang. Sanders war unter den Vollmatrosen der jüngste, neunzehn Jahre alt. Er hatte Hoffnung gefaßt, als er den Befehl zum Ölen der See erhielt. Das einzige, was ihm ans Herz griff, war die Finsternis, die ihn von seinem Kapitän und seinen Freunden abschnitt.

Als der Zweite Offizier Rolowsky mit einer Stablampe die Neigungsskala an der Vorderfront des Deckshauses ableuchtete, stellte er fest, daß der fatale rote Fünfundvierzig-Grad-Strich überpendelt war. Es überraschte ihn nicht. Theoretisch müßte das Schiff längst gekentert sein, dachte er gelassen, und: die alte Tante schlägt den Schiffsbauern ein Schnippchen. Sie will nicht umfallen. Bravo!

Wo stand Peerson? Rolowsky entdeckte ihn am Kompaßgehäuse, an dem er sich festhielt. Als er nahe an ihn herantrat, wunderte er sich, daß der Alte ein trotziges Gesicht machte und der hämische Zug um seinen Mund sich noch vertieft hatte, als wolle er bis zum letzten Augenblick seine Gegner verhöhnen. Ich wette, er hat noch einen Trumpf in der Hand und wartet auf seine Chance, dachte Rolowsky bei sich und plötzlich wurde es ihm ein wenig leichter ums Herz.
Das Ölen der See machte sich bemerkbar. Es kamen nur leichte Spritzer über die Luvseite, nicht der Rede wert.
Aber in Lee! Da hatte die See über die unter Wasser geratene Verschanzung ungehindert Zutritt; sie führte sich auf, als sei sie auf dem Schiff zu Hause. Rolowsky hörte das Krachen des zusammenbrechenden Stallgatters. Die Tiere quiekten so jämmerlich dazu, daß es ihn schüttelte.
Zwei Glasen: fünf Uhr morgens. Wahrhaftig, da schlug jemand die Glocke an. Wollte wohl sich und anderen Mut machen und daran erinnern: die Zeit ist nicht stehengeblieben, und wir leben!
Der Morgen zog im Osten herauf. Der Fockmast wuchs allmählich aus dem Dämmerdunkel wie ein entlaubter Baum aus dem Nebel. Das Untermarssegel stand noch. Rolowsky, der sich an der Brückenreling auf dem Hochdeck festklammerte, erkannte das Viereck von Luke 2, dann das Winschhaus und endlich die Back. Der Tag brach an.
Der Schweinestall widerstand noch immer. Seine Vorderfront war von der Luke geschützt, die Rückwand lehnte sich an das Winschhaus an, und das Gatter aus schweren Eichenbohlen hatte es bisher von der Seite gedeckt. Aber die waren nun zersplittert und dahin, und so konnte die Leesee die Flanke des Stalls berennen. Es würde nicht mehr lange dauern, bis sie ihn erobert hatte. Die Schweine im Innern waren in ihrer Todesangst ermattet, sie konnten nur noch stöhnen und grunzen. Und plötzlich waren sie ganz still. Es ist aus mit ihnen, dachte Rolowsky, sie haben endlich ausgelitten. Er rauchte eine Zigarette nach der andern, ohne Genuß.
Die See kletterte auf die Luken, sie beleckte sie wie Brandung ein sinkendes Floß. Eine Woge rollte heran, von weither hatte sie Anlauf genommen, nichts konnte sie aufhalten. Sie sprang mit ihrer Masse den Stall an, daß er auseinanderbarst, und nahm im Rückfluten das Giebeldach mit. Die verschütteten Schweine waren noch immer nicht tot. Welch ein zähes Leben! Rolowsky hielt sich die Ohren zu, er konnte das schrille Quietschen nicht ertragen. Man sollte sie erschießen, dachte er barmherzig. Sie wimmerten, als flehten sie um Gnade, aber die See zerrte sie unerbittlich unter den Trümmern hervor und saugte sie über Bord.
»Sie schwimmen ja!« schrie Rolowsky und wies mit dem Arm auf die Tiere. »Ich habe nicht gewußt. daß Schweine schwimmen können.«
Wahrhaftig, sie paddelten und grunzten aufgeregt, die Schnauzen dem Schiff

zugewendet, als wollten sie schleunigst zu den festen Planken zurückkehren. Dabei gaben sie den allerletzten Laut von sich. Die See spülte sie noch einmal an Deck, dorthin, wo der Stall gestanden hatte, wie zu einem letzten Abschiednehmen. Dann waren sie nur noch zwei verschwommene Flecke im Wasser, die vom Schaum ausgelöscht wurden. Auf dem Vorschiff trieben Balken und Latten und verkotete Strohbündel; sie wurden für eine kleine Weile außenbords geholt und, gleichsam verächtlich, zurückgeschwemmt.
Langsam schälte sich die Kimm aus der schwindenden Nacht, eine verwischte Linie, die Himmel und Meer trennte. Es wurde licht, doch die Welt blieb trübe. Unter einer niedrigen Decke flogen ausgefranste Wolkenfelder dahin. Aus Südwesten zogen die Seen herauf, unzählig, unerschöpflich, in breiten Fronten, mit sturmzerzausten Kämmen, denen weiße Sprühgischt wie Fahnen voranwehte. Aber dann stießen sie auf das beölte Vorfeld, und es schien, als stutzten sie. Das Öl zwang sie, sich zu ducken. Das Schiff verschonend, hetzten sie weiter wie eine geifernde Meute.
Der Neigungsmesser meldete: achtundvierzig Grad Schlagseite. Sie nahm stetig zu.
Peerson stand noch immer beim Ruder, an den Speichen hielt er sich auf den Beinen. Der Erste Offizier war bei ihm. Der Alte smokte seine Pfeife; in kurzen Paffen stieß er den Rauch aus, als habe er es eilig, zum letzten Zug zu kommen.
Rolowsky zog sich an einem Halttau in ihre Nähe. Er wollte ein Wort von ihnen hören, wollte wissen, was der Kapitän dachte. Wenn er die Männer musterte, die erfahrenen, unerschütterlichen Matrosen und die milchgesichtigen Schiffsjungen, die unter der hohen Luvreling Zuflucht gesucht hatten, sah er, daß ihrer aller Augen am Kapitän hingen. Es war noch immer keine Liebe in ihrem Blick, aber ein großes Vertrauen.
»Wir müssen in den Raum und die Ladung trimmen«, sagte Peerson, als der Zweite Offizier ihn erreichte. »Es ist unsere einzige Chance.«
Das also war der Anker seiner Hoffnung. Cassander verzog keine Miene, er schwieg. »Suchen Sie Freiwillige«, befahl ihm Peerson. Freiwillige!
Der Erste Offizier winkte die Leute zu sich heran. Sie hangelten an den Tauen wie Affen und versammelten sich um den Großtopp. Peerson brauchte nicht viel zu erklären. Die jungen Kerle verstanden. Hier und da gingen steifgewordene Arme zögernd hoch über müden, grauen Gesichtern. Zu wenige für die Arbeit, die ihnen bevorstand. Cassander sah ratlos den Kapitän an.
Freiwillige! Das sollten diejenigen sein, die bereit waren, sich in einer dunklen Luke tief im Innern des Schiffes von Zweizentnersäcken erdrücken zu lassen, zu ersticken und wie die Ratten in der Falle zu ersaufen. Freiwillig? Peerson verlangte zu viel von ihnen. Er mußte ihnen die Entscheidung abnehmen.

»Alle Mann zum Trimmen!«
Das war ein Befehl; er machte sie frei vom Entscheidungszwang. Es ging jetzt nicht mehr darum, den Helden zu spielen oder sich als ein armseliges Häuflein Mensch zu bekennen. Der Kapitän hatte befohlen, damit basta. Er hatte die Verantwortung übernommen – mochte er zusehen, wie er damit fertig wurde.
»Wir brauchen Licht im Raum«, rief der Erste Offizier.
Der Donkeymann hörte es und hob die Hand zum Zeichen, daß er verstanden hatte. Der Donkeymann mußte an Bord für elektrischen Strom sorgen, er pflegte die Lichtmaschine und betreute die Motorwinschen. Er war der einzige, der damit umzugehen verstand, weshalb er sich fühlte wie der Chefingenieur eines Luxusliners. Er war ein kleiner, blasser Mensch mit spärlichem schwarzem Haar und sah aus, als sei er von der Schwindsucht befallen. An diesem Morgen war sein Gesicht so bleich wie der Mond in nordischen Nächten. Kein Licht der Tapferkeit. Er machte seine erste Reise auf einem Windjammer. Bisher hatte er sein Leben in Maschinenräumen von Trampdampfern verschmiert, bis ihm der Arzt eine Mütze voll frischer Luft verordnet hatte. Ahnungslos hatte er auf der Viermastbark angemustert.
Ein Matrose begleitete den Donkeymann nach achtern. Sie mußten ins Versaufloch hinunter. Dort stand vor dem Schott des Achterdecks das Dynamohaus mit der Lichtmaschine, dem Satz Batterien und einer mechanischen Werkstatt. Der Dynamo war von außen mit einer großen Handkurbel anzuwerfen. Sie steckte in einer Halterung neben dem vierkantigen Zapfen der Kurbelwelle, die aus dem Haus herausragte.
Das Versaufloch war überflutet. Nur an der Windseite unter der Reling war das Deck noch passierbar. Der Donkeymann schlotterte vor Angst. Er sah, wie die Leesee über die Ladeluke in die Kuhle fegte und die Anlaßkurbel dauernd unter Wasser verschwand. Der Matrose lief zum nahen Besahnmast auf dem Achterdeck, nahm zwei lose lange Tauenden von ihren Belegnägeln und befestigte sie am Geländer der Laufbrücke, die das Hochdeck über die Kuhle hinweg mit dem Achterdeck verband. Darauf schlang er sich einen Tampen um den Leib und bedeutete dem Donkeymann, sich gleichfalls anzuseilen. Der Donkeymann machte ein Gesicht, als solle er gehenkt werden.
Der Matrose schwang sich über das Geländer der Laufbrücke. Als die nächste See kam, ließ er sich hineinplumpsen, als sei sie ein Federkissen. Sie trug ihn an die Kurbel. »Komm nach, Donkey«, brüllte er hinauf. Er stand bis zur Brust im eiskalten Wasser. »Ich hab' keine Lust, allein zu ersaufen!« Er lachte ihm aufmunternd zu und setzte die Kurbel an. Die nächste Welle schlug über ihm zusammen, sie berührte fast den Boden der Laufbrücke. Aber der Donkeymann blieb feige, wo er war.
»Spring, oder ich schlage dir mit der Kurbel den Schädel ein!«
Da sprang der Donkeymann in die Tiefe und landete auf der Luke. Er war

vor Grauen so schlapp, daß er sich zitternd an die Kurbel klammerte. »Scheißkerl!« Der Matrose versetzte ihm einen freundlichen Faustschlag gegen den mageren Brustkorb. »Dreh, wenn du deine Mutter wiedersehen willst!«
Sie warfen sich gemeinsam in die Kurbel und drehten. Im Innern des Deckshauses klopfte es schwach, der Motor räusperte sich, sprang aber nicht an, so wild sie sich auch abmühten. »Noch mal!« kommandierte der Matrose. Der Donkeymann stand mit dem Gesicht nach Lee. Mitten in der Bewegung hielt er inne und stieß einen Entsetzensschrei aus. Seine Augen wurden starr, als er die nächste Wogenwalze auf sich zurollen sah. Er sackte in die Knie. »Gott im Himmel«, röchelte er. Das Wasser brach über sie herein wie eine Lawine. Der Matrose glaubte ertrinken zu müssen. Sein Schädel krachte gegen die Eisenwand des Hauses, einen Herzschlag lang verlor er das Bewußtsein. Der Donkeymann klammerte sich in panischem Schrecken an die Kurbel, und als er den Sog der zurückflutenden Welle spürte, der ihm die Beine unter dem Bauch wegriß, löste sich die Kurbel aus dem Zapfen. Der Donkeymann verlor seinen allerletzten Halt, er ließ sie los, nach einem andern suchend. Sie verschwand im Wasser, eine Beute der See.
»Die Batterien sind voll«, heulte der Donkeymann, »wir nehmen Strom aus den Batterien!« Der Matrose hätte ihn am liebsten der Kurbel nachgeschickt in Neptuns Abfalleimer. Statt dessen half er ihm wieder auf die Füße und zur Laufbrücke hinauf in Sicherheit.
Von diesem Mißgeschick erfuhr Rolowsky erst viel später, denn er war bereits mit fast allen Leuten in den Laderaum 3 hinuntergestiegen, in den einzigen, der zugänglich war. Die Luke befand sich auf dem Hochdeck zwischen dem Deckshaus und dem Ruder und war ebenso wie die beiden Luken auf dem Vordeck und Nummer 4 in der Kuhle mit starken Netzen aus Tauwerk gegen Seeschlag gesichert; sie sollten verhindern, daß die Lukenabdeckung aus dicken, eichenen Deckeln und einer darüberliegenden dreifachen geteerten Persenning von überkommenden Seen eingeschlagen würden. Unter Luke 3 gab es einen freien Raum, in dem alte Passatsegel aufbewahrt wurden; man konnte ihn vom Mannschaftslogis betreten und von dort aus tiefer hinab ins Zwischendeck gelangen.
Der Zimmermann hatte aus dem Lampenspind unter der Back mit Müh und Not zwei Sonnenbrenner trocken über das Vorschiff gebracht: große halbkugelförmige Lampen mit mehreren hochkerzigen Glühlampen. Rolowsky ließ die Segel, die auf der Zwischendecksluke lagen, wegstauen und die vordere Lukenhälfte abdecken. Eine Wolke von Getreidestaub schwoll ihnen entgegen. Es roch nach Mehl.
Der Zweite Offizier sprang als erster hinab; er wußte Bescheid in dem Laderaum, denn er hatte das Stauen der Ladung beaufsichtigt. Weil die Unterräume bis in den letzten Winkel vollgeschüttet werden mußten und deshalb

den Großteil der Ladung geschluckt hatten, war das Zwischendeck von Luke 3 nicht ganz ausgenutzt worden. Hier lagen die prallen Säcke nur mannshoch übereinander gestapelt. Die plötzliche Neigung des Schiffes um fünfundvierzig Grad hatte einen Bergrutsch ausgelöst: Hunderte und Aberhunderte von Säcken waren auf breiter Front von Steuerbord hinüber zur anderen Seite gewandert und füllten dort den Raum bis unter die Decke.
Im Unterraum waren die Längsschotten gebrochen, dagegen ließ sich nichts unternehmen. Aber mit den Säcken hatte man einen Hebel in der Hand, der Schlagseite entgegenzuarbeiten. Unmöglich, die Masten wieder ins Lot zu bringen; es wäre schon viel damit gewonnen, die verrutschten Säcke wieder an ihre alten Plätze zu schaffen und sie um einige Hundert zu vermehren. Eine Aufgabe für Herkules.
Die Mannschaft zog wortlos Seestiefel und Ölzeug aus. Es war merkwürdig warm in der Luke und fast totenstill, selbst die schwerfälligen Bewegungen des Schiffes waren kaum zu spüren.
»Los, Jungs«, rief Rolowsky, dem die Stille wohltat, und ging einen Sack an. Auch seine Leute spuckten in die schwieligen Hände und machten sich an die Arbeit. Schon nach wenigen Augenblicken keuchte Rolowsky wie eine alte Lokomotive, sein Herz stampfte. Von allen Seiten wurden Flüche laut. Es waren Kerle in der Luke, die mit einem Zweizentnersack spielen konnten, nun aber wütend die Köpfe schüttelten: sie brachten die Säcke nicht einen Zoll von der Stelle.
»Halt!« kommandierte der Zweite Offizier. »So geht das nicht. Immer zwei Mann gegen einen Sack!« Schließlich versuchten sie es zu dritt. Doch selbst von acht oder gar zehn Armen ließ sich kein Sack bergan bewegen.
»Verflucht!« Rolowsky sank erschöpft auf einen Sack inmitten seiner Schar. Die Sonnenbrenner strömten Hitze aus. Der Schweiß spülte ihnen die Salzkruste vom Gesicht und grub helle Rillen in die Masken aus Staub. »Es ist zu steil«, meinte der Kajütsteward kleinlaut.
Plötzlich verlöschten die Lampen. »Zimmermann, sehen Sie mal nach, was los ist«, gebot Rolowsky.
»Ay, ay«, kam die Stimme des Zimmermanns aus der Schwärze. »Kabel gerissen oder Kurzschluß, weiß der Deibel.« Man hörte, wie er sich über Säcke und Leiber einen Weg zur eisernen Lukenleiter suchte. »Nehmt ein Auge voll«, riet Rolowsky denen, die zurückblieben, »oder singt ein Lied. Rolling Home!« Sie zogen es vor, die Glieder zu strecken und ein paar Minuten Schlaf aufzuholen. So wurde es grabesstill im Raum. Der Zimmermann kam und kam nicht zurück. Plötzlich vernahm Rolowsky in seiner Nähe unterdrücktes Schluchzen.
»Schlaf, Moses«, sagte die gütige Stimme des Kochs. »Oder denk an deine Mutter.«
»Ich kann nicht.« Es war Vinnie, der Kochsjunge.

»Fürchtest du dich?« fragte der Koch, väterlich vorwurfsvoll. »Hast du keinen Glauben?«
»Wie meinst du das, Smut?« stammelte der Moses.
Er mußte eine Weile auf Antwort warten. Die Worte des Kochs fielen laut in die Stille; sie richteten sich an alle, die um ihn waren: »Und da erhob sich ein großer Sturm, und das Schifflein drohte zu zerschellen. Da weckten die Jünger Jesus und riefen: Kümmert es dich nicht, daß wir untergehen? Und Jesus sprach...«
»Viele Schiffe gehen unter«, fiel Vinnie trotzig ins Wort.
»Was er nur will, das tut der Herr, im Himmel wie auf Erden, im Meer sowie in Wassertiefen, spricht der Psalmist«, parierte der Koch mit erhobener Stimme. »Wer wollte mit ihm rechten? Wer auf den Wassern fährt, den prüft der Herr, heute wie damals auf dem See Genezareth. Denn so heißt es in der Schrift: Sein Weg geht mitten durch das Meer, sein Pfad durch ungeheure Fluten, und dennoch sind seine Spuren nicht zu sehen.« Jemand lachte; konnte der Segelmacher sein.
»Als ich Matrose war«, fuhr der Koch langsam fort, »hatten wir einmal einen Kapitän, der ließ sich immer unsere Hände zeigen, wenn wir im Sturm aus dem Mast kamen und uns mit den Segeln herumgeplagt hatten. Wenn uns die Nägel abgerissen waren, gab's zur Belohnung ein Glas Rum für jeden, auch wenn alle Arbeit umsonst gewesen war. Wenn er aber kein Blut an unsern Fingern sah, gab's Prügel. Er war, glaube ich, ein gerechter Mann, und ich würde mich nicht ein bißchen wundern, wenn wir auch am Tage des Gerichts hören: Zeigt mir eure Hände, Kinder! – Laßt es euch nur gesagt sein.«
Das Licht flammte wieder auf und blieb. Der Koch lag vor einem Haufen Säcke wie vor einem Altar auf den Knien. Er hielt die Augen geschlossen, das Gesicht aufwärts gewandt.
»Hör endlich auf mit der nichtsnutzigen Salbaderei und schaff uns was zu Fressen her«, maulte der Segelmacher.
Der Koch drehte sich langsam dem Sprecher zu mit einem Blick, als erwache er eben aus einem Traum. Mühsam erhob er sich, Schweißperlen rollten ihm die faltigen Wangen herab, seine Augen glänzten. »Beeil dich, wir wollen nicht hungrig in der Hölle aufkreuzen!«
Der Koch nickte dem Segelmacher stumm zu, dann kletterte er die Lukenleiter empor und verschwand.
»An die Arbeit!« rief der Zweite Offizier. »Wir wollen versuchen, die Säcke nach Luv hinauf zu rollen«, schlug er vor. Eine gute Idee. Sie formierten sich zu einer Linie in der Längsrichtung des Schiffes, jedesmal drei Mann zusammen. Sie zerrten die Säcke in die Längslage, und während zwei Mann sie bergaufwälzten, stemmte sich der dritte mit dem Rücken dagegen, nachhelfend und verhindernd, daß sie zurückrollten. Eine Schinderei für Galeerensklaven, aber sie ließ sich nicht ganz hoffnungslos an. Zehn Säcke

sind eine Tonne, ein Gewicht, das auf der Waage zählt, und hundert Säcke sind zehn Tonnen: eine ermunternde Rechnung.
Zunächst ging es flott voran, doch plötzlich schienen sich die Körper in Blei verwandelt zu haben. Die schuftenden Seeleute glaubten, ihre Kräfte seien am Ende. Der Zweite Offizier wußte es besser: die Schlagseite hatte merklich zugenommen, der Berg war steiler geworden. Es war zwecklos, sich weiterhin mit den Säcken abzuquälen, eine Sisyphusarbeit. Rolowsky behielt seine Überzeugung jedoch für sich. Solange seine Kerls beschäftigt waren, klammerten sie sich an die Hoffnung und vergaßen das Nachdenken. Vielleicht hatte Peerson sie nur deswegen in den Raum geschickt?
Ein Ruf aus der Höhe: »Befehl vom Alten: Aufhören mit Trimmen. Zweiter zum Kapitän!«
»Ausscheiden!« krächzte Rolowsky. Weizenstaub verklebte ihm die Kehle. Er dehnte den schmerzenden Rücken. Die Männer nahmen ihr Ölzeug auf, zerrten die Seestiefel auf die Beine und verließen die Luke, Rolowsky als letzter. Hinter sich schaltete er die Sonnenbrenner aus. Die Luke blieb offen.
Peerson, hieß es, halte sich im Kartenraum auf. Auf dem Weg dorthin kontrollierte Rolowsky den Neigungsmesser. Zweiundfünfzig Grad. Wie lange sich die alte Tante wohl noch sträubt?
Als er in den Kartenraum trat, machte der Alte gerade eine Eintragung in das Journal. Cassander hielt sich daneben an der Türklinke zur Funkstation fest. Jenseits der Wand summte der Umformer. Der Sender arbeitete also.
Peerson schrieb langsam wie ein ABC-Schütze. Rolowsky sah fragend den Ersten Offzier an. Dessen Miene blieb unbewegt, sehr blaß und eingefallen. Er hat keine Hoffnung mehr, sagte sich Rolowsky. Woher auch sollte er sie nehmen, da doch der Tod schon auf dem Bugspriet saß?
Endlich richtete Peerson sich auf. Die Haare hingen ihm wie gewöhnlich in Strähnen aus der Mütze. Sein Gesicht darunter hatte sich langsam verändert, aus seinen Augen war aller Hochmut verschwunden; statt dessen verrieten sie eine Regung seiner Seele, die plötzlich seine Untaten vergessen ließ, die er seiner Mannschaft je angetan hatte: Traurigkeit. Einen solchen Peerson hatte noch niemand gesehen. »Was ist in den Booten?« fragte er Rolowsky, der für alle Sicherheitseinrichtungen verantwortlich war.
»Die vorgeschriebene Ausrüstung und doppelter Notproviant«, antwortete der Zweite. »Ich habe die Wasserfässer erst vor einer Woche prüfen und neu auffüllen lassen.«
»Verproviantieren Sie die Boote mit allem, was Sie auftreiben können.«
»Da wird er nicht viel Glück haben«, erklärte Cassander. »Der Proviantraum steht bis zur Decke unter Wasser. Die Tür zum Schott ist undicht. Auch in der Küche ist alles überflutet. Der Koch hat aus den Spinden geborgen, was noch zu genießen ist, das reicht knapp für eine kalte Mahlzeit am Mittag.«

Jedes weitere Wort war überflüssig. Was wäre auch damit gewonnen, dachte Rolowsky, die beiden Rettungsboote mit Konserven zu bepacken? Nur das Boot auf der Leeseite würde mit viel Glück zu Wasser kommen – ein einziges Boot für zweiundsechzig Mann, bei einer haushohen See!
Die Klappe zur Funkstation wurde aufgestoßen. Trochas Hand langte einen Zettel herein. Peerson nahm ihn und las. »Sie stehen alle zu weit ab«, sagte er matt. »Es ist wie verhext. Dreiundzwanzig Schiffe haben sich gemeldet, doch keins in der Nähe.« Der Kapitän hatte in die Seekarte ein kleines rotes Kreuz gezeichnet: die geschätzte Position seines Schiffes. Ringsum in verschiedenen Abständen schwarze Malzeichen: die Standorte fremder Schiffe, die ihre Hilfe angeboten hatten. Das Ganze sah aus wie ein Sternenbild.
»Am nächsten stehen der amerikanische Tanker MOUNTAIN PIONEER und die NOORDKERK, die allerdings selbst manövrierbehindert ist. Wenn wir uns bis zum Eintreffen beider Schiffe halten könnten . . .« Der Alte schwieg. Von draußen kam gedämpft das Brausen des Orkans. »Der Tanker müßte sich zu Luv legen und Öl auspumpen«, fuhr Peerson nach einer Pause lebhaft fort, »während die NOORDKERK in Lee herandampft zum Abbergen der Mannschaft mit der Hosenboje. Ist der Raketenapparat klar, Herr Rolowsky?«
Der Zweite Offizier nickte. Peerson bot ihm, wie zur Belohnung, eine Zigarette an, zum erstenmal. Sieh an, er will noch eine gute Tat auf seinem Konto verbuchen, bevor er seinen Abschied nimmt, ging es Rolowsky grimmig durch den Sinn, während er sich eine Camel aus der Packung fingerte. Aber dann schämte er sich und sagte aufrichtig: »Danke, Herr Kapitän.«
»Der Yankee steht noch sechzig Seemeilen ab, der Holländer fast hundert«, sagte der Erste Offizier, »beide müssen gegen Wind und See an. Vor Abend kann niemand bei uns eintreffen. Das sind noch zwölf Stunden Wartezeit ohne Aussicht auf Wetterbesserung. Wir sollten uns nichts vormachen. Wer glaubt denn noch an ein Wunder?«
»Sie haben recht«, gab Peerson zu, »trotzdem werde ich um Beistand bitten. Ich will es den Leuten selbst verkünden. Hoffnung vertreibt Hunger.« Peerson kritzelte einen Funkspruchtext und reichte ihn durch die Klappe. Dann stiefelte er an Deck.
»Wann haben wir SOS gegeben?« fragte Rolowsky, als er mit Cassander allein war.
»Kurz vor sechs Uhr, als sich die Schlagseite plötzlich auf zweiundfünfzig Grad erhöhte.«
»Und was ist mit dem Trimmen?«
»Die Batterien haben nur noch für zwei Stunden Strom, entweder für den Sender oder für die Lukenbeleuchtung. Der Kapitän hat sich für die Funkstation entschieden.« Sie verließen beide den Raum.

Es war taghell geworden, so hell, wie es unter einem trüben Märzmorgenhimmel auf dem Nordatlantik überhaupt werden kann. Alle Mann hockten geschützt unter den breiten Nagelbänken an der Verschanzung und hielten sich an herabhängendem Tauwerk fest. Am Ende der Reihe kauerte der Donkeymann an einer Relingsstütze und kaute stumpfsinnig an einem Tauende.
Über die Luvseite kam wieder Spritzwasser, manchmal sogar eine Brechsee, noch von kleinem Kaliber zwar, aber es sah bedrohlich aus. Das Ölfeld war an vielen Stellen aufgerissen, es glich einer seidenen Steppdecke mit großen Löchern, aus denen die Federn stieben. Zu wenig Öl! Wenn jetzt ein Tanker eine Meile in Luv aufkreuzen und eine Portion seiner Ladung ausspucken würde. . . ! Die MOUNTAIN PIONEER hatte ihren Kurs geändert und boxte mit sechs Knoten Fahrt gegen die See an. Auch die NOORDKERK hatte sich trotz der eigenen Misere aufgemacht und den aussichtslos scheinenden Wettlauf mit der Zeit begonnen.
»Sie kommen zu spät«, orakelte düster der Segelmacher dem Kajütsteward, »bis die Dutchies hier sind, hat dir der Deibel schon das Hemd getrocknet.«
»Ich wette, daß er sich damit noch 'ne ganze Weile gedulden muß«, rief der Steward dagegen.
»Ich hab' erlebt, wie ein Kapitän bei Kap Horn weiße Haare kriegte«, erzählte der Zimmermann, »aber damals war die See geradezu gemütlich gegen das da!« Er machte mit einer weit ausholenden Handbewegung dem Ozean seine Reverenz.
»Warum versuchen sie's denn, wenn's unmöglich ist?« fragte Vinnie mit seiner hellen Stimme.
»Christenpflicht, mein Jungchen, und weil's nun mal so üblich ist. Das beruhigt das Gewissen, verstehst du?« Der Segelmacher lachte. »Sie spulen für uns ein Paternoster ab, wenn sie zusehen, wie wir uns mit einer tiefen Verbeugung zu den Fischen verholen.«
»Quatsch«, sagte der Kajütsteward. »Ich wette ein Faß Rum dagegen!«
So viel schien dem Segelmacher das Leben noch wert. Begeistert schrie er: »Herr Rolowsky, Sie sind Zeuge. Ein Faß Rum für unser Leben! Was glauben denn Sie?«
»Es ist nichts unmöglich«, antwortete der Zweite ruhig. »Man hat schon manchmal bei solchem Wetter eine Besatzung von ihrem sinkenden Schiff geholt. Nur Mut, Jungs!« Plötzlich erinnerte er sich an Sanders, den Zimmermannsgehilfen, der noch immer ölend unter der Back hauste, und beschloß, etwas für ihn zu tun. Also hangelte er sich zum Deckshaus und stieg aus dem Kartenraum treppabwärts in den schmalen Gang hinunter, an dem die Kammern der Offiziere lagen. Der Gang lag im Dunkeln, denn auch die Notbeleuchtung war abgeschaltet worden, um Strom zu sparen. Mit seiner Stablampe half sich Rolowsky achteraus zu seiner Kammer. Das Schiff lag so

weit auf der Seite, daß er auf der Wand des Ganges kriechend bequemer vorankam als auf dem Fußboden. Der Kammerzugang war zu einer Falltür geworden, die er nur mit Mühe hochstemmen konnte. Im Innern schienen alle Gesetze der Schwerkraft aufgehoben zu sein. Handtuch, Kojengardinen, seine Uniform am Kleiderhaken, dies alles schwebte wie gewichtslos und spukhaft schräg im Raum. Als er den Hahn über dem ausgeklappten Becken des Waschtischschranks öffnete, um daraus zu trinken, schoß der dünne Strahl an ihm vorbei durch die Tür in den Gang hinaus. Er mußte sich auf den Boden niederlassen, um die Schubladen unter der Koje zu sich herauf und herauszuziehen. Seine Habseligkeiten und Wäschestücke lagen am Grunde chaotisch durcheinander. Schließlich fand er die Zigaretten, die er Sanders zugedacht hatte, und floh damit an Deck zurück, glücklich, die Kimm wiederzusehen. Die Zigaretten verstaute er unter dem Ölmantel, dann arbeitete er sich über die vordere Laufbrücke auf die Back und kletterte den Niedergang hinab.

Der Matrose saß rittlings auf der Ankerkette. Als er Rolowskys Schritte hörte, fuhr er erschrocken zusammen und stammelte: »Ich habe nicht geschlafen, nur mal eben die Klüsen dichtgemacht. Ich hab' an was gedacht – nur um mir die Zeit zu vertreiben.«

»Schon gut«, sagte Rolowsky und setzte sich neben ihn auf die Kette. »An was haben Sie gedacht?«

»An – meine Freundin zu Hause«, antwortete er langsam, »und wie schön es jetzt wäre in einer trockenen warmen Koje.« Er brach ab und wurde rot bis unter die flachsblonden, von der Tropensonne gebleichten Haare. Rolowsky lachte ihm kameradschaftlich zu. »Das trifft sich ungefähr mit meinen Wünschen.«

». . . und meine Mutter käm' herein mit einer Pfanne voll Bratkartoffeln mit Speck und sechs Spiegeleiern«, schwärmte der Junge weiter. Rolowsky gab ihm einen freundlichen Rippenstoß. Er schenkte ihm die Zigaretten und erhob sich. Es war unbequem, auf den Kettengliedern zu sitzen.

»Danke«, sagte Sanders. »Glauben Sie, ich kann sie noch alle smoken?«

»Warum nicht? Der Tag ist noch lang.«

»Wir haben nicht mehr viel Öl, ich muß verdammt sparen.«

Der Zweite mahnte, den Vorrat bis zum Abend zu strecken, dann werde ein amerikanischer Tanker zur Stelle sein und ihm die Arbeit abnehmen. Er gab dem Matrosen die Hand: »Bye-bye.«

»Sie waren immer unser Freund, Herr Rolowsky«, sagte Sanders und lächelte, »vielleicht ist jetzt die letzte Gelegenheit, es Ihnen zu sagen.«

»Keine Sentimentalitäten«, wehrte Rolowsky rauh ab, »bald feiern wir auf St. Pauli ein neues Leben.« Als er schon auf der Treppe zur Back war, blieb er plötzlich stehen und beugte sich weit zurück, so daß Sanders ihn sehen konnte. »Noch eins, Junge: Wenn wir doch noch zur letzten Musterung

gerufen werden – an Ihrer Stelle würde ich dazu an Deck gehen. Mit dem Himmel über den Kopf ist es leichter zu sterben als zwischen Ausguß und Ankerspill.«
Sanders hob die rechte Hand und rief ihm nach »Aye, aye, Sir!« Wahrhaftig, er lachte dazu.

Es war zehn Uhr geworden. Regelmäßig wurde die Glocke geschlagen. Die Zeit kroch durch den Tag. Die Spannung hatte nachgelassen. Es geschah nichts, und das Schiff schwamm noch. Die Meldung des Tankers war ein Hoffnungsstrahl, aber er kam von weither und wurde verdunkelt von der Eintönigkeit des Wartens. Die Glieder schmerzen, das Salz des Meeres brennt in den Augen und auf der Haut. Die Finger werden steif und kalt, in den Gedärmen knirscht der Hunger. Aller Augen sind gedankenlos auf die See gerichtet, auf das unbeschreibliche, schreckliche, unermeßliche Meer mit dem düsteren, dreckigen Himmel darüber, der über ihm einzustürzen droht. Die Welt ist aus den Fugen. So muß der Jüngste Tag auf den Wassern anbrechen. Die Leeseen rauschen heran und gurgeln ab, die Pardunen, die starken eisernen Stütztaue der Masten, wachsen aus dem Wasser. Die Enden der unteren Rahen sind noch zwei bis drei Fuß über den Wellen, die nach ihnen schnappen. Es wird nicht mehr lange dauern, dann werden die Wellenhunde sie zwischen den Zähnen haben und nicht mehr loslassen. Der Wind ist ein wenig langsamer geworden, er orgelt in den Masten eine Terz tiefer. Wer zuhört, muß es wahrnehmen. Aber die meisten Gesichter sind stumpf geworden. Selbst der immer lustige Kajütsteward starrt finster vor sich hin.
Mittag.

Der Himmel war seit dem Morgen um keinen Schimmer heller geworden. Ein Funkspruch der NOORDKERK: sie trieb wieder steuerlos und kämpfte um ihr eigenes Leben. Nur noch der Tanker blieb im Rennen.
Rolowsky las im Kartenraum Peersons letzte Eintragungen in der Kladde. Da stand die Sorge des Kapitäns in steilen, kratzfüßigen Buchstaben. Ein Telegrammformular mit einem Funkspruch an die MOUNTAIN PIONEER lag dabei, von Trocha als abgesetzt quittiert. Nur zwei Wörter: »Beeilt euch!« Darunter hatte der Funker die Antwort des amerikanischen Kapitäns geschrieben: »Eintreffen vor achtzehn Uhr unmöglich. Tun, was wir können. Gott schütze Sie und Ihr Schiff.«
Der atmosphärische Druck schien nicht weiter zu fallen, seit zwei Stunden verlief die Kurve waagerecht; ja es sah aus, als zeige sie eine leicht ansteigende Tendenz. Das Schlimmste ist vielleicht überstanden, redete sich Rolowsky ein, während er an Deck tapste.

Im nächsten Augenblick aber ließ er alle Hoffnung fahren: Eine Woge durchbrach das Ölfeld, wuchs heranrasend zu einem tosenden glasigen Berg. Rolowsky wollte schreien, aber er brachte gegen den Wind keinen Laut hervor, Todesangst schnürte ihm die Kehle zu. Das ist das Ende, stammelte er. Dann erschütterte ein Donnerschlag den Rumpf des Viermasters, und der Wasserberg fiel über dem Schiff zusammen.

Das erste, was Rolowsky danach erkannte, war das eingetauchte Ende der Fockrah. Dann sah er, daß der armdicke eiserne Kranbalken, an dem auf der Reede die Fallreepstreppe aufgehängt wurde, wie ein Streichholz abgebrochen und verschwunden war. Auch ein Stück der Verschanzung war weggerissen, es hing nur noch in der Schot des Großsegels. An diesem daumendicken Drahttau pendelte das Stück Stahl, an die zehn Meter lang und vier Fuß hoch, es schlug unter Wasser wild um sich und bumste gegen die Bordwand, hinter der das Mannschaftslogis lag. Es brauchte nur ein Bullauge einzuschlagen, und das Todesurteil war vollstreckt.

»Das Boot!« schrie der Segelmacher und deutete nach achtern. Auch von dort dröhnten schwere Schläge. Rolowsky wußte sofort, was auf dem Achterdeck los war. Er winkte drei Matrosen, ihm zu folgen. Am Deckshaus vorüberhastend, warf er einen Blick auf den Neigungsmesser: sechsundfünfzig Grad Schlagseite!

Der Backbordkutter war aus seinen Stützen gehoben worden und vorne ausgehakt. Das schwere Rettungsboot wurde nur noch von der hinteren Talje gehalten. Die See sprang brutal mit ihm um, riß es außenbords und schleuderte es gegen die Bordwand, um es im nächsten Augenblick wieder hochzureißen und auf den Rand des Achterdecks krachen zu lassen. An drei Stellen war ihm der Kiel dabei gebrochen worden. Im Boot polterten losgeschlagene Wasserfässer, blecherne Brotkanister und allerlei Inventar durcheinander. Eine Menge Wasser stand zwischen den Duchten, es mußte bald sinken und dann zur gleichen Gefahr werden wie das verdammte Stück Verschanzung mittschiffs. Hier achtern waren die Bullaugen der Provianträume bedroht. Das Boot mußte geopfert werden, so schnell wie möglich, es war sowieso nichts mehr wert. Doch vorher wollte Rolowsky daraus bergen, was nützlich sein konnte. Vor allem auf das kleine Faß mit Öl hatte er es abgesehen. Öl für Sanders.

Im Handumdrehen hatte er sich ein Tauende um die Brust geknotet. »Paßt auf, Jungs!« rief er den Matrosen zu und sprang, als ihm die See das Boot entgegenwarf, hinein und machte sich, während der Kutter wie ein Fahrstuhl abwärts stürzte, mit bebenden Fingern daran, den Ölbehälter loszuknüpfen. Ein harter Stoß ließ ihn vornüberkippen, er spürte einen Schlag gegen den Kopf, einen stechenden Schmerz, warm strömte es ihm in die Augen, über das Gesicht. Da wurde das Boot erneut emporgetragen. Für den Bruchteil einer Sekunde lag es beinah ruhig nahe am Schiff und längs der Bordwand.

Rolowsky hob das Fünfliterfäßchen mit beiden Händen und warf es den Matrosen in die Arme. Und wieder sackte der Kutter ab und schmetterte gegen die Bordwand, schon leckzertrümmert. Das Wasser stieg über die Duchten. Rolowsky mußte nach dem Handbeil tauchen, bekam es beim ersten Griff zu fassen und riß es aus der Segeltuchtasche. Genau im folgenden Moment tat ihm die See den Gefallen, das Boot an Deck zu stellen, fast genau auf seinen ursprünglichen Platz bei den Stützen. Ein Sprung – und Rolowsky war draußen. Mit dem Beil kappte Rolowsky die letzte Fessel an der hinteren Bootstalje: es war frei. Noch einmal polterte es gegen das Schiff, dann versank es in der Flut.
Der Zweite Offizier blutete heftig aus der Stirn. Mit seinem von Salzwasser getränkten Halstuch verband er die Platzwunde ohne viel Sorgfalt. Es war ihm gleichgültig, was daraus werden mochte. Hauptsache, die Augen blieben klar. Dann schickte er einen Matrosen mit dem Öl unter die Back. Mit den übrigen blieb er achtern, um ein Unglück zu verhüten, das im Versaufloch drohte: Die Luke war in Gefahr! Schon hatte sich das darüber gespannte Taunetz und mit ihm die dreifache Persenningdecke aus der Fessel der langen, eisernen Latten gelöst, von denen sie fest an den Lukenrand gepreßt worden waren. Rolowsky und seine Gefährten hatten sofort begriffen: ließen sie die See noch kurze Zeit gewähren, hätte sie die Luke abgedeckt und die Deckel zertrümmert. Darauf würde sie sich ungehindert in den Laderaum stürzen und dem Drama ein schnelles Ende bereiten.
Sie rannten zurück auf das Achterdeck. Mit ihren Messern kappten sie Tauwerk, wo es sich gerade bot. Als sie genug beisammen hatten, sprangen sie zu dritt auf die Luke, legten sich auf den Bauch und krallten sich in den quadratischen Maschen des Netzes fest. In einer Linie krochen sie so auf der abschüssigen Lukenplattform abwärts bis an den Rand, wasserschluckend, von kaltem Gischt umrauscht, überrollt von Tonnen salziger Flut. Aber sie waren zäh und wußten, für was es zu kämpfen galt. Die Persenninge mußten glattgezogen, das Netz straff darübergespannt und die Latten festgelascht werden, so gut es eben ging.
Im Nu waren sie naß bis auf die Knochen, eisig und schwer klebte das Zeug an den Körpern. Sie fühlten sich bis aufs Mark ausgepowert und zerschlagen. Einen Augenblick lang spürte Rolowsky das unbändige Verlangen, ausgestreckt auf der Luke liegen zu bleiben, nichts mehr zu denken und sich niemals mehr zu bewegen. Er war todmüde bis ins Herz und glaubte, daß doch alles nutzlos sei. Er sehnte das Ende und den ewigen Schlaf herbei. Aber eine neue Welle, die er hereinbrechen sah, machte ihn wieder mobil. Er duckte sich und kniff die Augen zu.
Da hörte er, während er noch eingeschlossen war in dem durchsichtigen Schwall, etwas gedämpft an den Lukenrand unter sich pochen. Sogleich suchte sein mißtrauisches Gehör das fremde Geräusch einzuordnen in die

Reihe der Möglichkeiten. Die See schnaufte zurück, und sogleich kam das metallische Geräusch aus einer anderen Richtung. Als er die Augen öffnete, sah er sie: die Anlaßkurbel! Das hin- und herbrandende Wasser spielte mit ihr zwischen Verschanzung und Lukenrand.
Rolowsky ließ sich von der Luke hinabspülen, schlitterte auf dem glitschigen Deck der Kurbel nach und bekam sie glücklich zu fassen. »Licht!« brüllte er laut und versank, die Kurbel wie eine Siegesbeute emporhaltend, in einer Woge. In der nächsten Sekunde wurde er ans Achterschott geschleudert, daß er fürchtete, alle Rippen seien ihm gebrochen. Aber er hielt fest, was ihm ein Wunder beschert hatte.
Er glaubte später, über dem Kampf mit der Maschine um Licht seien Stunden vergangen. Oft genug waren sie nahe daran, aufzugeben. Das Schiff lag zu sehr auf der Seite, als daß sie die Kurbel mit gleichmäßiger Kraft hätten drehen können, zumal ohne festen Halt unter den Füßen. Wie sie sich auch abrackerten, im Dynamohaus blieb alles still. Schließlich war Rolowsky davon überzeugt, daß der Motor bei der schweren Schlagseite unmöglich anspringen könne, zumal das Ding alt und ausgeleiert war. Selbst der Donkeymann hatte, wie jeder wußte, seine Plage damit gehabt, es gefügig zu halten. Indessen machten sie weiter, weil sie davon warm wurden und einen Segen darin sahen, überhaupt die Hände rühren zu dürfen. Und siehe! Unerwartet hatten sie plötzlich einen Takt gefunden, in dem sich die Kurbel in einer Folge von Drücken, Reißen und Stemmen zügig drehen ließ. Plötzlich wurde es hinter der Wand des Deckshauses lebendig. Der Motor hustete. »Er kommt!« brüllten sie im Chor und kurbelten wie die Irren. Und tatsächlich sprang der Diesel bellend an.
Die Männer sahen sich an, zuerst ungläubig, dann triumphierend. Ihre Blicke sagten: Noch sind wir da und reden ein Wörtchen mit! Sie lachten, hörten eine Weile entzückt dem Gepoche aus dem Innern zu und machten sich dann auf, ihren Erfolg zu verkünden und den Donkeymann an seine Schalter zu scheuchen.
Als ob auch der Himmel ein Zeichen geben wollte, wurde es auf einmal bedeutend heller. Die graue Wolkendecke wurde fadenscheinig und zeigte große lichte Flecke. Hinter einem milchigen Schimmer, zwei Handbreit über der Kimm, ließ sich sogar die Sonne vermuten. Die Sonne! Ein einziger Strahl, durch die Wolken geschleudert, wäre wie ein biblisches Wunder, ein Fingerzeig des Herrn, daß seine Knechte nicht verlassen waren in der Wasserwüste.
Im Kartenraum fand Rolowsky den Zimmermann auf dem blankgewetzten Ledersofa liegen. Er war darauf festgeschnürt. Sein Gesicht war wie aus schmutzigem Gips geformt. Rolowsky erschrak. »Zimmermann!« rief er besorgt und faßte ihn bei der Schulter. Der Zimmermann gab keine Antwort.

»Er ist tot.« In der Tür stand der Erste Offizier. »Das Barometer steigt langsam«, sagte Cassander, »und die MOUNTAIN PIONEER steht noch fünfzehn Seemeilen ab. Peerson will über Nacht wieder trimmen lassen. Er hofft, bis dahin wird das Wetter handiger sein.« Gelassen steckte er sich eine Zigarette in den Mund und bot auch Rolowsky an, der sich mit dem Rücken auf die Tür zur Funkstation legte, während sich der Erste mit gegrätschten Beinen auf der fußhohen Schwelle der Außentür niederließ. Um nicht in den Kartenraum zu fallen, stemmte er den linken Fuß gegen den Sofakasten, den rechten gegen den Schlüssel der unteren Kartentischschublade.

»Wie ist es passiert?« fragte Rolowsky.

»Trinken Sie zuerst einen Cognac«, sagte Cassander. »Die Leute haben schon ihren Teil.« Die Flasche lag eingeklemmt im Bücherbord über dem Kartentisch. Rolowsky angelte danach und setzte sie an den Mund. »In diesem Stoff steckt ein Geheimnis«, sagte er nach einem beachtlichen Schluck. »Er hat Leben in sich, würde ich meinen, aber es gibt nur wenige Augenblicke, wo man es spürt.« Der Erste grunzte zustimmend und fing die Flasche auf, die Rolowsky ihm zuwarf.

»Er sollte die Großschot kappen«, berichtete der Erste, »wir mußten uns doch das verdammte Stück Verschanzung vom Halse schaffen. Wir hatten ihn angeseilt, es ging auch alles klar. Er kappte die Schot unter Wasser mit einem einzigen Schlag seiner Axt. Ich möchte, ich hätte solche Kräfte, wie ein Bär. Als er es geschafft hatte, tauchte er auf, triefend wie ein Hund. All right, Käpt'n, rief er und strahlte, wie es seine Art war. Genau in dem Augenblick riß eine See ihm die Beine unter dem Bauch weg, er drehte sich um sich selbst und fiel hintenüber, mit dem Kopf auf den Poller, auf dem er die Schot gekappt hatte. Er kam nicht wieder hoch. Als wir an dem Tampen zogen, merkten wir, daß er nicht mitmachte. Er hatte sich das Genick gebrochen. Warum nur?« Cassander schüttelte ein paarmal den Kopf. »Zum Teufel, warum nur?« Zerstreut verkorkte er die Flasche, ohne daraus getrunken zu haben. »Wußten Sie eigentlich, daß er seinen Sarg an Bord hatte?«

Der Zweite sah ihn verdutzt an. »Einen Sarg?«

»Man sollte es nicht für möglich halten, nicht wahr? Aber seit seiner Schiffsjungenzeit fährt er mit seinem eigenen Sarg zur See. Es ist ein Geschenk seiner Mutter. Er steht achtern in der Segelkoje unter altem Tuch. Er hat ihn immer als Seekiste benutzt.«

»Sind Sie betrunken?« fragte Rolowsky. »Welche Mutter würde ihrem Sohn einen Sarg schenken! So was Verrücktes!«

»Ja, ja, so dachte auch der Zimmermann selbst darüber«, erwiderte Cassander. »Meine Alte ist ein bißchen übergeschnappt, hat er mir mal erzählt, sie will mich partout eines Tages neben sich auf dem Friedhof liegen haben, sie möchte nicht, daß mich die Fische fressen wie meinen Vater. Deshalb hat sie mir den Sarg gekauft. So hat er mir's erzählt! Seine Mutter hat immer dafür gesorgt, daß er mit an Bord geschafft wurde, wenn ihr Sohn anmusterte, und sie verhieß jedem Kapitän die Hölle, der je ohne ihren Einzigen zurückkehren würde – und sei es im Sarg. Es ist übrigens schon der zweite. Den ersten hat er vor Jahren bei günstiger Gelegenheit in Valparaiso verkauft. Als er ohne ihn zurück nach Hamburg kam, hat ihm seine Mutter angeblich mit Enterbung gedroht, wenn er noch einmal ohne seinen Sarg von See komme – und ihm einen neuen machen lassen, nach Maß.« Cassander zerrte den Korken aus der Flasche. »Nun bekommt er doch ein Seemannsgrab, wie es sich gehört.« Er setzte an und trank.

Rolowsky sog an der Zigarette und starrte auf den Zimmermann. Es war schwer zu begreifen, daß er tot war und seine gewaltige Stimme bei der Arbeit und sein unbändiges Lachen für immer Erinnerung bleiben sollten – falls sie in dieser Welt noch Gelegenheit finden würden, seines unförmigen Leibes und seiner heiteren Seele zu gedenken.

Die Natur hatte bei ihm den Hals vergessen. Wer ihm zum erstenmal begegnete, mußte glauben, er jongliere den kugelrunden, kahlgeschorenen Kopf auf einer massigen Körperkugel, die wiederum auf einem zu kurz geratenen Beingestell ruhte. Lachte er, so gerieten die ungleichen Kugeln in zuckende Bewegungen, und die drallen, rosigen Wangen begannen zu beben, so als werde er von innen her gerüttelt und geschüttelt. Erst bei diesem Grad seines Vergnügens brach sein Gelächter wie eine Eruption aus seinem Innern, so urhaft und überwältigend, daß jeder, der ihn hörte, mit angestoßen wurde und selbst die Schweine ihre Schnauzen durch die Spalten des Gatters zwängten und ihm lebhaft zugrunzten.

Nun aber schien die Fülle des Zimmermanns zusehends zu schrumpfen wie ein Ballon, dem langsam die Luft entweicht. Zum erstenmal sah ein Gesicht traurig aus und fast ein wenig erstaunt. Das Stoppelfeld seines Hauptes war greisenweiß geworden.

So werden wir dich denn der See übergeben, dachte Rolowsky, nach Seemannsart, eingenäht in ein Stück grauer Leinwand, die zum Segeln nicht mehr taugt, weil sie in Stürmen und Regen und brennendem Sonnenlicht mürbe geworden ist. Von einem Bibelwort begleitet, wirst du dahinfahren, mit dem Singen des Windes und dem Rauschen des Meeres als Trauermusik. Kein Kranz gibt dir die letzte Ehre, kein Grabstein wird deinen Namen überliefern. Nur ein paar Zahlen im Schiffstagebuch für Länge und Breite werden den Ort vermerken, an dem du die Welt verlassen mußtest, um still hinabzusinken auf den Meeresgrund und dich einzureihen in die unübersehbare Schar von Gerechten und Ungerechten, die vor dir untergegangen sind. Namenlos, verloren und vergessen ruhen sie alle, wo nur ihr Schöpfer

sie wiederfinden wird, wenn er sie dereinst ruft zur Auferstehung allen Fleisches.
»Sehen Sie, er klettert, er hat sich besonnen.« Cassander zeigte mit dem Flaschenhals zum Barographen. »Es ist gleich vier Uhr und Ihre Wache!« Sorgfältig verkorkte er die Flasche. »Gute Wache!« sagte er und lachte.

Manchmal ging ein unheimliches Zittern durch das Schiff. Dann sahen sich die beiden Offiziere jedesmal an. Während dem Zweiten das Herz schneller schlug, verriet Cassanders Miene kein Erschrecken. Lächelnd blickte er den jüngeren an: Sei tapfer, mein Freund, ich bin ja bei dir. Sein Gesicht war grau und verfallen, die Haare hingen ihm unter dem verbeulten Mützenschirm weit in die Stirn. Unrasiert, mit geröteten, tief in ihre Höhlen gesunkenen Augen, glich er dem leibhaftigen Fliegenden Holländer. Und dennoch: von ihm ging plötzlich etwas aus, was Rolowsky ans Gewissen rührte. Bisher hatte er den Ersten Offizier für einen unzugänglichen Klotz gehalten, mit dem er sich nur auf dienstliche Beziehungen eingelassen hatte. Nun aber wußte er, daß er sein Bruder war.
Plötzlich erschien Peerson. »Wir haben Licht im Schiff, Rolowsky«, sagte er kurz, »ich danke Ihnen.«
»All right, Herr Kapitän«, erwiderte der Zweite bescheiden, bemüht, eine respektvolle Haltung einzunehmen. Peerson kritzelte einige Notizen in die Kladde und verschwand wieder an Deck. Die beiden Offiziere fühlten sich verpflichtet, ihm zu folgen.
Der Himmel war wieder wie am Morgen, niedrig und von schmutziggrauer Flüchtigkeit. Wenn auch das Barometer stieg, die Windgeschwindigkeit hatte nicht nachgelassen; im Gegenteil, sie schien noch zuzunehmen. Es war unmöglich, gegen den Sturm den Mund zu öffnen oder gar zu sprechen. Die See war weiß vor Gischt und Schaum, die Wellenkämme wurden von der Gewalt des Windes zu Wasserdampf zerstäubt, der wie eine dünne Nebeldecke dahinstob.
Die Mannschaft hockte zusammengekauert unter den Nagelbänken an Steuerbord. Rolowsky sah nur wenige Gesichter, fast alle hatten die Köpfe erschöpft auf die Brust gesenkt. In ihrem gelben Ölzeug sahen sie aus wie schlafende Kanarienvögel.
Von Sonnenuntergang her ritt die frühe Winterdämmerung auf der See heran. Die Kimm ward ausgelöscht, es gab keine Grenze mehr zwischen Meer und regenschwerem Gewölk, das sich, von Minute zu Minute dunkler werdend, herabsenkte. Es begann zu regnen. Die Seeleute drückten sich frierend aneinander. Sie waren durstig und litten Hunger. Ein Schiffsjunge weinte vor sich hin.
Der Zweite Offizier ließ sich am Ende der Reihe nieder, dem Kreuzmast

gegenüber. Über sich hörte er das Heulen, an das sich seine Ohren nie gewöhnen konnten. Er horchte gespannt auf jeden Kummerlaut in der Luft, um die ersten Linderungsseufzer herauszufinden, die Besserung versprachen. Aber er wurde enttäuscht, der Wind blies ohne Unterlaß fortissimo, während das Tageslicht verging. Die Flächen der Untermarssegel, der kleinen, dreieckigen Sturmsegel zwischen den Masten und am Besahnmast, hingen im Gewirr von Tauwerk und Spieren wie die letzten sich wehrenden Blätter im nackten Gezweig umgewehter Bäume.

Rolowsky hatte nichts mehr zu rauchen. Die Augen fielen ihm zu, die Lider brannten, als seien sie glühende Bleiklappen. Da nun nichts Sichtbares mehr seine Gedanken beschäftigte, suchten sie sich Ziele in einer schöneren Welt. Er rief seine Frau, er ließ sein Haus, seinen Garten erscheinen und betrat im Geiste diese ferne Insel der Geborgenheit, wie er es in kalten Nächten zu tun pflegte, wenn sein Schiff durch haltlose Finsternisse flog, denn er hatte an sich erfahren, wie sehr das Glück auch in Gedanken wärmen kann. In dieser Stunde aber, als sich ihm die kaltklebrige Luft dick vor Nässe zwischen Haut und Hemd drängte und bei jeder Bewegung seines zur Last gewordenen Kopfes das steife Ölzeug Hals und Handgelenke wundscheuerte, als ihm vor Hunger übel und fiebrig war, da hatte auch seine Liebe nicht mehr die Kraft, Traumbilder festzuhalten. Immer wieder entliefen sie ihm, ungreifbar wie Schatten. Zum erstenmal in seinem Leben erlitt er das große Leid der Verlassenheit.

Unregelmäßig schlugen sich die Wellen an der Bordwand in Luv die Köpfe ein und klatschten schwer über die Verschanzungen. Von den Nagelbänken troff es in endlosen durchsichtigen Perlenschnüren. Die Taue hatten sich vollgesogen und waren knüppelhart geworden. In der Kompaßkuppel brannten wieder die Petroleumlampen. Sie beleuchteten die maskenhaften Gesichter der Rudergasten, die mit dem Gewicht ihrer ausgelaugten Leiber über den Speichen des Rades hingen und es in seiner Lage festhielten. Mehr konnten sie nicht tun, das waidwunde Schiff trieb ohnmächtig dahin.

Gegen sechs Uhr sah Rolowsky den Kapitän in den Kartenraum hinabsteigen. Wenige Augenblicke später hörte er seinen Namen rufen. Widerwillig zwang er die steif gewordenen Glieder zum Gehorsam und wankte auf den Lichtschein zu, der aus der offenen Tür des Deckshauses fiel.

»Die MOUNTAIN PIONEER ist nicht mehr weit«, sagte Peerson, »halten Sie Signalraketen klar.«

Der Kasten mit den Raketen stand festgelascht beim Sofa, unter dem Kopf des Toten. Als Rolowsky sich bückte, um ihn zu öffnen, berührte er mit dem Rand seines Südwesters das erschlaffte, inzwischen gelbverfärbte Gesicht. Er schauderte vor den noch immer weit aufgerissenen Augen, die ihn drohend anstarrten. Da drückte er ihnen behutsam die Lider zu.

Aus der Funkstation tönte das Gesumm des Senders, begleitet von Ge-

plätscher. Auch Trocha hielt schon länger als vierundzwanzig Stunden auf seinem Schemel aus und arbeitete. Rolowsky hätte gern ein Wort mit ihm gewechselt. Er öffnete die Klappe in der Wand. Da saß der Funker in einer akrobatischen Haltung: Als Stütze für seine Füße diente ihm die Außentür in Höhe der Klinke, darunter stand das Wasser zwei Fuß hoch. Daß Trocha unter solchen Bedingungen überhaupt seinen Dienst verrichten konnte, war fabelhaft. Er atmete in einer Rauchwolke, mit den Spitzen von Daumen und Zeigefinger behämmerte er die festgeschraubte Morsetaste. Für einen Augenblick drehte er den Kopf und lächelte Rolowsky an: »Na, wie geht's, alter Junge?«
»Hast du 'ne Zigarette für mich?« bat der Zweite.
Trocha nahm schnell die eigene aus dem Mundwinkel und hielt sie Rolowsky an die Lippen. Dabei zischte er: »Ruhe, Mann, der Yankee ruft mich.« Er griff zum Bleistift, um die Botschaft in Empfang zu nehmen. »Sie sind in der Nähe und suchen uns«, sagte er nach einer Weile, während er den Funkspruch seinem Kollegen auf dem Tanker quittierte. »Wir sollen eine weiße Rakete abbrennen.«
Rolowsky knallte die Klappe zu, nahm eine Rakete aus dem Blechkasten, prüfte sie auf ihre Unversehrtheit und eilte an Deck.
Inzwischen hatte es aufgehört zu regnen, die Luft war klar. Gute Sicht. Als die Rakete hochzischte, abgetrieben wurde und weit in Lee zu Licht explodierte, das unglückliche Schiff bestrahlend, blickten aller Augen nach der himmlischen Fackel. Einen Atemzug lang schwebte sie in der Düsternis, um dann sprühend abzustürzen und zu verlöschen wie eine Sternschnuppe.
Auf Peersons Befehl sollten zunächst drei Raketen hintereinander abgebrannt werden. Schon nach der ersten kamen die Männer aus ihrem Schutz hervor, damit sie die Antwort nicht versäumten. Unmittelbar nachdem auch die dritte Rakete in die Nacht gestiegen war, sichteten sie im Norden ein helles Licht. Ein Scheinwerfer blinkte: Wir kommen, haltet aus! Und alle freien Arme reckten sich ihm entgegen, aus allen trockenen, schmachtenden Kehlen entrang sich ein Schrei, den selbst das Wutgeheul des Orkans nicht ersticken konnte.
Eine Stunde lang führten sie das Rettung verheißende Schiff durch Lichtsignale heran, bis endlich seine Dampferlaternen in Sicht kamen. Der Segelmacher hatte die Pflichten des Zimmermanns wahrgenommen und im Luvwant des Besahns eine hellbrennende Kabellampe festgebunden.
Rolowsky konnte an den wechselnden Stellungen der Positionslampen erkennen, wie sich die MOUNTAIN PIONEER auf die verabredete Station manövrierte: eine Seemeile zu Luv des Seglers legte sie sich in den Wind und zeigte die Hecklaterne.
»Sie wollen mit drei Schläuchen Öl auf die See pumpen«, rief Peerson laut,

daß jeder ihn hören konnte. Darauf rief er seine beiden Offiziere zu sich.
»Sie halten ein Rettungsboot und zwei Flöße klar«, sagte er. »Sie sind bereit, unsere Leute im äußersten Notfall abzubergen. Ich habe dem Kapitän mitteilen lassen, daß wir in dieser Nacht alles versuchen wollen, unser Schiff und uns selbst aus eigener Kraft zu retten. Sie wissen, was das bedeutet, meine Herren. Rolowsky übernimmt die Raumwache.«
»All right«, sagte der Zweite Offizier.
»Ich hoffe, wir schaffen es«, fuhr Peerson fort. »Der Wind wird bald drehen und dann schnell nachlassen. Ich rieche handiges Wetter. Also gehen Sie – und geben Sie Ihr Letztes. Schonen Sie niemanden.«
Rolowsky nickte nur und dachte dabei: hoppla, er findet seine alte Tonart wieder, der alte Seeteufel, das ist wahrhaftig kein schlechtes Zeichen. Er wittert Morgenluft.
Bis auf eine kleine Deckswache stiegen sie alle zum zweitenmal in den Laderaum hinab. Die Sonnenbrenner wurden eingeschaltet. Rolowsky zog sich aus. Barfüßig, mit nacktem Oberkörper wollte er arbeiten. Seinem Beispiel folgten alle. »Los Jungs! Gegen Tod und Teufel!« rief Rolowsky und spuckte in die Hände.
Und dann begannen sie mit der härtesten Arbeit, die sie je getan hatten. Hinter sich wußten sie den Tod, aber die Furcht vor ihm wurde verdrängt von dem Willen, ihn in einem letzten Ansturm zu überwinden. So wie der junge Offizier hatten alle dieses Gefühl: das Leben war ihnen noch einmal geschenkt worden – auf ungewisse Zeit. Die Frist war nun abgelaufen; ein neues Leben mußten sie sich erobern, jetzt, in dieser Nacht. Wenn sie es aber gewonnen hätten, würde es ein Leben sein, so erfüllt vom Bewußtsein des Atmens, der Freiheit, der Tatkraft und der Lust, wie sie es ohne diese Prüfung nie erfahren hätten, und sie erkannten, welche Gnade darin lag, so heimgesucht zu werden.
Jenseits der Bordwand gluckerte und scheuerte das Wasser am Rumpf des Schiffes, diesseits antworteten ihm Keuchen und unterdrücktes Fluchen. Sonst Stille. In einer kurzen Ruhepause dachte der Zweite Offizier: Niemand wird je wissen, daß es einmal dieses Schiff gegeben hat, ein stolzes schwaches Menschenwerk aus Stahl und Holz, groß und dennoch ein Nichts, ausgeliefert seinem Schicksal – und in seinem Innern eine Schar, die sich verzweifelt schlug, in verbrauchter dicker Staubluft, schier erdrückt von Stapeln schwerer Säcke, überstrahlt von grellen, heißen künstlichen Sonnen, entkräftet, vom Hunger gequält, mit entzündeten Augen und röchelnden Kehlen, die Fäuste, an denen ihr eigenes Blut klebte, mit verbissener Wut in die Weizensäcke gekrampft, und inwendig die Gier nach Leben wie ein Feuer brennend. Niemand wird es je wissen außer uns, aber es werden uns die Worte fehlen, davon zu reden.
Am hartnäckigsten wütete der Koch. Er fletschte die gelben Zähne und

knirschte vor Entschlossenheit. Die Säcke wanderten den Berg hinan, von einer Terrasse zur nächsthöheren, die sie zuvor gebaut hatten, horizontal. Das war Rolowskys Idee, und sie bewährte sich aufs beste.
Er wunderte sich, wo plötzlich der Hungerreiz geblieben war. Er fühlte sich warm und wohl. Auch hatte er jede Empfindung für das Vergehen der Zeit verloren. Der Maßstab waren nicht mehr Stunden, sondern die Reihen der Lasten, die nach und nach ihre verlassenen Plätze wieder einnahmen. Zehn Säcke sind eine Tonne, hundert Säcke sind zehn Tonnen. Rolowsky sagte es oft vor sich hin. War ein neues Hundert voll, mehr oder weniger, gewährte er eine Pause zum Verschnaufen. Wenn er das Zeichen dazu gab, fielen alle Gestalten wie vom Blitz getroffen nieder und schliefen auf der Stelle mit weit auseinandergebreiteten Gliedern ein. Rolowsky selbst floh der Versuchung. Er kletterte umher, die getane Arbeit prüfend. Wenn er nach den ersten Arbeitsperioden auch noch nicht daran glauben wollte: er meinte zu spüren, daß sich die Neigung um ein Geringes vermindert hatte. Er sagte nichts davon, sondern rief die Scheintoten hoch zum Weiterschuften. Ein paar Schiffsjungen blieben liegen. Die älteren bemühten sich, nicht auf ihnen herumzutrampeln, und gingen wieder ans Werk, stöhnend, weinend vor Erschöpfung, schweißgebadet und getreidestaubverdreckt.
Endlich wußte Rolowsky ganz sicher: die Schlagseite wurde geringer. Und ganz plötzlich war es auch seinen Leuten spürbar geworden. Alle hielten gleichzeitig inne, sahen sich ungläubig fragend an und lasen sich gegenseitig die erlösende Antwort aus den Augen. Der Koch sagte als erster, noch unsicher: »Ich glaube ...« Er fixierte bei seinem Wort den Zweiten Offizier, forderte ihn zu einer Antwort heraus.
»Ja, Koch«, rief Rolowsky ihm aus der Mitte zu, »auch ich glaube ...«

War es noch Nacht oder schon Tag, vielleicht schon wieder Nacht? War dies nicht wie ein tausendjähriger Traum, aus dem sie als andere Wesen erwachen würden? Verrieten nicht die altgewordenen, wie von einer Feuerprobe gezeichneten Gesichter der Jungen, daß diese Nacht den Rest ihrer Jugend zusammengerafft hatte, um sie dem neuen Morgen als Männer zu überantworten?
Rolowsky hatte seinen Gürtel, mit einem Stiefel beschwert, unter die Decke gehängt. So besaß er seinen privaten Neigungsmesser. Den Winkel zwischen Gürtel und der gedachten Senkrechten auf die Lukenebene schätzte er auf knappe vierzig Grad. Da gab er das Zeichen zur Erholung, zog hastig sein Zeug an und krabbelte aus der Luke, um einen Blick an Deck zu tun. Seine Uhr war gegen Mitternacht stehengeblieben.
Das erste, was er sah, als er den verbundenen Kopf aus dem Treppenluk steckte, war die aufgehende Sonne, die ihn blendete und ihn die Augen

schließen ließ. Er hielt ihr das Gesicht hin. Eine wunderbare Wärme traf ihn, überflutete, während er tief atmete, seinen ganzen Körper und drang nach innen. Er hatte das Empfinden, Wärme zu trinken wie köstlichen süßen Wein, in vollen Zügen und mit allen Poren.
So verharrte er eine Weile, bis er die Augen öffnete und sich umsah. Niemand war an Deck zu sehen. Auch die See ringsum war leer. Die MOUNTAIN PIONEER hatte ihre Reise fortgesetzt, von Peerson schon vor Morgengrauen entlassen. Die Leereling des Vorschiffes war einen Fuß hoch aus dem Wasser getaucht. Die Gefahr des Kenterns schien gebannt. Die Sturmsegel standen noch und hielten das beigedrehte Schiff am Wind, einer frischen Brise, die in den Wanten sang und die Segelfetzen an den Rahen flattern ließ wie graue Wimpel. Auf dem Vorschiff bemerkte er wüstes Durcheinander von verwirrtem Tauwerk und zersplitterten Planken. Das Eisendeck war trockengeweht und leuchtete rot vor Rost.
Was Rolowsky aber atemberaubend überkam wie eine Offenbarung, war das Meer. Die See lief in hoher majestätischer Dünung aus Südwest herauf. Wie auf ein Zauberwort war aus der grauen, grausigen Wasserwüste tiefblaues, leuchtendes Gewoge geworden, und klar erhob sich über die Kimm im Südosten der neue Morgen und breitete die Arme aus von Horizont zu Horizont. Die letzten düsteren Wolkenfetzen zerwehten wie böse Traumerinnerungen. Der Wind hatte über Nacht abgeflaut und auf Nordwest gedreht. Schaumbekränzt wimmelten kleine Wellen auf dem Rücken der langatmigen Dünung und eilten der Sonne zu, die sie mit Strahlenfingern berührte und in gleißendes Silber verwandelte.
Da empfand der Zweite Offizier erneut das Glück der Meerfahrt. Er vertraute wieder der gewaltigen tragenden Kraft des urewigen Ozeans. Zufrieden zwinkerte er ins Licht. Dann vernahm er Stimmen auf dem Vorschiff. Zwei Matrosen – einer von ihnen war Sanders – gingen daran, das Deck aufzuklaren und das Tauwerk ordentlich zu belegen.
In der Kombüse schepperte Geschirr, der Koch hantierte mit Töpfen und Pfannen. Diese Geräusche waren wie ein Vorspiel zu einem Morgenlied, denn plötzlich setzte laut seine Stimme ein. Er sang »Lobe den Herrn«. Aus dem Kombüsenschornstein stieg ein Hauch von Qualm auf wie Weihrauch, es roch nach Kaffee und gebratenem Speck.
Da kam der Erste aus dem Kartenraum, in blauem Zeug. Er winkte dem Zweiten grüßend zu. »Wo ist der Alte?« rief Rolowsky. Cassander deutete mit dem Daumen über die Schulter achteraus.
Man konnte wieder ohne Halt, wenn auch mühsam, über Deck gehen. Das Versaufloch sah aus wie ein Pfuhl mit unzähligen grauen, erstarrten Schlangen darin, die sich in ihrer eigenen Verschlingung erwürgt hatten. Es würde ein Geduldspiel werden, alle Brassen, Gaitaue und Gordings und wie die Dutzende von Tauenden alle hießen, zu klarieren.

Der Dynamo war abgestellt, die Tür zum Deckshaus stand offen eingehakt. Drinnen lärmte jemand mit eisernem Werkzeug: der Donkeymann.
»He, Donkey!« rief Rolowsky von der Laufbrücke. Der Donkeymann steckte die Nase aus seinem Loch und grinste verlegen. Er sah aus wie ausgespien von einem Wal wie weiland Jonas. Auch der Eingang zu den Provianträumen war wieder zugängig. Große Aussichten! Dem Zweiten lief das Wasser im Mund zusammen.
Und dann sah er seinen Kapitän.
Peerson stand, in seinen langen, schwarzen Filzmantel gehüllt, an der Heckreling. Barhäuptig bot er sein Gesicht der Sonne dar. Der Wind wehte ihm die schütteren weißgrauen Haare in die Stirn und über die Augen. Mit gefalteten Händen hielt er seine Mütze vor der Brust. Er hörte nicht, wie Rolowsky geräuschvoll herangestapft kam. Als der Zweite Offizier so nahe war, daß er Peersons Gesicht sah, blieb er betroffen stehen. Es war von jeder Spannung befreit. Unter den blauroten Lidern quollen Tränen hervor, liefen ihm die Wangen herab und tränkten seinen Bart, in dem sie wie Kristalle glitzerten.
Bei Gott, er ist geläutert, dachte Rolowsky und schlich sich leise davon.
Kurz darauf tauchte Peerson im Kartenraum auf. Der Zimmermann war in den Salon geschafft worden. Bei Sonnenuntergang sollte er versenkt werden.
»Alle Mann an Deck!« befahl der Alte. Dann packte er seinen Zweiten Offizier bei den Schultern und schüttelte ihn väterlich. »Gut gemacht, mein Junge«, sagte er, und noch einmal: »Gut gemacht da unten!«
Rolowsky spürte ein Würgen im Hals, er schämte sich bis an die Quelle des Schluchzens für alle Schmähungen und Verwünschungen, mit denen er seinen Kapitän oft genug bedacht hatte. Warum hatte er nie bemerkt, wie sehr Peerson darunter litt, von seinen Leuten nicht geliebt zu werden?
»Alle Mann an Deck!« wiederholte Peerson.
Rolowsky pfiff die Trimmwache aus der Luke. Die Männer stiegen ans Tageslicht wie lebendig Begrabene aus der Gruft. Überrascht blinzelten sie in die aufsteigende Sonne und hauten sich, fluchend vor Freude, gegenseitig in die Rippen, während sie sich in Luv bei der Großluke versammelten.
Da stand der Kapitän auf dem Lukenrand und blickte auf seine Mannschaft herab. Das Glück, sie vor sich zu sehen und von den Jungen, die sich ihm anvertraut hatten, nicht einen verloren zu haben, verklärte seine Wichtelmannzüge. »Bringt neues Tuch auf, Kinder!« rief er und wies mit beiden Armen in die geplünderte Takelage. »Wir segeln weiter!« Ja, er hatte sie Kinder genannt, und niemand nahm es ihm übel.
Es gab Arbeit genug, von Schlaf war nicht die Rede. Die Provianträume und das Matrosenlogis mußten mit Handpumpen trockengelegt werden; neue Segel waren anzuschlagen; vor allem aber: das Trimmen der Ladung mußte fortgesetzt werden. Es stand noch viel Arbeit bevor, noch lag das ersehnte Ziel in weiter Ferne.

Der Kapitän aber verschloß sich wieder in seine Einsamkeit. Schon bei seinen letzten Anweisungen trat der bekannte, gefürchtete hochmütige Ausdruck auf sein Gesicht. Er hängte sich wieder die Maske des Tyrannen um und verschleierte seine Augen. Dann schnarrte der alte Seeteufel: »An die Arbeit!«

DIE SPRACHE DER SEELEUTE

Für Landratten ist sie oft unverständlich. Sie hat sich im Laufe der Jahrhunderte auf den Segelfahrzeugen und in den Häfen des Abendlandes gebildet, in denen die Männer der »Christlichen Seefahrt« zu Hause waren. Übrigens, auch dieser Begriff hat schon seine spezielle Herkunft: Er entstand als Gegensatz zur Arabischen oder Muselmanischen Seefahrt, die bis ins 18. Jahrhundert vor allem im Mittelmeer eine bedeutende und wegen ihrer Seeräuberei berüchtigte Rolle gespielt hat.
Die meisten Wörter im Fachvokabular der deutschen Seefahrer entstammen dem Niederdeutschen, dem auch die Sprachen aller Küstenländer rings um die Nordsee verwandt sind. Einen großen Einfluß hat das englische Seewesen gehabt, aber auch romanische Dialekte und selbst das Arabische haben Spuren im Wortschatz der nordischen Seeleute hinterlassen.
Ein komplettes Wörterbuch der Seefahrt wäre ein dicker Band. In diesem Buch hat sich der Autor auf möglichst wenige seemännische Ausdrücke und Begriffe beschränkt, die im Folgenden erläutert werden.

achteraus, **Achterdeck,** **achterlich,** **achtern,** **Achtersteven**	Das niederdeutsche Wort *achtern* bedeutet »hinten« oder auch »hinter«. So ist das *Achterdeck* der hintere Teil eines Schiffes; am *Achtersteven* ist das Schiffsruder befestigt; *achterlicher* Wind kommt von hinten, während *achteraus* die Blickrichtung, vom Schiff aus gesehen, meint.
Ankerklüse, **Ankerspill**	Eine runde oder ovale röhrenförmige Öffnung im *Bug* für die Ankerkette. Ist der Anker gefallen, muß er mit dem *Ankerspill* gelichtet werden; das ist eine Winde auf der *Back*. Auf Segelschiffen wurde sie mit Muskelkraft gedreht, später übernahm Dampf oder Elektrizität den Antrieb.
anluven	Die Seite, die ein Schiff dem Wind zuwendet, heißt *Luv*, die gegenüberliegende *Lee*. Ein Segelschiff *luvt an,* wenn es näher an den Wind geht, d. h. den Winkel zwischen Kurs- und Windrichtung verkleinert. Mit *Luv* und *Lee* als Vorsilben unterscheidet man bei windigem Wetter Dinge an Bord, die es auf beiden Seiten gibt, z. B. *Leereling, Luvwant*.
Back	Das Wort hat zwei Bedeutungen. Es bezeichnet den vorderen erhöhten Teil des Schiffes sowie den Eßtisch im Mannschaftsraum.

Backbord	Bis ins frühe 13. Jahrhundert befand sich das Steuerruder ganz achtern an der rechten Seite eines Schiffes: an *Steuerbord*. Wer es bediente, drehte seinen Rücken (niederdeutsch) back) der linken Seite zu, die man deshalb *Backbord* benannte. Dabei blieb es, als die Schiffe größer wurden und das Ruder an das Heck versetzt wurde. Nachts zeigt ein Schiff an Backbord ein rotes, an Steuerbord ein grünes Seitenlicht.
Ballast	In Ballast fährt ein Schiff, wenn es keine Nutzlast (Handelsgüter) trägt, sondern nur mit Steinen, Sand oder Wasser beladen ist, damit es während einer Seereise tief genug im Wasser liegt.
Bark	Das ist ein Segler mit drei Masten, von denen der vordere und der mittlere *vollgetakelt* sind (siehe *Takelage*). Führt es an allen Masten *Rahsegel*, spricht man von einem *Vollschiff*. Ein vollgetakelter Zweimaster ist eine *Brigg*. Es hat früher auch viele *Viermastbarken* und *Viermastvollschiffe* gegeben; unter deutscher Flagge segelten sogar *Fünfmaster*.
Barograph	In der Meteorologie wird der Luftdruck in Bar angegeben. 1 Bar ist in 1000 Millibar eingeteilt. Der Barograph ist ein von einem Uhrwerk angetriebenes Meßinstrument, das auf einer Schreibwalze die Veränderung des Luftdrucks als Millibar-Kurve aufzeichnet.
beidrehen	Beidrehen muß ein Schiff, wenn Sturm und Seegang übermächtig werden und es höchst gefährlich wäre, weiter auf Kurs zu bleiben. Statt dessen legt es sich in einem günstigen Winkel zu Wind- und Wellenrichtung und läßt sich treiben: es *reitet den Sturm ab*.
brassen	siehe *Takelage*
Brigg	siehe *Bark*
Bug	Das Wort hat mit Bogen, biegen und beugen zu tun. Es bezeichnet den gebogenen vorderen Teil eines Schiffes, der im *Vordersteven* endet. Das Gegenstück ist das *Heck*, das gewöhnlich abgerundete Ende mit dem *Achtersteven*.
belegen, Belegnagel	Auf einem großen Segelschiff gibt es Hunderte von Tauen zum Bedienen der Segel von Deck aus. Sie werden an eisernen oder hölzernen Stäben, *Belegnägeln*, festgemacht, die gruppenweise in *Nagelbänken* stecken. Die losen Enden der Taue nennt der Seemann *Tampen*.
Chronometer	Es ist die sehr genau gehende Navigationsuhr, die auf keiner Kommandobrücke fehlt. Sie zeigt die Ortszeit von *Greenwich* an, von der an Bord alle astronomischen Berechnungen ausgehen. Das Chronometer (griechisch = Zeitmesser) muß täglich kontrolliert werden; dazu dienen Zeitzeichen, die von Küstenfunkstellen ausgestrahlt werden. Die Erfindung des Chronometers durch den englischen Uhrmacher John

Harrison (1693-1776) löste das größte navigatorische Problem der Seefahrt. Vorher war es praktisch nicht möglich gewesen, auf hoher See den Längengrad des Schiffsortes zu berechnen. Mit dem Chronometer wurde die Sache einfach: Der Unterschied zwischen der Greenwich-Zeit und der Ortszeit des Schiffes nach Stunden, Minuten und Sekunden ergibt zugleich den Längen-Unterschied zwischen dem Null-*Meridian* von Greenwich und dem Schiffsort.

Davit — Davits sind die ausschwenkbaren stählernen Arme, an denen die Rettungsboote hängen.

Deckshaus — Das ist eine aus Stahlwänden gebaute Hütte an Deck, in der gewöhnlich eine Werkstatt untergebracht ist. Enthält sie eine *Winsch* (Winde), spricht man auch von einem *Winschhaus*.

Donkeymann — auf deutsch: Eseltreiber. So nennt man an Bord die Hilfsmaschinenwärter.

Drift — eine durch beständigen Wind hervorgerufene Meeresströmung. *Driften* heißt: mit einer solchen Strömung treiben.

Ducht — Sitzbrett im Ruderboot

dümpeln, Dünung — Nach Abzug eines Sturmes bleibt die Wellenbewegung noch lange als *Dünung* (von altnordisch dyja = wallen) bestehen, von der ein stilliegendes Schiff gewiegt wird: es *dümpelt*.

entern — Seeleute *entern auf*, wenn sie in die *Takelage* klettern.

Faden — Das Wort kommt von dem altenglischen Tätigkeitswort *fathom*, das »mit den Armen umfassen« bedeutete. Als Längenmaß ist der *Faden* die Spanne zwischen den Händen bei seitwärts ausgestreckten Armen eines erwachsenen Mannes: 6 Fuß = 1,83 Meter. Früher wurden auch auf deutschen Schiffen Taue, Trossen, Ankerketten, Kurrleinen usw. in Faden gemessen. Heute rechnet man in Metern.

Fallreep — Ein *Reep* ist ein dünnes Tau, ein *Fallreep* eine Strickleiter, auf der die Lotsen an Bord klettern. Die *Fallreepstreppe* besteht ganz aus Holz oder Metall; sie wird schräg an der Bordwand herabgelassen.

fieren — eine Last an einem Tau oder an einer Kette herablassen; sie hochziehen lautet seemännisch *hieven* oder *heißen*.

Flaute — eine sehr *flaue Brise*, zu schwach, ein Segel zu blähen

gieren — tut ein Schiff, wenn es gegen den Willen des Rudergängers immer wieder nach backbord und steuerbord vom gesteuerten Kurs abweicht.

glasen — Bevor es an Bord richtige Uhren gab, wurde die Zeit mit einer Sanduhr, dem »Stundenglas«, in Vier-Stunden-Abschnitten gemessen. War die Sanduhr nach 30 Minuten leer, wurde die abgelaufene halbe Stunde mit einem Schlag an die Schiffsglocke angezeigt: geglast. Zugleich wurde die Sanduhr umgedreht. Die Zahl der Glockenschläge meldete, wieviele halbe Stunden seit Beginn einer neuen Wache vergangen waren. *Acht Glasen* (vier Doppelschläge) bedeutete entweder 4 oder 8 oder 12 Uhr.

Greenwich ist heute ein Stadtteil von London. Seit 1675 besteht dort eine bedeutende Sternwarte, durch die nach internationaler Übereinkunft der Null-Meridian im Koordinantensystem der Erdkugel verläuft: man zählt je 180 Längengrade östlich und westlich von Greenwich.

Havarie Das Wort ist arabischer Herkunft. Es bedeutet jede Art von Schaden oder Unglück, von dem ein Schiff oder seine Ladung durch Einwirkung der See betroffen wird.

Heck siehe *Bug*

hieven eine Last hochziehen oder hochstemmen

Janmaat oder Jan Maat (von engl. Mate = Gehilfe): der Typ des erfahrenen Seemanns

Kabelgatt ein Vorratsraum unter der *Back* zum Aufbewahren von Tauwerk und seemännischem Handwerkszeug

Kabellänge siehe *Seemeile*

Kimm der sichtbare Horizont der See

Klampe eine eiserne winkelförmige Halterung

Knoten siehe *Logge*

Koje das schmale, kastenförmige Bett des Seemanns

Kombüse (von französisch cambuse): die Bordküche, in der »*Smutje*« (von englisch smut = Rußfleck) arbeitet, der Koch also.

Kreiselkompaß Er zeigt nicht, wie der Magnetkompaß, zum magnetischen Nordpol, sondern – den physikalischen Kreiselgesetzen gehorchend – genau in Nord-Süd-Richtung zu den Enden der Erdachse.

kreuzen Ein Rahsegler kann ungefähr 6 Strich (1 Kompaßstrich = 11,25 Winkelgrade) an den Wind gehen. Dadurch wird es möglich, in Zickzackkursen ein Ziel zu erreichen, das gegen die Windrichtung liegt.

Kuhle siehe *Schanze*

Kurrleinen An ihnen schleppt ein Fischdampfer das Netz über den Grund.

Lasching (von englisch lash = festbinden): Tau, Draht oder Kette. Ein Lasching dient zur Sicherung schwerer Gegenstände gegen Verrutschen bei Seegang.

lenzen   Das hat nichts mit Frühling zu tun. Das Wort hat zwei Bedeutungen. Ein Fahrzeug lenzen heißt: eingedrungenes Seewasser außenbords pumpen. Ein Segelschiff lenzt, wenn bei schwerem Sturm der Wind genau von achtern kommt.

lichten   soviel wie anheben, hochziehen. (Der Anker wird gelichtet.)

löschen   soviel wie entladen. (Die Ladung wird gelöscht.)

Logbuch, Logge,   Durchläuft ein Schiff in 1 Stunde 1 Seemeile (1852 Meter), so legt es in 1 Sekunde 0,514 Meter (1 Meridiantertie) zurück. Darauf beruht die Geschwindigkeitsmessung mit der *Logge* oder *dem Log* (von englisch log = Holzblock). Dies ist die einfachste Methode zu *loggen*: man wirft ein Stück Holz über Bord und zählt die Sekunden, die es braucht, um eine auf der Reling markierte Strecke – ein Vielfaches einer Meridiantertie – zu passieren.

Genauer als die *Relingslogge* ist die *Handlogge*. Dazu gehört eine Rolle mit einer dünnen *Logleine*, die alle 7 Meter mit einem *Knoten* versehen ist. Ihr dreigeteiltes Ende steckt in einem quadrantförmigen *Logscheit*, das an der Rundung beschwert ist, so daß es sich, sobald man es am Heck über Bord wirft, im Wasser senkrecht hält und die Logleine von der Rolle zieht, während sich das Schiff entfernt. So viele Knoten in 14 Sekunden – abgestoppt mit einer Sanduhr – über die Reling ablaufen, so viele Seemeilen legt das Schiff in einer Stunde zurück.

Bei der *Patentlogge* schleppt das Schiff einen kleinen Propeller, dessen Umdrehungen über eine geflochtene Leine auf ein Uhrwerk übertragen werden, das die abgelaufenen Seemeilen auf einem Zifferblatt registriert. Auf Schiffen mit maschinellem Antrieb errechnet man die Geschwindigkeit aus den Umdrehungen der Schraube pro Minute. Aber noch immer gilt auf allen Schiffen der *Knoten* als das Maß für die Fahrgeschwindigkeit.

Die Resultate der Logge wurden früher in das *Logbuch* eingetragen; später kamen weitere Notizen über das Wetter, abgelaufene Kurse und Entfernungen, besondere Ereignisse während einer Wache usw. hinzu. So wurde das Logbuch zum Schiffstagebuch.

Logis   das Wohnquartier, in dem die Mannschaft logiert

Makker   soviel wie Kamerad oder Kumpel

Meridian   Das Wort stammt aus dem Griechischen und bedeutet »Mittagslinie«. Ein Meridian ist ein größter Kreis, der über beide Pole verläuft und den Äquator senkrecht schneidet. Wenn die Sonne im Meridian eines Ortes steht, hat sie für einen Beobachter den höchsten Stand ihres Tageslaufes erreicht: sie kulminiert. In diesem Augenblick ist es genau 12 Uhr Mittag nach »wahrer Ortszeit«.

Nagelbank	siehe *belegen*
Nock	das Ende einer Rah
Persenning	eine schützende Abdeckung aus besonders starkem Segeltuch. Mit Holzteer getränkt, wird sie wasserdicht.
Plünnen	plattdeutsche scherzhafte Bezeichnung für Segel und Bekleidungsstücke
Poller	runde, aus dem Deck ragende eiserne Pfosten zum *Belegen* von Trossen.
Poseidon **Neptun** **Amphitrite** **Triton** **Thetis**	Für die Griechen war Poseidon der Beherrscher des Meeres. Seine Gemahlin hieß Amphitrite, die ihm den Triton gebar, welcher ebenfalls unter die Meeresgötter gezählt wurde. Für die Römer galt Neptunus als der »Gott der Salzflut«. Jedoch hat Thetis, die bei einer Äquatortaufe als sein Weib auftritt, nichts mit ihm zu tun. In Wirklichkeit war sie eine griechische Göttin, und zwar die Tochter des Meeresgottes Nereus. Sie wird oft verwechselt mit Tethys, der Gemahlin des Okeanos, dem Gott des Weltenstromes, der das ganze Universum umfloß. Von ihm stammt die Bezeichnung »Ozeane«.
Rasmus	von deutschen Seeleuten auch »blanker Hans« genannt. Sie meinen damit eine über die Seite brechende See, die über Deck rast und alles mit sich reißt, was nicht *festgelascht* oder seefest *gezurrt* ist.
Reede **Reeder** **Reederei**	Die Begriffe sind vermutlich von dem englischen Wort ready = fertig, bereit, abgeleitet. »Ready for sea« wird mit »seeklar« übersetzt. Die Reede ist ein weiträumiger Ankerplatz zwischen der offenen See und dem eigentlichen Hafen mit seinen Schuppen, Kränen und Kaianlagen. Auf der Reede müssen Schiffe mitunter seeklar warten, bevor sie in den Hafen einlaufen können oder in See gehen. Ein Reeder ist der Eigentümer »eines zum Erwerbe durch die Seefahrt dienenden Schiffes«. Ein Reeder betreibt allein oder mit Partnern eine Reederei.
Reling	Geländer am Oberdeck eines Schiffes
Riggen	siehe *Takelage*
Ruderblatt, **Rudergast,** **Ruderhaus,** **Ruderkette**	Das Ruder ist das Steuer des Schiffes. Im *Ruderhaus* – dem geschützten Teil der Kommandobrücke – steht der *Rudergast* hinter dem Kompaß und hält den vorgeschriebenen Kurs. Auf Seglern und Dampfern wurde die Drehung des Steuerrads über die *Ruderkette* auf das *Ruderblatt* übertragen.
Schanze	Das ist der *achtere* erhöhte Teil des Schiffes, auf dem man sich früher gegen feindliche Angriffe verschanzte. Man nennt diesen Teil des Achterdecks auch die *Poop*. Zwischen ihr und

dem mittleren, ebenfalls erhöhten Teil des Decks lag auf vielen großen Seglern die *Kuhle* oder das *Versaufloch*.

Schekel   eisernes Verbindungsglied zwischen Ketten oder Drahttauen

Schott   eiserne Längs- oder Querwand im Schiffsrumpf. Die *Querschotten* sind fest eingebaut und teilen ihn in wasserdichte Abteilungen. *Längsschotten* werden zeitweilig gesetzt, um geschüttete Ladung, z. B. Getreide, am Verrutschen – am »Übergehen« – bei Seegang zu hindern.

Seemeile   Der mittlere Erdumfang beträgt rund 40 000 000 Meter. Es ist ein »größter Kreis« von 21 600 Bogenminuten (360 Grad zu je 60 Minuten). Eine Kreisbogenminute ist demnach 1852 Meter lang. Diese Strecke nennt man *Seemeile* oder *nautische Meile*. Sie ist das Einheits-Längenmaß für Entfernungen auf den Meeren. 1 Seemeile ist unterteilt in 10 Kabellängen zu je 185,2 Meter.

Sextant
Sonne schießen   Ein nautischer Offizier »schießt« mit dem Sextanten die Sonne, wenn er deren Höhe über dem Horizont als Winkel mißt, den er zur astronomischen Berechnung des Schiffsortes braucht. Vor fünfhundert Jahren benutzte man den kreuzförmigen »Jakobsstab«: über die Enden des verschiebbaren Querstabes visierte man, in der Haltung eines Bogenschützen, gleichzeitig die Kimm und das Gestirn an. Der Ausdruck »Sonne schießen« hat sich erhalten, denn auch beim Sextanten – einem sehr genauen Spiegel-Winkelmeßgerät – nimmt der Navigator Sonne, Mond, Fixsterne oder Planeten »aufs Korn«.

Spiere   der obere hölzerne Teilabschnitt eines Mastes oder irgendein langes dickes Rundholz

Spleiß   die ineinander verflochtene Verbindung zweier Tauenden ohne Knoten, ohne daß das *gespleißte* Tau – Hanf oder Draht – dadurch dicker wird.

Steert   auf Fischdampfern das Endstück des Grundschleppnetzes. Aber auch ein kurzes Tau wird so bezeichnet (von niederdeutsch Steert = Schwanz).

Steuerbord   siehe *Backbord*

Takelage   Dazu gehören zunächst die Masten, auch *Toppen* genannt. Auf einer Viermastbark heißen sie (von vorne nach achtern) *Vor-, Groß-, Kreuz-, Besahnmast*. Die ersten drei Masten tragen je sechs trapezförmige *Rahsegel* an den Rahen. Die untersten sind die größten und heißen *Fock, Großsegel* und *Bagien*. Über ihnen stehen doppelte *Mars-* und *Brahmsegel*. Die Spitze der Segeltuchpyramide, rund fünfzig Meter über Wasser, bilden die *Royals*. Der kleinere Besahnmast führt keine Rahsegel; daran erkennt man das Barkschiff.
Die Masten werden von dicken eisernen Drahttauen gestützt: von *Pardunen* nach hinten, von *Stagen* – an denen dreieckige

Stagsegel gesetzt werden – nach vorne, und zur Seite von *Wanten*, auf deren Querlatten oder Tauwerksprossen die Matrosen *aufentern*.

Die feststehenden Teile der Takelage sind das *Stehende Gut*. Zum *Laufenden Gut* gehören alle Taue zur Bedienung der Segel. Mit den *Brassen* werden die Rahen gebraßt, d. h. in die günstigste Lage zur Windrichtung gedreht; von *Gaitauen* und *Gordings* werden die Segel von Deck aus zusammengeschnürt, von den *Schoten* werden sie entfaltet und auseinandergespreizt.

Auch der *Bugspriet* mit dem *Klüverbaum* als Verlängerung gilt als ein Mast; er zeigt vom Bug aus schräg nach vorne, wie ein riesiger Stachel. An ihm sind die Stage des *Vortopps* befestigt, an denen dreieckige *Klüversegel* gefahren werden.

Alles, was zum Stehenden und Laufenden Gut gehört, nennt man auch *Riggen*.

Talje — Das ist ein Flaschenzug. Er besteht aus zwei Blöcken, in denen ein, zwei oder drei runde Scheiben auf einer Achse laufen. Zwischen den Blöcken läuft der *Taljenläufer:* ein Tau aus Hanf oder Draht. Mit eisernen mehrscheibigen *Taljen* werden z. B. Rettungsboote gefiert oder aufgeheißt.

Tampen — siehe *belegen*

Tramp — oder Tramper: Im Gegensatz zu Frachtern im Linienverkehr, die auf jeder Reise nach Fahrplan dieselben Häfen anlaufen, befahren Trampschiffe kreuz und quer die Meere und bedienen auch Häfen abseits der Hauptschiffahrtslinien. Man nennt sie die «Vagabunden der See».

Trimm — ist die gleichgewichtige Lage eines Schiffes im Wasser. Wenn der Trimm nicht stimmt, muß er durch *Trimmen* der Ladung oder des Ballastes wiederhergestellt werden.

Trosse — dickes Tau aus Draht, Manilahanf oder Kunstfasern. An Trossen werden Schiffe geschleppt oder im Hafen am Kai festgemacht.

Typhon — die »Schiffshupe«. Sie wird mit Preßluft geblasen.

Versaufloch — siehe *Schanze*

Verschanzung — siehe *lenzen*

Vorpiek — kleiner wasserdichter Raum unter der Wasserlinie im äußersten Winkel des Bugs. Es gibt auch eine *Achterpiek* im Heck.

Windjammer — ein großes Segelschiff. Die Bezeichnung hat nichts mit »Jammer« zu tun (obwohl die Mannschaft früher oft Grund genug dazu hatte). Das Wort kommt vielmehr vom englischen wind-jam. Es bedeutet: sich an den Wind pressen, wie es ein Rahsegler mit *angebraßten* Segeln tut, wenn er gegen den Wind ankreuzt.

Winsch (engl. winch) ist jede Art von Winde zum *Hieven* von Lasten, zum *Lichten* des Ankers, zum Laden und *Löschen* von Stückgut usw.

Zenit Im Zenit (arabisch = Scheitelpunkt) steht ein Gestirn an der Himmelskugel, wenn es sich auf seiner Bahn senkrecht über dem Kopf des Beobachters befindet. Die Sonne im Zenit wirft keinen Schatten.

zurren etwas fest verschnüren